U0802479

中国教育统计年鉴

EDUCATIONAL STATISTICS YEARBOOK OF CHINA

2002

中华人民共和国
教育部发展规划司
DEPARTMENT OF DEVELOPMENT & PLANNING
MINISTRY OF EDUCATION
THE PEOPLE'S REPUBLIC OF CHINA

图书在版编目（CIP）数据

中国教育统计年鉴　2002/教育部发展规划司编.
-北京：人民教育出版社，2003
ISBN 7-107-17044-9

Ⅰ. 中…
Ⅱ. 国…
Ⅲ. 教育统计-统计资料-中国-2002-年鉴
Ⅳ. G526.6-54

中国版本图书馆 CIP 数据核字（2001）第 37856 号

人民教育出版社出版发行
（北京沙滩后街 55 号　邮编：100009）
网址： http://www.pep.com.cn
人民教育出版社印刷厂印装　全国新华书店经销
2003 年 10 月第 1 版　2003 年 10 月第 1 次印刷
开本：787 毫米 ×1 092 毫米　1/16　印张：27.75
字数：576 千字　印数：0 001～1 000 册
定价：64.00 元

《中国教育统计年鉴》

编辑委员会名单

主　编：　牟阳春

副主编：　季　平

编　委：　(按姓氏笔画为序)

王　卉　王红进　叶小贝　余少军

李燕丽　李宗嗣　邵建强　林志华

康世联

说 明

《中国教育统计年鉴》(2002)是一本全面反映中华人民共和国教育事业发展情况的资料性年鉴，是由教育部发展规划司根据全国各省、自治区、直辖市教育委员会、教育厅填报的学校基层报表数字整理汇编而成的。教育部教育管理信息中心承担了数据的计算机处理汇总工作。

本年鉴包括以下部分:综合部分、高等教育、中等教育、初等教育、幼儿教育、特殊教育、成人教育、全国各级各类学校的分布情况、办学条件、科学研究等。

本年鉴是各有关部门研究教育改革和发展的必备资料工具书,是教育界各机关、学校指导部门制定教育计划、指导教育改革必不可少的依据。

本年鉴所列资料，暂缺台湾省的数字;凡未注明年份的均为2002年的数字。

Notes from the Compiler

The Educational Statistics Yearbook of China for 2002 is an informational yearbook comprehensively reflecting the development of the educational undertaking of the People's Republic of China, and it was compiled by the Department of Development and Planning of Ministry of Education , based on the synthetic statistical returns relating to schools of various types and levels completed by the Educational Commissions (or the Bureaus of Education) of the provincial governments and the goverments of various autonomous regions and municipalities directly under the State Council All data were processed and calculated usin Computers by the Educational Management Information Center of Ministry of Education.

The yearbook is composed of the following parts: summary tables, higher education, secondary education, primary education, pre-primary education, special education, adult education, geographical distribution of schools by type and level, Physical Facilities, Scientific Research Activities.

The yearbook is a requisite reference for all departments concerned with the study of educational reform and development, and provides indispensable factual information to the educational community (circles), the state organs, and all supervisory bodies of education (schools) engaged in curricular development and the guidance of educational reform.

The yearbook lacks the data of Taiwan Province. Data in tables are for 2002, unless otherwise notified.

目　录

第一部分　教育事业发展

一、综合部分

二、普通教育

(一) 高等教育

五、各级各类学校分布情况

第二部分　办学条件

一、教育经费

二、教育基本建设投资

三、仪器设备

第三部分　科学研究活动及其他

一、自然科学与技术

二、社会科学

附表:

CONTENTS

PART I

THE DEVELOPMENT OF THE EDUCATIONAL UNDERTAKING

SUMMARY TABLES

REGULAR EDUCATION

HIGHER EDUCATION

VOCATIONAL SCHOOLS

PRIMARY EDUCATION (PRIMARY SCHOOLS)

SPECIAL EDUCATION

PRE－PRIMARY EDUCATION

COMMUNITY HOUSE

ADULT EDUCATION

HIGHER EDUCATION

SECONDARY EDUCATION AND PRIMARY EDUCATION

GEOGRAPHICAL DISTRIBUTION OF SCHOOLS BY TYPE AND LEVEL

PART Ⅱ PHYSICAL FACILITIES

PUBLIC EXPENDITURE ON EDUCATION

CAPITAL CONSTRUCTION INVESTMENT IN THE EDUCATIONAL SECTOR

INSTRUMENT AND EQUIPMENT

PART Ⅲ SCIENTIFIC RESEARCH ACTIVITES & OTHER

NATURAL SCIENCE AND TECHNOLOGY

SOCIAL SCIENCE

APPENDIXES

第一部分

Part I

教育事业发展

The Development of the Educational Undertaking

一、综合部分

SUMMARY TABLES

全国各级各类学校基本情况

Basic Statistics of Regular and Adult Schools in China by Level & Type

单位：万人 in 10 thousand

	学校数(所) Schools	毕业生数 Graduates	招生数 Entrants	在校学生数 Enrolment	教职工数 Teachers, Staff & Workers	
					计 Total	其中：专任教师 Of which: Full-time Teachers
总计 Total	1168411	15083.78	14755.56	31873.39	1579.15	1238.45
一、高等学校 Higher Educational Institutions	2003	259.31	563.08	1512.62	147.16	70.73
二、中等学校 Reg. Secondary Schools	489815	10826.13	10427.81	15662.77	691.92	526.09
三、初等学校 Primary Schools	563301	2841.25	2385.76	12624.54	645.70	581.53
四、特殊教育学校 Special Education Schools	1540	4.42	5.29	37.45	4.04	2.98
五、幼儿园 Kindergartens	111752	1152.66	1373.61	2036.02	90.33	57.12

全国各级普通学校基本情况

Basic Statistics of Regular Schools in China by Level & Type

单位：万人 in 10 thousand

	学校数(所) Schools	毕业生数 Graduates	招生数 Entrants	在校学生数 Enrolment	教职工数 Teachers, Staff & Workers	
					计 Total	其中：专任教师 Of which: Full-time Teachers
总计 Total	665164	6249.88	7047.49	24593.14	1494.00	1202.00
一、研究生 Graduate Education	728	8.08	20.26	50.10	0.00	0.00
1.高等学校 Inst. of Higher Education	408	7.65	19.14	47.35	0.00	0.00
2.科研机构 Research Organizations	320	0.44	1.12	2.75	0.00	0.00
二、普通高等学校本专科 Reg. Inst. of Higher Edu. Undergraduates	1396	133.73	320.50	903.36	130.36	61.84
本科院校 University	629	94.95	209.12	657.54	100.11	45.49
高职(专科)院校 Short-cycle HEIs and Teitiary Voc. Colleges	767	27.73	89.05	193.41	28.71	15.59
其他机构 Other		11.05	22.33	52.42	1.54	0.77
三、普通中等学校 Reg.Secondary Schools	93573	2599.06	3375.04	9409.50	635.25	502.17
1.中等专业学校 Specialized Sec. Schools	2953	144.15	155.31	456.35	38.15	20.78
中等技术学校 Sec. Technical Schools	2523	121.89	135.88	396.24	32.02	17.02
中等师范学校 Teacher Training Schools	430	22.26	19.42	60.11	6.13	3.76
2.技工学校 Skilled Worker Schools	3075	45.43	73.33	152.99	20.34	12.60
3.普通中学 General Sec. Schools	80067	2263.63	2929.00	8287.87	533.48	437.63
高中 Senior	15406	383.76	676.70	1683.81	0.00	94.60
初中 Junior	64661	1879.87	2252.30	6604.06	0.00	343.03
4.职业中学 Vocational Schools	7402	145.43	216.88	511.50	43.03	31.01
高中 Senior	6418	121.61	187.36	428.13	0.00	27.27
初中 Junior	984	23.82	29.52	83.37	0.00	3.74
5.工读学校 Community House	76	0.42	0.52	0.79	0.25	0.15
四、小学 Primary Schools	456903	2351.92	1952.80	12156.71	634.02	577.89
五、特殊教育学校 Special Education Schools	1540	4.42	5.29	37.45	4.04	2.98
六、幼儿园 Kindergartens	111752	1152.66	1373.61	2036.02	90.33	57.12

全国各级成人学校基本情况

Basic Statistics of Adult Schools in China by Level & Type

单位：万人

Unit: in 10 thousand

	学校数(所) Schools	毕业生数 Graduates	招生数 Entrants	在校学生数 Enrolment	教职工数 Teachers, Staff & Workers 计 Total	其中:专任教师 of which: Full-time Teachers
总 计 Total	503247	8833.90	7708.06	7280.25	85.16	36.45
一、成人高等学校 Higher Educational Institutions for Adults	607	117.50	222.32	559.16	16.81	8.89
1.广播电视大学 Radio/TV Universities	45	13.97	14.36	38.51	6.46	3.43
2.职工高等学校 Workers' Colleges	357	8.89	15.89	36.73	5.18	2.74
3.农民高等学校 Peasants' Colleges	3	0.03	0.05	0.10	0.03	0.02
4.管理干部学院 Institutes for Administration	97	5.53	6.63	15.55	2.44	1.17
5.教育学院 Educational Colleges	103	7.65	12.38	32.64	2.33	1.33
6.独立函授学院 Independent Correspondence Colleges	2	0.43	0.52	1.00	0.05	0.04
7.其他机构 Other Institutions		0.65	0.75	1.64	0.32	0.16
8.普通高等学校举办 Run by Regular HEIs		80.35	171.75	432.98	0.00	0.00
函授 Correspondence Programs		42.27	91.97	247.21	0.00	0.00
业余 Spare-time Programs		14.34	33.40	86.10	0.00	0.00
脱产 Fulltime Programs		23.73	46.38	99.67	0.00	0.00
二、成人中等学校 Sec. Education for Adults	396242	8227.07	7052.78	6253.27	56.67	23.92
1.成人中等专业学校 Specialized Sec. Schools for Adults (SSSs for Adults)	3473	68.86	57.55	153.29	14.51	8.41
广播电视中等专业学校 Radio/TV SSSs	123	12.50	8.49	24.38	1.33	0.67
职工中等专业学校 Staff & Workers SSSs	1177	16.20	16.60	44.26	4.98	2.79
干部中等专业学校 Cadres SSSs	192	2.32	2.03	4.94	0.85	0.44
农民中等专业学校 Peasants SSSs	221	2.98	4.30	9.21	0.84	0.54
函授中等专业学校 Correspondence SSSs	57	3.36	2.56	6.59	0.63	0.31
教师进修学校 In-service Teacher Training Schools	1703	6.99	8.02	18.20	5.88	3.66
其他类学校举办 Programs run by Other Edu. Institutions		24.51	15.55	45.71	0.00	0.00
2.成人中学 General Sec. Schools for Adults	3265	39.41	48.26	58.53	2.42	1.50
成人高中 Senior Sec. Schools for Adults	1463	23.81	30.49	33.52	1.62	1.01
成人初中 Junior Sec. Schools for Adults	1802	15.60	17.77	25.01	0.80	0.49
3.成人技术培训学校 Technical Schools for Adults	389504	8118.80	6946.97	6041.44	39.74	14.01
职工技术培训学校 General Sec. Shools for Staff & Workers	10435	437.00	438.56	288.87	5.46	3.12
农民技术培训学校 Technical Training Schools for Peasants	379069	7681.81	6508.41	5752.57	34.27	10.89
三、成人初等学校 Adult Primary Schools	106398	489.33	432.96	467.83	11.68	3.64
1.职工初等学校 Worker Primary Schools	1002	8.14	7.39	8.16	0.19	0.11
2.农民初等学校 Peasant Primary Schools	105396	481.19	425.58	459.66	11.49	3.52
其中：扫盲班 of which: Literacy Classes	70346	174.45	146.81	177.39	8.07	2.28

注：成人中等专业学校中"其他类学校举办"是指：在成人高等学校和普通中等专业学校中招收的成人中专学生数。

Note: "Programs run by other edu. Institutions" refer to data related to SSS programs for adults provided by HEIs for adults and regular SSSs.

全国各级自学

Basic Statistics of Applicants for State－administered

		1983－2000 合计 Total	1983 上半年 First half year	1983 下半年 Second half year	1984 上半年 First half year	1984 下半年 Second half year
毕业生人数	Gradutes					
本科	Nonmal course	336434				
专科	Short－Cycle course	2739875			133	1345
中专	Specialized Secondary	403467				
单科合格科次数	Passed Main－courses					
本科	Nonmal course	14040591	422	697	796	991
专科	Short－Cycle course	82006621	38845	183048	333081	604054
中专	Specialized Secondary	4939318	697	2347	3531	7418
报考人数	Applicants					
计	Total					
本科	Nonmal course	14770330	884	1217	1639	2305
专科	Short－Cycle course	118627085	63873	262022	622088	848654
中专	Specialized Secondary	5499782		3424	5033	6541
首次报考人数	First Time					
本科	Nonmal course	5020891	27	229	134	542
专科	Short－Cycle course	31712703	155490	179385	395455	506255
中专	Specialized Secondary	1436507		3424	1726	1628
报考科次	Main－courses to be Examined					
本科	Nonmal course	44401517	2002	2691	3655	5030
专科	Short－Cycle course	239564642	122070	493654	1200947	1773843
中专	Specialized Secondary	9909387		6519	10760	15748
实考人数	Actural Examined					
本科	Nonmal course	10939344	764	1015	1159	1680
专科	Short－Cycle course	81827187	51302	184494	467105	646309
中专	Specialized Secondary	3486356		2739	4026	5232
实考科次	Actural Main－courses Examined					
本科	Nonmal course	25086964	1345	2252	2608	3632
专科	Short－Cycle course	176118877	89637	379350	881387	1338541
中专	Specialized Secondary	7977887		5540	8276	13466
在档考生人数	Exmainees on File					
累计数	Sum.					
本科	Nonmal course	16241391	32	138	200	314
专科	Short－Cycle course	160319158	12133	87335	223148	420059
中专	Specialized Secondary	10943852		2191	3651	4406
其中:新生数	of Which: Curent session					
本科	Nonmal course	2299796	5	106	62	114
专科	Short－Cycle course	14062838	9650	75202	135813	207389
中专	Specialized Secondary	958261		2191	1460	755

考试基本情况

Examination for Self－learners by Level

1985		1986		1987		1988	
上半年 First half year	下半年 Second half year	上半年 First half year	下半年 Second half year	上半年 First half year	下半年 Second half year	上半年 First half year	下半年 Second half year
14	12	11	14	47	51	110	297
2060	6565	29693	43189	35358	44585	62168	61371
20481	58	40872	26354	36235	6458	24353	7018
1459	1051	2209	3909	20393	26218	26032	37060
737796	1083782	1070299	1215432	1123822	1284691	1137868	1094216
306865	126506	327902	182631	316528	267492	370725	292607
2871	2298	3055	5183	26519	30260	36623	44275
1075594	1421211	1346466	1573841	1644984	1672448	1720821	1437775
173459	92108	25701	205532	306449	288042	337384	285974
437	260	908	1076	22193	13077	18657	22046
451823	659196	372588	468172	4325534	455694	458736	422219
77273	36963	128020	72036	145919	107781	155492	99285
6163	4907	6760	12395	61389	74391	86939	111530
2348639	2810102	3029215	3608182	3715386	3930776	3933345	3262016
412224	114254	649167	449848	703118	642607	802734	630291
2144	1339	2184	3614	19106	22508	25306	32639
773841	1103508	1065145	1226720	1271532	1312029	1282150	1148626
141533	74167	203477	161941	241953	225098	268656	221898
4522	3054	4950	9037	43809	53187	57371	65374
1662720	2145185	2298087	2673822	2748537	2910030	2711644	2262622
364624	178952	503119	347333	533521	501135	616610	475617
445	532	995	1569	9969	16639	24326	34070
612138	941438	1089218	1285689	1448597	1643128	1789585	1942242
110901	77402	139667	151457	225168	279959	389175	428824
131	87	463	574	8318	6689	7689	9806
199941	330492	196752	222011	204010	231031	194104	192385
106495	14983	53713	42049	61600	52382	90641	55804

全国各级自学

Basic Statistics of Applicants for State-administered

		1989		1990	
		上半年 First half year	下半年 Second half year	上半年 First half year	下半年 Second half year
毕业生人数	Gradutes				
本科	Nonmal course	569	475	968	996
专科	Short-Cycle course	65231	68691	55900	62165
中专	Specialized Secondary	22541	13650	22421	19232
单科合格科次数	Passed Main-courses				
本科	Nonmal course	39168	64327	78114	81320
专科	Short-Cycle course	1198715	1191751	12192921	384306
中专	Specialized Secondary	364207	250955	288846	229963
报考人数	Applicants				
计	Total				
本科	Nonmal course	57221	722553	94678	100954
专科	Short-Cycle course	1583220	15505211	17430211	967666
中专	Specialized Secondary	311221	236820	244444	211646
首次报考人数	First Time				
本科	Nonmal course	28295	35163	42355	30534
专科	Short-Cycle course	488568	477809	563357	560707
中专	Specialized Secondary	93647	52421	52835	54243
报考科次	Main-courses to be Examined				
本科	Nonmal course	123281	162051	223191	226670
专科	Short-Cycle course	3575839	3321740	39265904	429172
中专	Specialized Secondary	722308	525811	528329	453117
实考人数	Actural Examined				
本科	Nonmal course	38411	54234	68138	74413
专科	Short-Cycle course	1179460	1176964	13142811	527055
中专	Specialized Secondary	251625	188288	195981	169272
实考科次	Actural Main-courses Examined				
本科	Nonmal course	76907	113512	151073	153152
专科	Short-Cycle course	2484042	2469332	26100463	166408
中专	Specialized Secondary	578516	413627	425431	366461
在档考生人数	Exmainees on File				
累计数	Sum.				
本科	Nonmal course	46679	66738	86317	91789
专科	Short-Cycle course	2098872	2299196	25394802	802246
中专	Specialized Secondary	479678	496265	520414	536915
其中:新生数	of Which: Curent session				
本科	Nonmal course	12783	20192	21338	16678
专科	Short-Cycle course	215460	254243	282812	304963
中专	Specialized Secondary	53868	40255	29821	39219

考试基本情况(续一)

Examination for Self-learners by Level

1991		1992		1993		1994	
上半年 First half year	下半年 Second half year	上半年 First half year	下半年 Second half year	上半年 First half year	下半年 Second half year	上半年 First half year	下半年 Second half year
1493	2097	1882	2335	3131	4405	2926	3189
50873	57261	56544	68783	64314	79240	61573	71139
27747	17188	12116	15385	7727	11518	3703	5289
91453	92914	101001	83496	89330	120632	129329	158578
1541534	1409168	1724308	1712135	1892727	1932457	1523309	1811068
229039	122986	125314	123432	84250	94233	48341	82260
107773	119108	144169	131202	130662	149559	146231	181233
2317126	2452597	2747837	2555932	2448307	2282192	1961769	2101827
201985	1556631	134711	136804	85942	77898	33286	49597
39122	36192	51494	44324	40888	66450	57200	65373
785899	699302	767826	698494	746191	585416	643421	592417
58508	44063	28003	29684	26066	19355	5978	12951
261323	275544	321831	281634	269341	329869	302314	391276
5251674	5466671	6347546	5628587	5523236	5083088	4094754	4503667
457455	310859	303599	298516	188349	175525	85108	137956
80177	89894	108670	85516	87518	109209	95629	129937
1709769	1879978	2019650	1823672	1800286	1809209	1396486	1508963
164397	117728	104537	99785	62300	61176	32900	50784
170282	190586	218633	170168	167123	215850	216800	278165
3594482	3818644	4218246	3798290	3852910	3783069	3033011	3367729
363477	229198	230898	222968	136876	138481	73259	122654
122406	139306	161447	178047	191352	220839	179567	244819
3144251	3943844	3765591	4100882	4318000	4598507	2930253	3678144
545690	540773	555862	572808	575283	577479	204775	267577
21969	19320	24748	19405	14282	33806	36576	33358
388122	352568	363639	373677	376662	465778	298456	293360
26654	24870	19542	15873	15433	14283	6875	10550

全国各级自学

Basic Statistics of Applicants for State-administered

		1995		1997		1998	
		上半年 First halfyear	下半年 Second halfyear	上半年 First halfyear	下半年 Second halfyear	上半年 First halfyear	下半年 Second halfyear
毕业生人数	Gradutes						
本科	Nonmal course	4038	5356	6367	10542	11968	14397
专科	Short-Cycle course	93512	94441	111174	132161	120143	142260
中专	Specialized Secondary	6509	6998	5192	3539	4644	7494
单科合格科次数	Passed Main-courses						
本科	Nonmal course	254752	309574	475722	1109072	766218	889266
专科	Short-Cycle course	2446593	2679101	3254101	4228469	3699496	3716269
中专	Specialized Secondary	99495	48173	76389	52094	80439	73433
报考人数	Applicants						
计	Total						
本科	Nonmal course	266767	319935	473368	563962	764068	858627
专科	Short-Cycle course	2690697	2972271	3697085	3847639	4254102	4266257
中专	Specialized Secondary	69959	36144	56749	38723	56493	50900
首次报考人数	First Time						
本科	Nonmal course	98559	124282	191034	207316	311324	313261
专科	Short-Cycle course	846470	983974	1242201	1174411	1377656	1240486
中专	Specialized Secondary	19723	10909	19391	11357	8327	12679
报考科次	Main-courses to be Examined						
本科	Nonmal course	630083	794966	11555214	1551981	1865408	2147826
专科	Short-Cycle course	6287980	7148558	8821241	9288200	10261520	10232875
中专	Specialized Secondary	185242	107238	157664	99076	144500	129130
实考人数	Actural Examined						
本科	Nonmal course	19665	250499	368030	439792	611844	698959
专科	Short-Cycle course	2110719	2403378	2949857	3025277	3564459	3590675
中专	Specialized Secondary	61053	39468	49581	32042	49926	45363
实考科次	Actural Main-courses Examined						
本科	Nonmal course	453270	575933	841700	1158977	1388387	1605291
专科	Short-Cycle course	4930802	5505422	6774769	7135008	8059057	7915029
中专	Specialized Secondary	163501	93965	134506	86619	127671	111046
在档考生人数	Exmainees on File						
累计数	Sum.						
本科	Nonmal course	320303	408028	510616	742738	876431	1237555
专科	Short-Cycle course	4582744	4906938	6288806	6516221	7281740	7951516
中专	Specialized Secondary	279226	230057	259359	250632	312656	341143
其中:新生数	of Which: Curent session						
本科	Nonmal course	45182	61209	101294	169958	180815	174282
专科	Short-Cycle course	362996	396765	642875	693354	1180048	706471
中专	Specialized Secondary	13420	6776	13974	11039	61742	15329

考试基本情况(续二)

Examination for Self-learners by Level

1998		1999		2000		2001		2002	
上半年 First half year	下半年 Second half year	上半年 First half year	下半年 Second half year	上半年 First half year	下半年 Second half year	上半年 First half year	下半年 Second half year	上半年 First half year	下半年 Second half year
20995	26883	35649	49722	62921	62574	73130	88506	232591	121670
142959	154532	162957	173643	172049	191863	213555	265847	661563	278341
3897	4881	4913	6574	3796	4684	870	774	949	84
1060654	1203668	1320084	1561469	1768725	2070488	2545065	2357131	2744221	2609694
3815468	3625667	4075143	4022122	4081551	3941308	3573156	3248698	3394816	2497491
63766	47858	71544	48490	24161	4401	23877	1197	247	153
1085391	1285720	1419295	1624756	1788181	2077788	2347089	2441547	2693547	2877525
4700993	4735980	4987845	5019729	4662616	4748199	4367392	4148303	3753833	3525605
43814	37126	42653	32639	13513	10437	10313	1444	351	230
460927	476071	493832	475022	625491	626796	731805	606143	828202	704459
1707067	1525575	1520849	1207332	1259220	1167508	980880	893524	896314	715840
10312	11272	11323	8932	2320	2661	744	96	41	35
2603249	3151309	3413241	3896095	4277219	4968749	6048851	5765261	6294005	6759658
11293634	11114518	12271102	11914135	11037303	11173523	10250842	9378904	8894268	8296085
116865	89191	110630	75549	35421	34679	33890	2558	523	325
896439	1020578	1136176	1264476	1452732	1644950	1938347	1906783	2127149	2230816
3966594	3883557	4084862	4029519	3847426	3863800	3528505	3249569	2954655	2647007
38989	33388	38918	26625	11985	9525	8713	1205	284	181
1972423	2319280	2541013	2886914	3241944	3728440	4585818	4281323	4745404	5083830
8881093	8547288	9118389	9142498	8680325	8641009	7913893	7001861	6680018	6074949
101827	76808	99004	68485	32301	32115	29937	2191	411	247
1487435	1857008	2048267	2189494	2744981		4037236	4643379	5471581	6176040
8864050	9397127	9982109	10229401	11749208		13353898	14247422	151437361	5859576
247502	365202	371406	371906	228443		137889	137985	138026	138061
262682	390717	306769	298389			731805	606143	828202	704459
959792	1504782	803393	643842			980880	893524	896314	715840
14581	17210	15525	9349			744	96	41	35

各级普通学校校数

Number of Regular Schools by Level & Type

单位：所

Unit: Number of Sohools

	1949	1965	1978	1980	1985	2000	2001	2002
普通高等学校 Reg. Inst. of Higher Education	205	434	598	675	1016	1041	1225	1396
普通中等学校 Reg. Secondary Schools	5219	81274	167118	128065	108494	93629	95040	93573
中等专业学校 Specialized Sec. Schools	1171	1265	2760	3069	3557	3646	3260	2953
中等技术学校 Sec. Technical Schools	561	871	1714	2052	2529	2963	2690	2523
中等师范学校 Teachers Training Schools	610	394	1046	1017	1028	683	570	430
技工学校 Skilled Worker Schools	3	281	2013	3305	3548	3792	3470	3075
普通中学 General Sec. Schools	4045	18102	162345	118377	93221	77268	80432	80067
高中 Senior	1597	4112	49215	31300	17318	14564	14907	15406
初中 Junior	2448	13990	113130	87077	75903	62704	65525	64661
职业中学 Vocational Schools	0	61626	0	3314	8070	8849	7802	7402
工读学校 Community House	0	0	0	0	98	74	76	76
小学 Primary Schools	346769	1681939	949323	917316	832309	553622	491273	456903
特殊教育学校 Special Education Schools	0	266	292	292	375	1539	1531	1540
幼儿园 Kindergartens	0	19226	163952	170419	172262	175836	111706	111752

各级普通学校学生数

Enrolment of Regular Schools by Level & Type

单位:万人
Unit: in 10 thousand

	1949	1965	1978	1980	1985	2000	2001	2002
研究生 (人) Graduate Education(Person)	629	4546	10934	21604	87331	301239	393256	500980
普通高等学校本专科 Undergraduate Education	11.65	67.44	85.63	114.37	170.31	556.09	719.07	903.36
普通中等学校 Reg. Secondary Schools	127.05	1441.97	6675.37	5747.83	5167.46	8502.51	8895.98	9409.50
中等专业学校 Specialized Sec. Schools	22.88	54.74	88.92	124.34	157.11	489.52	457.98	456.35
中等技术学校 Sec. Technical Schools	7.71	39.24	52.93	76.13	101.29	412.54	391.74	396.24
中等师范学校 Teacher Training Schools	15.17	15.50	35.99	48.21	55.82	76.98	66.24	60.11
技工学校 Skilled Worker Schools	0.27	10.10	38.20	70.04	74.17	140.10	134.70	152.99
普通中学 General Sec. Schools	103.90	933.79	6548.25	5508.08	4705.96	7368.91	7836.02	8287.87
高中 Senior	20.72	130.82	1553.08	969.79	741.13	1201.26	1404.97	1683.81
初中 Junior	83.18	802.97	4995.17	4538.29	3964.83	6167.65	6431.05	6604.06
职业中学 Vocational Schools		443.34		45.37	229.57	503.21	466.43	511.50
高中 Senior		77.50		31.92	184.34	414.56	383.10	428.13
初中 Junior		365.84		13.45	45.23	88.64	83.33	83.37
工读学校 Community House					0.65	0.77	0.85	0.79
小学 Primary Schools	2439.10	11620.90	14624.00	14627.00	13370.20	13013.25	12543.47	12156.71
特殊教育学校 Special Education Schools		2.29	3.09	3.31	4.17	37.76	38.64	37.45
幼儿园 Kindergartens		171.30	787.70	1150.80	1479.70	2244.18	2021.84	2036.02

各级普通学校招生数

Number of Regular School Entrants by Level & Type

单位：万人
Unit: in 10 thousand

	1949	1965	1978	1980	1985	2000	2001	2002
研究生（人） Graduate Education(Person)	242	1456	10708	3616	46871	128484	165197	202611
普通高等学校本专科 Undergraduate Education	3.06	16.42	40.15	28.12	61.92	220.61	268.28	320.50
普通中等学校 Reg. Secondary Schools	50.97	673.11	2769.29	2044.92	1825.70	3102.07	3184.09	3375.04
中等专业学校 Specialized Sec. Schools	9.74	20.85	44.70	46.76	66.83	132.59	127.68	155.31
中等技术学校 Sec. Technical Schools	4.28	14.64	26.79	25.29	45.36	111.57	108.15	135.88
中等师范学校 Teacher Training Schools	5.46	6.21	17.91	21.47	21.47	21.02	19.53	19.42
技工学校 Skilled Worker Schools	0.00	0.00	25.70	33.13	35.54	50.38	55.10	73.33
普通中学 General Sec. Schools	41.23	345.78	2698.89	1934.31	1606.91	2735.99	2815.86	2929.00
高中 Senior	7.11	45.89	692.91	383.40	257.51	472.69	557.98	676.70
初中 Junior	34.12	299.89	2005.98	1550.91	1349.40	2263.30	2257.88	2252.30
职业中学 Vocational Schools		306.48		30.72	116.10	182.66	185.02	216.88
高中 Senior		55.67		24.06	98.49	150.39	155.05	187.36
初中 Junior		250.81		6.66	17.61	32.27	29.97	29.52
工读学校 Community House					0.32	0.44	0.43	0.52
小学 Primary Schools	680.00	3296.02	3315.36	2942.34	2298.17	1946.47	1944.21	1952.80
特殊教育学校 Special Education Schools			0.59	0.59	0.92	5.29	5.60	5.29
幼儿园 Kindergartens						1531.11	1398.22	1373.61

各级普通学校教职工数

Number of Regular School Teachers, Staff & Workers by Level & Type

单位:万人

Unit: in 10 thousand

	1949	1965	1978	1980	1985	2000	2001	2002
总计 **Total**	102.30	567.87	1083.45	1167.61	1209.56	1484.38	1474.55	1494.00
普通高等学校本专科 Undergraduate Education	4.60	33.30	51.80	63.20	87.06	111.28	121.44	130.36
普通中等学校 Reg. Secondary Schools	12.80	110.50	422.06	437.21	439.45	608.82	623.08	635.25
中等专业学校 Specialized Sec. Schools	2.40	12.20	23.70	29.80	40.32	48.81	42.90	38.15
中等技术学校 Sec. Technical Schools	1.10	10.10	17.60	22.30	31.31	39.80	35.28	32.02
中等师范学校 Teacher Training Schools	1.30	2.10	6.10	7.50	9.01	9.01	7.62	6.13
技工学校 Skilled Worker Schools	0.00	0.00	6.66	13.61	21.53	23.96	21.96	20.34
普通中学 General Sec. Schools	10.40	67.70	391.70	389.70	355.69	491.10	514.95	533.48
职业中学 Vocational Schools		30.60		4.10	21.59	44.69	43.01	43.03
工读学校 Community House					0.32	0.27	0.26	0.25
小学 Primary Schools	84.90	407.50	562.00	605.40	602.10	645.49	637.97	634.02
特殊教育学校 Special Education Schools		0.37	0.69	0.80	1.15	4.37	3.89	4.04
幼儿园 Kindergartens		16.20	46.90	61.00	79.80	114.43	86.17	90.33

各级普通学校专任教师数

Number of Regular School Full－time Teachers by Level & Type

单位:万人

Unit: in 10 thousand

	1949	1965	1978	1980	1985	2000	2001	2002
总计 **Total**	93.43	476.89	902.31	939.48	933.48	1193.49	1176.41	1202.00
普通高等学校本专科 Undergraduate Education	1.61	13.81	20.63	24.69	34.43	46.28	53.19	61.84
普通中等学校 Reg. Secondary Schools	8.22	70.93	330.96	323.30	305.65	472.34	485.98	502.17
中等专业学校 Specialized Sec. Schools	1.56	5.51	9.96	12.87	17.40	25.64	23.00	20.78
中等技术学校 Sec. Technical Schools	0.66	4.37	6.93	9.10	12.80	20.38	18.44	17.02
中等师范学校 Teacher Training Schools	0.90	1.14	3.03	3.77	4.60	5.26	4.56	3.76
技工学校 Skilled Worker Schools			2.80	6.14	8.89	14.00	13.40	12.60
普通中学 General Sec. Schools	6.66	45.71	318.20	301.97	265.16	400.55	418.84	437.63
高中 Senior	1.40	7.79	74.13	57.07	49.17	75.69	84.00	94.60
初中 Junior	5.26	37.92	244.07	244.90	215.99	324.86	334.84	343.03
职业中学 Vocational Schools		19.71		2.32	14.07	32.00	30.59	31.01
高中 Senior		5.29		1.65	11.58	28.18	26.86	27.27
初中 Junior		14.42		0.67	2.49	3.83	3.73	3.74
工读学校 Community House					0.13	0.15	0.15	0.15
小学 Primary Schools	83.60	385.71	522.55	549.94	537.68	586.03	579.77	577.89
特殊教育学校 Special Education Schools		0.26	0.42	0.48	0.73	3.20	2.85	2.98
幼儿园 Kindergartens		6.18	27.75	41.07	54.99	85.65	54.62	57.12

高级中等学校学生数的构成

Composition of Students in Secondary Schools

	合 计 Total	普通高中 Senior General Secondary Schools	中等职业技术学校 Secondary Vocational-technical Schools			
			小 计 Subtotal	中等专业学校 Specialized Sec. Schools	技工学校 Skilled Worker Schools	职业中学 Vocational Schools
学生数(万人) No. of Students (in 10 thousand)						
1965	271.1	130.8	140.3	52.7	10.1	77.5
1980	1196.0	969.8	226.2	124.3	70.0	31.9
1985	1156.7	741.1	415.6	157.1	74.2	184.3
1990	1322.0	717.3	604.7	224.4	133.2	247.1
1997	1939.6	850.1	1089.5	465.4	193.1	431.0
1998	2084.1	938.0	1146.1	498.1	193.1	454.9
1999	2190.3	1049.7	1140.6	515.5	181.3	443.8
2000	2245.5	1201.3	1044.2	489.5	140.1	414.6
2001	2380.8	1405.0	975.8	458.0	134.7	383.1
2002	2721.3	1683.8	1037.5	456.4	153.0	428.1
比重(%) Percentage						
1965	100	48.2	51.8	19.5	3.7	28.6
1980	100	81.1	18.9	10.4	5.8	2.7
1985	100	64.1	35.9	13.6	6.4	15.9
1990	100	54.3	45.7	17.0	10.0	18.7
1997	100	43.8	56.2	24.0	10.0	22.2
1998	100	45.0	55.0	23.9	9.3	21.8
1999	100	47.9	52.1	23.5	8.3	20.3
2000	100	53.5	46.5	21.8	6.2	18.5
2001	100	59.0	41.0	19.2	5.7	16.1
2002	100	61.9	38.1	16.8	5.6	15.7

教 育 规 模

Size of Education

单位：万人

Unit: in 10 Thousand persons

年份 Year	学校数(万所) Schools (in 10 Thousand)	学生数 Enrolment	教职工数 Teachers Scaff & Workers	教育人口* Educational Population	教育人口比重(%) Propotion of Education Population
1985	144	21753	1261	23014	22.0
1990	136	23654	1432	25086	22.2
1996	155	30401	1549	31950	26.2
1997	157	31076	1577	32653	26.7
1998	155	31809	1580	33389	27.0
1999	159	32672	1596	34268	27.5
2000	149	32093	1592	33685	26.8
2001	135	32135	1574	33709	26.6
2002	117	31873	1579	33452	26.2

* 教育人口为学生数与教职工数之和。

小学学龄儿童净入学率

Net Enrolment Ratio of School－age Children & Annual Retention Rate of Enrolment in Primary Schools

单位：%

Unit: %

年份	按7－11周岁计算 the age 7－11	按各地相应学龄、学制计算 According to Provincial entrance Age Primary Sohooling years			
		小计 Total	男 Male	女 Female	性别差 Gencler Gap
1990	97.80	96.30			
1991	97.90	96.80			
1992	98.00	97.20	98.20	96.10	2.10
1993	98.30	97.70	98.50	96.80	1.70
1994	98.70	98.40	99.00	97.70	1.30
1995	98.70	98.50	98.90	98.20	0.70
1996	99.10	98.80	99.00	98.60	0.40
1997	99.20	98.90	99.00	98.80	0.20
1998	99.30	98.90	99.00	98.90	0.10
1999	99.50	99.10	99.10	99.00	0.10
2000	99.50	99.10	99.14	99.07	0.07
2001	99.09	99.05	99.08	99.01	0.07
2002	99.29	98.58	98.62	98.53	0.09

注：1992年以前的入学率是按7－11周岁统一计算的。

从1992年起入学率是按各地不同入学年龄和学制分别计算的。

Note: Net Enrolment Rate of school－age chidren before year 1992 was calculated during the age of 7～11.

Since 1992, the rate varies according to provincial entrance age and primary schooling years.

各级普通教育毛入学率①

Gross Enrolment Ratio of Regular Schools by Level

单位: % Unit: %

年份 Year	小学 Primary 按各地相应学龄计算 According to provincial entrant age primary Schools years	初中② Junior 12－14周岁 the age of 12－14	高中阶段③ Senior 15－17周岁 the age of 15－17		高等教育④ IHEs 18－22周岁 the age of 18－22
			职前	全口径	
1990	111.0	66.7	21.9		3.4
1991	109.5	69.7	23.9		3.5
1992	109.4	71.8	22.6	26.0	3.9
1993	107.3	73.1	24.1	28.4	5.0
1994	108.7	73.8	26.2	30.7	6.0
1995	106.6	78.4	28.8	33.6	7.2
1996	105.7	82.4	31.4	38.0	8.3
1997	104.9	87.1	33.8	40.6	9.1
1998	104.3	87.3	34.4	40.7	9.8
1999	104.3	88.6	35.8	41.0	10.5
2000	104.6	88.6	38.2	42.8	12.5
2001	104.5	88.7	38.6	42.8	13.3
2002	107.5	90.0	38.4	42.8	15.0

注: ① 毛入学率指该级教育在校学生总数与政府规定的该级学龄段人口总数的百分比。

② 初中包括普通初中和职业初中。

③ 高中阶段(全口径)包括:普通高中、职业高中、成人高中、普通中专、成人中专和技工学校。
高中阶段(职前)包括:普通高中、 职业高中、技工学校和普通中专。

④ 高等教育包括研究生、普通高校本专科、成人高校本专科、军事院校本专科、学历文凭考试专科、电大注册视听生专科、高等教育自学考试本专科等形式教育。计算口径为:

$$\text{高等教育毛入学率} = \frac{\text{研究生}+\text{普通高等本专科}+\text{成人高校本专科}+\text{军事院校}+\text{学历文凭考试} + \text{电子注册视听生注册人数折合数}+\text{高等教育自学考试毕业生折合数}}{\text{18－22岁年龄组人口数}} \times 100\%$$

各级普通学校毕业生升学率

Promotion Rate of Regular School by Level & Type Graduates

单位: % Unit: %

年份 Year	小学升学率 Promotion Rate of Primary School Graduates			初中升学率 Promotion Rate of Junior Sec.School Graduates			高中升学率 Promotion Rate of Senior School Graduates		
	小学毕业生数 No. of Primary School Graduates	初级中等学校招生数 No. of Junior Sec. School Entrants	升学率(%) Promotion Rate (%)	初中毕业生数 No. of Junior Sec. School Graduates	高级中等学校招生数 No. of Senior Sec. School Entrants	升学率(%) Promotion Rate (%)	普通高中毕业生数 No. of Senior Sec. School Graduates	普通高等学校招生数 No. of Regular IHEs Entrants	升学率(%) Promotion Rate (%)
1990	1863.1	1389.2	74.6	1109.1	450.4	40.6	233.0	63.7	27.3
1991	1846.7	1435.1	77.7	1085.5	462.9	42.6	223.0	63.9	28.7
1992	1872.4	1491.7	79.7	1102.4	478.1	43.4	226.1	79.0	34.9
1993	1841.5	1505.6	81.8	1134.2	500.5	44.1	231.7	100.3	43.3
1994	1899.6	1644.9	86.6	1166.4	541.1	46.4	209.3	97.7	46.7
1995	1961.5	1781.1	90.8	1244.3	601.6	48.3	201.6	100.7	49.9
1996	1934.1	1791.4	92.6	1297.8	633.4	48.8	204.9	104.6	51.0
1997	1960.1	1836.5	93.7	1463.3	753.6	51.5	221.7	107.8	48.6
1998	2117.4	1996.3	94.3	1603.1	812.2	50.7	251.8	116.0	46.1
1999	2313.7	2183.4	94.4	1613.9	798.5	49.5	262.9	167.8	63.8
2000	2419.2	2295.6	94.9	1633.5	834.6	51.1	301.5	220.6	73.2
2001	2396.9	2287.9	95.5	1731.5	916.0	52.9	340.5	268.3	78.8
2002	2351.9	2281.8	97.0	1903.7	1109.7	58.3	383.8	320.5	83.5

注:高中升学率为普通高校招生数与普通高中毕业生数之比。

每十万人口各级学校平均在校生数

Number of Students per 100,000 Inhabitants by level

单位：人 Unit: person

年 份 Year	高等学校① Higher Education	高中阶段② Senior	初中阶段③ Junior	小 学 Primary	幼儿园 Kindergratens
1990	326	1337	3426	10707	1725
1991	304	1355	3465	10502	1907
1992	313	1365	3518	10413	2072
1993	376	1448	3599	10656	2190
1994	433	1293	3681	10819	2219
1995	457	1610	3945	11010	2262
1996	470	1780	4180	11273	2208
1997	482	1905	4289	11435	2058
1998	519	1978	4408	11287	1944
1999	594	2032	4656	10855	1864
2000	723	2000	4969	10335	1782
2001	931	2021	5161	9937	1602
2002	1146	2283	5240	9525	1595

注：① 高等学校仅含普通高校和成人高校。

② 高中阶段(全口径)包括：普通高中、职业高中、普通中专、技工学校、成人中专和成人高中。

③ 初中阶段包括：普通初中和职业初中。

各级普通学校生师比

Pupil－Teacher Ratio of Regular Education by level

单位：% Unit: %

年 份 Year	小学 Primary	普通初中 Junior	普通高中 Senior	职业中学 Vacational Secondary Schools	普通中专 Regular Secondary Schools	普通高校 Regular Inst. of Higher Educations		
						全 国 Total	本科院校 University	专科院校 non－university tertiry
1992	20.07	15.85	12.24	13.82	14.60	6.83	6.63	7.30
1993	22.37	15.65	14.96	13.86	14.55	8.00	7.82	8.61
1994	22.85	16.07	12.16	14.66	15.07	9.25	9.00	10.10
1995	23.30	16.73	12.95	15.35	15.95	9.83	9.71	10.16
1996	23.73	17.18	13.45	15.38	16.43	10.36	10.32	10.20
1997	24.16	17.33	14.05	15.88	16.71	10.87	10.80	10.85
1998	23.98	17.56	14.60	16.13	17.82	11.62	11.63	11.09
1999	23.12	18.17	15.16	15.91	17.88	13.37	13.67	12.23
2000	22.21	19.03	15.87	14.71	19.09	16.30	16.04	17.65
2001	21.64	19.24	16.73	14.26	19.91	18.22	18.47	17.15
2002	21.04	19.25	17.80	16.50	21.96	19.00	20.60	14.20

普通高等学校校均规模

Average Size of Regular Inst.of Highter Education

单位：人 Unit: person

	1992	1993	1994	1995	1996	1997	1998	1999	2000	2001	2002
全 国 Total	2074	2381	2591	2758	2927	3112	3335	3815	5289	5870	6471
本科院校 University	2676	3094	3418	3632	3857	4062	4418	5275	6916	8730	10454
专科院校 non－university tertiry	1051	1235	1338	1405	1466	1594	1701	1975	2282	2337	2523

注：校均规模是指全日制本、专科在校生平均规模。

各级普通学校女学生和女教职工数

Number of Female Students, Teachers, Staff & Workers by Level & Type of Regular Schools

单位:万人

Unit: in 10 thousand

	女学生 Female Students		女教职工 Female Teachers, Staff & Workers		女专任教师 Female Full-time Teachers	
	人数 Number	占学生总数的比重(%) Percentage	人数 Number	占教职工总数的比重(%) Percentage	人数 Number	占专任教师总数的比重(%) Percentage
普通高等学校 Regular IHEs	397.04	43.95	54.58	41.87	25.14	40.66
中等技术学校 Sec. Technical Schools	215.65	54.42	14.44	45.11	8.10	47.58
中等师范学校 Teacher Training Schools	42.77	71.16	2.60	42.39	1.67	44.51
普通中学 General Sec. Schools	3870.20	46.70	220.16	41.27	189.56	43.31
职业中学 Vocational Schools	243.27	47.56	17.99	41.80	13.71	44.20
工读学校 Correctional Work-study Schools	0.09	11.67	0.07	30.32	0.04	29.12
小学 Primary Schools	5738.13	47.20	324.01	51.10	305.76	52.91
特殊教育学校 Special Education Schools	12.72	34.29	2.68	66.47	2.16	72.37
幼儿园 Kindergartens	922.66	45.32	84.84	93.92	56.19	98.37

各级普通学校少数民族学生和少数民族教职工数

Number of Minority Students Enrolled, Teachers, Staff & Workers in Regular Schools at Various Levels

单位：万人

Unit: in 10 thousand

	少数民族学生 Minority Students		少数民族教职工 Minority Teachers ,Staff & Workers		少数民族专任教师 Minority Full－time Teacher	
	人 数 Number	占学生总数的比重 (%) Percentage	人 数 Number	占教职工总数的比重 (%) Percentage	人 数 Number	占专任教师总数的比重 (%) Percentage
普通高等学校 Regular IHEs	54.10	5.99	6.23	4.78	3.35	5.42
中等技术学校 Sec. Technical Schools	27.17	6.86	1.83	5.72	1.05	6.20
中等师范学校 Teacher Training Schools	7.82	13.01	0.69	11.25	0.46	12.18
普通中学 General Sec. Schools	613.16	7.40	38.33	7.18	31.70	7.24
职业中学 Vocational Schools	26.55	5.19	2.24	5.21	1.65	5.33
小 学 Primary Schools	1149.73	9.46	62.74	9.90	57.23	9.90
特殊教育学校 Special Education Schools	2.67	7.21	0.20	4.83	0.15	4.94
幼 儿 园 Kindergartens	109.37	5.37	3.62	4.01	2.42	4.24

二、普通教育

REGULAR EDUCATION

(一) 高等教育

HIGHER EDUCATION

普通高等学校校数

Number of Regular Higher Educational Institutions

单位：所

	合 计 Total	大学、专门学院 Universities & Colleges	专科学校 Short-Cycle Colleges	职业技术学院 Short-Cycle Vocational Colleges
合计 Total	1396	629	219	548
综合大学 Comprehensive University	112	97	15	-
理工院校 Natural Sciences & Technology	224	178	46	-
农业院校 Agriculture	40	34	6	-
林业院校 Forestry	6	6	0	-
医药院校 Medicine & Pharmacy	99	77	22	-
师范院校 Teacher Training	203	118	85	-
语文院校 Language & Literature	15	12	3	-
财经院校 Finance & Economics	62	39	23	-
政法院校 Political Science & Law	30	13	17	-
体育院校 Physical Culture	15	14	1	-
艺术院校 Art	30	29	1	-
民族院校 Ethnic National lities	12	12	0	-
职业技术院校 Short-Cycle Vocational Colleges	548	0	0	548

普通高等学校规模

Breakdown of Regular Higher Educational Institutions by Size of Enrolments

单位：所

	学校数 Institutions	300人及以下 300 and under	301～500人 301 to 500	501～1000人 501 to 1000	1001～1500人 1001 to 1500	1501～2000人 1501 to 2000	2001～3000人 2001 to 3000	3001～4000人 3001 to 4000	4001～5000人 4001 to 5000	5001人及以上 5001 and over
合计 Total	1396	76	49	104	70	88	167	122	117	603
综合大学 Comprehensive University	112	0	0	0	1	1	8	4	3	95
理工院校 Natural Sciences & Technology	224	3	0	1	3	2	9	9	13	184
农业院校 Agriculture	40	0	0	0	0	0	1	3	5	31
林业院校 Forestry	6	0	0	0	0	0	0	0	0	6
医药院校 Medicine & Pharmacy	99	2	2	2	1	4	13	11	23	41
师范院校 Teacher Training	203	2	2	0	1	4	21	27	22	124
语文院校 Language & Literature	15	0	0	1	0	2	1	3	1	7
财经院校 Finance & Economics	62	0	0	1	2	0	5	5	9	40
政法院校 Political Science & Law	30	0	0	2	2	5	6	5	3	7
体育院校 Physical Culture	15	0	0	0	1	1	5	4	3	1
艺术院校 Art	30	1	0	6	6	4	7	3	1	2
民族院校 Ethnic National lities	12	0	0	0	0	0	0	1	0	11
职业技术院校 Short-Cycle Vocational Colleges	548	68	45	91	53	65	91	47	34	54

普通高等学校设置专业数

Number of Specialities and Number of Educational Programmes Estabished by Field of Study in Regular Higher Educational Institutions

	合计 Total	哲学 Philosoph	经济 Economics	法学 Law	教育 Education	文学 Literatur	历史 History	理学 Science	工学 Engineering	农学 Agriculture	医学 Medicine	管理学 Administr－ators
种数 No. of Sp.	528	5	16	26	56	85	9	68	151	35	41	36
点数 No. of Ed. Prog.	34488	57	1713	1545	2476	5251	294	4005	10419	1119	1540	6069

普通高等学校工科分大类学生数

Breakdown of Engineering Students by Subfield of Study in Regular Higher Educational Institutions

单位：人
Unit: in Person

	毕业生数 Graduates	招生数 Entrants	在校学生数 Enrolment
总　计 **Total**	459842	1057241	3084999
工　学 Engineering	625	1969	3493
地　矿 Applied Gelolgy	5588	9411	30593
材　料 Materials Science	16184	28098	93467
机　械 Mechanical Engineering	77711	150407	443447
仪器仪表 Instrument & Meter	6201	14059	44871
能源动力 Thermal & Nuclear Energy	9517	15300	51111
电气信息 Electronics & Information	209978	554092	1562418
土　建 Civil Engineering & Architcture	58171	110977	340620
水　利 Hydraulics	5116	10809	32337
测　绘 Survey & Measure	2157	5044	15339
环境与安全 Environ ment and Safety	7651	25945	75880
化工与制药 Chemical Engineering & Pharmaceutics	16513	27175	88674
交通运输 Transportation	11648	27847	74803
海洋工程 Marine Engineering	1165	2627	7936
轻工纺织食品 Light Industry, Textile and Food	17509	35742	109578
航空航天 Aeronautics & Astronautics	1840	3865	12295
武　器 Weaponry	313	1800	5118
工程力学 Engineering Mechanics	1113	2928	8577
生物工程 Biotechnology	2885	15551	39053
农业工程 Agriculture Engineering	3649	6367	23007
林业工程 Forestry Engineering	1340	2144	8125
公安技术 Public Security Technology	2968	5084	14257

普通高等学

Basic Statistics of Regular Higher

	学校数(所) Institutions		本专科学生数 Undergraduate Students						
	计 Total	其中:中央部门所属学校数 Of Which Inst. Under Central Ministries & Agencies	毕业生数 Graduates	招生数 Students Admitted	在校学生数 Enrolment	合计 Total	计 Subtotal	计 Subtotal	正高级 Senior
总 计 Total	1396	111	1337309	3204976	9033631	1303575	1127345	618419	60210
其中: 女 Of which: Female	–	–	570499	1418997	3970355	545812	473226	251422	9987
本科院校 University	629	103	949475	2091159	6575386	1001053	842317	454882	55180
高职(专科)院校 Non-university Tertiry	767	8	277339	890502	1934083	287137	270495	155872	4741
其他 Other	–	–	9571	55953	111520	15385	14533	7665	289
综合大学 Comprehensive Universities	112	22	270340	497594	1619776	282919	234792	125772	18132
理工院校 Natural Sciences & Tech.	224	40	341418	810094	2451594	347274	284959	157278	18323
农业院校 Agriculture	40	4	56748	137385	411159	59699	47183	24708	2883
林业院校 Forestry	6	2	6253	20599	60950	7843	6476	3703	506
医药院校 Medicine & Pharmacy	99	3	54350	150719	473658	89319	73186	35217	4568
师范院校 Teacher Training	203	6	245852	532556	1541556	198384	183599	104944	7809
语文院校 Language & Literature	15	6	9961	23232	72031	12619	10983	5951	498
财经院校 Finance & Economics	62	6	75696	162972	483239	52244	48565	26981	2360
政法院校 Political Science & Law	30	10	19403	36888	108680	17613	16927	7574	568
体育院校 Physical Culture	15	1	7251	16849	50408	8103	7321	3799	311
艺术院校 Art	30	3	7062	24022	64136	13034	12128	6806	739
民族院校 Ethnic Nationalities	12	6	11380	29284	86681	11939	10812	6171	546
职业技术学院 Shore-cycleVocational Colleges	548	2	130671	595420	1197121	202585	190414	109515	2967
总计中 Of the total									
中央部委所属院校 Inst. under Central Ministries & Agencies	111	111	243339	398351	1404879	332871	254118	127110	24338
其中: of which:									
教育部所属院校 Inst. under MOE	72	72	193725	302576	1100357	262698	202572	102726	20395
地方所属院校 Inst. under Local Auth.	1154	0	1067939	2645497	7311299	926348	830389	467388	32992
民办 Non-State/Private	131	0	26031	161128	317453	44356	42838	23921	2880

校基本情况

Educational Institutions

单位: 人
Unit: in Person

教职工数 Teachers, Staff & Workers									
校本部教职工 Teachers, Staff & Workers in the College or Uni. Proper							科研机构人员 Personnel in Affiliated Research Org.	校办企业职工 Emplyees in School-run Enterprise	其他附设机构人员 Personnel in Other Subsidiary Units
专任教师 Full-time Teachers				行政人员 Adm. Personnel	教辅人员 Supporting Staff	工勤人员 Workers			
副高级 Sub-Senior	中级 Middle	初级 Junior	无职称 No Rank						
186293	210992	120229	40695	204845	149483	154598	44807	55886	75537
65778	93815	60459	21383	86639	78242	56923	16320	18553	37713
143952	148184	80166	27400	153178	119542	114715	42983	46567	69186
40299	59811	38321	12700	48630	28452	37541	1727	8939	5976
2042	2997	1742	595	3037	1489	2342	97	380	375
40702	41256	19851	5831	43408	34073	31539	15477	13049	19601
49268	50760	28174	10753	48294	41804	37583	13338	21383	27594
7685	7986	4504	1650	8267	6973	7235	2279	5073	5164
1122	1169	662	244	1189	777	807	213	349	805
11135	10418	6747	2349	13947	13446	10576	8989	2185	4959
30795	36361	22191	7788	31727	22002	24926	1822	4644	8319
1666	2302	1179	306	2379	1170	1483	269	348	1019
8559	10052	4498	1512	10295	4615	6674	461	1032	2186
2411	2890	1302	403	5039	1773	2541	148	95	443
1096	1510	659	223	1631	533	1358	100	52	630
1922	2158	1423	564	2625	1166	1531	177	157	572
1978	2244	1067	336	2087	1327	1227	211	38	878
27954	41886	27972	8736	33957	19824	27118	1323	7481	3367
43834	38620	15569	4749	45968	43114	37926	31306	18126	29321
35239	31097	12287	3708	35841	33759	30246	20593	16209	23324
136347	165865	98904	33280	150037	102092	110872	13196	36841	45922
6112	6507	5756	2666	8840	4277	5800	305	919	294

普通高等学校

Number of Undergraduate Students by Type of

	毕业生数 Graduates			招生数 Students Admitted	
	计 Total	本科 Normal Courses	专科 Short-cycle Courses	计 Total	本科 Normal Courses
总计 **Total**	1337309	655763	681546	3204976	1587939
中央教委所属院校 Inst. Under SEDC	243339	204084	39255	398351	345193
其中: of Which: 教育部所属院校 Inst. under Moe of Education	193725	168044	25681	302576	276405
地方所属学校 Inst.under Local Aut	1067939	450694	617245	2645497	1229042
民办 Non-State/private	26031	985	25046	161128	13704

普通高等学校

Supplementary Data for Special Categories

	在职人员攻读博士、硕士学位 Advanced Degree Programs For Persons in Employment	研究生课程进修班 Postgraduate Courses	普通预科生 College-Preparatory Classes	电大注册视听生 Registered Viewers/auditors of Programs Provided by RTVUs	网络本、专科班 Students Earolled in Normal and Short-cycle Courses Provided by Web-based Programs
毕(结)业生数 Graduates	0	98431	11636	0	1198
招生数 Students Admitted	53333	100837	20647	0	238725
在校学生数 Enrolment	112554	176415	23394	0	371546

本专科学生数

Courses in Regular Higher Educational Institutions

单位: 人

Unit: in Person

	在校学生数 Enrolment			毕业班学生数 Graduates for Next year		
专科 Short-cycle Courses	计 Total	本科 Normal Courses	专科 Short-cycle Courses	计 Total	本科 Normal Courses	专科 Short-cycle Courses
1617037	9033631	5270845	3762786	1943621	957430	986191
53158	1404879	1260607	144272	313533	264592	48941
26171	1100357	1021901	78456	246893	216467	30426
1416455	7311299	3981715	3329584	1579196	691237	887959
147424	317453	28523	288930	50892	1601	49291

学生数补充资料

of Undergraduate Students

单位: 人

Unit: in Person

学历文凭考试 Students Enrolled in State Recognized Credit Programs Provided by Non-state/Private HEIs	自考助学班 Classes run by Non-state. Private HEIs for Students Preparing for State-administered Examinatims for Self-directed Learners	证书教育 Programs Awarding Certificates on Completion ofCourses	岗位教训 Job-related Training	进修及培训 In-service Training			
				一周至三个月以下 1 Week-Under 3 Months	三个月至半年以下 3 Months-Under Half Year	半年至一年以下 Half Year-Under 1 Year	一年以上 Over 1 Year
28164	114357	101400	477655	375678	61640	33286	14505
48847	200903	95629	320486	252389	52761	33321	21433
127425	448722	105139	109993	50956	31779	21496	34604

普通高等学校

Number of Students by Field of Study in

	毕业生数 Graduates			招生 Students	
	计 Total	本科 Normal Courses	专科 Short-cycle Courses	计 Total	本科 Normal Courses
总计 Total	1337309	655763	681546	3204976	1587939
哲学 Philosophy	1012	858	154	2175	1700
经济学 Economics	65942	37517	28425	182416	94337
法学 Law	79966	36332	43634	160618	78519
教育学 Education	79812	22885	56927	178223	59317
文学 Literature	198535	77710	120825	509315	243324
历史学 History	11683	7022	4661	15351	10474
理学 Science	131494	72526	58968	294867	191997
工学 Engineering	459842	252024	207818	1057241	543447
农学 Agriculture	36284	22462	13822	69247	37513
医学 Medicine	79500	47320	32180	207909	105815
管理学 Administrators	193239	79107	114132	527614	221496
总计中：师范 Of the Total: Teacher Training	256961	107661	149300	455698	220763

分科学生数
Rrgular Higher Educational Institutions

单位: 人
Unit: in Person

数 Admitted	在校学生数 Enrolment			毕业班学生数 Graduates for Next Year		
专科 Short-cycle Courses	计 Total	本科 Normal Courses	专科 Short-cycle Courses	计 Total	本科 Normal Courses	专科 Short-cycle Courses
1617037	9033631	5270845	3762786	1943621	957430	986191
475	6637	5624	1013	1404	1112	292
88079	466433	284348	182085	91417	49780	41637
82099	474846	264039	210807	114340	53548	60792
118906	470293	183528	286765	118666	31938	86728
265991	1368278	746090	622188	296111	128759	167352
4877	55565	40333	15232	14675	9241	5434
102870	852238	600480	251758	180206	106890	73316
513794	3084999	1886996	1198003	672715	366804	305911
31734	216040	140868	75172	50200	30072	20128
102094	656560	424401	232159	114015	56981	57034
306118	1381742	694138	687604	289872	122305	167567
234935	1402240	790497	611743	354210	161936	192274

普通高等学校函授、

Number of Students Enrolled in Correspondence Divisions、Sparetime Schools and Short－

	函授、业余 Correspondence Divisions and Sparetime Schools							
	毕业生数 Graduates			招生数 Students Admitted			在校 Enrolment	
	计 Total	本科 Normal Courses	专科 Short－cycle Courses	计 Total	本科 Normal Courses	专科 Short－cycle Courses	计 Total	本科 Normal Courses
总计 Total	566116	163217	402899	1253675	438701	814974	1263059	444545
哲学 Philosophy	491	49	442	1577	80	1497	1577	80
经济学 Economics	42395	8648	33747	75072	20166	54906	75198	20193
法学 Law	44513	15513	29000	79867	45646	34221	80230	45975
教育类 Education	41191	12128	29063	101447	24950	76497	102928	26149
文学 Literature	117953	35328	82625	238094	100695	137399	241538	102986
历史学 History	4782	2975	1807	5574	4260	1314	5604	4289
理学 Science	31006	19127	11879	62271	46052	16219	63874	47106
工学 Engineering	96981	26892	70089	217399	76569	140830	218472	77033
农学 Agriculture	10412	679	9733	29809	5341	24468	29849	5362
医学 Medicine	39048	9048	30000	139304	34823	104481	139862	35054
管理学 Administrators	137344	32830	104514	303261	80119	223142	303927	80318
总计中：师范 Of the Total: Teacher Training	169626	70408	99218	334270	156376	177894	340501	161189

普通高等学校学

Changes in

	上学年初报表在校学生数 Total enrolment at beginning of previous Academic year	增加学生数 Factors of Increase					计 Total
		计 Total	招生数 No. of Students Admitted	复学 Students Resuming Studies	其他学校转入 Transfers from Other Inst.	其他 Others	
博士生 Doctor's Degrees	76800	35140	34004	90	93	953	14720
硕士生 Master's Degrees	292793	159542	157324	236	610	1372	76203
研究生班学生 Postgraduate Courses	738	107	107	0	0	0	738
普通本科、专科生 Students Enrolled in Normal and Short-cycle Courses	6819413	3203368	3037614	9460	57070	99224	1401792
成人本科、专科生 Students Enrolled in Normal and Short-cycle Courses Provided by Adult HEIs	3395542	1866011	1717493	9564	28383	110571	931769
网络本科、专科生 Students Earolled in Normal and Short-cycle Courses Provided by Web-based Programs	125870	255708	238725	83	23	16877	10032

业余、脱产分科学生数
cycle Courses for Adults Attached to Regular Institutions of Higher Education

单位: 人 Unit: in Person

学生数	脱产 Short−cycle Courses for Cadres								
	毕业生数 Graduates			招生数 Students Admitted			在校学生数 Mnrolment		
专科 Short−cycle Courses	计 Total	本科 Normal Courses	专科 Short−cycle Courses	计 Total	本科 Normal Courses	专科 Short−cycle Courses	计 Total	本科 Normal Courses	专科 Short−cycle Courses
818514	237337	33325	204012	463818	118199	345619	464991	118629	346362
1497	0	0	0	267	213	54	267	213	54
55005	14911	1435	13476	26688	7712	18976	26726	7713	19013
34255	16431	2428	14003	31951	10951	21000	31980	10953	21027
76779	7703	401	7302	14468	671	13797	14469	671	13798
138552	45220	7607	37613	79233	26584	52649	79494	26773	52721
1315	168	146	22	528	123	405	528	123	405
16768	5594	835	4759	9215	2328	6887	9217	2328	6889
141439	57027	7745	49282	96912	26236	70676	97171	26293	70878
24487	1256	18	1238	4462	508	3954	4466	508	3958
104808	29419	7287	22132	92157	21613	70544	92439	21757	70682
223609	59608	5423	54185	107937	21260	86677	108234	21297	86937
179312	59608	5423	54185	107937	21260	86677	108234	21297	86937

生数变动情况
Undergraduate Enrolment

单位: 人 Unit: in Person

减少学生数 Factors of Decrease								本学年初报表在校学生数 Total enrolment at beginning of current academic year
毕业生 Graduates	结业生 Completers of Coursse without formalawards	休学 Suspended	退学 Quitting	开除 Expelled	死亡 Dead	转到其他学校 Transfers to Other Inst.	其他 Others	
12849	64	120	371	11	6	32	1267	97220
63639	205	303	757	11	26	1398	9864	376132
0	0	0	0	0	0	0	738	107
1236385	12594	14884	24217	1928	681	33382	77721	8620989
803453	21403	8277	25576	763	133	13902	58262	4329784
1198	159	613	5105	37	10	584	2326	371546

外 国 留
Information on

	毕(结)业生数 Graduates	授予学位数 Degrees Awarded	招生数 Entrants	
			计 Total	其中:春季招生 Spring term
总　计 Total	34927	2186	37338	12465
其中:女　Of which: Female	18559	804	18394	5678
分层次　By level of training				
博　士 Doctor's Degrees	232	204	383	59
硕　士 Master's Degrees	475	423	1074	131
本　科 Normal Courses	1898	1559	5144	505
专　科 Short-cycle Courses	74	0	176	44
培　训 Training Programs	32248	0	30561	11726
分大洲　By continent				
亚　洲 Asia	27425	1860	29983	10404
非　洲 Africa	508	204	661	90
欧　洲 Europe	3604	69	3485	898
北美洲 North America	2841	28	2659	957
南美洲 South America	201	17	208	23
澳　洲 Australia	348	8	342	93
分经费来源 By Sounces of Support				
国际组织资助 Aided by IGOs	13	0	15	3
中国政府资助 Aided by Chinese government	1934	474	2310	189
本国政府资助 Aided by home government	298	22	202	66
学校间交换 Aided by inter－institutional exchanges	1479	20	1659	412
自　费 Self－supporting	31203	1670	33152	11795

学 生 情 况
Foreign Students

单位：人
Unit: in Person

在校学生数 Enrolment					
计 Total	第一年 1st year	第二年 2nd year	第三年 3rd year	第四年 4th year	第五年 5th year
54754	37210	8465	4414	2836	1829
25278	18322	3618	1695	1032	611
1288	384	344	313	140	107
2633	1104	782	609	92	46
14416	5455	3466	2522	1929	1044
280	174	78	5	12	11
36137	30093	3795	965	663	621
45118	29882	7349	3806	2458	1623
1590	691	266	318	194	121
4348	3544	449	158	135	62
2980	2549	299	91	26	15
294	208	52	22	10	2
424	336	50	19	13	6
15	13	0	2	0	0
4708	2389	922	724	445	228
545	419	108	12	3	3
2455	1918	254	189	68	26
47031	32471	7181	3487	2320	1572

普通高等学校分科专任教师数

Number of Full－time Teachers by Field of Study in Regular Higher Educational Institutions

单位：人

Uint: in Person

	合计 Total	正高级 Senior	副高级 Sub-Senior	中级 Middle	初级 Junior	无职称 No Rank
总计 Total	618419	60210	186293	210992	120229	40695
其中：女 Of which: Female	251422	9987	65778	93815	60459	21383
哲学 Philosophty	20075	1872	6734	7714	2904	851
经济学 Economics	35584	3106	10160	13376	6893	2049
法学 Law	22553	1796	6334	8572	4476	1375
教育学 Education	55620	2445	15566	21403	12266	3940
文学 Literature	126989	7824	31322	44474	31905	11464
历史学 History	9443	1339	3143	3317	1268	376
理学 Science	90225	11010	31703	28168	14456	4888
工学 Engineering	169793	19448	53488	55516	30702	10639
农学 Agriculture	19744	2605	6524	6452	3355	808
医学 Medicine	41203	6265	13257	12223	6999	2459
管理学 Administrators	27190	2500	8062	9777	5005	1846

专任教师中本学年内不担任教学工作的人数

Number of Full－time Teachers Carrying No Teaching Load

单位: 人

Unit: in Person

	合计 Total	正高级 Senior	副高级 Sub-Senior	中级 Middle	初级 Junior	无职称 No Rank
总计 Total	30830	2321	7347	12058	7334	1770
脱产进修 On Leave for Upgrading	19562	865	4443	8304	5353	597
科学研究 Scientific Research	3417	854	1187	924	372	80
因病休养 Convalescents	751	56	183	337	157	18
其他 Others	7100	546	1534	2493	1452	1075

非教学人员中有教师职称的人数

Breakdown of Non－Teaching Staff with Academic Ranks

单位: 人

Unit: in Person

	合计 Total	正高级 Senior	副高级 Sub-Senior	中级 Middle	初级 Junior
总计 Total	381817	10311	69639	186636	115231
行政人员中 Adm. Personnel	156206	4085	30069	75483	46569
科研机构人员中 Personnel in Research Org.	37379	3955	10079	15636	7709
教辅人员中 Supporting Staff	125810	1272	20022	65077	39439
校办企业职工中 Employees in School－run Enterprise	19506	215	2836	9204	7251
其他附设机构人员中 Personnel in other Subsidiary Units	42916	784	6633	21236	14263

专任教师、聘请校外教师学历情况

Data on Academic Qualifications of Full-time and Invited from other Institutions

单位: 人

Unit: in Persons

	合 计 Total	博 士 Doctor's Degrees	硕 士 Master's Degrees	本 科 Normal Courses	专科及以下 Short-cycle Coursesand Under
专任教师 Full-time Teachers	618419	43442	149392	397294	28291
其中: 女 Of which: Female	251422	7886	57990	174162	11384
正高级 Senior	60210	15540	15472	27904	1294
副高级 Sub-senior	186293	18325	48203	112257	7508
中 级 Middle	210992	8199	58913	133047	10833
初 级 Junior	120229	564	20993	92195	6477
无职称 No Rank	40695	814	5811	31891	2179
聘请校外教师 Invited from other Institutions	82538	5686	16968	55779	4105
其中: 女 Of which: Female	27626	878	5327	19929	1492
正高级 Senior	17090	3598	4441	8702	349
副高级 Sub-senior	30138	1451	6022	21504	1161
中 级 Middle	24835	400	4598	18142	1695
初 级 Junior	6904	59	1046	5159	640
无职称 No Rank	3571	178	861	2272	260
聘请校外教师中外教 Foreign Teachers Among Invited from other Institutions	3495	493	942	2014	46

普通高等学校专

Breakdown of Full－time Teachers by Age

	合 计 Total	30岁及以下 30 years & under	31～35 岁 31～35 years	36～40 岁 36～40 years
总 计 Total	618419	173047	112870	140237
其中: 女教师 Of which: Female Teachers	251422	91109	50634	53703
正高级 Senior	60210	31	622	8564
副高级 Sub-senior	186293	780	13176	68608
中 级 Middle	210992	37058	81054	58242
初 级 Junior	120229	97667	16064	4158
无职称 No Rank	40695	37511	1954	665

普通高等学校教职工数补充资料

Supplementary Data for Teachers, Staff & Workers in Regular HEIs

单位: 人

Unit: in Persons

	聘请校外教师 Invited from other Institutions	离退休人员 Number of People on Pension	附属中小学幼儿园教职工 Staff & Workers in Attached Sec. Schools, Primary School、Kindergartens	集体所有制人员 Employees of Collective Owned Ubits (Labour Service Co., etc.)
人数 Number	82538	449318	27401	24243

任教师年龄情况

in Regular Higher Educational Institutions

单位: 人

Unit: in Person

41~45岁 41~45 years	46~50岁 46~50 years	51~55岁 51~55 years	56~60岁 56~60 years	61~65岁 61~65 years	66岁及以上 66 years & over
63483	51148	31560	32588	10353	3133
21441	17088	8879	6767	1480	321
9698	10833	7491	12243	8001	2727
35556	29520	18276	17756	2238	383
16679	9968	5432	2444	101	14
1283	666	282	101	4	4
267	161	79	44	9	5

普通高等学校专
Changes of Full－time Teachers in Regular

	上学年初报表专任教师数 Total number of full-time teachers at beginning of previous academic year	合 计 Total	录用毕业生 New recruits from current year graduates			增加专 Factors
			计 Total	其中：Of which: 研究生 completing doc. & mas. deg. Prog.	本 科 completing 1st degree courses	计 Total
专任教师 Full－time Teachers	534657	112739	43994	13799	29398	45187

普 通 高 等 学
Condition of School Buildings in Regular

	合 计 Total	教学及辅助用房 Teaching & Administritive					
		计 Subtotal	教 室 Classrooms	图书馆 Libraries	实验室、实习场所 Lab. and Practice Facilities	体育馆 Gymnasium	会 堂 Hall
学校产权建筑面积 Floor Area of School Buildings Owned by HEIs	302512862	110548888	48378003	13440449	40836696	5106431	2787309
其中：危房 Of Which: Floor Arec of Dilapidated Buildings	2037534	620144	189776	35195	358130	13612	23431
当年新增面积 New Floor Space Added in Current Year	33318575	15122006	7451765	1806706	4647323	945136	271076
被外单位借用 Floor Area Leased by Other Units	830283	208882	74388	16600	103366	10650	3878
正在施工面积 Floor Space Under Construction	33228928	18061701	8160782	3052440	5505716	1086095	256668
独立使用非学校产权建筑面积 Floor Area of Buildings not Owned by HEIs	22953376	7889520	4710343	552513	2175149	271954	179561

任教师变动情况

Higher Educational Institutions

单位：人
Unit: in Person

任教师数 of Increase				减少专任教师数 Factors of Decrease				本学年初报表专任教师数 Total number of full-time teachers at beginning of current academic year
外单位教师调入 Teachers recruited form other units		校内、外非教师调入 Non-teaching personnel changed into teachers		合计 total	自然减员 Retiredfrom their posts during previcus academic year	调离教师岗位人员 Transferred from teaching to non-teaching posts	其他 Others	
其中：普通高校调入 Of which: fromreg. HEIs	计 Total	其中：本校调整 Of which: with change of status in their own institutions						
19306	23558	14962		28977	9639	6623	12715	618419

校校舍情况

Higher Educational Institutions

单位：m^2

行政办公用房 Adm. BuildSing	生活用房 Residential Building						
	计 Subtotal	学生宿舍（公寓） Students' Dormitories	学生食堂 Students' Dining Halls	教工单身宿舍 Apartments for Single	教工食堂 Residences for teachers & Workers	生活福利及其他用房 Welfare Anxiliary Buildinsg	教工住宅 Residences for Teachers & Workers
13433988	104967277	66145657	11302358	4548503	1357728	21613031	73562709
124879	688067	268366	33882	116810	7969	261040	604444
1289775	13685133	10461846	1516446	316707	52511	1337623	3221661
43488	266486	80513	14397	18780	1888	150908	311427
1141069	10069950	7378034	1120184	208286	67667	1295779	3956208
720312	14334172	12086457	1169916	252577	65733	759489	9372

普通高等学校固定

Condition of Fixed Assets and Teaching

	学校占地面积(平方米) Area of School Sites (m^2)			图书音像资料情况 Audio-visual ed. Resources			
				一般图书(万册) Books & Magazines in Libraries (10 Thouand Volume)		电子图书(片) Electronic Books & Magazines in Libraries (Disk)	
	计 Total	其中: 绿化用地面积 of Which:	其中: 运动场地面积 of Which: Sports Areas	计 Total	当年新增 New Floor Area Added in Current Year	计 Total	当年新增 New Floor Area Added in Current Year
学校产权 Owned by HEIs	763226481	187351438	54224104	72551.89	5757.48	18097765	10349377
非学校产权中独立使用 Not Owned by HEIs	34792433	7181777	2219235	3852.17	1428.00	171336	127944

社会力量举办的非学历

Basic Conditions of In-formal Schooling at

	机构数(个) Ins.No	结业生数 No. Of Completers		招生数 Entrants	
		计 Sub-total	其中: of which: 学历文凭 With Diplomas	计 Sub-total	其中: of which: 学历文凭 With Diplomas
总 计 Total	1202	811265	71573	643084	114231
其中: 女 Of which: Female		419815	27248	298520	49600

资产情况及其他
Resources in Regular Higher Educational Institutions

拥有教学用计算机(台) No. of Computers used for Instruction	语音实验室座位数(个) No. of Seats in Audio-Labs	多媒体教室座位数(个) No. of Seats in Multimedia Class rooms	网上教学课程数(种) No. of Web-Based Courses	固定资产值(万元) Fixed Assets (in 10000 yuan)		
				合计 Total	其中:教学、科研仪器设备资产 of which: Teaching Equipment & Instruments	
					计 Total	当年新增 New Floor Area Added in Current Year
1561465	539876	2634152	20399	26611258.74	6254758.62	1192293.91
49542	23317	101215	266	937645.94	150048.68	28344.52

高等教育机构基本情况
Non-State Higher Education Institutions

单位: 人
Unit: in Person

注册学生数 Enrollment		专职教职工数 Teachers, Staff & Workers				聘请校外教师 Part-time Teachers
计 Sub-total	其中: of which: 学历文凭 With Diplomas	计 Sub-total	其中: of which:			
			教师 Teachers		行政人员 Adm. personnel	
			计 Sub-total	副高级以上职称		
1403500	239697	1523520	731843	283700	252555	4580116
415078	108916	641195	301245	0	106894	16936

研　究　生

GRADUATE　EDUCATION

全国研究生

Basic Statistics of Graduate

	合计 Total			攻读博士学位 Candidates for Doctor's	
	毕业生数 Graduates	招生数 Entrants	在学研究生数 Enrolment	毕业生数 Graduates	招生数 Entrants
总计 Total	80841	202611	500980	14638	38342
其中:女 of which: Female	29464	78423	187001	3813	11637
委托培养 Students enrolled by contract	12805	24784	70717	2390	8899
哲学 Philosophy	1223	2356	6229	281	545
经济学 Economics	4433	11016	27061	837	2108
法学 Law	5139	13782	32754	663	1613
教育学 Education	1946	5123	12364	229	560
其中:体育学 of which: Science of Physical Culture & Sports	5157	13468	32109	643	1521
文学 Literature	1395	2835	7602	315	681
其中:艺术学 of which: Science of Art	9866	26240	63940	2808	6990
历史学 History	30078	79486	197278	5252	15145
理学 Sciences	2790	6521	16475	626	1379
工学 Engineering	8677	19815	50000	2166	4497
其中:力学 of which: Mechanics	33	118	229	5	30
农学 Agriculture	10104	21851	54939	813	3273
其中:林学 of which: Forestry	301	716	1615	56	115
医学 Medicine	6992	16800	38837	1774	3965
军事学 Strategics	17	65	159	3	16
管理学 Administrators	8843	19121	46790	540	2595

单位：人
Unit: in Person

研究生 Degrees	攻读硕士学位研究生 Candidates for Master's Degrees			研究生班研究生 Students Enrolled in Postgraduate Courses not Awarding Degrees		
在学研究生数 Enrolment	毕业生数 Graduates	招生数 Entrants	在学研究生数 Enrolment	毕业生数 Graduates	招生数 Entrants	在学研究生数 Enrolment
108737	66203	164162	392136	0	107	107
30503	25651	66711	156423	0	75	75
24133	10415	15885	46584	0	0	0
1645	942	1811	4584	0	0	0
6040	3596	8908	21021	0	0	0
4157	4476	12169	28597	0	0	0
1504	1717	4563	10860	0	0	0
4064	4514	11840	27938	0	107	107
2040	1080	2154	5562	0	0	0
18692	7058	19250	45248	0	0	0
46496	24826	64341	150782	0	0	0
3726	2164	5142	12749	0	0	0
11687	6511	15318	38313	0	0	0
66	28	88	163	0	0	0
8620	9291	18578	46319	0	0	0
283	245	601	1332	0	0	0
9546	5188	12805	29231	30	30	60
52	14	49	107	0	0	0
6235	8262	16366	40201	41	160	354

高等学校研究生

Basic Statistics of Graduate Education in

	合计 Total			攻读博士学位 Candidates for Doctor's	
	毕业生数 Graduates	招生数 Entrants	在学研究生数 Enrolment	毕业生数 Graduates	招生数 Entrants
总　计 Total	76488	191435	473459	12849	34004
其中:女 of which: Female	28310	74970	178952	3404	10406
委托培养 Students enrolled by contract	12748	24624	70298	2346	8799
哲　学 Philosophy	1179	2269	5992	260	512
经济学 Economics	4200	10600	25948	744	1926
法　学 Law	4963	13468	31941	589	1513
教育学 Education	1916	5073	12252	210	536
其中:体育学 of which: Science of Physical Culture & Sports	5110	13352	31798	622	1480
文　学 Literature	1369	2786	7435	298	669
其中:艺术学 of which: Science of Art	8234	21331	52052	1904	4704
历史学 History	28360	75193	186719	4754	13778
理　学 Sciences	2685	6287	15914	575	1270
工　学 Engineering	8430	19309	48699	2109	4376
其中:力学 of which: Mechanics	33	115	226	5	30
农　学 Agriculture	10009	21652	54483	779	3210
其中:林学 of which: Forestry	283	683	1557	51	107
医　学 Medicine	6722	16274	37571	1691	3802
军事学 Strategics	17	64	156	3	16
管理学 Administrators	8748	18979	46436	510	2541

基本情况

Regular Higher Educational Institutions

单位：人

Unit: in Person

研究生 Degrees	攻读硕士学位研究生 Candidates for Master's Degrees			研究生班研究生 Students Enrolled in Postgraduate Courses not Awarding Degrees		
在学研究生数 Enrolment	毕业生数 Graduates	招生数 Entrants	在学研究生数 Enrolment	毕业生数 Graduates	招生数 Entrants	在学研究生数 Enrolment
97220	63639	157324	376132	0	107	107
27453	24906	64489	151424	0	75	75
23852	10402	15825	46446	0	0	0
1553	919	1757	4439	0	0	0
5540	3456	8674	20408	0	0	0
3889	4374	11955	28052	0	0	0
1449	1706	4537	10803	0	0	0
3949	4488	11765	27742	0	107	107
1974	1071	2117	5461	0	0	0
12651	6330	16627	39401	0	0	0
42886	23606	61415	143833	0	0	0
3452	2110	5017	12462	0	0	0
11354	6321	14933	37345	0	0	0
66	28	85	160	0	0	0
8457	9230	18442	46026	0	0	0
255	232	576	1302			
9156	5001	12442	28355	30	30	60
52	14	48	104			
6100	8197	16278	39982	41	160	354

科研机构研究生

Basic Statistics of Graduate Education

	合计 Total			攻读博士学位 Candidates for Doctor's	
	毕业生数 Graduates	招生数 Entrants	在学研究生数 Enrolment	毕业生数 Graduates	招生数 Entrants
总计 Total	4353	11176	27521	1789	4338
其中:女 of which: Female	1154	3453	8049	409	1231
委托培养 Students enrolled by contract	57	160	419	44	100
哲学 Philosophy	44	87	237	21	33
经济学 Economics	233	416	1113	93	182
法学 Law	76	314	813	74	100
教育学 Education	30	50	112	19	24
其中:体育学 of which: Science of Physical Culture & Sports	47	116	311	21	41
文学 Literature	26	49	167	17	12
其中:艺术学 of which: Science of Art	1632	4909	11888	904	2286
历史学 History	1718	4293	10559	498	1367
理学 Sciences	105	234	561	51	109
工学 Engineering	247	506	1301	57	121
其中:力学 of which: Mechanics	0	3	3	0	0
农学 Agriculture	95	199	456	34	63
其中:林学 of which: Forestry	18	33	58	5	8
医学 Medicine	270	526	1266	83	163
军事学 Strategics	0	1	3		
管理学 Administrators	95	142	354	30	54

单位：人
Unit: in Person

研究生 Degrees	攻读硕士学位研究生 Candidates for Master's Degrees			研究生班研究生 Students Enrolled in Postgraduate Courses not Awarding Degrees		
在学研究生数 Enrolment	毕业生数 Graduates	招生数 Entrants	在学研究生数 Enrolment	毕业生数 Graduates	招生数 Entrants	在学研究生数 Enrolment
11517	2564	6838	16004	0	0	0
3050	745	2222	4999	0	0	0
281	13	60	138	0	0	0
92	23	54	145	0	0	0
500	140	234	613	0	0	0
268	102	214	545	0	0	0
55	11	26	57	0	0	0
115	26	75	196	0	0	0
66	9	37	101	0	0	0
6041	728	2623	5847	0	0	0
3610	1220	2926	6949	0	0	0
274	54	125	287	0	0	0
333	190	385	968	0	0	0
0	0	3	3	0	0	0
163	61	136	293	0	0	0
28	13	25	30			
390	187	363	876			
	0	1	3			
135	65	88	219			

全国研究生指导教师情况

Basic Data on Supervisors of Postgraduate Programmes in China

单位：人
Unit: in Person

	合计 Total	30岁及以下 30 years and under	31－35 31－35 years	36－40 36－40 years	41－45 41－45 years	46－50 46－50 years	51－55 51－55 years	56－60 56－60 years	61－65 61－65 years	66岁及以上 66 years and over
总 计 Total	115462	431	6136	31260	20322	18217	11635	14464	8590	4407
其中：女 Of which: Female	22473	66	1279	6448	4133	3917	2440	2659	1119	412
一、分职称 By academic rank										
正高级 Senior	59653	46	904	9374	9543	9902	6975	10699	7914	4296
副高级 Sub-senior	55809	385	5232	21886	10779	8315	4660	3765	676	111
二、分指导关系 By supervisory function										
博士导师 Supervisors of doctoral programmes	9395	22	70	975	991	1025	843	1445	2032	1992
硕士导师 Supervisors of master's degree prog.	89765	399	5823	27572	16761	14797	9164	10232	4087	930
博士、硕士导师 Supervisors of doc. & mas. degree programmes	16302	10	243	2713	2570	2395	1628	2787	2471	1485

普通高等学校研究生指导教师情况

Basic Data on Supervisors of Postgraduate Programmes in Regular Higher Educational Institutions

单位：人
Unit: in Person

	合计 Total	30岁及以下 30 years and under	31－35 31－35 years	36－40 36－40 years	41－45 41－45 years	46－50 46－50 years	51－55 51－55 years	56－60 56－60 years	61－65 61－65 years	66岁及以上 66 years and over
总计 Total	102970	365	5191	27744	18427	16757	10699	12882	7205	3700
其中：女 Of which: Female	20972	60	1160	6054	3869	3722	2279	2448	1019	361
一、分职称 By academic rank										
正高级 Senior	51064	44	617	7425	8284	8958	6277	9272	6596	3591
副高级 Sub-Senior	51906	321	4574	20319	10143	7799	4422	3610	609	109
二、分指导关系 By supervisory function										
博士导师 Supervisors of doctoral programmes	7065	21	35	693	753	832	670	1079	1484	1498
硕士导师 Supervisors of master's degree prog.	81711	335	5015	24841	15405	13747	8564	9369	3586	849
博士、硕士导师 Supervisors of doc. & mas. degree programmes	14194	9	141	2210	2269	2178	1465	2434	2135	1353

科研机构研究生指导教师情况

Basic Data on Supervisors of Postgraduate Programmes in Research Organizations

单位：人
Unit: in Person

	合计 Total	30岁及以下 30 years and under	31－35 31－35 years	36－40 36－40 years	41－45 41－45 years	46－50 46－50 years	51－55 51－55 years	56－60 56－60 years	61－65 61－65 years	66岁及以上 66 years and over
总计 Total	12492	66	945	3516	1895	1460	936	1582	1385	707
其中：女 Of which: Female	1501	6	119	394	264	195	161	211	100	51
一、分职称 By academic rank										
正高级 Senior	8589	2	287	1949	1259	944	698	1427	1318	705
副高级 Sub-Senior	3903	64	658	1567	636	516	238	155	67	2
二、分指导关系 By supervisory function										
博士导师 Supervisors of doctoral programmes	2330	1	35	282	238	193	173	366	548	494
硕士导师 Supervisors of master's degree prog.	8054	64	808	2731	1356	1050	600	863	501	81
博士、硕士导师 Supervisors of doc. & mas. degree programmes	2108	1	102	503	301	217	163	353	336	132

(二) 中等教育
SECONDARY EDUCATION

1. 中等专业学校
SPECIALIZED SECONDARY SCHOOLS

中等专业学校

Basic Statistics of Specialized Secondary

	学校数(所) Schools	毕业生数 Graduates	招生数 Entrants			在校学生数 Enrolment	合计 Total		
			计 Total	招高中毕业生数 Graduates From Senior Sec. School	招初中毕业生数 Graduates From Junior Sec. School			计 Subtotal	计 Subtotal
总计 Total	2953	1441539	1553062	34541	1518521	4563511	381480	364050	207791
中等技术学校 Sec. Technical Schools	2523	1218931	1358840	33021	1325819	3962433	320179	303852	170230
工业学校 Industry	819	498968	554779	9472	545307	1620776	119096	113127	63393
农业学校 Agriculture	243	127362	118310	6324	111986	328035	34275	32579	17720
林业学校 Forestry	35	19369	16897	926	15971	54332	5384	5179	2632
医药学校 Health	418	144593	232525	5345	227180	678833	56201	50289	27139
财经学校 Finance& Economics	450	205537	228356	4055	224301	636783	51381	50008	28048
政法学校 Politics&Law	94	34510	29143	3328	25815	94227	8719	8631	4061
体育学校 Physical Culture	169	25391	25989	582	25407	81686	14615	14102	7903
艺术学校 Art	155	30770	36954	840	36114	126014	15088	14977	9869
其他学校 Others	140	132431	115887	2149	113738	341747	15420	14960	9465
中等师范学校 Teacher Training Schools	430	222608	194222	1520	192702	601078	61301	60198	37561
其中:Of which:									
幼儿师范学校 Pre-Primary Teacher Training Schools	47	18975	22070	150	21920	63600	7252	6921	4194

中等专业学校学

Changes in Enrolment of

	上学年初报表在校学生数 Total enrolment at beginning of previous academic year	增加学生数 Factors of Increase					
		计 Total	本学年初招生数 No.of Students Admitted	复学 Students Resuming Studies	其他学校转入 Transfers from Other Schools	其他 Others	计 Total
总计 Total	4563924	1664698	1553863	1728	50591	58516	1662792
中等技术学校 Sec. Technical Schools	3925792	1447307	1359269	1540	41877	44621	1409541
中等师范学校 Teacher Training Schools	638132	217391	194594	188	8714	13895	253251

分类别情况

Schools by Field of Study

单位: 人
Unit: in Person

高级讲师 Senior Lecturers	讲师 Lecturers	助理讲师 Assistant Lecturers	教员 Instructors	教辅人员 Supporting Staff	行政人员 Adm. Personnel	工勤人员 Workers	校办厂、场职工 Employees in School-run Factories & Farms	附设机构人员 Employees in Subsidiary Units	兼任教师 Part-time Teachers
教职工数 Teachers, Staff & Workers — 校本部教职工 Employees in the School Proper — 专任教师 Full-time Teachers									
46371	90449	64184	6787	33336	66346	56577	9103	8327	9644
38346	75102	51561	5221	28775	57218	47629	8546	7781	9400
13993	28394	19072	1934	10849	21001	17884	4135	1834	3398
3772	7921	5721	306	3552	4908	6399	1354	342	663
735	1086	782	29	548	854	1145	113	92	33
7620	11927	6933	659	6115	9388	7647	1742	4170	1698
6273	12775	8195	805	4010	10646	7304	840	533	1447
806	1733	1345	177	747	2614	1209	2	86	133
1562	3669	2473	199	829	2856	2514	19	494	158
1926	3754	3540	649	975	2412	1721	44	67	904
1659	3843	3500	463	1150	2539	1806	297	163	966
8025	15347	12623	1566	4561	9128	8948	557	546	244
999	1657	1324	214	435	1323	969	52	279	9

生数变动情况

Specialized Sec. Schools

单位: 人
Unit: in Person

上学年毕业生数 Graduates	上学年结业生数 Completers of Courses without formal award	休学 Suspended	退学 Quitting	开除 Expelled	死亡 Dead	转到其他学校 Transfers to Other Schools	其他 Others	本学年初报表在校学生数 Total enrolment at beginning of current academic year
减少学生数 Factors of Decrease								
1443470	6099	7116	45633	2983	352	71987	85152	4565830
1219636	5972	6882	42488	2856	263	57298	74146	3963558
223834	127	234	3145	127	89	14689	11006	602272

中等专业学校分科学生数

Number of Students by Field of Study in Specialized Secondary Schools

单位：人 Unit: in Person

	毕业生数 Graduates	招生数 Entrants			在校学生数 Enrolment	毕业班学生数 Graduates for Next Year
		计 Total	招高中毕业生数 Graduates from Senior Sec. School	招初中毕业生数 Graduates From Junior Sec. School		
总　计 Total	1441539	1553062	34541	1518521	4563511	1410207
农 林 类 Industry	91048	57555	3768	53787	195232	74524
资源与环境类 Agriculture	23641	11826	430	11396	47120	21435
能 源 类 Forestry	14925	11626	398	11228	36820	14026
土木水利工程类 Health	71746	54986	1619	53367	193659	72422
加工制造类 Finance & Economics	180280	179390	2156	177234	501134	162475
交通运输类 Administration	23148	32081	291	31790	88373	25326
信息技术类 Politics & Law	197310	319782	6846	312936	880452	254677
医药卫生类 Art	161151	252455	5391	247064	738070	190158
商贸与旅游类 Physical Culture	95867	157335	1433	155902	390941	101102
财 经 类 Teacher Training	165236	109908	2724	107184	346995	131694
文化艺术与体育类 Cultural. Arts & Physical Edu.	107731	106264	1795	104469	348240	106511
社会公共事物类 Public Affairs	84828	58181	5601	52580	194815	76423
其　他 Other	224628	201673	2089	199584	601660	179434

中等专业学校学生数补充资料

Supplementary Data for Total Enrolment of Specialized Secondary Schools

单位：人 Unit: in Person

	成人中专学生数 Students in Adult Spec. Sec. Schools			另有其他学生数 Additional categories of students		
	合计 Total	其中：Of Which		三个月以下 Under 3 mouths	三个月至一年以内 3 Mouth－one year	一年及以上 Over one year
		招初中毕业生数 From Junior Sec. School	函授 Correspondence			
毕业生数 Graduates	155336	69515	43461	122402	20861	37245
招生数 Entrants	95926	46815	29901	39234	23509	45672
在校生数 Enrolment	265191	127672	78007	23895	17701	104244

中等专业学校专任教师年龄情况

Breakdown of Full－time Teachers by Age in Specialized Secondary Schools

单位:人

Unit: in Person

	合计 Total		30岁及以下 30 years and under	31－35 31－35 years	36－40 36－40 years	41－45 41－45 years	46－50 46－50 years	51－55 51－55 years	56－60 56－60 years	61岁及以上 61 years and over
	计 Total	其中:女 Of Which: Female								
总计 Total	207791	97717	56490	46346	46803	21410	17872	11723	6747	400
高级讲师 Senior Lecturers	46371	18636	165	1773	13184	9314	9532	6947	5102	354
讲师 Lecturers	90449	43088	7840	30020	28767	10540	7457	4297	1489	39
助理讲师 Assistant Lecturers	64184	32203	42470	14178	4704	1454	812	438	121	7
教员 Instructors	6787	3790	6015	375	148	102	71	41	35	0
中等技术学校 Technical Schools	170230	80997	45194	37450	38043	18156	15298	9877	5829	383
高级讲师 Senior Lecturers	38346	15914	147	1468	10668	7803	7921	5663	4339	337
讲师 Lecturers	75102	36475	6626	24445	23292	9002	6581	3772	1345	39
助理讲师 Assistant Lecturers	51561	25781	33910	11188	3949	1260	731	403	113	7
教员 Instructors	5221	2827	4511	349	134	91	65	39	32	0
中等师范学校 Teacher Training Schools	37561	16720	11296	8896	8760	3254	2574	1846	918	17
高级讲师 Senior Lecturers	8025	2722	18	305	2516	1511	1611	1284	763	17
讲师 Lecturers	15347	6613	1214	5575	5475	1538	876	525	144	0
助理讲师 Assistant Lecturers	12623	6422	8560	2990	755	194	81	35	8	0
教员 Instructors	1566	963	1504	26	14	11	6	2	3	0

中等专业学校分课

Number of Full－time Teachers of Specialized

	合 计 Total	普通课 General Educational Subjects	专 Special					
			农林类 Aqri. & Forestry	资源与环境类 Resaurces & Environment	能源类 Energy	土木水利工程类 Civil & Water Engineering	加 工 制造类 Manufac－truing	交 通 运输类 Commu. & Trancpor.
总 计 Total	207791	68708	7861	1357	1899	5489	9473	2556
中等技术学校 Sec. Technical Schools	170230	51899	7859	1357	1899	5489	9468	2555
中等师范学校 Teacher Training Schools	37561	16809	2	0	0	0	5	1

中等专业学校分中央部

Basic Statistics of Specialized

	学校数（所） Schools	毕业生数 Graduates	招 生 数 Entrants			在 校 学生数 Enrolmen	毕业班学生数 Graduaste for Next Year	合 计 Total		
			计 Total	招高中毕业生数 Graduates From Senior Sec. School	招初中毕业生数 Graduates From Junior Sec. School				计 Subtotal	计 Subtotal
总 计 Total	2953	1441539	1553062	34541	1518521	4563511	1410207	381480	364050	207791
中央部委所属学校 Run by Contral Ministries & Agencies	88	36855	38313	1266	37047	120092	35852	14286	13543	6192
地方所属学校 Run by Local Authorities	2865	1404684	1514749	33275	1481474	4443419	1374355	367194	350507	201599

中等专业学校女学

Number of Female Students, Teachers, Staff &

	女 学 生 数 Female Students						合 计 Total		
	毕业生数 Graduates	招 生 数 Entrants			在校学生数 Enrolmen	毕业班学生数 Graduates			
		计 Total	招高中毕业生数 Graduates From Senior Sec. School	招初中毕业生数 Graduates From Junior Sec. School				计 Subtotal	计 Subtotal
总 计 Total	813593	855265	16334	838931	2584235	768269	170407	162325	97717
中等技术学校 Sec. Technical Schools	664374	716456	15591	700865	2156526	643323	144424	137085	80997
中等师范学校 Training Schools	149219	138809	743	138066	427709	124946	25983	25240	16720

程专任教师数
Secondary Schools by Subject Taught

单位: 人
Unit: in Person

业 课 Subjects 信 息 技术类 Politics & Law	医 药 卫生类 Art	商贸与 旅游类 Physical Culture	财经类 Teacher Training	文化艺术 与体育类	社会公共 事 务 类	其 他 Other	技术基础课 Basic Technical Subjects	实习指导课 Practice Course
12287	17158	5320	13935	22981	4031	18426	11577	4733
11946	17125	5134	13817	18863	3592	3526	11151	4550
341	33	186	118	4118	439	14900	426	183

门、地方学校基本情况
Secondary Schools by Control

单位: 人
Unit: in Person

教 职 工 数 Teachers, Staff & Workers										
校 本 部 教 职 工 Employees in the School Proper							校办厂场职工 Employees in School-run Factories & Farms	附设机构人员 Employees in Subsidiary Units	兼任教师（不在教工数中） Part-time Teachers
专 任 教 师 Full-time Teachers				教辅人员 Supporting Staff	行政人员 Adm. Personnel	工勤人员 Workers			
高级讲师 Senior Lecturers	讲 师 Lecturers	助理讲师 Assistant Lecturers	教 员 Instructors						
46371	90449	64184	6787	33336	66346	56577	9103	8327	9644
1546	3193	1313	140	1696	2886	2769	470	273	188
44825	87256	62871	6647	31640	63460	53808	8633	8054	9456

生和女教职工数
Workers in Specialized Secondary Schools

单位: 人
Unit: in Person

女 教 职 工 数 Female Teachers, Staff & Workers									兼任教师（不在教工数中） Part-time Teachers
校 本 部 女 教 职 工 Female Employees in the School Proper							校办厂、场职工 Employees in School-run Factories & Farms	附设机构人员 Employees in Subsidiary Units	
专 任 女 教 师 Female Full-time Teachers				教辅人员 Supporting Staff	行政人员 Adm. Personnel	工勤人员 Workers			
高级讲师 Senior Lecturers	讲 师 Lecturers	助理讲师 Assistant Lecturers	教 员 Instructors						
18636	43088	32203	3790	18917	26275	19416	3453	4629	3563
15914	36475	25781	2827	16216	23249	16623	3164	4175	3468
2722	6613	6422	963	2701	3026	2793	289	454	95

中等专业学校专

Changes of Full－time Teachers

	上学年初报表在校学生数 Number of Total full－time teachers at beginning of previous academic year	合 计 Total	增加专任教 Factors of：当年分配毕业生 New recruits from current year graduates：计 total	研究生 Completing postgraduate courses	本科生 Completing 1st degree courses	专科生 Completing short－cycle courses	中专生 Completing SSS courses	其他校 Teachers from：计 total
总 计 Total	224353	19543	6886	178	5717	844	147	9093
中等技术学校 Sec. Technical Schools	181170	16601	5456	169	4558	609	120	8008
中等师范学校 Teacher Training Schools	43183	2942	1430	9	1159	235	27	1085

中等专业学校专任教师学历情况

Breakdown of Full－time Teachers by Educational Attainment in Specialized Sec.Schools

单位:人

	合 计 Total	高等学校本科毕业及以上 Completion of Normal Courses in IHEs	高等学校专科毕业及本专科肄业两年以上 Completion of Short－cycle Courses or at least 2 years of Undergraduate Courses	高等学校本专科肄业未满两年 Less than 2 years attendance at IHEs	中专、高中毕业及以下 Completion of Specialized or General Sec.Ed. & Lower
总 计 Total	207791	156461	41441	1890	7999
中等技术学校 Sec.Technical Schools	170230	125120	35870	1730	7510
中等师范学校 Teacher Training Schools	37561	31341	5571	160	489

中等专业学

Condition of School Buildings in

	合计 Total：计 Total	教学辅助用房 Teaching & assistant building	行政办公用房 Administritive	生活福利用房 Residential and Welfare	计 Total
校舍建筑面积 Floor Space	87162715	33248978	5355360	48558377	73155219
其中:被外单位借占面积 of which: Under long－term lease or occupation by other units	294153	162192	12689	119272	283650
危房面积 Floor space of dilapidated buildings	572385	147381	26237	398767	470149
当年新增面积 New floor space added in current year	2660685	1217318	132040	1311327	2228560
正在施工面积 Floor space under construction	1743079	865456	115045	762578	1320744
借、租用校舍面积 Leased floor space	1297485	522238	64101	711146	1223097

任教师变动情况
in Specialized Sec. Schools

单位: 人
Unit: in Person

师数 Increase			减少专任教师 Factors of Decrease				本学年初报表专任教师数 Total number of full-time teachers at beginning of current academic year
教师调入 recruited other units	非教师调入 Non-teaching personnel changed into teachers		合计 Total	上学年内离退休人数 Retired from their posts during previous academic year	调离教师岗位人员 Transferred from teaching to non-teaching posts	其他 Others	
其中: 中等专业学校调入 Of which: from other SSSs	计 Total	其中: 本校职工转为教师 Of which: change of status in their own institutions					
3918	3564	2674	36105	2994	5455	27656	207791
3547	3137	2363	27541	2624	4802	20115	170230
371	427	311	8564	370	653	7541	37561

中等专业学校其他情况
Supplementary Data on Specialized Secondary Schools

	学校占地面积(平方米) Area of school site (m^2)	学校藏书(万册) Library collections (in 10000 volumes)	固定资产总额(万元) Fixed assets (in 10000 yuan)	科研仪器设备值(万元) Equipments & Instruments for Teaching and Research (in 10000 yuan)	生产实习设备值(万元) Equipments for Production and Practive (in 10000 yuan)
总计 Total	223097369	19480.71	7797212.22	1604775	357532
中等技术学校 Sec. Technical Schools	188652107	16067.30	5857575.54	1448525	326468
中等师范学校 Teacher Training Schools	34445262	3413.41	1939636.68	156250	31064

校校舍情况
Specialized Secondary Schools

单位: m^2

中等技术学校 Secondary Technical Schools			中等师范学校 Teacher Training Schools			
教学辅助用房 Teaching & assistant building	行政办公用房 Administritive	生活福利用房 Residential and Welfare	计 Total	教学辅助用房 Teaching & assistant building	行政办公用房 Administritive	生活福利用房 Residential and Welfare
27963205	4469758	40722256	14007496	5285773	885602	7836121
162192	12689	108769	10503	0	0	10503
116416	22667	331066	102236	30965	3570	67701
1051035	108312	1069213	432125	166283	23728	242114
664719	67557	588468	422335	200737	47488	174110
514238	63135	645724	74388	8000	966	65422

2. 普通中学

GENERAL SECONDARY SCHOOLS

普通中学校数、班数

Number of General Secondary Schools and Classes

	学 校 数 (所) Schools				班数 (个) Classes	
	计 Total	初级中学 Junior Sec. Schools	高级中学 Senior Sec. Schools	完全中学 Complete Sec. Schools	初 中 Junior Sec. Schools	高 中 Senior Sec. Schools
总　计 Tatal	80067	64661	5485	9921	1165081	292005
教育部门和集体办 Run by Ed. Dept. & Communities	69815	58138	4450	7227	1073607	253682
社会力量办 Non-state/private	5362	3089	796	1477	43003	21735
其他部门办 Run by Non-ed. Dept.	4890	3434	239	1217	48471	16588
城　市 Urban	14798	8802	1940	4056	216890	110120
教育部门和集体办 Run by Ed. Dept. & Communities	9671	5915	1303	2453	167941	86244
社会力量办 Non-state/private	2427	1101	483	843	19556	12254
其他部门办 Run by Non-ed. Dept.	2700	1786	154	760	29393	11622
县　镇 Counties & Towns	25534	18436	2853	4245	409810	149599
教育部门和集体办 Run by Ed. Dept. & Communities	22695	16673	2541	3481	384980	138583
社会力量办 Non-state/private	1907	1132	265	510	16703	8151
其他部门办 Run by Non-ed. Dept.	932	631	47	254	8127	2865
农　村 Rural	39735	37423	692	1620	538381	32286
教育部门和集体办 Run by Ed. Dept. & Communities	37449	35550	606	1293	520686	28855
社会力量办 Non-state/private	1028	856	48	124	6744	1330
其他部门办 Run by Non-ed. Dept.	1258	1017	38	203	10951	2101
总计中: Of the Total:						
四年制初中 4-year junior sec. Schools					85257	
九年一贯制学校 9-year Sec. Schools					22764	4619
其他学校附设班 Classes Attached to Others Schools	2328				27520	6507
独立设置少数民族学校 Inde. Sec. Schools for Minorities	2247				24414	5424

普 通 中 学

Size of General Secondary

	合 计	初 Junior		
		计 Subtotal	一年级 Grade 1	二年级 Grade 2
合 计 total	1457086	1165081	396402	385075
城市：25人及以下	6434	4385	1593	1282
26－35人	19498	14570	4856	4613
36－45人	55961	40621	13107	12843
46－55人	111499	73479	23934	23882
56－65人	82335	50617	16749	16729
66人及以上	51283	33218	11030	11572
县镇：25人及以下	3825	2614	764	823
26－35人	11793	9157	2676	2802
36－45人	52538	42480	12832	13231
46－55人	162801	125159	40108	40861
56－65人	166272	117726	40410	39268
66人及以上	162180	112674	42250	38131
农村：25人及以下	5360	4754	1286	1464
26－35人	18937	17766	4920	5343
36－45人	70841	67875	19853	22277
46－55人	176669	167810	54944	55841
56－65人	163607	153716	54805	51907
66人及以上	135253	126460	50285	42206

班 额 情 况

Schools Classes

单位: 个

中 Sec. Schools		高 中 Senior Sec. Schools			
三年级 Grade 3	四年级 Grade 4	计 Total	一年级 Grade 1	二年级 Grade 2	三年级 Grade 3
362330	21274	292005	113299	94215	84491
1325	185	2049	495	668	886
4613	488	4928	1350	1643	1935
13435	1236	15340	5015	4936	5389
23708	1955	38020	14398	12675	10947
15752	1387	31718	12995	10272	8451
9772	844	18065	7940	5453	4672
933	94	1211	228	344	639
3331	348	2636	548	819	1269
15277	1140	10058	2641	3413	4004
41681	2509	37642	13268	12661	11713
36225	1823	48546	19567	15915	13064
31485	808	49506	22131	14922	12453
1795	209	606	89	185	332
6848	655	1171	274	384	513
24090	1655	2966	815	993	1158
54081	2944	8859	3157	3019	2683
44970	2034	9891	3927	3359	2605
33009	960	8793	4461	2554	1778

普 通 中 学

Number of Students in

	毕业生数 Graduates		招生数 Students Admitted		初 Junior	
	初中 Junior Sec. Schools	高中 Senior Sec. Schools	初中 Junior Sec. Schools	高中 Senior Sec. Schools	计 Total	一年级 Grade 1
总计 Total	18798695	3837605	22522972	6767049	66040609	22590691
其中：女 Of Which: Female	8896221	1623898	10657680	3032213	31278971	10681951
教育部门和集体办 Run by Ed. Dept. & Communities	17821389	3453213	21043829	5975289	61810272	21105927
社会力量办 Non-state/private	386035	174417	780453	468904	2024687	782768
其他部门办 Run by Non-ed. Dept.	591271	209975	698690	322856	2205650	701996
城市 Urban	3159163	1449707	3636555	2345345	11180335	3641259
教育部门和集体办 Run by Ed. Dept. & Communities	2631709	1194805	2886439	1885293	8964190	2889028
社会力量办 Non-state/private	161549	107599	325154	232198	861239	325547
其他部门办 Run by Non-ed. Dept.	365905	147303	424962	227854	1354906	426684
县镇 Counties & Towns	6862333	1989907	8077791	3645291	23772008	8105593
教育部门和集体办 Run by Ed. Dept. & Communities	6612098	1893239	7641646	3385189	22591670	7667610
社会力量办 Non-state/private	148911	59922	320485	203529	811477	321930
其他部门办 Run by Non-ed. Dept.	101324	36746	115660	56573	368861	116053
农村 Rural	8777199	397991	10808626	776413	31088266	10843839
教育部门和集体办 Run by Ed. Dept. & Communities	8577582	365169	10515744	704807	30254412	10549289
社会力量办 Non-state/private	75575	6896	134814	33177	351971	135291
其他部门办 Run by Non-ed. Dept.	124042	25926	158068	38429	481883	159259
总计中:Of the Total:	0	0	0	0	0	0
四年制 4-Year	0	0	0	0	4636976	1021074
九年一贯制学校 9-Year Sec. Schools	689106	0	972131	0	2704185	974996
其他学校附设班 Classes Attached to Others Schools	313283	30912	458101	115707	1218793	459120
少数民族学生 Minority Students	1365027	230257	1825872	442468	5054521	1834233
独立设置少数民族学 Inde. Sec. Schools for minorities	376462	69820	468408	134321	1310996	469227

学生数

General Secondary Schools

单位: 人
Unit: in Person

在校学生数 Enrolment						
中 Sec.Schools			高中 Senior Sec. Schools			
二年级 Grade 2	三年级 Grade 3	四年级 Grade 4	计 Total	一年级 Grade 1	二年级 Grade 2	三年级 Grade 3
21979959	20317301	1152658	16838105	6774853	5399611	4663641
10402208	9632586	562226	7423059	3034331	2384896	2003832
20577175	19126651	1000519	14988505	5981796	4829562	4177147
692836	536568	12515	1034445	469932	311556	252957
709948	654082	139624	815155	323125	258493	233537
3698143	3524189	316744	5946777	2347473	1913260	1686044
2965119	2886193	223850	4834362	1886729	1565235	1382398
296816	228639	10237	537299	232739	165693	138867
436208	409357	82657	575116	228005	182332	164779
7898439	7409225	358751	9025532	3650006	2885310	2490216
7507766	7083013	333281	8449087	3389361	2711153	2348573
272603	215673	1271	432027	203966	128691	99370
118070	110539	24199	144418	56679	45466	42273
10383377	9383887	477163	1865796	777374	601041	487381
10104290	9157445	443388	1705056	705706	553174	446176
123417	92256	1007	65119	33227	17172	14720
155670	134186	32768	95621	38441	30695	26485
0	0	0	0	0	0	0
1238178	1225832	1151892	0	0	0	0
901215	776529	51445	0	0	0	0
408650	346326	4697	239047	116258	73869	48920
1674465	1482623	63200	1077075	443334	345750	287991
431044	396642	14083	326172	134371	105636	86165

Number of Teachers, Staff & Workers

	教职 Teachers,			
	合计 Total	专任教师 Full-time Teachers		
		计 Total	初中 Junior Sec. Schools	高中 Senior Sec. Schools
总计 Total	5334841	4376302	3430307	945995
其中: Of Which:				
女 Female	2201639	1895582	1529702	365880
少数民族 Minority	383289	316956	259653	57303
教育部门和集体办 Run by Ed. Dept. & Communities	4833545	4015578		
社会力量办 Non-state/private	231819	156980		
其他部门办 Run by Non-ed. Dept.	269477	203744		
城市 Urban	1332492	1019637	666478	353159
教育部门和集体办 Run by Ed. Dept. & Communities	1045650	812788		
社会力量办 Non-state/private	119529	78590		
其他部门办 Run by Non-ed. Dept.	167313	128259		
县镇 Counties & Towns	2098518	1710083	1222236	487847
教育部门和集体办 Run by Ed. Dept. & Communities	1966500	1615019		
社会力量办 Non-state/private	84098	58793		
其他部门办 Run by Non-ed. Dept.	47920	36271		
农村 Rural	1903831	1646582	1541593	104989
教育部门和集体办 Run by Ed. Dept. & Communities	1821395	1587771		
社会力量办 Non-state/private	28192	19597		
其他部门办 Run by Non-ed. Dept.	54244	39214		

教职工数

in General Secondary Schools

单位:人

Unit: in Person

工数 Staff & Workers				代课教师 Substitute Teachers	兼任教师 Part-time Teachers
行政人员 Adm. Personnel	教辅人员 Supporting Staff	工勤人员 Workers	校办工厂、农(林)场职工 Employees in School-run Factories & Farms		
370827	213354	356642	17716	119543	34622
79869	97052	122746	6390	56817	11540
26518	11669	27651	495	9386	1223
322281	188561	291829	15296	102479	17704
21632	12881	39447	879	12393	14673
26914	11912	25366	1541	4671	2245
131430	73608	98627	9190	26942	18518
100700	58064	66129	7969	17768	7242
12875	7748	20014	302	6223	9650
17855	7796	12484	919	2951	1626
131380	94302	156546	6207	37332	9307
120343	88360	137161	5617	32443	5334
6626	3931	14393	355	4118	3567
4411	2011	4992	235	771	406
108017	45444	101469	2319	55269	6797
101238	42137	88539	1710	52268	5128
2131	1202	5040	222	2052	1456
4648	2105	7890	387	949	213

普通中学分课程专

Number of Full－time General Secondary School Teachers

	总计 Total	其中女 Of Which: Female	政治 Politics	语文 Language & Literature	数学 Mathematics	物理 Physics	化学 Chemistry	生物 Biology
总计 Total	4376302	1895582	304544	841099	794661	344476	245362	170522
研究生毕业 Graduate	11131	4630	1032	2254	2002	1001	987	543
本科毕业 Under-graduate	1355338	619336	104620	278090	233034	120876	104759	57280
专科毕业 Associate Bachelor	2672423	1152220	177996	511074	504845	206537	131323	96375
高中阶段毕业 High School Graduate	329166	117750	20272	48902	54165	15871	8161	15910
高中阶段毕业以下 Below High School Graduate	8244	1646	624	779	615	191	132	414
总计中: Of Total:								
女 Female	1895582	–	122515	404643	305763	93519	89839	76007
少数民族 Minorities	316956	130285	24834	61778	55132	24348	17775	12611
初中:小计 Junior High Schools	3430307	1529702	241108	689834	646861	247894	153510	129531
研究生毕业 Graduate	3608	1822	407	803	633	225	178	156
本科毕业 Under－graduate	673487	346341	56132	161529	120511	48686	34591	26459
专科毕业 Associate Bachelor	2422499	1063647	163948	478337	471410	183288	110779	86732
高中阶段毕业 High School Graduate	322673	116281	20003	48403	53700	15512	7836	15771
高中阶段毕业以下 Below High School Graduate	8040	1611	618	762	607	183	126	413
小计中: Of Total:								
女 Female	1529702	–	97028	339584	260865	69126	55547	58905
少数民族 Minorities	259653	108122	20496	52266	46364	18614	12242	10148
高中:小计 Senior High School	945995	365880	63436	151265	147800	96582	91852	40991
研究生毕业 Graduate	7524	2809	625	1451	1369	776	809	387
本科毕业 Under－graduate	681850	273035	48489	116561	112523	72189	70169	30821
专科毕业 Associate Bachelor	249924	88532	14047	32737	33435	23250	20543	9643
高中阶段毕业 High School Graduate	6493	1469	269	499	465	359	325	139
高中阶段毕业以下 Below High School Graduate	204	35	6	17	8	8	6	1
小计中: Of Total:								
女 Female	365880	–	25487	65059	44898	24393	34292	17102
少数民族 Minorities	57303	22163	4338	9512	8768	5734	5533	2463

任教师学历情况

by Subject Taught & Educational Attainment

单位：人
Unit: in Person

地理 Geography	历史 History	外语 Foreign Languages	信息技术 Infor. Technique	体育 Physical Culture	音乐 Music	美术 Fine Arts	劳动技术 Skills Teaching	其他 Others	当年不任课 No Teaching Load in Currentyear
165189	210491	659768	82617	215369	88461	85486	46187	37093	84977
360	662	1349	208	266	88	76	38	116	149
50525	73857	181592	25197	62292	13356	14840	5487	9030	20503
96833	118405	439396	50716	125090	58369	57246	29305	21236	47677
16967	17075	36891	6409	26786	16301	12979	10707	6244	15526
504	492	540	87	935	347	345	650	467	1122
66336	88938	431874	30564	35042	57295	33676	13002	15501	31068
12160	14992	37786	4590	16804	6976	5921	3070	10044	8135
124996	156684	522140	59629	164731	77185	73727	42625	30174	69678
110	191	454	85	108	49	46	22	74	67
21960	33025	90268	11679	30858	8421	9004	3807	5290	11267
85685	106076	394536	41604	107345	52432	51595	27683	18515	42534
16738	16907	36351	6176	25537	15945	12742	10477	5846	14729
503	485	531	85	883	338	340	636	449	1081
51393	66941	349689	22674	26869	50582	29859	12254	12509	25877
9655	11545	31220	3449	13664	6298	5365	2905	8442	6980
40193	53807	137628	22988	50638	11276	11759	3562	6919	15299
250	471	895	123	158	39	30	16	42	83
28565	40831	91324	13518	31434	4935	5836	1680	3740	9235
11148	12330	44860	9112	17745	5937	5651	1622	2721	5143
229	168	540	233	1249	356	237	230	398	797
1	7	9	2	52	9	5	14	18	41
14943	21997	82185	7890	8173	6713	3817	748	2992	5191
2505	3447	6566	1141	3140	678	556	165	1602	1155

普通中学专任教师专业

Full－Time Teachers in General Secondary

	合　计 Total	其中：女 Of the Total: Femaleand	25岁及以下 25 Years and Underand	26－30
总计　Total	4376302	1895582	805420	1070919
中学高级　Senior	310748	107877	245	777
中学一级　1st Grade	1383032	528064	4091	73804
中学二级　2nd Grade	1792427	807565	187585	783684
中学三级　3rd Grade	418735	201580	238817	139540
未评职称　Rank Undecided	471360	250496	374682	73114
总计中：Of Which:				
女　Female	1895582	–	442569	519917
少数民族　Minorities	316956	130285	53425	89047
初中：小计　Junior Sec. Schools: Subtota	3430307	1529702	659611	860530
中学高级　Senior	145354	64154	179	304
中学一级　1st Grade	1041010	404141	2728	46237
中学二级　2nd Grade	1476868	669419	138183	624745
中学三级　3rd Grade	386893	187902	221191	127775
未评职称　Rank Undecided	380182	204086	297330	61469
小计中：Of Which:				
女　Female	1529702	–	366440	423655
少数民族　Minorities	259653	108122	47271	75593
高中：小计　Senior Sec. Schools: Subtota	945995	365880	145809	210389
中学高级　Senior	165394	43725	66	473
中学一级　1st Grade	342022	123923	1363	27567
中学二级　2nd Grade	315559	138144	49402	158939
中学三级　3rd Grade	31842	13678	17626	11765
未评职称　Rank Undecided	91178	46410	77352	11645
小计中：Of Which:				
女　Female	365880	–	76129	96262
少数民族　Minorities	57303	22163	6154	13454

技术职务、年龄结构情况

Schools Broken Down by Rank and Age

单位：人
Unit: person

31－35	36－40	41－45	46－50	51－55	56－60	61岁及以上 61 Years Over
934464	668513	309515	263792	205823	108877	8979
10997	65819	52024	61809	68083	43854	7140
394551	398845	186881	156767	112307	54289	1497
491881	189865	65147	41562	23020	9495	188
24605	8491	3331	2146	1257	529	19
12430	5493	2132	1508	1156	710	135
418610	258895	103715	86704	57342	6780	1050
73983	49843	20215	15498	9986	4627	332
714532	484828	243927	218208	165934	79535	3202
3941	21587	23012	35015	39834	19682	1800
264141	280528	154831	139977	101804	49623	1141
412255	169637	60950	39748	22051	9144	155
22899	8118	3152	2050	1205	491	12
11296	4958	1982	1418	1040	595	94
329585	198347	84777	73879	48438	4091	490
58594	37251	15920	12995	8321	3573	135
219932	183685	65588	45584	39889	29342	5777
7056	44232	29012	26794	28249	24172	5340
130410	118317	32050	16790	10503	4666	356
79626	20228	4197	1814	969	351	33
1706	373	179	96	52	38	7
1134	535	150	90	116	115	41
89025	60548	18938	12825	8904	2689	560
15389	12592	4295	2503	1665	1054	197

普 通 中 学 办

Condition of School Buildings in

	学校占地面积 Areas Occupied	校舍建筑面积 Floor Space	教学及辅助用房 Teaching & Assistant 计 Total	其中 Of Which 普通教室 Classroom	实验室 Laboratory	图书室 Library
合 计 Total	2103105200	559483294	241534161	163803307	35043643	12947492
城 市 Urban	410120518	155610221	69956238	41386127	11426209	4663578
县 镇 Counties & Towns	815476497	226346993	92668728	63549411	13619516	4864739
农 村 Rural	877508185	177526080	78909195	58867769	9997918	3419175

普 通 中 学 办

Condition of School Buildings in

	体育运动场馆)面积(平方米) Sports Areas (m^2)	计算机(台) PC (set)	图书藏量(册) Books & Magazines in Libraries (Volume)
合 计 Total	560629667	3103983	1193064667
初 中 Junior Sec. Schools	391751127	1662938	788553246
高 中 Senior Sec. Schools	168878540	1441045	404511421
城 市 Urban	114520545	1196624	310871683
初 中 Junior Sec. Schools	52575989	467760	130422955
高 中 Senior Sec. Schools	61944556	728864	180448728
县 镇 Counties & Towns	210132694	1137505	449974878
初 中 Junior Sec. Schools	127575014	559978	271167288
高 中 Senior Sec. Schools	82557680	577527	178807590
农 村 Rural	235976428	769854	432218106
初 中 Junior Sec. Schools	211600124	635200	386963003
高 中 Senior Sec. Schools	24376304	134654	45255103

学　条　件　（一）

General Secondary Schools

单位：平方米
Unit: m^2

微机室 PC－room	语音室 Linguistic	行政办公用房 Administritive 计 Total	其中教师办公室 Of which: for Teachers	生活用房 Residential and Welfare	其他用房 Rooms for Other purposes	校舍面积中 Of the Floor Space 危房面积 Floor Space of Dilapidated Buildings	当年新增 New Floor Space Added in Current Year
7296481	3639587	61401149	39513431	199370189	57177795	18933747	27106826
2540194	1353231	19079177	11026040	45674448	20900358	1909706	9007473
2784352	1505525	23110478	14701265	89612483	20955304	7584506	12101512
1971935	780831	19211494	13786126	64083258	15322133	9439535	5997841

学　条　件　（二）

General Secondary Schools

电子图书藏量（片） Electronic Books & Magazines in Libraries (disk)	固定资产总值（万元） Total Volue of Fixed Asset (in 10 thouand yuan) 计 Total	其中：仪器设备总值（万元） Of which: Total Value of Equip & Instru. (in 10 thousand yuan) 计 Sub total	专业实验设备 For Prefession	专业实习设备 For Practice
9864916	40541910.98	3860500.82	2550060.24	541058.38
4034870	22707942.04	1898444.32	1264446.11	260933.08
5830046	17833968.94	1962056.50	1285614.13	280125.30
4905092	12627894.43	1512203.40	1000278.42	166557.64
1331794	4247233.10	529898.58	366584.88	53053.73
3573298	8380661.33	982304.82	633693.54	113503.91
3108537	14058465.33	1415585.12	951443.60	217328.99
1341892	6304158.89	593387.34	409833.25	78023.30
1851287	13855551.22	932712.30	598338.22	157171.75
1361184	12156550.05	775158.40	488027.98	129856.05
1766645	7754306.44	822197.78	541610.35	139305.69
490103	1699001.17	157553.90	110310.24	27315.70

普通中学办学条件(三)

Condition of School Buildings in General Secondary Schools

单位：所

	体育运动场(馆)面积达标校数 School No: Sports Areas Reached Standard	体育器械配备达标校数 School No: Sports equip. Reached Standard	音乐器械配备达标校数 School No: Musical Instru. Reached Stardard	美术器械配备达标校数 School No: Fine Arts Instru. Reached Standard	教学自然实验仪器达标校数 School No: Equip. of Natural Sci. Reached Standard	建立校园网校数 School No: Campus Networks Set
合计 Total	52700	51398	43709	42609	56768	12180
初中 Junior Sec. Schools	41658	40287	33920	32885	44910	6849
高中 Senior Sec. Schools	11042	11111	9789	9724	11858	5331
城市 Urban	9835	10728	10088	9877	11489	5038
初中 Junior Sec. Schools	5521	6084	5741	5585	6578	2213
高中 Senior Sec. Schools	4314	4644	4347	4292	4911	2825
县镇 Counties & Towns	17733	17543	15057	14757	19141	4345
初中 Junior Sec. Schools	12636	12540	10776	10492	13767	2275
高中 Senior Sec. Schools	5097	5003	4281	4265	5374	2070
农村 Rural	25132	23127	18564	17975	26138	2797
初中 Junior Sec. Schools	23501	21663	17403	16808	24565	2361
高中 Senior Sec. Schools	1631	1464	1161	1167	1573	436

3. 职业中学

VOCATIONAL SCHOOLS

职业中学校数、

Number of Schools, Classes, Graduates

	学校数(所) Schools			
	计 Total	初　中 Junior Sec. Schools	高　中 Senior Sec. Schools	初、高中合设 Junior & Senior Sec. Schools
总　计 Total	7402	984	5942	476
其中女 Of Which: Female				
教育部门和集体办 Run by Ed. Dept. & Communities	5536	934	4207	395
社会力量办 Non-state/private	1085	44	973	68
其他部门办 Run by Non-ed. Dept.	781	6	762	13
城　市 Urban	2831	31	2690	110
教育部门和集体办 Run by Ed. Dept. & Communities	1485	22	1402	61
社会力量办 Non-state/private	806	6	762	38
其他部门办 Run by Non-ed. Dept.	540	3	526	11
县　镇 Counties & Towns	2869	170	2429	270
教育部门和集体办 Run by Ed. Dept. & Communities	2451	157	2047	247
社会力量办 Non-state/private	212	10	181	21
其他部门办 Run by Non-ed. Dept.	206	3	201	2
农　村 Rural	1702	783	823	96
教育部门和集体办 Run by Ed. Dept. & Communities	1600	755	758	87
社会力量办 Non-state/private	67	28	30	9
其他部门办 Run by Non-ed. Dept.	35		35	
总计中:Of Total:				
普通中学附设班 Classes Attached				
其他单位(学校)办班 Classes Run by Other UNIT (Or Schools)				
少数民族 Minoritier				
独立设置少数民族 Inde. Minority Schools	117			

班数、毕业生数和招生数

& Students Admitted in Vocational Schools

班数（个） Classes		毕业生数（人） Graduates		招生数（人） Students Admitted	
初中 Junior	高中 Senior	初中 Junior	高中 Senior	初中 Junior	高中 Senior
14724	101240	238184	1216133	295243	1873637
		106250	591832	137874	886561
14051	82457	233101	972047	284200	1526241
560	10592	4758	118258	10211	217336
113	8191	325	125828	832	130060
779	49586	7936	606804	12033	829573
527	35428	6714	420780	9650	580067
159	8329	914	93047	1679	158060
93	5829	308	92977	704	91446
4291	41457	79556	483471	83551	834112
4068	37628	77342	432932	79281	749636
203	1967	2197	22680	4142	52308
20	1862	17	27859	128	32168
9654	10197	150692	125858	199659	209952
9456	9401	149045	118335	195269	196538
198	296	1647	2531	4390	6968
	500		4992		6446
1539	3853	40802	61393	17977	74680
153	5035	1932	75662	1871	80412
		29496	45405	33716	73140
426	639	4588	6804	6248	10883

职业中学在校学

Enrolment of Vocational

	在校学 Enrolment						
	合计 Total	初中 Junior					
		计 Total	其中女 Of Which: Female	一年级 Grade 1	二年级 Grade 2	三年级 Grade 3	四年级 Grade 4
总计 Total	5114998	833717	386751	295536	274095	246119	17967
其中女 Of Which: Female	2432667	386751	–	137985	127306	112647	8813
教育部门和集体办 Run by Ed. Dept. & Communities	4318216	804709	376657	284493	264128	238429	17659
社会力量办 Non-state/private	470463	26486	8869	10211	9013	6954	308
其他部门办 Run by Non-ed. Dept.	326319	2522	1225	832	954	736	
城市 Urban	2022468	31352	14160	12053	10018	9095	186
教育部门和集体办 Run by Ed. Dept. & Communities	1445313	24362	11161	9670	7595	7050	47
社会力量办 Non-state/private	340789	4727	1887	1679	1542	1367	139
其他部门办 Run by Non-ed. Dept.	236366	2263	1112	704	881	678	
县镇 Counties & Towns	2074149	240921	111559	83578	78286	74818	4239
教育部门和集体办 Run by Ed. Dept. & Communities	1894871	229619	108295	79308	74383	71734	4194
社会力量办 Non-state/private	105466	11043	3151	4142	3830	3026	45
其他部门办 Run by Non-ed. Dept.	73812	259	113	128	73	58	
农村 Rural	1018381	561444	261032	199905	185791	162206	13542
教育部门和集体办 Run by Ed. Dept. & Communities	978032	550728	257201	195515	182150	159645	13418
社会力量办 Non-state/private	24208	10716	3831	4390	3641	2561	124
其他部门办 Run by Non-ed. Dept.	16141						
总计中: Of Total:							
普通中学附设班 Classes Attached	236825	70197	32937	17982	19222	32976	17
其他单位(学校)办班 Classes Run by Other UNIT (Or Schools)	210621	6246	3163	1908	2625	1647	66
少数民族 Minoritier	265509	103359	45415	33837	34791	33089	1642
独立设置少数民族 Inde. Minority Schools	41528	19139	9053	6248	6602	5920	369

生数和毕业班学生数

Schools and Graduates for Next Year

单位：人
Unit: in Person

生数						毕业班学生数 Graduates for Next Year	
		高中 Senior					
计 Total	其中女 Of Which: Female	一年级 Grade 1	二年级 Grade 2	三年级 Grade 3	四年级 Grade 4	初中 Junior	高中 Senior
4281281	2045916	1874366	1374510	1011892	20513	246258	1164370
2045916	–	886668	654483	493455	11310	112298	555220
3513507	1669840	1526892	1127864	841403	17348	238609	951210
443977	217855	217391	141498	83310	1778	6920	112866
323797	158221	130083	105148	87179	1387	729	100294
1991116	996701	830179	639742	504742	16453	9029	560154
1420951	714666	580609	455468	371209	13665	6974	394240
336062	168848	158115	107148	69119	1680	1384	91454
234103	113187	91455	77126	64414	1108	671	74460
1833228	848232	834224	588808	406642	3554	74268	485176
1665252	766994	749734	535648	376665	3205	71192	445013
94423	43977	52308	30614	11403	98	3018	18568
73553	37261	32182	22546	18574	251	58	21595
456937	200983	209963	145960	100508	506	162961	119040
427304	188180	196549	136748	93529	478	160443	111957
13492	5030	6968	3736	2788		2518	2844
16141	7773	6446	5476	4191	28		4239
166628	74931	74686	51856	39460	626	32993	47669
204375	103131	80439	65232	57157	1547	1686	63105
162150	64261	73453	52248	35565	884	32501	43318
22389	10094	10883	7137	4369		5797	5605

职业中学高中

Number of Senior Level Students in

	毕业生数 Graduates	招生数 Students Admitted	计 Total
合 计 Total	1216133	1873637	4281281
农林类 Aqri. & Forestry	92554	103168	254201
资源与环境类 Resaurces & Environment	4470	4283	11310
能源类 Energy	4377	6991	14889
土木水利工程类 Civil & Water Engineering	19289	23562	55745
加工制造类 Manufac－truing	109597	175840	384699
交通运输类 Commu. & Trancpor	36406	52067	114088
信息技术类 Infor. Technique	278973	522678	1157559
医药卫生类 Medicine & Health	92781	65308	201233
商贸与旅游类 Trade & Travel	108502	159056	373079
财经类 Finance & Economics	131419	142171	361473
文化艺术与体育类 Cultural. Arts & Physical Edu.	113959	164563	385041
社会公共事业类 Public Affairs	52326	66741	160901
其他 Others	171480	387209	807063

阶段分科学生数

Vocational Schools by Field of Study

单位：人

Unit: in Person

在校生数 Enrolment					毕业班学生数 Graduates for Next year
其中女 Of Which Female	一年级 Grade 1	二年级 Grade 2	三年级 Grade 3	四年级 Grade 4	
2045916	1874366	1374510	1011892	20513	1164370
107216	103625	84069	66211	296	80159
5114	4277	4354	2574	105	3189
5278	6991	4239	3456	203	3850
17336	23460	17337	14617	331	16597
126159	175718	120047	87883	1051	106193
19051	52111	37116	24713	148	31063
528779	522256	378015	251241	6047	290656
120783	65566	65269	67670	2728	71245
232508	159208	122700	88962	2209	100178
211614	142266	116508	98486	4213	110648
223181	164931	120824	97950	1336	110529
82985	66782	53150	40239	730	47976
365912	387175	250882	167890	1116	192087

职业中学

Number of Teachers, Staff

	教职 Teachers, Staff			
	合计 Total	专任教师 Full-time Teachers		
		计 Total	初中 Junior Sec. Schools	高中 Senior Sec. Schools
总计 Total	430325	310060	37390	272670
其中：女 Of Which: Female	179897	137053	13328	123725
少数民族 Minoritier	22410	16529	3651	12878
教育部门和集体办 Run by Ed. Dept. & Communities	362943	269863		
社会力量办 Non-state/private	33415	20451		
其他部门办 Run by Non-ed. Dept.	33967	19746		
城市 Urban	186746	126529	2065	124464
教育部门和集体办 Run by Ed. Dept. & Communities	137205	97025		
社会力量办 Non-state/private	24816	14765		
其他部门办 Run by Non-ed. Dept.	24725	14739		
县镇 Cunties & Towns	178136	130679	11593	119086
教育部门和集体办 Run by Ed. Dept. & Communities	163452	121912		
社会力量办 Non-state/private	6834	4578		
其他部门办 Run by Non-ed. Dept.	7850	4189		
农村 Rural	65443	52852	23732	29120
教育部门和集体办 Run by Ed. Dept. & Communities	62286	50926		
社会力量办 Non-state/private	1765	1108		
其他部门办 Run by Non-ed. Dept.	1392	818		

教 职 工 数

& Workers in Vocational Schools

单位：人
Unit: in Person

工　数 & Workers				代课教师 Substitute Teachers	兼任教师 Part-time Teachers
行政人员 Adm. Personnel	教辅人员 Supporting Staff	工勤人员 Workers	校办工厂、农场职工 Employees in School-run Factories & Farms		
48260	22911	42976	6118	11581	16304
14154	11119	15367	2204	4259	5666
2283	990	2425	183	399	445
37034	18560	33486	4000	8226	7064
5606	2175	5005	178	1958	6096
5620	2176	4485	1940	1397	3144
26890	11508	18682	3137	5558	10746
17770	8185	12191	2034	2796	3038
4650	1774	3508	119	1697	5283
4470	1549	2983	984	1065	2425
16717	8979	19101	2660	3481	4308
15014	8148	16670	1708	3092	3128
765	284	1170	37	109	587
938	547	1261	915	280	593
4653	2424	5193	321	2542	1250
4250	2227	4625	258	2338	898
191	117	327	22	152	226
212	80	241	41	52	126

职业中学专

Number of Full－time Vocational

	总计 Total	其中女 Of Which: Female	文化课 Dulturel Subject	专业 农林类 Aqri. & Forestry	资源与环境类 Resaurces & Environment	能源类 Energy	土木水利工程类 Civil & Water Engineering	加工制造类 Manufac－truing
合计 Total	310060	137053	167910	10150	561	774	2488	12098
研究生毕业 Graduate	1792	796	959	19	3	5	19	35
本科毕业 Under－graduate	149352	70198	82323	4572	279	363	1221	6349
专科毕业 Associate Bachelor	140889	60045	75941	4943	264	370	1150	5197
高中阶段毕业 High School Graduate	17358	5841	8504	587	12	33	92	506
高中阶段毕业以下 Below High School Graduate	669	173	183	29	3	3	6	11
合计中: Of Total:								
女 Female	137053	–	77549	3262	229	247	856	3986
少数民族 Minorities	16529	7072	9823	762	19	54	93	275
初中 Junior High Schools	37390	13328	33083	1077	106	65	49	75
研究生毕业 Graduate	39	13	37					
本科毕业 Under－graduate	5231	1974	4686	134	14	32	3	8
专科毕业 Associate Bachelor	25722	9439	22967	723	84	32	42	55
高中阶段毕业 High School Graduate	6223	1877	5281	213	7	1	4	12
高中阶段毕业以下 Below High School Gratduate	175	25	112	7	1			
合计中: Of Total:								
女 Female	13328	–	12095	268	42	13	13	23
少数民族 Minorities	3651	1467	3145	96	5		3	6
高中 High School	272670	123725	134827	9073	455	709	2439	12023
研究生毕业 Graduate	1753	783	922	19	3	5	19	35
本科毕业 Under－graduate	144121	68224	77637	4438	265	331	1218	6341
专科毕业 Associate Bachelor	115167	50606	52974	4220	180	338	1108	5142
高中阶段毕业 High School Graduate	11135	3964	3223	374	5	32	88	494
高中阶段毕业以下 Below High School Graduate	494	148	71	22	2	3	6	11
合计中: Of Total:								
女 Female	123725	–	65454	2994	187	234	843	3963
少数民族 Minorities	12878	5605	6678	666	14	54	90	269

任教师学历情况

School Teachers by Educational Attainment

单位：人

Unit: in Person

课 Subjects									
交通运输类 Commu. & Trancpor.	信息技术类 Infor. Technique	医药卫生类 Medicine & Health	商贸与旅游类 Trade & Travel	财经类 Finance & Economics	文化艺术与体育类 Cultural. Arts & Physical Edu.	社会公共事业类 Public Affairs	其他 Others	实习指导 Practical Guiding	当年不任课 No Teaching Load in Current Year
3190	29135	6832	8695	12869	21931	4051	17397	5656	6323
28	162	144	71	111	87	51	72	13	13
1482	15319	2747	4466	6823	9339	1843	8264	1629	2333
1399	13013	3138	3846	5560	10602	1915	7784	2797	2970
250	629	782	301	371	1815	230	1187	1127	932
31	12	21	11	4	88	12	90	90	75
882	11727	3280	5207	6689	9476	1674	7780	1690	2519
194	1074	306	381	379	1172	213	1039	232	513
43	297	118	38	79	1445	71	303	67	474
									2
5	21	11	14	11	178	9	32	4	69
33	222	95	21	54	855	45	151	45	298
5	53	12	3	14	397	15	94	18	94
	1				15	2	26		11
12	103	54	22	18	425	18	92	12	118
6	31	9	4	8	157	16	97	14	54
3147	28838	6714	8657	12790	20486	3980	17094	5589	5849
28	162	144	71	111	87	51	72	13	11
1477	15298	2736	4452	6812	9161	1834	8232	1625	2264
1366	12791	3043	3825	5506	9747	1870	7633	2752	2672
245	576	770	298	357	1418	215	1093	1109	838
31	11	21	11	4	73	10	64	90	64
870	11624	3226	5185	6671	9051	1656	7688	1678	2401
188	1043	297	377	371	1015	197	942	218	459

职业中学专任教师专业

Full－Time Teachers in Vocational

	合　计 Total	其中女 Of the Total: Female	25岁及以下 25 Years and Unber	26－30 26－30 years
总　计 Total	310060	137053	45008	77992
中学高级 Senior	28569	10036	96	216
中学一级 1st Grade	103758	41880	521	7270
中学二级 2nd Grade	124052	58769	12811	55524
中学三级 3rd Grade	20974	9815	9553	8090
未评职称 Rank Undecided	32707	16553	22027	6892
总计中：Of Which:				
女 Female	137053	–	24573	40012
少数民族 Minorities	16529	7072	2015	4383
初中：小计 Junior Sec. Schools: Subtota	37390	13328	7799	9766
中学高级 Senior	614	150	8	14
中学一级 1st Grade	9056	2150	82	421
中学二级 2nd Grade	17240	6433	1450	6261
中学三级 3rd Grade	5540	2339	2742	2063
未评职称 Rank Undecided	4940	2256	3517	1007
小计中：Of Which:				
女 Female	13328	–	3720	4145
少数民族 Minorities	3651	1467	702	1090
高中：小计 Senior Sec. Schools: Subtota	272670	123725	37209	68226
中学高级 Senior	27955	9886	88	202
中学一级 1st Grade	94702	39730	439	6849
中学二级 2nd Grade	106812	52336	11361	49263
中学三级 3rd Grade	15434	7476	6811	6027
未评职称 Rank Undecided	27767	14297	18510	5885
小计中：Of Which:				
女 Female	123725	–	20853	35867
少数民族 Minorities	12878	5605	1313	3293

技术职务、年龄结构情况

Schools Broken Down by Rank and Age

单位：人

Unit: in person

31－35 31－35 years	36－40 36－40 years	41－45 41－45 years	46－50 46－50 years	51－55 51－55 years	56－60 56－60 years	61岁及以上 61 Years and Over
70802	49079	22493	18808	15918	8894	1066
931	4886	4628	5764	6659	4619	770
31359	30385	13129	9962	7432	3504	196
34914	12276	3977	2549	1444	536	21
1947	738	295	185	107	51	8
1651	794	464	348	276	184	71
32764	19523	7697	6644	4967	684	189
4252	2856	1191	900	591	310	31
7618	5296	2734	2006	1368	756	47
27	93	118	127	113	95	19
2060	2472	1505	1161	829	501	25
4883	2436	1021	657	395	136	1
418	188	65	36	19	9	
230	107	25	25	12	15	2
2778	1523	636	331	160	32	3
818	503	267	155	80	36	
63184	43783	19759	16802	14550	8138	1019
904	4793	4510	5637	6546	4524	751
29299	27913	11624	8801	6603	3003	171
30031	9840	2956	1892	1049	400	20
1529	550	230	149	88	42	8
1421	687	439	323	264	169	69
29986	18000	7061	6313	4807	652	186
3434	2353	924	745	511	274	31

职　业　中　学　办

Condition of School Buildings

	学校占地面积 Areas Occupied	校舍建筑面积 Floor Space	教学及辅助用房 Teaching & Assistant Buildings				
			计 Total	其中 Of Which			
				普通教室 Classroom	实验室 Laboratory	图书室 Library	微机室 pc－room
合　计 Total	236701016	60934537	25407967	15309571	4727959	1532750	1196309
城市 Urban	71220184	26909063	11724626	6570950	2208392	753332	628555
县镇 Counties & Towns	109105873	25244858	10087376	6290678	1907568	574047	434648
农村 Rural	56374959	8780616	3595965	2447943	611999	205371	133106

职　业　中　学　办

Condition of School Buildings in

	体育运动场(馆)面积(平方米) Sports Areas (m^2)	计算机(台) PC (set)	图书藏量(册) Books & Magazines in Libraries (Volume)
合　计 Total	45012283	562574	101770674
初　中 Junior Sec. Schools	5219438	9872	6810550
高　中 Senior Sec. Schools	39792845	552702	94960124
城　市 Urban	15249206	308921	47958229
初　中 Junior Sec. Schools	195466	930	135834
高　中 Senior Sec. Schools	15053740	307991	47822395
县　镇 Counties & Towns	19966790	199615	37797932
初　中 Junior Sec. Schools	1155132	2278	1454027
高　中 Senior Sec. Schools	18811658	197337	36343905
农　村 Rural	9796287	54038	16014513
初　中 Junior Sec. Schools	3868840	6664	5220689
高　中 Senior Sec. Schools	5927447	47374	10793824

学 条 件 (一)

in Vocational Schools

单位：平方米

Unit: m²

语音室 Linguistic	行政办公用房 Administritive 计 Total	其中教师办公室 Of Whichh: for Teachers	生活用房 Residential and Welfare	其他用房 Rooms For Other purposes	校舍面积中 Of the Floor Space 危房面积 Floor Space of Dilapidated Buildings	当年新增 New Floor Space Added in Current Year	实习工厂(农场)面积
369867	6307461	3796195	22132621	7086488	1364378	2346985	1650809
188708	2865415	1621096	8613735	3705287	219786	898192	867195
146451	2564277	1589429	10030930	2562275	686425	1134220	584142
34708	877769	585670	3487956	818926	458167	314573	199472

学 条 件 (二)

Vocational Schools

电子图书藏量(片) Electronic Books & Magazines in Libraries (disk)	固定资产总值(万元) Total Volue of Fixed Asset (in 10 thouand yuan) 计 Total	其中：仪器设备总值(万元) Of which: Total Value of Equip & Instru (in 10 thousand yuan) 计 Sub total	专业实验设备 For Pretession	专业实习设备 For Practice
6704577	3859834.32	697277.15	379033.31	255198.24
17212	101880.52	10381.00	6621.46	1895.11
6687365	3757953.80	686896.15	372411.85	253303.13
6040910	1848381.58	379400.62	201064.64	140132.12
541	5262.96	943.60	527.79	350.31
6040369	1843118.62	378457.02	200536.85	139781.81
557582	1560229.62	252219.02	145115.11	90344.01
1239	20163.00	2127.72	1484.98	365.40
556343	1540066.62	250091.30	143630.13	89978.61
106085	451223.12	65657.51	32853.56	24722.11
15432	76454.56	7309.68	4608.69	1179.40
90653	374768.56	58347.83	28244.87	23542.71

职业中学办学条件(三)

Condition of School Buildings in Vocational Schools

单位：所

Unit: Number of Schools

	体育运动场(馆)面积达标校数 School No: Sports Areas Reached Standard	体育器械配备达标校数 School No: Sports equip. Reached Standard	音乐器械配备达标校数 School No: Musical Instrd. Reached Stardard	美术器械配备达标校数 School No: Fine Arts Instru. Reached Standard	教学自然实验仪器达标校数 School No: Equip. of Natural Sci. Reached Standard	建立校园网校数 School No: Campus Networks Set
合　计 Total	4106	3861	3203	3044	3995	1579
初　中 Junior Sec. Schools	563	457	351	340	500	41
高　中 Senior Sec. Schools	3543	3404	2852	2704	3495	1538
城　市 Urban	1462	1530	1289	1225	1530	857
初　中 Junior Sec. Schools	15	14	8	8	11	3
高　中 Senior Sec. Schools	1447	1516	1281	1217	1519	854
县　镇 Counties & Towns	1689	1538	1306	1226	1608	546
初　中 Junior Sec. Schools	118	93	76	71	103	9
高　中 Senior Sec. Schools	1571	1445	1230	1155	1505	537
农　村 Rural	955	793	608	593	857	176
初　中 Junior Sec. Schools	430	350	267	261	386	29
高　中 Senior Sec. Schools	525	443	341	332	471	147

(三) 初等教育(小学)

PRIMARY EDUCATION
(PRIMARY SCHOOLS)

小学校数、班

Number of Schools, Classes &

	学校数(所) Schools	教学点数(个) External teachingsites	班数(个) Classes	毕业生数(人) Graduates	招生数(人) Students Admitted
总　计 Total	456903	112359	3526147	23519240	19527981
其中女 Of Which: Female				11185479	9176275
教育部门和集体办 Run by Ed. Dept. & Communities	445243	109766	3362056	22493233	18482958
社会力量办 Non-state/private	5122	1975	61382	300627	401557
其他部门办 Run by Non-ed. Dept.	6538	618	102709	725380	643466
城　市 Urban	25950	729	394519	3250742	2868086
教育部门和集体办 Run by Ed. Dept. & Communities	21713	662	312579	2685951	2297155
社会力量办 Non-state/private	1430	17	25943	130147	189340
其他部门办 Run by Non-ed. Dept.	2807	50	55997	434644	381591
县　镇 Counties & Towns	46949	3380	531629	4501415	3713389
教育部门和集体办 Run by Ed. Dept. & Communities	44882	3259	502377	4328424	3537749
社会力量办 Non-state/private	989	70	13909	64254	79946
其他部门办 Run by Non-ed. Dept.	1078	51	15343	108737	95694
农　村 Rural	384004	108250	2599999	15767083	12946506
教育部门和集体办 Run by Ed. Dept. & Communities	378648	105845	2547100	15479101	12648054
社会力量办 Non-state/private	2703	1888	21530	105983	132271
其他部门办 Run by Non-ed. Dept.	2653	517	31369	181999	166181
总计中: Of the Total:					
六年制 6-Year			3137643	20771489	17146180
少数民族 Minorities	14797		91587	1972889	1935234

数和学生数

Students in Primary Schools

在校学生数(人) Enrolment							
合计 Total	其中女 Of Which: Female	一年级 Grade 1	二年级 Grade 2	三年级 Grade 3	四年级 Grade 4	五年级 Grade 5	六年级 Grade 6
121567086	57381345	19815252	19741719	20276756	21235842	22586256	17911261
57381345		9295734	9304040	9576220	10030893	10694927	8479531
115527052	54625191	18766873	18701232	19228979	20194827	21534211	17100930
2221370	943048	403106	385618	377725	375830	378883	300208
3818664	1813106	645273	654869	670052	665185	673162	510123
17212547	8101129	2870829	2891430	2953312	2947609	2969071	2580296
13966799	6604550	2299417	2328114	2387883	2394913	2420294	2136178
984899	420989	189562	174429	167336	160080	155295	138197
2260849	1075590	381850	388887	398093	392616	393482	305921
22937748	10761251	3746113	3706114	3786130	3961694	4274501	3463196
21900590	10302801	3570069	3532772	3607415	3780506	4085374	3324454
477140	190067	80048	77135	79934	83561	89258	67204
560018	268383	95996	96207	98781	97627	99869	71538
81416791	38518965	13198310	13144175	13537314	14326539	15342684	11867769
79659663	37717840	12897387	12840346	13233681	14019408	15028543	11640298
759331	331992	133496	134054	130455	132189	134330	94807
997797	469133	167427	169775	173178	174942	179811	132664
108801890	51305256	17374014	17360317	17839787	18572286	19766883	17888603
11497250	5175826	2018177	1911277	1890065	1919868	1979855	1778008

小学班

Size of

	合 计 Total	一 年 级 Grade 1	二 年 级 Grade 2
总 计 Total	3526147	611568	586080
城 市 Urban			
25人及以下 25 and under	35698	8291	7472
26－35	65055	13147	12131
36－45	101934	17226	17607
46－55	100785	16806	16510
56－65	56734	8610	8960
66人及以上 66 and over	34313	5025	5355
县 镇 Counties & Towns			
25人及以下 25 and under	71633	16929	14810
26－35	94297	17375	16493
36－45	128253	20572	20717
46－55	118614	17803	18065
56－65	70171	10645	10580
66人及以上 66 and over	48661	7723	7577
农 村 Rural			
25人及以下 25 and under	985531	217565	194531
26－35	646202	106174	104885
36－45	507420	69950	71690
46－55	291447	36141	37253
56－65	118191	14746	14908
66人及以上 66 and over	51208	6840	6536

额　情　况

Primary Classes

单位：个

	三年级 Grade 3	四年级 Grade 4	五年级 Grade 5	六年级 Grade 6	复式班 Multiple－grade classes
	578179	577617	582655	446637	143411
	6256	5570	4603	3255	251
	10988	10309	10193	8245	42
	17201	17411	17597	14882	10
	17041	17549	17409	15469	1
	10019	9896	10210	9037	2
	5944	5911	6173	5899	6
	12673	10692	7917	4702	3910
	16027	16341	16165	11148	748
	20819	22799	24219	18915	212
	18849	20684	23472	19679	62
	11437	11704	13501	12283	21
	8075	8303	9142	7836	5
	164337	132184	99116	63163	114635
	109831	112551	112672	83152	16937
	80308	92881	105687	82153	4751
	43269	52712	66016	54778	1278
	17576	21172	26873	22570	346
	7529	8948	11690	9471	194

小学教

Number of Teachers, Staff &

	教职 Teachers, Staff		
	合计 Total	专任教师 Full－time Teachers	行政人员 Adm. Personnel
总计 **Total**	6340243	5778853	339508
其中：女 Of Which: Female	3240148	3057582	83392
少数民族 Minorities	627386	572265	32433
教育部门和集体办 Run by Ed. Dept. & Communities	5945081	5461313	311930
社会力量办 Non－state/private1	132869	95084	9131
其他部门办 Run by Non－ed. Dept.	262293	222456	18447
城市 Urban	1047051	905160	78212
教育部门和集体办 Run by Ed. Dept. & Communities	830044	730612	61973
社会力量办 Non－state/private1	70642	48878	5296
其他部门办 Run by Non－ed. Dept.	146365	125670	10943
县镇 Counties & Towns	1298172	1155547	75969
教育部门和集体办 Run by Ed. Dept. & Communities	1223052	1097398	70618
社会力量办 Non－state/private1	32971	22991	2283
其他部门办 Run by Non－ed. Dept.	42149	35158	3068
农村 Rural	3995020	3718146	185327
教育部门和集体办 Run by Ed. Dept. & Communities	3891985	3633303	179339
社会力量办 Non－state/private1	29256	23215	1552
其他部门办 Run by Non－ed. Dept.	73779	61628	4436

职 工 数

Workers in Primary Schools

单位：人
Unit:in Person

工 数 & Workers			代课教师 SubtituteTeachers Teachers	兼任教师 Part－time Teachers
教辅人员 Teaching Auxiliarg	工勤人员 Workers	校办工厂、农场职工 Employees in School－run Factories & Farms		
70786	145290	5806	477010	22136
32880	64275	2019	279283	11408
4030	18341	317	72751	1417
59442	107522	4874	458750	17905
6243	22090	321	11624	3125
5101	15678	611	6636	1106
20200	41022	2457	26707	4434
13559	22079	1821	20096	2202
3714	12526	228	2860	1505
2927	6417	408	3751	727
23067	41799	1790	35139	3794
20577	32818	1641	31971	2933
1669	5972	56	2374	727
821	3009	93	794	134
27519	62469	1559	415164	13908
25306	52625	1412	406683	12770
860	3592	37	6390	893
1353	6252	110	2091	245

小学专任教师专业

Full－Time Primary School Teachers

	合计 Total	其中女 Of Which: Female	25岁及以下 25 years and under	26－30 26－30 years	31－35 31－35 years
总 计 Total	5778853	3057582	1081955	875818	751674
中学高级 Senior Secondary	13223	6013	33	137	726
小学高级 Senior Primary	1888770	913236	2481	47537	197981
小学一级 1st Grade Primary	2594934	1332803	225365	620773	467859
小学二级 2st Grade Primary	802297	498005	516534	143809	53212
小学三级 3st Grade	44113	24051	22451	7193	3838
未评职称 Rank Undecided	435516	283474	315091	56369	28058
总计中:Of the Total:					
女 Female	3057582		741845	572828	476036
少数民族 Minorities	572265	254901	113070	103085	83353

技术职务、年龄结构情况

Broken Down by Rank and Age

单位：人
Unit: person

36－40 36－40 years	41－45 41－45 years	46－50 46－50 years	51－55 51－55 years	56－60 56－60 years	61岁及以上 61 years and over
756451	700238	801062	578819	229402	3434
1716	2127	3022	3296	2010	156
283144	351157	477464	378980	148145	1881
417064	316766	295979	179282	70821	1025
34419	19740	16538	12002	5885	158
3391	2373	2214	1791	820	42
16717	8075	5845	3468	1721	172
422592	325459	319125	190609	8635	453
81421	64000	68184	42762	15984	406

学龄儿童净入学率

Net Enrolment Rate of School－age Children

单位：人 Unit: in Person

	学龄儿童总数 Total School－age Children	已入学学龄儿童数 School-age Childen Children	入学率(%) Net Enrolment Ratio (%)
总　计 **Total**	107570055	106046166	98.58
城　市 Urban	14535792	14425835	99.24
县　镇 Counties & Towns	20164648	19850516	98.44
农　村 Rural	72871468	71769815	98.49
总计中：Of the total:			
女儿童 Girls	53521154	52736390	98.53

小学专任教师学历情况

Breakdown of Full－time Primary School Teachers by Educational Attainment

	计 Total	研究生毕业 Graduate	本科毕业 Under－graduate	专科毕业 Associate Bachelor	高中阶段毕业 High School Graduate	高中阶段毕业以下 Below High School Graduate
人数（人）No.	5778853	762	124678	1786756	3716062	150595
%	100	0.01	2.16	30.92	64.30	2.61

小 学 办

Condition of School Buildings

	学校占地面积 Areas Occupied	校舍建筑面积 Floor Space	教学及辅助用房 Teaching & Assistant Buildings				
			计 Total	其中 Of Which			
				普通教室 Ciassroom	实验室 Laboratory	图书室 Library	微机室 pc－room
总　计 Total	2780384650	573505303	357781665	303569226	15472848	13581717	4788202
城市 Urban	231881894	85899926	51167702	38173411	2458903	1864240	1493241
县镇 Counties & Towns	391199974	105524715	62840728	52122908	2700715	2153705	1307019
农村 Rural	2157302782	382080662	243773235	213272907	10313230	9563772	1987942

小 学 办

Condition of School Buildings in

	体育运动场(馆)面积(平方米) Sports Areas (m^2)	计算机(台) PC (set)	图书藏量(册) Books & Magazines in Libraries (Volume)
总　计 Total	910902691	2183289	1390618706
城　市 Urban	82176971	781332	267025858
县　镇 Counties & Towns	133321997	576544	292327017
农　村 Rural	695403723	825413	831265831

学 条 件 (一)

in Primary Schools

单位：平方米

Unit: m^2

语音室 Linguistic	行政办公用房 Administritive 计 Total	其中教师办公室 Of Whichh: for Teachers	生活用房 Residential and Welfare	其他用房 Rooms For Other purposes	校舍面积中 Of the Floor Space 危房面积 Floor Space of Dilapidated Buildings	当年新增 New Floor Space Added in Current Year
1602955	63377716	49632440	98477666	53868256	34969576	12981652
606320	10193006	6592033	12927952	11611266	1601270	2342699
473226	11269131	8210692	21147694	10267162	4436402	2876966
523409	41915579	34829715	64402020	31989828	28931904	7761987

学 条 件 (二)

Primary Schools

电子图书藏量（片） Electronic Books & Magazines in Libraries (disk)	固定资产总值（万元） Total Volue of Fixed Asset (in 10 thouand yuan) 计 Total	其中：仪器设备总值（万元） Of which: Total Volue of Equip & Instru (in 10 thousand yuan) 计 Sub total	专业实验设备 For Pretession	专业实习设备 For Practice
7906667	41800310.12	3257656.91	2145590.87	322001.60
3157831	17291996.45	1236093.49	921545.25	96363.75
1637006	6504864.87	643572.63	413560.34	72852.91
3111830	18003448.80	1377990.79	810485.28	152784.94

小学办学条件(三)

Condition of School Buildings in Primary Schools

单位：所

	体育运动场(馆)面积达标校数 School No: Sports Areas Reached Standard	体育器械配备达标校数 School No: Sports equip. Reached Standard	音乐器械配备达标校数 School No: Musical Instrd. Reached Stardard	美术器械配备达标校数 School No: Fine Arts Instru. Reached Standard	教学自然实验仪器达标校数 School No: Equip. of Natural Sci. Reached Standard	建立校园网校数 School No: Campus Networks Set
总　计 Total	222928	198760	172245	163066	225553	12824
城　市 Urban	15332	17296	16651	15657	18069	4512
县　镇 Counties & Towns	26510	27000	24735	23333	30404	2746
农　村 Rural	181086	154464	130859	124076	177080	5566

(四) 特殊教育

SPECIAL DUCATION

特 殊 教 育 学

Basic Statistics of

	学校数 (所) Schools	班 数 (个) Classes	毕业生数 Graduates	招生数 Entrants	
					合 计 Total
总 计 Total	1540	12576	44237	52861	374457
其中女 Of Which Female	–	–	15648	18581	128534
盲人学校 Schools for the Blind	37	783			37426
聋人学校 Schools for the Deaf-mute	654	7880			108566
弱智学校 Schools for Retarded	371	3913			228465
特殊教育学校 Schools For Special Edu.		11798	9680	18450	118747
盲人学校 Schools for the Blind		776			6562
聋人学校 Schools for the Deaf-mute		7789			80585
弱智学校 Schools for Retarded		3233			31600
小学附设特教班 Classes Attached to Primary Schools		761	587	916	5487
盲人学校 Schools for the Blind		7			60
聋人学校 Schools for the Deaf-mute		85			536
弱智学校 Schools for Retarded		669			4891
小学随班就读 Followers in Primary Schools			22457	19463	202992
盲人学校 Schools for the Blind					18504
聋人学校 Schools for the Deaf-mute					22308
弱智学校 Schools for Retarded					162180
普通(职业)初中附设特教 Special Classes Attached to Junior High (Vacational) Schools		17	14	5	150
盲人学校 Schools for the Blind					2
聋人学校 Schools for the Deaf-mute		6			37
弱智学校 Schools for Retarded		11			111
普通(职业)初中随班就读 Followers in Junior High (Vacational) Schools			11499	14027	47081
盲人学校 Schools for the Blind					12298
聋人学校 Schools for the Deaf-mute					5100
弱智学校 Schools for Retarded					29683
合计中: Of the Total:					
城市 Urban	684	6756	13417	15281	106177
县镇 County Seats & Towns	784	5280	13056	16503	103872
农村 Rural	72	540	17860	21178	165277

校 基 本 情 况

Special Education Schools

单位：人
Unit: in Person

在校学生数 Enrolment									
一年级 Grade 1	二年级 Grade 2	三年级 Grade 3	四年级 Grade 4	五年级 Grade 5	六年级 Grade 6	七年级 Grade 7	八年级 Grade 8	九年级 Grade 9	十年级 Grade 10
47268	51203	51422	52506	51577	44290	25866	24903	21915	3507
16195	17243	17088	17574	17203	15269	9425	9201	7964	1372
3816	3974	4072	4087	4024	3079	4622	4660	4464	628
15918	15626	14373	13833	12975	11621	8801	7381	5961	2077
27534	31603	32977	34586	34578	29590	12443	12862	11490	802
19287	16999	14906	13785	12851	11959	10319	8294	7040	3307
1219	790	760	661	636	422	499	496	488	591
12290	11439	10098	9736	9157	8782	7127	5539	4378	2039
5778	4770	4048	3388	3058	2755	2693	2259	2174	677
979	951	1027	984	793	753				
7	15	7	14	7	10				
158	112	115	65	45	41				
814	824	905	905	741	702				
27002	33253	35489	37737	37933	31578				
2590	3169	3305	3412	3381	2647				
3470	4075	4160	4032	3773	2798				
20942	26009	28024	30293	30779	26133				
						38	41	66	5
							1	1	
						7	13	12	5
						31	27	53	
						15509	16568	14809	195
						4123	4163	3975	37
						1667	1829	1571	33
						9719	10576	9263	125
12906	12335	12032	12459	12825	12437	9655	9526	8845	3157
13246	13663	13579	13267	13171	12116	9257	8369	7036	168
21211	25330	25933	26920	25724	19886	7001	7037	6053	182

特 殊 教 育 学

Number of Teachors, Sraff and

	教 职 Teachers, Staff		
	合 计 Total	专任教师 Full-time Teachers	行政人员 Adm. Personnel
总 计 Total	40378	29805	4002
其中: Of Which:			
女 Female	26839	21569	1798
少数民族 Minorities	1952	1471	202

特殊教育学校专任

Breakdown of Speical Education Schools

	合 计 Total	按 学 历 分			
		研究生毕业 Graduate	本科毕业 Under-graduate	专科毕业 Associate Bachelor	高中阶段毕业 High School Graduate
总 计 Total	29805	22	2825	13893	12606
其中: Of Which:					
女 Female	21569	14	1848	10059	9317
受过特殊教育专业培训 Trained in Special Education	14584	8	1381	7155	5889

特殊教育在校学生中职业技术班

Condition of Minorities and Vocational

	合 计 Total	其中女 Of Which Female	一年级 Grade 1	二级年 Grade 2	三年级 Grade 3
职业技术班 Voca. & Skill Class	4893	1317	38	28	58
少数民族 Minorities	26805	230	3753	3957	3834

校教职工数

Workers in Special Education Schools

单位：人
Unit: in Person

工　数 & Workers		代课教师 Substitute Teachers	兼任教师 Part-time Teachers
教辅人员 Teaching Auxiliarg	工勤人员 Workers		
2131	4440	774	391
1294	2178	532	230
73	206	22	19

教师学历、职称情况

Heads and Teachers by Educational Attainment

单位：人
Unit:in Person

	按　职　称　分					
高中阶段毕业以下 Below High School Graduate	中学高级 Senior Secondary	小学高级 Senior Primary	小学一级 1st Grade Primary	小学二级 2st Grade Primary	小学三级 3st Grade Primary	未评职称 Rank Undecided
459	541	11424	11903	3623	230	2084
331	272	8405	8560	2672	149	1511
151	225	4627	6508	2094	80	1050

学生及少数民族学生情况

& Skill Students in Special Edu. Schools

单位：人
Unit: in Person

四年级 Grade 4	五年级 Grade 5	六年级 Grade 6	七年级 Grade 7	八年级 Grade 8	九年级 Grade 9	十年级 Grade 10
118	225	382	940	1016	1028	1060
3617	3276	2801	1947	1888	1647	85

（五）幼儿教育

PRE－PRIMARY EDUCATION

幼儿教育

Basic Statistics of

	园数(所) Kindergarten		班数(个) Class	
	计 Total	其中少数民族幼儿园 Of Which: Minorities	计 Total	其中学前班 Of Which: Pre-School
总计 Total	111752	618	742088	356959
其中女 Of Which: Female	–	–		
教育部门和集体办 Run by Ed. Dept. & Communities	53838	432	521140	319691
社会力量办 Non-state/private	48365	156	157923	26031
其他部门办 Run by Non-ed. Dept.	9549	30	63025	11237
城市 Urban	29305	102	166888	30426
教育部门和集体办 Run by Ed. Dept. & Communities	8693	66	65120	17587
社会力量办 Non-state/private	13925	26	55969	6936
其他部门办 Run by Non-ed. Dept.	6687	10	45799	5903
县镇 Counties & Towns	33314	246	175542	53799
教育部门和集体办 Run by Ed. Dept. & Communities	12777	149	103659	42213
社会力量办 Non-state/private	18926	82	62360	9656
其他部门办 Run by Non-ed. Dept.	1611	15	9523	1930
农村 Rural	49133	270	399658	272734
教育部门和集体办 Run by Ed. Dept. & Communities	32368	217	352361	259891
社会力量办 Non-state/private	15514	48	39594	9439
其他部门办 Run by Non-ed. Dept.	1251	5	7703	3404
合计中：独立设置幼儿园、小学附设幼儿园、独立设置学前班 Of Tatal: Inde. Kinder., Kinder. Attached to Primary School and Inde. Pre-School Classes			403708	62402
小学附设幼儿班、学前班 Kinder. and Pre-School Classes Attached to Primary School			338380	294557

基本情况

Pre-primary Education

入园（班）人数 Enrollment (in person)		在园（班）人数 Retained (in Person)		离园（班）人数 Leavers (in Person)	
计 Total	其中学前班 Of Which: Pre-School	计 Total	其中学前班 Of Which: Pre-School	计 Total	其中学前班 Of Which: Pre-School
13736112	8514052	20360245	9806398	11526579	7999733
6192308	3844397	9226574	4429726	5224820	3634466
10685631	7735792	14463552	8699435	9221299	7110366
2179979	517610	4005204	742647	1552084	573047
870502	260650	1891489	364316	753196	316320
2415460	813996	4886690	1059066	2024715	875429
1175922	557652	2126369	660129	1048860	559356
656808	119495	1377789	192562	466154	145064
582730	136849	1382532	206375	509701	171009
3333776	1569226	5424509	1908335	2757450	1593403
2307295	1339157	3550757	1580675	2040398	1329802
876639	186186	1574289	265893	588715	202956
149842	43883	299463	61767	128337	60645
7986876	6130830	10049046	6838997	6744414	5530901
7202414	5838983	8786426	6458631	6132041	5221208
646532	211929	1053126	284192	497215	225027
137930	79918	209494	96174	115158	84666
5586564	1134875	11403457	1915066	4903096	1711627
8149548	7379177	8956788	7891332	6623483	6288106

幼 儿 园

Number of Teachers, Staff

	教 Teachers,	
	合 计 Total	园 长 Kindergarten Heads
总 计 Total	903319	88041
教育部门和集体办 Run by Ed. Dept. & Communities	398278	34227
社会力量办 Non-state/private	311723	40290
其他部门办 Run by Non-ed. Dept.	193318	13524
城 市 Urban	446149	37111
教育部门和集体办 Run by Ed. Dept. & Communities	149903	10810
社会力量办 Non-state/private	140718	15740
其他部门办 Run by Non-ed. Dept.	155528	10561
县 镇 Counties & Towns	289212	29034
教育部门和集体办 Run by Ed. Dept. & Communities	150876	11082
社会力量办 Non-state/private	112314	15912
其他部门办 Run by Non-ed. Dept.	26022	2040
农 村 Rural	167958	21896
教育部门和集体办 Run by Ed. Dept. & Communities	97499	12335
社会力量办 Non-state/private	58691	8638
其他部门办 Run by Non-ed. Dept.	11768	923
其中: Of Which:		
女 Female	848379	82642
幼教专业毕业 Graduates of pre-school education programmes	480595	50190
少数民族 Minorities	36241	3335

教 职 工 数

& Workers in Kindergarten

单位：人

Unit: in Person

职工数 Staff & Workers			代课教师 Substitute Teachers	兼任教师 Part－time Teachers
专任教师 Full－time Teachers	保健员 Health Nurses	其 他 Other		
571227	56644	187407	64462	11578
281859	17121	65071	41622	4328
186657	26800	57976	14997	5067
102711	12723	64360	7843	2183
253489	29863	125686	16374	5357
93830	7534	37729	6610	1326
78654	12454	33870	3811	2148
81005	9875	54087	5953	1883
197114	19227	43837	18465	3631
112964	6975	19855	11677	1385
69228	10265	16909	5771	2019
14922	1987	7073	1017	227
120624	7554	17884	29623	2590
75065	2612	7487	23335	1617
38775	4081	7197	5415	900
6784	861	3200	873	73
561941	53479	150317	60024	9326
406261	8267	15877	28743	3951
24232	2292	6382	2312	224

幼儿园园长、专任

Breakdown of Kindergarten Heads and

	合　计 Total	按学历分 By Educational Attainmant 研究生毕业 Graduate	本科毕业 Under-graduate	专科毕业 Associate Bachelor	高中毕业 High School Graduate
合　计　Total	659268	552	19305	224776	373893
园　长　Kindergarten Heads	88041	339	6038	34430	42710
专任教师　Full-Time Teachers	571227	213	13267	190346	331183
城　市　Urban	290600	446	13271	126403	140168
园　长　Kindergarten Heads	37111	283	4081	17819	13606
专任教师　Full-Time Teachers	253489	163	9190	108584	126562
县　镇　Counties & Towns	226148	93	4711	69671	137726
园　长　Kindergarten Heads	29034	47	1441	10595	15426
专任教师　Full-Time Teachers	197114	46	3270	59076	122300
农　村　Rural	142520	13	1323	28702	95999
园　长　Kindergarten Heads	21896	9	516	6016	13678
专任教师　Full-Time Teachers	120624	4	807	22686	82321
合计中小学附设幼儿班、学前班教师 Of Total: Teachers for Pre-School Classes & Kindery arten Classes Attached to Primary School	172965	50	1490	25067	123085

幼儿园校舍

Statistics of Kindargarten

	学校占地面积 Areas Occupied	校舍建筑面积 Floor Space	教学及辅助用房 Teaching & Assistant Buildings 计 Total	其中 Of Which 活动室 Recreational	睡眠室 Bed Room	保健室 Health Care	图书室 Pictare Books
合　计　Totall	135347499	66398830	43518579	25564905	10994729	1277761	1371260
城　市　Urban	50778429	31011426	19753657	10974504	5948101	515034	559969
县　镇　Counties & Towns	41261329	20862484	13849839	8214638	3376492	433003	428292
农　村　Rural	43307741	14524920	9915083	6375763	1670136	329724	382999

教师学历、职称情况

Teachers by Educational Attainment

单位：人

Unit: in person

	按职称分 By Acodemic Title					
高中毕业以下 Below High School Graduate	中学高级 Senior, Secondary	小学高级 Senior, Primary	小学一级 1st Grade Primary	小学二级 2nd Grade, Primary	小学三级 3rd Grade, Primary	未评职称 Rank Undecided
40742	3465	96664	158891	71002	11630	317616
4524	1950	25057	15136	4112	882	40904
36218	1515	71607	143755	66890	10748	276712
10312	2294	54391	79857	34103	6281	113674
1322	1359	13363	6953	1684	390	13362
8990	935	41028	72904	32419	5891	100312
13947	813	33395	57413	23985	3152	107390
1525	427	8101	4484	1222	222	14578
12422	386	25294	52929	22763	2930	92812
16483	358	8878	21621	12914	2197	96552
1677	164	3593	3699	1206	270	12964
14806	194	5285	17922	11708	1927	83588
23273	671	26398	47751	21075	2994	74076

及其他情况

Buildings and Others

单位：平方米

Unit: m^2

行政办公用房 Administritive		生活用房 Residential and Welfare	其他用房 Forother purposes	校舍面积中 Of Hoor space:		幼儿园中户外活动场 Areas for out door Activities	图书（册） Picture Books	教学用录像录音带（盒） Tapes for Teaching
计 Total	其中教师办公室 Of which: office			危房面积 Floor Space of Dilapidated Buildings	当年新增 New Floor Space Added in Current Year			
5760991	3489949	7757745	9361515	355052	1583115	75908490	46326300	5574568
2540788	1244200	3781414	4935567	98736	629615	21135871	21472752	2911444
1780589	1139749	2578863	2653193	173672	660404	16804230	14065339	1612862
1439614	1106000	1397468	1772755	82644	293096	37968389	10788209	1050262

三、工读学校

COMMUNITY HOUSE

工读学校基本情况

Basic Statistics of Community House

单位：人

Unit:in Person

	学校数(所) Schools	班数(个) Classes	离校人数 School Leavers	入校人数 No.of Persons Entered	在校人数 No. of Persors Kept at School	教职工数 Teachers, Staff－Workers	
						计 Total	其中专任教师 Of Which: Full－time Teachers
总　计　Total	76	463	4244	5220	7889	2454	1487
其中：女 Of Which: Female	0	0	424	350	921	744	433

四、成人教育

ADULT EDUCATION

（一）高等教育

HIGHER EDUCATION

成人高等教

Basic Statistics of Adult

	学校数(所) Institutions		本专科学生数 Undergraduate Students						
	计 Total	其中:中央部门所属学校数 Of Which Inst. Under Central Ministries & Agencies	毕业生数 Graduates	招生数 Students Admitted	在校学生数 Enrolment	合计 Total	计 Subtotal	计 Subtotal	正高级 Senior
总计 Total	607	20	1174979	2223211	5591573	168069	162641	88861	1999
其中:女 Of which: Female	–	–	585245	1115980	2818909	73716	71343	39771	462
一、成人高等学校 Adult Higher Educations	607	20	371526	505718	1261789	168069	162641	88861	1999
广播电视大学 Radio/Tv Universities	45	1	139680	143606	385130	64574	63353	34275	370
职工高等学校 Workers' Colleges	357	12	88937	158850	367280	51846	49127	27366	663
农民高等学校 Peasants' College	3		331	540	1008	260	260	164	
管理干部学院 Institutes for Administration	97	6	55296	66269	155538	24352	23574	11712	567
教育学院 Educational College	103	1	76479	123771	326380	23282	22690	13339	353
独立函授学院 Independent Correspondence Colleges	2		4262	5215	10032	517	517	389	15
其他机构 Other			6541	7467	16421	3238	3120	1616	31
二、普通高等学校办 Run by Regular HEIs			606911	1717493	556900				
函授 Correspondence Divisions			297842	919719	338688				
业余 Evening Schools			105057	333956	100013				
脱产 Short-cycle Courses for Cadres			204012	463818	118199				

育基本情况

Higher Educational

单位：人

Unit: in Person

教职工数 Teachers, Staff & Workers									
校本部教职工 Teachers, Staff & Workers in the College or Uni. Proper							科研机构人员 Personnel in Affiliated Research Org.	校办企业职工 Emplyees in School-run Enterprise	其他附设机构人员 Personnel in Other Subsidiary Units
专任教师 Full-time Teachers				行政人员 Adm. Personnel	教辅人员 Supporting Staff	工勤人员 Workers			
副高级 Sub-Senior	中级 Middle	初级 Junior	无职称 No Rank						
23438	39577	19365	4482	34579	19446	19755	630	2627	2171
9124	18434	9503	2248	14588	9922	7062	200	1018	1155
23438	39577	19365	4482	34579	19446	19755	630	2627	2171
7396	15413	9088	2008	14100	8464	6514	285	584	352
7589	13204	4910	1000	9907	5274	6580	129	1299	1291
21	71	69	3	45	19	32			
3724	4539	2227	655	5593	2777	3492	150	423	205
4236	5335	2661	754	4118	2487	2746	64	221	307
63	203	94	14	104		24			
409	812	316	48	712	425	367	2	100	16

成人高等教育分

Number of Students by Type of Schools

	毕业生数 Graduates		
	计 Total	本 科 Normal Courses	专 科 Short－cycle Courses
总 计 Total	1174979	229072	945907
一、成人高等学校总计 Adult Higher Educational Institutions Total	371526	32530	338996
其中:全脱产 Of which: Full－time	213329	11138	202191
广播电视大学 Radio/TV Universities	139680	725	138955
其中:全脱产 Of which: Full－time	75724	64	75660
职工高等学校 Workers' Colleges	88937	2165	86772
其中:全脱产 Of which: Full－time	57734	2129	55605
农民高等学校 Peasants' Colleges	331	0	331
其中:全脱产 Of which: Full－time	331	0	331
管理干部学院 Institutes for Administration	55296	3257	52039
其中:全脱产 Of which: Full－time	39683	2045	37638
教育学院 Educational Colleges	76479	25909	50570
其中:全脱产 Of which: Full－time	32126	6590	25536
独立函授学院 Independent Correspondence Colleges	4262	0	4262
其中:全脱产 Of which: Full－time	3605	0	3605
其他机构 Other	6541	474	6067
其中:全脱产 Of which: Full－time	4126	310	3816
二、普通高等学校举办 Run by Regular IHEs	803453	196542	606911
函授 Divisions of Correspondence	422672	124830	297842
业余 Sparetime Schools	143444	38387	105057
脱产 Short－cycle Courses for Adult	237337	33325	204012

本专科学生数

in all Adult Higher Education

单位: 人 Unit: in Person

招生数 Entrants			在校学生数 Enrolment		
合计 Total	本科 Normal Courses	专科 Short－cycle Courses	合计 Total	本科 Normal Courses	专科 Short－cycle Courses
2223211	610181	1613030	5591573	1542743	4048830
505718	53281	452437	1261789	142005	1119784
272356	13713	258643	593105	28804	564301
143606	1119	142487	385130	2432	382698
82177	420	81757	197861	619	197242
158850	2853	155997	367280	6121	361159
101398	2639	98759	211219	5715	205504
540	0	540	1008	0	1008
540	0	540	1008	0	1008
66269	5389	60880	155538	12852	142686
39969	3043	36926	87703	6515	81188
123771	43700	80071	326380	119489	206891
39276	7611	31665	76476	15542	60934
5215	0	5215	10032	0	10032
3891	0	3891	8502	0	8502
7467	220	7247	16421	1111	15310
5105	0	5105	10336	413	9923
1717493	556900	1160593	4329784	1400738	2929046
919719	338688	581031	2472060	864379	1607681
333956	100013	233943	860982	263854	597128
463818	118199	345619	996742	272505	724237

成人高等学校

Number of Students by Field of Study in

	毕业生数 Graduates		
	计 Total	本科 Normal Courses	专科 Short-cycle Courses
总计 Total	371526	32530	338996
哲学 Philosophy	0	0	0
经济学 Economics	35843	1517	34326
法学 Law	40058	3842	36216
教育学 Education	34056	3167	30889
文学 Literature	76005	11167	64838
历史学 History	1958	616	1342
理学 Science	11887	5292	6595
工学 Engineering	44367	927	43440
农学 Agricuture	909	0	909
医学 Medicine	27139	1570	25569
管理学 Administrators	99304	4432	94872
总计中：师范类 Of the ToTal: Teacher Training	67374	24687	42687

注：本表不包括普通高等学校举办的函授、业余和脱产的学生数。

Note: Numbers of Students in Correspondenes Divisions、Sparefime Schools & Short-cycle courses of Adult run by Regular Institutions of Education are not included.

成人高等学校

Number of Other Students in Adult

	电大注册视听生 Registeyed Viewers/ auditors of Programs Provided by RTVUs	网络本、专科班 Students earolled in Normal and Short-cycle Courses Provided by Web-based Programs	学历文凭考试 Students Enrolled in State Recognized Credit Programs Prov ided by Non-state/ Private Heis	自考助学班 Classes run by Non-state/ private HEIs for Students Preparing for State-administered Examinatims for Self-directed Leacners
毕(结)业生数 Graduat	48934	3094	109	36123
招生数 Students Admitt	40351	195485	0	19532
在校学生数 Enrolment	253824	710680	28	36644

注：同上表。

分科学生数

Adult Higher Educational Institutions

单位：人 Unit: in Person

招生数 Students Admitted			在校学生数 Enrolment		
合计 Total	本科 Normal Courses	专科 Short-cycle Courses	合计 Total	本科 Normal Courses	专科 Short-cycle Courses
505718	53281	452437	1261789	142005	1119784
0	0	0	0	0	0
39720	1314	38406	95295	3748	91547
40072	4641	35431	95771	12543	83228
43415	6077	37338	117996	16258	101738
99918	22313	77605	258207	55135	203072
1368	988	380	4655	3206	1449
19175	10093	9082	49700	28090	21610
70166	1931	68235	190049	4989	185060
1129	0	1129	2348	0	2348
54260	2366	51894	133612	4333	129279
136495	3558	132937	314156	13703	300453
103164	40391	62773	280943	111515	169428

其他学生数

Higher Educational Institutions

单位：人 Unit: in person

证书教育 Programs Awarding Certificates on Completion of Courses	岗位培训 Job-related Training	进修及培训 In-service Training			
		一周至三个月以下 1 Week-Under 3 Mouths	三个月至半年以下 3 Mouths-Under Half Year	半年至一年以下 Half Year-Under 1 Year	一年以上 Over 1 Year
156169	2133977	260497	41061	22099	4585
81909	1079776	142474	31438	23799	6505
75197	711859	36596	8487	14571	13938

成人高等学校专任教师、

Data on Academic Qualifications of Full-time and Invited from

	合计 Total	博士 Doctor's Degrees
专任教师 Full-time Teachers	88861	509
其中：女 Of Which: Female	39771	134
正高级 Senior	1999	154
副高级 Sub-senior	23438	220
中级 Middle	39577	125
初级 Junior	19365	5
无职称 No Rank	4482	5
聘请校外教师 Invited from other Institutions	43022	820
其中：女 Of Which: Female	14597	145
正高级 Senior	2971	343
副高级 Sub-senior	15614	303
中级 Middle	20041	145
初级 Junior	3440	8
无职称 No Rank	956	21
聘请校外教师中外教 Foreign Teachers Among Invited from other Institutions	129	8

成人高等学校在校学生、教

Supplementary Information on Students and Staff

	在校学生总数中 Of Total Students:						教职工总 Of Total Staff	
	共产党员 Member of C.P.C.	共青团员 Member of C.Y.L.	民主党派 Member of Dem. Parties	华侨 Overseas Chinese	港澳台 From HK, Macao and Taiwan	少数民族 Minorities	共产党员 Member of C.P.C.	共青团员 Member of C.Y.L.
总计 Total	458346	2100852	4274	466	222	240086	72602	17310
广播电视大学 Radio/TV Universities	42176	462382	376	232	180	33766	20581	3810
职工高等学校 Workers' Colleges	454	314	0	0	0	392	97	16
农民高等学校 Peasants' Colleges	18458	318142	54	66	8	22236	12828	1755
管理干部学院 Institutes for Administration	50186	283082	734	26	12	46048	10408	2139
教育学院 Adult Normal Colleges	5746	9124	0	0	0	5174	344	136
独立函授学院 Independent Correspondence Colleges	337486	1010892	3056	142	22	130852	26990	9172
其他机构 Other	3840	16916	54	0	0	1618	1354	282

聘请校外教师学历情况

other Institutions in Higher Educational Institutions for Adults

单位：人
Unit: in Person

硕士 Master's Degrees	本科 Normal Courses	专科及以下 Shortcycle Courses and Under
6063	71534	10755
2433	32619	4585
429	1330	86
2290	19585	1343
2534	31968	4950
581	15247	3532
229	3404	844
7057	33310	1835
2266	11537	649
903	1694	31
3093	11868	350
2427	16413	1056
379	2738	315
255	597	83
43	78	0

职工的政治及其他情况

& Workers of Adult Higher Educational Institutions

单位：人
Unit: in Person

数 中 & Workers				专任教师总数中 Of Total Full-time Teachers:					
民主党派 Member of Dem. Parties	华侨 Overseas Chinese	港澳台 From HK, Macao and Taiwan	少数民族 Minorities	共产党员 Member of C.P.C.	共青团员 Member of C.Y.L.	民主党派 Member of Dem. Parties	华侨 Overseas Chinese	港澳台 From HK, Macao and Taiwan	少数民族 Minorities
4466	1273	1249	8699	35593	10837	2997	593	585	4843
836	44	47	1516	10363	2429	715	25	22	838
0	0	0	61	66	11	0	0	0	37
311	21	10	752	5453	1159	264	8	3	373
999	57	66	2419	5716	1465	761	27	35	1601
0	0	0	0	222	128	0	0	0	0
2214	1151	1126	3840	13144	5471	1193	533	525	1974
106	0	0	111	629	174	64	0	0	20

成人高等学校

Breakdown of Full－time Teachers by

	合　计 Total	30岁及以下 30 years and under	31－35 31－35 years	36－40 36－40 years
总　计 Total	88861	20405	17070	19964
其中：女 Of which: Female	39771	10955	8467	9562
正高级 Senior	1999	0	13	105
副高级 Sub-senior	23438	82	835	6126
中　级 Middle	39577	3604	11846	12211
初　级 Junior	19365	12861	4023	1419
无职称 NoRank	4482	3858	353	103

成人高等学校学

Changes in Enrolment of

	上学年初报表在校学生数 Total enrolment at beginning of prevous academic year	增加学生数 Factors of Increase					
		计 Total	本学年初招生数 No. of Students Admitted	复学 Students Resumin Studies	转入 Transfers from OtherInst.	其他 Others	计 Total
普通本科、专科生 Students Enrolled in Normal and Short－cycle Courses	364732	201723	167362	264	22339	11758	153813
成人本科、专科生 Students Enrolled in Normal and short－cycle Courses Provided by Adult HEIs	1150830	556474	505718	5842	9050	35864	445515
网络本科、专科生 Students Enrolled in Normal and Short－cycle Courses Provided by Web－based Programs	480669	236056	195485	2316	18661	19594	6045

成人高等学校专

Changes of Full－time Teachers in

	上学年初报表专任教师数 Total number of full－time teachers at beginning of previous academic year	增加专任教师数 Factors of Increase					
		合计 Total	录用毕业生 New recruits from current year graduates			外单位教师调入 Teachers recruited from other units	
			计 Total	其中：Of which: 研究生 completing doc. & mas. deg. Prog.	其中：Of which: 本科 completing 1st degree ourses	计 Total	其中：高校调入 Of Which: from reg. HEIs
总计 Total	79865	19126	4683	519	3748	10450	2696

专任教师年龄情况

Age in Adult Higher Educational Institutions

单位：人
Unit: person

41－45 41－45 years	46－50 46－50 years	51－55 51－55 years	56－60 56－60 years	61－65 61－65 years	66岁及以上 66 years and over
11084	8795	6299	4624	538	82
4648	3487	1900	677	75	0
286	440	346	561	219	29
4895	4521	3644	3005	281	49
5331	3468	2091	988	35	3
509	314	183	53	2	1
63	52	35	17	1	0

校学生数变动情况

Adult Higher Educational Institutions

单位：人
Unit: person

减少学生数 Factors of Decrease								本学年初报表在校学生数
毕业 Graduaste	结业 Completers of Coursse without formal award	休学 Suspended	退学 Quitting	开除 Expelled	死亡 Dead	转出 Transfers to Other Inst	其他 Others	Total enrolment at beginning of current academic year
100924	2802	577	2184	116	13	7785	39412	412642
371526	12077	3200	10657	249	57	8116	39633	1261789
3094	0	95	366	0	0	0	2490	710680

任教师变动情况

Adult Higher Educational Institutions

单位：人
Unit: person

校内、外非教师调入 Non－teaching personnel changed into teachers		减少专任教师数 Factors of IncreaseFactors of Decrease				本学年初报表专任教师数 Total number of full－time steachers at beginning of current academic year
计 Total	其中：本校调整 Of Which: with change of status in their own institutions	合计 Total	自然减员 Retired from their posts during previcus academic year	调离教师岗位 Transferred from teaching to non－teaching posts	其他 Other	
3993	2555	10130	1595	1560	6975	88861

成人高等学校固定

Condition of Fixed Assets and

	学校占地面积（平方米）Area of School Sites (m^2)			图书音像资料情况 Audio－visual ed. Resources		
				一般图书(万册) Books & Magazines in Libraries (10 Thouand Volume)		电子图 Electronic Books in Libraries
	计 Total	其中:绿化用地面积 Of Whick:	其中:运动场地面积 Of Which: Sports Areas	计 Total	当年新增 New Floor Area Added in Current Year	计 Total
学校产权 Owned by HEIs	66602606	14277938	7017323	9219	603	1028082
非学校产权中独立使用 Not Owned by HEIs	3473529	682579	484677	289	22	26419

成人高等学校

Condition of School Buildings in Adult

	学 校 产 权 Floor Area of School Buildings	
	计 Subtotal	其中:危房 Of Which: Dilapidated Buildings
总 计 Total	34190675	111111
一、教学及辅助用房 Buildings for Instraction and Ancillary Uses	14223165	28334
教 室 Classroom	8131776	13603
图书馆 Library	1361837	3221
实验室、实习场所 Lab. and Practice Facilities	3309593	9008
体育馆 Gymnasium	824793	1440
会 堂 Hall	595166	1062
二、行政办公用房 Administritive	2963718	11790
三、生活用房 Residential Buildings	10898659	47938
学生宿舍（公寓）Students' Dormitories	6418325	23602
学生食堂 Students' Dining Halls	1433157	3221
教工单身宿舍 Apartments for Single	481229	8655
教工食堂 Dining Halls for Teachers, Staff and Workers	363585	742
生活福利及其他用房 Residential, Welfare and Auxiliary Buildings	2202363	11718
四、教工住宅 Residential Quarters for Teachers & Workers	6105133	23049

资产情况及其他

Teaching Resources in Adult Higher Educational Institutions

书(片) & Magazines (Disk) 当年新增 New Floor Area Added in Current Year	拥有教学用计算机(台) No. of Computers Used for Instruction	语音实验室座位数(个) No. of Seats in Audio－Labs	多媒体教室座位数(个) No. of Seats in Multimedia Classrooms	网上教学课程数(种) No. of Web－Based Courses	固定资产值(万元) Fixed Assets (in 10000 yuan) 合计 Total	其中:教学、科研仪器设备资产 Of which: Teaching Equipment & Instruments 计 Total	当年新增 New Floor Space Added in Current Year
443567	263786	87624	326759	23646	2585872	589397	93216
6946	8205	3539	8923	824	72410	16798	2417

校舍情况

Higher Educational Institutions

单位: 平方米

Unit: m²

建筑面积 Owned by HEIs 其中:当年新增 Of Which: Newly Added in Current Year	其中:被外单位借用 Of Which: Floor Space Leased by Other Schools or Units	正在施工面积 Floor Area Under Construction	独立使用非学校产权建筑面积 Floor Area of Buildings Not Owned by HEIs
2097414	76031	1673790	2450669
1015240	21334	918942	1111618
642384	9706	563474	744366
89642	990	108607	54586
203843	6338	178797	247768
52172	3500	57594	35077
27199	800	10470	29821
157283	13091	128779	155189
726166	31275	504390	1183862
512290	16896	393012	986420
82768	3354	71652	85380
26918	150	14176	28428
6103	450	5625	19077
98087	10425	19925	64557
198725	10331	121679	0

（二）中、初等教育

SECONDARY EDUCATION AND PRIMARY EDUCATION

成人中等专业学校

Bsaisc Statistics of Adult Specialized

	学校数 (所) Schools	分校 (所) Branches	工作站 (个) Working Stations	毕业生数 Graduates	招生数 Entrants		
					合计 Total	招高中毕业生起点 Graduates From Senior Sec. School	招初中毕业生起点 Graduates From Junior Sec. School
总　计 Total	3473	1126	1702	688565	575516	139866	280170
一、成人中等专业学校总计 Adult Specialized Secondary Schools Total	3473	1126	1702	443446	420036	139866	280170
其中：女 Of which: Female	–	–	–	209004	197642	64548	133094
按部门分 By Control							
中央部门学校 Run by Central Ministries & Agencies	108	41	279	9582	10462	1401	9061
地方学校 Run by Local Authorities	3365	1085	1423	433864	409574	138465	271109
按类别分 By Field of Study							
广播电视中专 Radio/TV Specialized Sec. Schools	123	730	720	125038	84878	31970	52908
职工中专 Specialized Sec. Schools for Staff & Workers	1177	54	136	162003	166047	15849	150198
干部中专 Specialized Sec. Schools for Cadres	192	95	7	23174	20320	2225	18095
农民中专 Specialized Sec. Schools for peasants	221	54	7	29764	43025	7627	35398
函授中专 Correspondence Specialized Sec. Schools	57	151	702	33608	25591	18995	6596
教师进修学校 In-service Teacher Training Schools	1703	42	129	69859	80175	63200	16975
二、其他学校举办：Run by Other Type School				245119	155480		

分类别情况

Secondary Schools by Field of Study

单位：人
Unit: in Person

在校学生数 Enralment	毕业班学生数 Graduates for Next Year	教职工数 Teachers, Staff & Workers 合计 Total	专任教师 Full-time Teachers	教辅人员 Supporting Staff	行政人员 Adm. Personnel	工勤人员 Workers	兼任教师数 Part-time Teachers
1532807	570926	145150	84141	15451	25334	20224	33362
1075692	397133	145150	84141	15451	25334	20224	33362
517663	181635	58049	34781	7441	8148	7679	9796
29676	12116	4857	2501	518	1147	691	1498
1046016	385017	140293	81640	14933	24187	19533	31864
243759	106447	13273	6726	2498	2612	1437	14011
442578	147019	49814	27857	4522	9879	7556	10299
49374	17731	8517	4366	877	1925	1349	1168
92056	30007	8422	5420	674	1046	1282	1001
65906	29644	6318	3142	1285	1566	325	4863
182019	66285	58806	36630	5595	8306	8275	2020
457115	173793						

成人中等专业

Number of Teachers, Staff & Workers in

	校本部 Employees	
	合计 Total	专任教师 Full-time Teachers
总计 Total	145150	84141
其中：女教职工 Of which: Female	58049	34781
一、教师小计 Those with teaching rank	81541	65538
高级讲师 Senior Lecturers	15699	11987
讲师 Lecturers	40663	33200
助理讲师 Assistant Lecturers	25179	20351
二、其他小计 Those with other professional ranks	36799	14744
副高级职称 Senior-level ones	5093	2174
中级职称 Middle-level ones	17073	7597
初级职称 Junior-level ones	14633	4973
三、无职称人数 Without professional titles	26810	3859

成人中等专业

Condition of Schools Building in Adult

	自有 Buildings owned by					
	校舍建筑面积 Floor Space	教学用房 Building for Inst. Purposes				
		计 Total	教室 Classrooms		实验室 Laboratories	图书馆 Libraries
			计 Total	其中:电化教室 Of which: equipped with audio-visual media		
总计 Total	21710939	7277650	5396640	724185	1240076	640934
广播电视中等专业学校 Radio/TV Specialized Sec. Schools	1744492	596173	366060	81739	177680	52433
职工中等专业学校 Specialized Sec. Schools for Staff & Workers	8942403	3029069	2183716	242314	613675	231678
干部中等专业学校 Specialized Sec. Schools for Cadres	2063009	606795	442438	40714	89768	74589
农民中等专业学校 Specialized Sec. Schools for Peasants	1300043	453406	339985	37291	78943	34478
函授中等专业学校 Correspondence Specialized Sec. Schools	717701	333746	272951	44385	25489	35306
教师进修学校 In-service Teacher Training Schools	6943291	2258461	1791490	277742	254521	212450

学校教职工数
Adult Specialized Secondary Schools

单位：人
Unit: in person

教职工数 in the School Proper			兼任教师数 Part-time Teachers
教辅人员 Supporting Staff	行政人员 Adm. Personnel	工勤人员 Workers	
15451	25334	20224	33362
7441	8148	7679	9796
5296	9423	1284	20297
521	2937	254	5455
2416	4584	463	11059
2359	1902	567	3783
6577	9957	5521	10935
490	1588	841	3222
2886	4738	1852	5958
3201	3631	2828	1755
3578	5954	13419	2130

学校校舍情况
Adult Specialized Secondary Schools

单位：平方米 Unit: m²

校舍 the adult SSSs						租用校舍 Buildings rent or leased	兼用校舍 Buildings for multiple purposes
办公用房 Administritive	非教学用房 Building Not for Inst. Purposes			其他用房 Others	其中：新增校舍 Of which New floor space added		
	计 Total	其中 Of which					
		教职工宿舍 Residences for Staff & Workers	学生宿舍 Students' Dormitories				
2538287	8512983	3928492	4183319	3381769	639278	578964	1559027
392390	564036	268740	262046	189993	36676	107827	150821
769538	3576174	1487846	1959545	1567622	298940	330490	1174134
191112	939475	425207	468217	325627	61929	83717	44355
129774	507598	215887	270766	209265	54978	30495	72527
115963	187224	73639	106409	80768	9667	5763	14603
939510	2738476	1457173	1116336	1006594	177088	20672	102587

成人中学

Basic Statistics of Adult

		学校数（所） Schools	教学班（个） External Teaching Sites (Classes)	毕业生数 Graduates		招
				计 Total	其中：女生 Of which Female	计 Total
成人中学	General Sec. Schools for Adults	3265	13848	394067	196592	482602
1. 职工中学	General Sec. Schools for Staff & Workers	961	6319	162947	82571	230310
高　　中	Senior	815	5378	146480	73842	205340
初　　中	Junior	146	941	16467	8729	24970
2. 农民中学	General Sec. Schools for Peasants	2304	7529	231120	114021	252292
高　　中	Senior	648	4234	91582	42570	99587
初　　中	Junior	1656	3295	139538	71451	152705

成人小学

Basic Statistics of Adult

		学校数（所） Schools	教学班（个） External Teaching Sites (Classes)	毕业生数 Graduates		招
				计 Total	其中：女生 Of which Female	计 Total
成人初等学校	Adult Primary Schools	106398	216331	4893340	2448298	4329647
1. 职工初等学校	Worker Primary Schools	1002	2595	81412	42834	73868
2. 农民初等学校	Peasant Primary Schools	105396	213736	4811928	2405464	4255779
小学班	Primary Classes	35050	70511	3067457	1375791	2787652
扫盲班	Literacy Classes	70346	143225	1744471	1029673	1468127

基本情况
Secondary Schools

单位: 人
Unit: in Person

生数 Entrants		在校学生数 Enrolment		教职工数 Teachers, Staff & Workers		兼任教师数 Part-time Teachers
其中: 女生 Of which: Female	计 Total	其中: 女生 Of which: Female	计 Total	其中专任教师 Of which: Full-time Teachers		
233987	585338	262153	24215	15043	18084	
115984	219944	103815	13170	8060	9080	
103869	178086	85732	10865	6288	7575	
12115	41858	18083	2305	1772	1505	
118003	365394	158338	11045	6983	9004	
45485	157131	60307	5336	3835	3909	
72518	208263	98031	5709	3148	5095	

基本情况
Primary Schools

单位: 人
Unit: in Person

生数 Entrants		在校学生数 Enrolment		教职工数 Teachers, Staff & Workers		兼任教师数 Part-time Teachers
其中: 女生 Of which: Female	计 Total	其中: 女生 Of which: Female	计 Total	其中专任教师 Of which: Full-time Teachers		
2132120	4678256	2309366	116779	36382	297137	
36749	81624	37799	1863	1135	2698	
2095371	4596632	2271567	114916	35247	294439	
1227740	2822752	1247690	34190	12475	72782	
867631	1773880	1023877	80726	22772	221657	

成人技术培训学

Basic Statistics of Adult

	学校数(所) Schools	教学班(点)(个) External Teaching Sites (Classes)	毕业生数 Graduates			
			计 Total	其中: Of which: 长班 A	短班 B	计 Total
成人技术培训学校 Technical Training Schools for Adults	389504	843099	81188034	5037579	76150455	69469697
其中: 教育部门办 Of which: Run by Ed. Dept.	333277	685420	69046137	4333351	64712786	59456198
其他部门办 Run by Non-ed. Dept.	56227	157679	12141897	704228	11437669	10013499
一、职工技术培训学校 Technical Training Schools for Staff & Workers	10435	67806	4369958	687120	3682838	4385591
其中: 教育部门办 Of which: Run by Ed. Dept.	5368	33865	1896486	320252	1576234	1863774
其他部门办 Run by Non-ed. Dept.	5067	33941	2473472	366868	2106604	2521817
二、农民技术培训学校 Technical Training Schools for Peasants	379069	775293	76818076	4350459	72467617	65084106
其中: 教育部门办 Of which: Run by Ed. Dept.	327909	651555	67149651	4013099	63136552	57592424
其他部门办 Run by Non-ed. Dept.	51160	123738	9668425	337360	9331065	7491682
其中: 1. 县办农技 Of which: County-run Agro-technical Schools	3382	14387	1037852	160452	877400	1025870
2. 乡办农技 Township-run Agro-technical Schools	37543	185599	25943400	2577272	23366128	22282871
3. 村办农技 Village-run Agro-technical Schools	338144	575307	49836824	1612735	48224089	41775365

A. Lengthy courses (total teaching time no less than 150 h.)　长班(学时不少于 150 小时)

B. Short courses (total teaching time less than 150 h.)　短班(学时少于 150 小时)

校基本情况

Technical Training Schools

招生数 Entrants		在校学生数 Enrolment			教职工数 Teachers, Staff & Workers		兼任教师数 Part-time Teachers
其中：Of which:		计 Total	其中：Of which		计 Total	其中专任教师 Of which: Full-time Teachers	
长班 A	短班 B		长班 A	短班 B			
5026447	64443250	60414405	4219200	56195205	397353	140077	788058
4284550	55171648	51217082	3478410	47738672	315202	107382	658237
741897	9271602	9197323	740790	8456533	82151	32695	129821
732507	3653084	2888667	647463	2241204	54630	31207	48192
338754	1525020	1335176	308679	1026497	20317	12857	18054
393753	2128064	1553491	338784	1214707	34313	18350	30138
4293940	60790166	57525738	3571737	53954001	342723	108870	739866
3945796	53646628	49881906	3169731	46712175	294885	94525	640183
348144	7143538	7643832	402006	7241826	47838	14345	99683
217380	808490	1115433	163334	952099	12326	6988	11197
2574859	19708012	18633737	2092540	16541197	95486	46221	175268
1501701	40273664	37776568	1315863	36460705	234911	55661	553401

全国农业广播电视学校基本情况

Basic Data on National Agric. Breadcasting and T.V. Schools

单位:人

Unit: in Person

	学校数(所) Schools	毕业生数 graduates	招生数 Entrants	在校学生数 Enrollments	其他各类证书教育、技术培训毕(结)业学生数 No. of Grad. & Completers for Other Edu. Form and Tech. Traning	教职工数 Teachers, Staff & workers					兼职教师(不在教职工数中) Part-time Teachers
						小计 Total	专任教师 Full-time Teachers	教辅人员 Supporting	行政人员 Adm. Personnel	工勤人员 Workers	
总计 Total	40	139816	142631	328449	11850749	19878	9688	4740	3546	1904	24642

全国农业广播电视学校分年度学生数

Number of Students on National Agric. Breadcasting and T.V. Schools

单位:人

Unit: in Person

	注册学生数 Enrollments	毕业生数 graduates
合计 Total	3484384	1719344
1981	310764	0
1984	477127	0
1985	249451	0
1987	369429	66133
1988	114281	145910
1989	100286	109122
1991	158136	183761
1992	245432	63401
1993	106016	67062
1994	142284	95345
1995	182922	154384
1996	223588	75855
1997	233856	104650
1998	191476	134859
1999	156237	149788
2000	105390	157399
2001	58560	122962
2002	59149	88713

五、各级各类学校分布情况

CEOGRAPHICAL DISTRIBUTION OF SCHOOLS BY TYPE AND LEVEL

普通高等学校

Basic Statistics of Regular Higher

地区 Region	学校数(所) Institutions	本专科学生数 Undergraduate Students 毕业生数 Graduates	招生数 Students Admitted	在校学生数 Enrolment	教职 Teachers, Staff 合计 Total	校本部 Teachers, Staff & Workers 计 Subtotal	专任 Full-time 计 Subtotal	正高级 Senior
总计 Total	1396	1337309	3204976	9033631	1303575	1127345	618419	60210
北京 Beijing	62	67958	127597	395713	98342	76197	34670	6251
天津 Tianjin	37	27295	69453	196892	32019	27726	14175	1832
河北 Hebei	75	62910	170792	472966	58581	51338	28091	2429
山西 Shanxi	39	31906	75594	208350	31565	28221	15644	1189
内蒙古 Inner Mongolia	21	15608	44624	120782	18718	17209	9583	752
辽宁 Liaoning	67	72791	151116	450536	69667	61314	33819	3280
吉林 Jilin	40	37825	87968	264672	44484	39300	19975	2515
黑龙江 Heilongjiang	47	46401	115702	334627	52140	42582	23179	2461
上海 Shanghai	50	55198	109184	331649	61776	47725	22949	3283
江苏 Jiangsu	93	104079	222880	700210	93540	80431	44198	4360
浙江 Zhejiang	61	48431	152470	393145	48481	43095	25993	2084
安徽 Anhui	61	44318	122480	330112	39250	35909	21131	1670
福建 Fujian	33	36775	68949	197330	24636	21976	12468	1220
江西 Jiangxi	47	35047	104618	266251	33169	28634	15934	1138
山东 Shandong	75	94697	218719	583601	72408	65026	37412	3788
河南 Henan	65	71226	166084	467963	54539	50063	28470	1409
湖北 Hubei	73	78430	207023	585023	83051	70372	39624	4263
湖南 Hunan	60	62098	156946	419437	56590	48592	26715	2555
广东 Guangdong	71	84696	172135	467807	60305	53754	32961	2825
广西 Guangxi	36	31967	68516	186324	21964	20122	12115	774
海南 Hainan	9	3939	14648	34711	4356	4013	2125	189
重庆 Chongqing	29	30712	70942	200111	28412	24726	13954	1203
四川 Sichuan	57	52405	152754	412357	56165	48698	26852	2439
贵州 Guizhou	32	17874	41565	122742	20097	18701	11079	610
云南 Yunnan	31	25620	50421	143419	22026	20570	11152	893
西藏 Tibet	3	1686	3414	8438	1829	1600	885	28
陕西 Shaanxi	52	51603	147042	411619	63412	52716	27637	3209
甘肃 Gansu	25	21647	53079	143009	20149	17818	10021	735
青海 Qinghai	11	2763	7123	22198	5314	4615	2580	89
宁夏 Ningxia	12	3379	9434	29301	5080	4623	2659	228
新疆 Xinjiang	22	16025	41704	132336	21510	19679	10369	509

基本情况(总计)

Educational Institutions (Regional Aggregates)

单位:人 **Unit: in Person**

工　　数
& Workers

教职工 in College or Uni.Proper / 教师 Teachers / 副高级 Sub-senior	教职工 / 教师 / 中级 Middle	教职工 / 教师 / 初级 Junior	教职工 / 教师 / 无职称 No Ramk	教职工 / 行政人员 Adm. Personnel	教职工 / 教辅人员 Supporting Staff	教职工 / 工勤人员 Workers	科研机构人员 Personnel in Affiliated Research Org.	校办企业职工 Employees in School-run Enterprise	附设机构人员 Personnel in Other Subsidiary Units
186293	210992	120229	40695	204845	149483	154598	44807	55886	75537
12269	11289	3313	1548	15781	14159	11587	12200	4955	4990
4997	4248	2326	772	5578	3818	4155	1795	1466	1032
8397	9206	5701	2358	8861	5870	8516	513	2775	3955
4052	5568	3506	1329	5021	3474	4082	470	908	1966
2996	3172	2094	569	3263	2487	1876	119	409	981
11276	12044	5554	1665	11236	8395	7864	1780	2184	4389
6023	6409	3994	1034	7467	5755	6103	1122	1335	2727
7848	7045	4562	1263	7430	5098	6875	1256	3083	5219
7231	8513	3072	850	9047	8232	7497	3005	4334	6712
12587	14297	10112	2842	14831	10465	10937	2954	4412	5743
7311	8648	5556	2394	7307	5076	4719	1258	1771	2357
6160	6602	4803	1896	5658	4043	5077	959	800	1582
3643	3926	2799	880	4291	2779	2438	532	1181	947
4378	5285	3778	1355	5428	3185	4087	385	2695	1455
12066	11366	7488	2704	11703	7930	7981	1484	3013	2885
7665	10124	7090	2182	8393	6458	6742	490	2357	1629
12552	13312	6722	2775	13061	9173	8514	2734	4376	5569
8152	9195	4774	2039	8441	6681	6755	2019	2447	3532
9935	12513	6211	1477	9237	6977	4579	1338	1976	3237
3161	4876	2336	968	3213	2467	2327	224	1025	593
607	642	493	194	851	467	570	64	94	185
4148	5309	2632	662	4460	3111	3201	935	711	2040
7879	9250	5455	1829	8640	6223	6983	2016	1771	3680
2732	4166	2673	898	3516	1996	2110	317	733	346
3228	4148	2000	883	3956	2614	2848	430	327	699
174	391	241	51	296	160	259	32	5	192
8158	9456	5245	1569	9647	6964	8468	3093	3054	4549
2451	3526	2456	853	2894	2191	2712	591	850	890
625	1156	581	129	878	561	596	482	0	217
765	906	612	148	818	462	684	65	21	371
2827	4404	2050	579	3642	2212	3456	145	818	868

职业技术学

Basic Statistics of Short–

地区 Region	学校数(所) Institutions	本专科学生数 Undergraduate Students			教职 Teachers, Staff			
						校本部 Teachers, Staff & Workers		
							专任 Full–time	
		毕业生数 Graduates	招生数 Students Admitted	在校学生数 Enrolment	合计 Total	计 Subtotal	计 Subtotal	正高级 Senior
总计 Total	548	130671	595420	1197121	202585	190414	109515	2967
北京 Beijing	6	1357	5210	9866	2515	2445	902	12
天津 Tianjin	18	2753	22843	39339	6445	5999	3331	77
河北 Hebei	33	9037	31794	69098	11346	10313	5783	134
山西 Shanxi	18	4670	10064	18630	6095	5869	3329	30
内蒙古 Inner Mongolia	6	1185	5130	9612	2020	1944	1122	3
辽宁 Liaoning	20	9799	22819	50566	8950	8772	5021	180
吉林 Jilin	11	1422	4031	9793	3482	3457	1988	175
黑龙江 Heilongjiang	19	1979	14108	26519	8288	7666	3998	35
上海 Shanghai	18	4157	24638	47247	4895	4720	2436	163
江苏 Jiangsu	45	14891	54974	127588	15047	14272	8606	166
浙江 Zhejiang	31	9715	48973	104367	10775	10383	6630	141
安徽 Anhui	29	3202	29675	54845	8161	8022	4748	114
福建 Fujian	12	3219	9864	19558	2501	2178	1245	41
江西 Jiangxi	22	2469	16175	25767	7039	6504	3616	101
山东 Shandong	32	6737	39203	70400	14220	13303	8532	312
河南 Henan	24	9511	34184	76025	11773	11321	6748	88
湖北 Hubei	34	9446	50367	105775	15651	14355	8733	317
湖南 Hunan	26	7576	41414	77552	11140	10131	5759	171
广东 Guangdong	33	13900	43764	86770	10415	10207	6750	137
广西 Guangxi	10	3099	9761	22740	3311	2985	1726	3
海南 Hainan	4	0	3725	7119	690	674	374	33
重庆 Chongqing	10	436	6766	12203	2748	2448	1552	63
四川 Sichuan	19	3315	16879	29123	7956	7208	3826	58
贵州 Guizhou	13	1145	5401	10340	5158	4664	2703	12
云南 Yunnan	9	1656	3529	8157	1864	1824	1075	18
西藏 Tibet	0	1587	26570	50039	0	0	0	0
陕西 Shaanxi	17	1602	6212	13029	11998	10969	4341	299
甘肃 Gansu	9	0	1325	1696	2592	2580	1456	24
青海 Qinghai	5	0	1223	1973	907	887	534	1
宁夏 Ningxia	8	806	4799	11385	866	843	591	46
新疆 Xinjiang	7	0	0	0	3737	3471	2060	13

院基本情况

cycle Vocational Colleges

单位：人 Unit: in person

工数 & Workers — 教职工 in College or Uni. Proper — 教师 Teachers: 副高级 Sub-senior	中级 Middle	初级 Junior	无职称 No Ramk	行政人员 Adm. Personnel	教辅人员 Supporting Staff	工勤人员 Workers	科研机构人员 Personnel in Affiliated Research Org.	校办企业职工 Employees in School-run Enterprise	附设机构人员 Personnel in Other Subsidiary Units
27954	41886	27972	8736	33957	19824	27118	1323	7481	3367
239	333	200	118	525	462	556	0	56	14
1104	1216	690	244	1300	566	802	287	143	16
1489	2164	1429	567	1738	968	1824	58	871	104
824	1381	883	211	970	585	985	27	135	64
251	502	258	108	317	241	264	6	21	49
1457	1965	1129	290	1630	870	1251	52	35	91
584	660	459	110	563	270	636	4	17	4
1446	1403	827	287	1380	846	1442	32	442	148
660	1017	479	117	933	595	756	22	63	90
1917	2844	2735	944	2470	1496	1700	53	680	42
1459	2211	2026	793	1626	1027	1100	69	184	139
1258	1707	1333	336	1195	757	1322	55	37	47
254	380	449	121	427	259	247	14	276	33
817	1396	1052	250	1154	768	966	64	143	328
2296	2706	2182	1036	1930	1294	1547	85	655	177
1615	2713	1967	365	1931	1217	1425	67	313	72
2407	3630	1864	515	2589	1462	1571	98	663	535
1411	2050	1460	667	1772	1099	1501	21	507	481
1600	2861	1559	593	1465	962	1030	17	98	93
393	846	373	111	495	280	484	6	247	73
74	80	101	86	154	62	84	16	0	0
422	655	339	73	394	256	246	6	279	15
1041	1690	873	164	1401	825	1156	14	352	382
457	1187	948	99	909	418	634	68	322	104
225	519	241	72	314	147	288	0	17	23
0	0	0	0	0	0	0	0	0	0
1246	1686	873	237	3169	1376	2083	133	744	152
303	655	360	114	434	222	468	4	8	0
96	246	162	29	150	116	87	0	0	20
186	230	114	15	100	48	104	1	21	1
423	953	607	64	522	330	559	44	152	70

综合大学

Basic Statistics of

地 区 Region	学校数(所) Institutions	本专科学生数 Undergraduate Students			教职 Teachers, Staff			
					合计 Total	校本部 Teachers, Staff & Workers		
						计 Subtotal	专任 Full-time	
		毕业生数 Graduates	招生数 Students Admitted	在校学生数 Enrolment			计 Subtotal	正高级 Senior
总 计 Total	112	270340	497594	1619776	282919	234792	125772	18132
北 京 Beijing	5	14010	20109	70209	22010	16646	7456	1965
天 津 Tianjin	1	2386	3162	11906	4029	3019	1472	465
河 北 Hebei	1	3138	9379	23936	2575	2309	1433	215
山 西 Shanxi	2	3185	8118	22242	2888	2670	1474	194
内蒙古 Inner Mongolia	1	1683	4094	12013	2105	1955	1094	140
辽 宁 Liaoning	4	7997	14417	47033	7306	6212	3547	309
吉 林 Jilin	4	14123	24730	88945	17742	14875	7185	1287
黑龙江 Heilongjiang	6	9379	25121	75167	10658	8360	4851	463
上 海 Shanghai	2	8350	11744	44534	11289	8631	3978	715
江 苏 Jiangsu	8	24150	35324	137107	26321	21285	11151	1739
浙 江 Zhejiang	2	9441	12205	47297	11161	8394	4932	940
安 徽 Anhui	1	2362	6089	17527	2212	2042	1035	139
福 建 Fujian	3	5450	8901	29989	5311	4462	2512	370
江 西 Jiangxi	7	9080	29342	69705	6849	6532	3807	251
山 东 Shandong	11	30533	62798	189648	25278	22126	12220	1824
河 南 Henan	2	11882	19098	69159	9550	8526	4178	390
湖 北 Hubei	7	18484	32681	112386	18712	15492	8221	1141
湖 南 Hunan	5	14538	28990	102512	17623	14050	7512	1081
广 东 Guangdong	15	31675	48325	145499	23741	20722	12115	1377
广 西 Guangxi	1	3732	6049	20740	3402	2961	1553	206
海 南 Hainan	1	990	3238	7923	898	833	447	64
重 庆 Chongqing	4	9671	15871	53525	8268	7021	3974	376
四 川 Sichuan	4	6905	13949	43319	9952	7381	4161	559
贵 州 Guizhou	1	2410	5521	18420	2657	2336	1214	132
云 南 Yunnan	2	2879	7443	21918	3571	3187	1702	269
西 藏 Tibet	1	899	1453	3999	1030	937	590	17
陕 西 Shaanxi	5	10517	16553	58135	11082	9321	5427	887
甘 肃 Gansu	2	3095	5806	17206	3838	3130	1545	207
青 海 Qinghai	1	679	1436	6380	1771	1294	666	23
宁 夏 Ningxia	1	2064	4632	15940	2755	2336	1301	115
新 疆 Xinjiang	2	4653	11016	35457	6335	5747	3019	272

基 本 情 况

Comprehensive Universities

单位: 人 **Unit: in Person**

工　　数
& Workers

教职工 in College or Uni.Proper							科研机构人员 Personnel in Affiliated Research Org.	校办企业职工 Employees in School-run Enterprise	附设机构人员 Personnel in Other Subsidiary Units
教师 Teachers				行政人员 Adm. Personnel	教辅人员 Supporting Staff	工勤人员 Workers			
副高级 Sub-senior	中级 Middle	初级 Junior	无职称 No Ramk						
40702	41256	19851	5831	43408	34073	31539	15477	13049	19601
2765	2135	460	131	3700	3167	2323	2574	1321	1469
594	262	93	58	573	468	506	462	196	352
426	399	189	204	350	274	252	0	221	45
394	498	208	180	442	346	408	92	0	126
281	382	239	52	368	255	238	71	0	79
1385	1367	362	124	1236	815	614	75	5	1014
2150	2119	1412	217	2646	2528	2516	865	689	1313
1595	1479	1084	230	1385	704	1420	45	501	1752
1397	1492	311	63	1577	1351	1725	768	961	929
3526	3434	2010	442	4194	2843	3097	1296	1243	2497
1764	1629	490	109	1368	1360	734	1035	662	1070
342	359	98	97	460	253	294	18	90	62
827	738	361	216	1035	636	279	208	155	486
1088	1163	1079	226	1113	788	824	85	120	112
4347	3440	1896	713	4232	2970	2704	841	1302	1009
1241	1446	954	147	1705	1385	1258	165	400	459
2622	2599	1322	537	3093	2397	1781	690	1583	947
2354	2590	1005	482	2185	2067	2286	1632	1028	913
4002	4413	1781	542	3838	2927	1842	550	686	1783
524	608	125	90	491	610	307	86	270	85
150	172	27	34	180	87	119	8	10	47
1155	1504	850	89	1117	1007	923	469	165	613
1357	1473	627	145	1186	1430	604	1293	319	959
379	413	198	92	757	116	249	88	233	0
471	485	353	124	594	496	395	161	12	211
105	237	198	33	149	101	97	31	0	62
1587	1896	992	65	1207	1055	1632	839	645	277
405	520	339	74	465	595	525	454	80	174
141	319	134	49	308	98	222	455	0	22
378	457	283	68	480	228	327	49	0	370
950	1228	371	198	974	716	1038	72	152	364

高等理工院

Basic Statistics of Institutions

地区 Region	学校数(所) Institutions	本专科学生数 Undergraduate Students 毕业生数 Graduates	招生数 Students Admitted	在校学生数 Enrolment	教职 Teachers, Staff 合计 Total	校本部 Teachers, Staff & Workers 计 Subtotal	专任 Full-time 计 Subtotal	正高级 Senior
总计 Total	224	341418	810094	2451594	347274	284959	157278	18323
北京 Beijing	18	25909	52459	162872	29226	23637	11998	1956
天津 Tianjin	6	11914	19466	69679	11333	9356	4566	676
河北 Hebei	14	19353	51962	150782	17421	14558	8328	998
山西 Shanxi	4	7095	17297	51086	8506	6361	3671	364
内蒙古 Inner Mongolia	3	3253	8827	24391	3019	2746	1538	137
辽宁 Liaoning	17	27278	56913	183786	29393	24110	13346	1606
吉林 Jilin	8	8464	24141	66860	9717	8368	4274	408
黑龙江 Heilongjiang	7	14282	34001	100544	16323	12293	6751	1005
上海 Shanghai	12	25041	36383	126941	27992	20280	9490	1531
江苏 Jiangsu	18	29316	61910	209719	27761	23008	12773	1343
浙江 Zhejiang	8	8811	35211	92478	9023	8012	4902	387
安徽 Anhui	8	12318	27877	87540	12904	10931	6011	828
福建 Fujian	6	10528	17819	56100	6770	5792	3181	291
江西 Jiangxi	6	6548	21251	60487	6411	5172	3082	271
山东 Shandong	7	9790	24283	74631	8636	7236	4291	362
河南 Henan	14	17252	44329	129908	14328	12137	7121	414
湖北 Hubei	11	25001	68307	202690	28429	22945	13313	1870
湖南 Hunan	8	12021	29982	79135	9245	7734	4570	380
广东 Guangdong	4	7589	15082	46101	7716	6205	4144	440
广西 Guangxi	5	4413	15144	39248	3739	3425	2225	142
海南 Hainan	0	5108	15896	42274	0	0	0	0
重庆 Chongqing	6	18159	52633	152576	5221	4337	2453	174
四川 Sichuan	13	1341	4143	12920	19882	17648	8919	1003
贵州 Guizhou	1	4662	7160	22556	2114	1707	1037	102
云南 Yunnan	2	20977	56294	172992	3921	3565	1854	163
西藏 Tibet	0	4083	10539	30172	0	0	0	0
陕西 Shaanxi	14	912	785	3126	23438	19166	10934	1361
甘肃 Gansu	3	0	0	0	4042	3522	2114	106
青海 Qinghai	0	0	0	0	0	0	0	0
宁夏 Ningxia	0	0	0	0	0	0	0	0
新疆 Xinjiang	1	0	0	0	764	708	392	5

校基本情况

of Science & Technology

单位：人 Unit: in Person

工 数 & Workers									
教 职 工 in College or Uni.Proper							科研机构人员 Personnel in Affiliated Research Org.	校办企业职工 Employees in School－run Enterprise	附设机构人员 Personnel in Other Subsidiary Units
教 师 Teachers				行政人员 Adm. Personnel	教辅人员 Supporting Staff	工勤人员 Workers			
副高级 Sub－senior	中 级 Middle	初 级 Junior	无职称 No Ramk						
49268	50760	28174	10753	48294	41804	37583	13338	21383	27594
4145	3853	1342	702	4269	3450	3920	1806	2341	1442
1596	1276	754	264	1626	1621	1543	943	871	163
2524	2449	1677	680	2432	1914	1884	185	1177	1501
943	1277	754	333	1104	919	667	319	624	1202
472	479	324	126	519	457	232	14	95	164
4568	4331	2111	730	4003	3880	2881	1265	1648	2370
1394	1366	731	375	1798	1232	1064	152	370	827
2342	2000	1107	297	2251	1643	1648	589	1114	2327
3122	3405	1309	123	3249	4316	3225	1640	2137	3935
3704	4228	2755	743	3834	3661	2740	1072	1583	2098
1377	1465	1044	629	1379	960	771	121	434	456
1866	1738	1117	462	1687	1544	1689	770	309	894
949	1018	781	142	1142	879	590	218	525	235
792	834	765	420	897	479	714	140	608	491
1524	1479	773	153	1417	785	743	229	626	545
1909	2336	1756	706	1706	1605	1705	133	1467	591
4456	4009	1926	1052	3793	3250	2589	1767	1034	2683
1507	1602	877	204	1389	962	813	174	723	614
1333	1607	632	132	1020	847	194	287	650	574
505	782	483	313	549	356	295	21	97	196
0	0	0	0	0	0	0	0	0	0
733	986	388	172	784	632	468	80	187	617
2590	2829	1700	797	3192	2279	3258	335	684	1215
303	314	232	86	241	180	249	102	107	198
615	730	230	116	784	495	432	50	153	153
0	0	0	0	0	0	0	0	0	0
3447	3488	1912	726	2671	2942	2619	926	1413	1933
461	679	617	251	411	452	545	0	384	136
0	0	0	0	0	0	0	0	0	0
0	0	0	0	0	0	0	0	0	0
91	200	77	19	147	64	105	0	22	34

高等农业院

Basic Statistics of

地　区 Region	学校数(所) Institutions	本专科学生数 Undergraduate Students 毕业生数 Graduates	招生数 Students Admitted	在校学生数 Enrolment	教职 Teachers, Staff 合计 Total	校本部 Teachers, Staff & Workers 计 Subtotal	专任 Full-time 计 Subtotal	正高级 Senior
总　计　Total	40	56748	137385	411159	59699	47183	24708	2883
北　京　Beijing	2	2892	6301	19421	3249	3033	1448	256
天　津　Tianjin	1	270	1836	4516	714	707	338	20
河　北　Hebei	3	3691	9265	25275	3425	2762	1518	190
山　西　Shanxi	1	1381	4048	11484	1548	1434	714	95
内蒙古　Inner Mongolia	1	2135	4735	14063	2234	1765	988	127
辽　宁　Liaoning	2	2421	6901	20033	2539	2316	1141	100
吉　林　Jilin	2	1419	4754	14648	1882	1702	857	105
黑龙江　Heilongjiang	2	2681	7463	24733	3486	2514	1273	164
上　海　Shanghai	1	1044	3468	9969	819	762	391	37
江　苏　Jiangsu	1	2169	3550	11880	2410	1886	967	140
浙　江　Zhejiang	1	913	2417	6260	752	679	432	6
安　徽　Anhui	1	1478	5868	15003	1302	1165	601	71
福　建　Fujian	1	1922	3921	14722	1898	1707	1123	101
江　西　Jiangxi	1	1748	3597	11424	2791	1081	553	81
山　东　Shandong	2	4872	10904	29889	3593	3043	1519	240
河　南　Henan	3	3303	7333	23014	2470	2174	1178	99
湖　北　Hubei	2	3021	6882	20606	2944	2334	1399	166
湖　南　Hunan	1	1420	3611	11509	1924	1447	658	111
广　东　Guangdong	3	5294	10435	32097	4134	3627	1989	199
广　西　Guangxi	0	937	2725	7417	0	0	0	0
海　南　Hainan	1	2683	4757	14376	1017	791	414	24
重　庆　Chongqing	1	2245	6807	19027	2357	1888	958	92
四　川　Sichuan	2	1341	2267	7097	2059	1480	978	88
贵　州　Guizhou	0	2132	5182	17008	0	0	0	0
云　南　Yunnan	1	1651	2576	7552	1253	1175	641	59
西　藏　Tibet	0	1685	5782	18136	0	0	0	0
陕　西　Shaanxi	1	0	0	0	4950	2467	1132	168
甘　肃　Gansu	1	0	0	0	1143	995	544	75
青　海　Qinghai	0	0	0	0	0	0	0	0
宁　夏　Ningxia	0	0	0	0	0	0	0	0
新　疆　Xinjiang	2	0	0	0	2806	2249	954	69

校基本情况

of Science & Technology

单位: 人　Unit: in Person

工数 & Workers									
教职工 in College or Uni. Proper							科研机构人员 Personnel in Affiliated Research Org.	校办企业职工 Employees in School-run Enterprise	附设机构人员 Personnel in Other Subsidiary Units
教师 Teachers				行政人员 Adm. Personnel	教辅人员 Supporting Staff	工勤人员 Workers			
副高级 Sub-senior	中级 Middle	初级 Junior	无职称 No Ramk						
7685	7986	4504	1650	8267	6973	7235	2279	5073	5164
608	431	100	53	560	583	442	21	135	60
134	111	68	5	166	65	138	0	0	7
556	435	218	119	417	381	446	33	73	557
183	211	170	55	217	114	389	0	63	51
337	291	187	46	360	293	124	14	15	440
341	411	204	85	424	308	443	55	13	155
229	337	154	32	297	221	327	55	23	102
309	450	201	149	296	550	395	107	662	203
111	126	104	13	147	126	98	0	36	21
289	344	156	38	277	278	364	37	351	136
117	151	86	72	105	80	62	0	67	6
216	183	87	44	281	203	80	0	119	18
290	388	278	66	160	109	315	57	87	47
135	162	124	51	208	160	160	19	1626	65
511	427	248	93	635	298	591	30	178	342
395	410	151	123	349	334	313	92	89	115
443	427	270	93	392	336	207	24	303	283
222	190	72	63	229	381	179	28	27	422
595	737	411	47	705	585	348	116	227	164
0	0	0	0	0	0	0	0	0	0
113	116	137	24	167	95	115	22	84	120
290	344	168	64	271	336	323	274	33	162
297	302	246	45	165	223	114	122	213	244
0	0	0	0	0	0	0	0	0	0
186	241	87	68	148	199	187	36	0	42
0	0	0	0	0	0	0	0	0	0
300	283	317	64	647	326	362	1106	124	1253
157	158	104	50	98	105	248	19	55	74
0	0	0	0	0	0	0	0	0	0
0	0	0	0	0	0	0	0	0	0
321	320	156	88	546	284	465	12	470	75

高等林业院

Basic Statistics of

地区 Region	学校数(所) Institutions	本专科学生数 Undergraduate Students			教职 Teachers, Staff			
		毕业生数 Graduates	招生数 Students Admitted	在校学生数 Enrolment	合计 Total	校本部 Teachers, Staff & Workers		
						计 Subtotal	专任 Full-time	
							计 Subtotal	正高级 Senior
总计 Total	6	6253	20599	60950	7843	6476	3703	506
北京 Beijing	1	1335	3591	10741	1299	918	557	146
天津 Tianjin	0	1528	4200	13601	0	0	0	0
河北 Hebei	0	1195	3894	12041	0	0	0	0
山西 Shanxi	0	494	2794	7882	0	0	0	0
内蒙古 Inner Mongolia	0	1102	4120	11163	0	0	0	0
辽宁 Liaoning	0	599	2000	5522	0	0	0	0
吉林 Jilin	0	0	0	0	0	0	0	0
黑龙江 Heilongjiang	1	0	0	0	2169	1573	880	132
上海 Shanghai	0	0	0	0	0	0	0	0
江苏 Jiangsu	1	0	0	0	1488	1185	707	67
浙江 Zhejiang	1	0	0	0	760	734	454	24
安徽 Anhui	0	0	0	0	0	0	0	0
福建 Fujian	0	0	0	0	0	0	0	0
江西 Jiangxi	0	0	0	0	0	0	0	0
山东 Shandong	0	0	0	0	0	0	0	0
河南 Henan	0	0	0	0	0	0	0	0
湖北 Hubei	0	0	0	0	0	0	0	0
湖南 Hunan	1	0	0	0	1490	1429	742	102
广东 Guangdong	0	0	0	0	0	0	0	0
广西 Guangxi	0	0	0	0	0	0	0	0
海南 Hainan	0	0	0	0	0	0	0	0
重庆 Chongqing	0	0	0	0	0	0	0	0
四川 Sichuan	0	0	0	0	0	0	0	0
贵州 Guizhou	0	0	0	0	0	0	0	0
云南 Yunnan	1	0	0	0	637	637	363	35
西藏 Tibet	0	0	0	0	0	0	0	0
陕西 Shaanxi	0	0	0	0	0	0	0	0
甘肃 Gansu	0	0	0	0	0	0	0	0
青海 Qinghai	0	0	0	0	0	0	0	0
宁夏 Ningxia	0	0	0	0	0	0	0	0
新疆 Xinjiang	0	0	0	0	0	0	0	0

校基本情况

of Science & Technology

单位:人 Unit: in Person

工数 & Workers									
教职工 in College or Uni.Proper							科研机构人员 Personnel in Affiliated Research Org.	校办企业职工 Employees in School-run Enterprise	附设机构人员 Personnel in Other Subsidiary Units
教师 Teachers				行政人员 Adm. Personnel	教辅人员 Supporting Staff	工勤人员 Workers			
副高级 Sub-senior	中级 Middle	初级 Junior	无职称 No Ramk						
1122	1169	662	244	1189	777	807	213	349	805
181	113	64	53	194	116	51	83	94	204
0	0	0	0	0	0	0	0	0	0
0	0	0	0	0	0	0	0	0	0
0	0	0	0	0	0	0	0	0	0
0	0	0	0	0	0	0	0	0	0
0	0	0	0	0	0	0	0	0	0
0	0	0	0	0	0	0	0	0	0
274	280	154	40	278	218	197	45	117	434
0	0	0	0	0	0	0	0	0	0
193	252	182	13	247	120	111	85	111	107
111	163	71	85	107	67	106	0	0	26
0	0	0	0	0	0	0	0	0	0
0	0	0	0	0	0	0	0	0	0
0	0	0	0	0	0	0	0	0	0
0	0	0	0	0	0	0	0	0	0
0	0	0	0	0	0	0	0	0	0
0	0	0	0	0	0	0	0	0	0
266	255	88	31	236	189	262	0	27	34
0	0	0	0	0	0	0	0	0	0
0	0	0	0	0	0	0	0	0	0
0	0	0	0	0	0	0	0	0	0
0	0	0	0	0	0	0	0	0	0
0	0	0	0	0	0	0	0	0	0
0	0	0	0	0	0	0	0	0	0
97	106	103	22	127	67	80	0	0	0
0	0	0	0	0	0	0	0	0	0
0	0	0	0	0	0	0	0	0	0
0	0	0	0	0	0	0	0	0	0
0	0	0	0	0	0	0	0	0	0
0	0	0	0	0	0	0	0	0	0
0	0	0	0	0	0	0	0	0	0

高等医药院

Basic Statistics of

地区 Region		学校数(所) Institutions	本专科学生数 Undergraduate Students			教职 Teachers, Staff			
			毕业生数 Graduates	招生数 Students Admitted	在校学生数 Enrolment	合计 Total	校本部 Teachers, Staff & Workers		
							计 Subtotal	专任 Full-time	
								计 Subtotal	正高级 Senior
总计	**Total**	99	54350	150719	473658	89319	73186	35217	4568
北京	Beijing	3	1605	2931	9529	14330	6972	1465	332
天津	Tianjin	3	1233	3366	10634	2340	1842	826	112
河北	Hebei	6	4146	12824	40282	5786	4470	2134	331
山西	Shanxi	4	2459	7509	23257	3261	3070	1585	211
内蒙古	Inner Mongolia	2	767	1595	6183	1422	1349	586	63
辽宁	Liaoning	6	2905	9494	29130	6146	5069	2445	342
吉林	Jilin	2	895	2539	7503	1110	1005	494	38
黑龙江	Heilongjiang	4	2754	6481	21159	4313	3591	1931	363
上海	Shanghai	2	1318	1963	7370	2694	1943	854	111
江苏	Jiangsu	5	3168	8168	25833	5448	4543	2146	289
浙江	Zhejiang	4	1036	5981	14817	1851	1714	1029	109
安徽	Anhui	6	2570	8320	28596	3394	3127	1762	160
福建	Fujian	2	2264	2844	10863	1679	1560	850	130
江西	Jiangxi	3	2035	5578	18017	2925	2567	1198	125
山东	Shandong	8	3539	13627	38623	5144	4890	2706	316
河南	Henan	3	1222	3335	12461	2107	1884	802	122
湖北	Hubei	4	1479	5125	13043	2398	2099	1020	86
湖南	Hunan	4	1877	6170	15931	1949	1823	1027	168
广东	Guangdong	4	3394	6675	23046	3847	3467	1925	222
广西	Guangxi	4	3063	5557	20169	2569	2491	1490	173
海南	Hainan	1	308	850	2456	426	424	177	23
重庆	Chongqing	1	1002	2123	6731	1487	1385	770	107
四川	Sichuan	3	2372	7825	24425	2662	2340	1285	151
贵州	Guizhou	4	1879	5790	19573	3251	3223	1901	202
云南	Yunnan	2	994	2988	9971	1760	1605	737	84
西藏	Tibet	1	65	176	387	132	132	56	3
陕西	Shaanxi	2	1215	3855	9649	1082	1001	474	45
甘肃	Gansu	2	1224	3395	10428	1310	1121	537	51
青海	Qinghai	1	261	515	2563	428	425	220	11
宁夏	Ningxia	1	275	1007	3301	532	532	224	39
新疆	Xinjiang	2	1026	2113	7728	1536	1522	561	49

校基本情况

of Science & Technology

单位: 人 Unit: in Person

工 数 & Workers									
教 职 工 in College or Uni. Proper							科研机构人员 Personnel in Affiliated Research Org.	校办企业职工 Employees in School-run Enterprise	附设机构人员 Personnel in Other Subsidiary Units
教 师 Teachers				行政人员 Adm. Personnel	教辅人员 Supporting Staff	工勤人员 Workers			
副高级 Sub-senior	中 级 Middle	初 级 Junior	无职称 No Ramk						
11135	10418	6747	2349	13947	13446	10576	8989	2185	4959
500	438	182	13	1308	3140	1059	7087	173	98
325	263	99	27	413	307	296	66	56	376
780	568	315	140	718	725	893	92	275	949
394	462	395	123	621	532	332	0	69	122
187	182	112	42	229	333	201	0	0	73
837	737	424	105	1055	874	695	270	455	352
167	152	94	43	234	128	149	2	28	75
643	493	364	68	611	554	495	356	121	245
177	264	146	156	412	493	184	195	175	381
608	673	442	134	994	677	726	287	260	358
286	304	305	25	255	161	269	28	12	97
554	514	395	139	499	400	466	71	89	107
329	229	147	15	296	228	186	0	79	40
400	367	207	99	581	340	448	12	67	279
850	711	637	192	839	727	618	85	24	145
253	172	133	122	314	419	349	22	51	150
302	364	215	53	573	266	240	8	31	260
334	272	140	113	307	234	255	80	0	46
666	678	337	22	654	481	407	128	0	252
459	493	303	62	346	365	290	40	12	26
63	31	51	9	107	70	70	2	0	0
252	235	105	71	264	200	151	0	0	102
380	345	246	163	379	342	334	68	100	154
566	649	330	154	569	431	322	7	21	0
274	175	124	80	373	253	242	48	0	107
10	26	15	2	33	21	22	0	0	0
127	121	124	57	103	227	197	0	81	0
145	151	159	31	264	160	160	30	0	159
49	90	36	34	46	91	68	3	0	0
65	57	41	22	101	68	139	0	0	0
153	202	124	33	449	199	313	2	6	6

高等师范院

Basic Statistics of

地区 Region	学校数(所) Institutions	本专科学生数 Undergraduate Students: 毕业生数 Graduates	招生数 Students Admitted	在校学生数 Enrolment	教职 Teachers, Staff: 合计 Total	校本部 Teachers, Staff & Workers: 计 Subtotal	专任 Full-time: 计 Subtotal	正高级 Senior
总计 Total	203	245852	532556	1541556	198384	183599	104944	7809
北京 Beijing	2	3664	4927	17885	5437	4825	2311	473
天津 Tianjin	2	3906	6125	20385	2994	2843	1480	185
河北 Hebei	12	13770	33081	101587	11828	11280	6039	332
山西 Shanxi	7	9192	17101	50552	7160	6905	3717	186
内蒙古 Inner Mongolia	6	5134	16342	43843	6585	6148	3533	238
辽宁 Liaoning	8	9314	20321	59386	8856	8641	5125	406
吉林 Jilin	6	6469	17323	48907	7461	6890	3709	411
黑龙江 Heilongjiang	5	6613	15202	40736	5075	4836	2533	200
上海 Shanghai	2	6027	9043	32867	6931	5075	2618	392
江苏 Jiangsu	9	12792	25141	88597	11165	10511	5808	445
浙江 Zhejiang	7	8910	24976	65918	9009	8296	5037	292
安徽 Anhui	14	15961	32540	95679	9525	8920	5836	284
福建 Fujian	7	9017	16562	46887	5863	5667	3219	278
江西 Jiangxi	6	8278	19279	54815	5228	4968	2883	213
山东 Shandong	8	14138	29746	84745	10716	10078	5707	545
河南 Henan	14	17986	38545	109291	11691	11469	6956	250
湖北 Hubei	6	7056	16276	50737	6844	5900	2852	304
湖南 Hunan	11	15045	31854	91383	11264	10045	5453	510
广东 Guangdong	4	7488	17273	46578	5558	4843	3046	245
广西 Guangxi	10	12709	18201	50023	6140	5573	3517	181
海南 Hainan	2	1465	3921	9135	1325	1291	713	45
重庆 Chongqing	3	5752	11241	31940	5074	4696	2647	281
四川 Sichuan	11	12289	35773	92979	9263	8589	5284	302
贵州 Guizhou	10	6968	12380	38715	4797	4744	2929	100
云南 Yunnan	10	8026	15490	40938	6264	5909	3405	169
西藏 Tibet	0	160	499	853	0	0	0	0
陕西 Shaanxi	7	6929	16624	46683	5909	5132	2938	260
甘肃 Gansu	5	6207	12746	36893	4792	4167	2530	174
青海 Qinghai	3	730	1684	4548	1306	1306	741	39
宁夏 Ningxia	1	344	947	2495	292	292	192	6
新疆 Xinjiang	5	3513	11393	35576	4032	3760	2186	63

校基本情况

of Science & Technology

单位: 人 Unit: in Person

工数 & Workers									
教职工 in College or Uni. Proper							科研机构人员 Personnel in Affiliated Research Org.	校办企业职工 Employees in School-run Enterprise	附设机构人员 Personnel in Other Subsidiary Units
教师 Teachers				行政人员 Adm. Personnel	教辅人员 Supporting Staff	工勤人员 Workers			
副高级 Sub-senior	中级 Middle	初级 Junior	无职称 No Ramk						
30795	36361	22191	7788	31727	22002	24926	1822	4644	8319
983	670	121	64	721	1024	769	254	218	140
573	485	190	47	654	399	310	7	144	0
1709	2245	1347	406	2085	1214	1942	93	86	369
976	1320	901	334	1241	809	1138	32	17	206
1242	1132	770	151	1157	757	701	9	278	150
1688	2013	800	218	1355	1036	1125	38	16	161
1038	1259	851	150	1182	1041	958	36	208	327
870	672	686	105	881	415	1007	56	126	57
884	919	269	154	1147	761	549	257	726	873
1683	1802	1436	442	1949	1094	1660	48	166	440
1429	1760	1003	553	1320	974	965	4	357	352
1580	1785	1517	670	1300	800	984	31	154	420
910	1045	693	293	1073	608	767	31	59	106
867	1051	478	274	917	500	668	36	106	118
1693	1833	1247	389	1657	1429	1285	146	60	432
1840	2407	1849	610	1840	1238	1435	7	37	178
947	827	469	305	1091	742	1215	52	511	381
1744	1831	967	401	1888	1525	1179	73	135	1011
899	1063	795	44	746	753	298	160	285	270
880	1485	714	257	817	655	584	50	374	143
207	243	177	41	243	153	182	16	0	18
806	1023	470	67	853	456	740	85	42	251
1458	1805	1283	436	1419	843	1043	119	58	497
694	1082	710	343	703	602	510	16	10	27
906	1338	644	348	1077	636	791	83	136	136
0	0	0	0	0	0	0	0	0	0
812	1039	535	292	796	655	743	35	0	742
641	875	587	253	724	379	534	46	319	260
222	343	133	4	225	137	203	0	0	0
50	55	56	25	35	22	43	0	0	0
564	954	493	112	631	345	598	2	16	254

高等语文院

Basic Statistics of

地区 Region	学校数(所) Institutions	本专科学生数 Undergraduate Students			教职 Teachers, Staff			
						校本部 Teachers, Staff & Workers		
							专任 Full-time	
		毕业生数 Graduates	招生数 Students Admitted	在校学生数 Enrolment	合计 Total	计 Subtotal	计 Subtotal	正高级 Senior
总计 Total	15	9961	23232	72031	12619	10983	5951	498
北京 Beijing	7	4320	8007	25253	6000	5035	2694	294
天津 Tianjin	1	474	1419	4982	573	474	307	27
河北 Hebei	0	224	828	2626	0	0	0	0
山西 Shanxi	0	621	1805	6382	0	0	0	0
内蒙古 Inner Mongolia	1	1055	1715	5807	442	440	257	4
辽宁 Liaoning	1	290	1542	3499	688	688	419	24
吉林 Jilin	0	1241	2331	9048	0	0	0	0
黑龙江 Heilongjiang	0	916	3255	7203	0	0	0	0
上海 Shanghai	1	820	2330	7231	1232	968	436	40
江苏 Jiangsu	0	0	0	0	0	0	0	0
浙江 Zhejiang	1	0	0	0	376	372	201	16
安徽 Anhui	0	0	0	0	0	0	0	0
福建 Fujian	0	0	0	0	0	0	0	0
江西 Jiangxi	0	0	0	0	0	0	0	0
山东 Shandong	0	0	0	0	0	0	0	0
河南 Henan	0	0	0	0	0	0	0	0
湖北 Hubei	0	0	0	0	0	0	0	0
湖南 Hunan	0	0	0	0	0	0	0	0
广东 Guangdong	1	0	0	0	1292	1171	667	45
广西 Guangxi	0	0	0	0	0	0	0	0
海南 Hainan	0	0	0	0	0	0	0	0
重庆 Chongqing	1	0	0	0	958	910	498	16
四川 Sichuan	0	0	0	0	0	0	0	0
贵州 Guizhou	0	0	0	0	0	0	0	0
云南 Yunnan	0	0	0	0	0	0	0	0
西藏 Tibet	0	0	0	0	0	0	0	0
陕西 Shaanxi	1	0	0	0	1058	925	472	32
甘肃 Gansu	0	0	0	0	0	0	0	0
青海 Qinghai	0	0	0	0	0	0	0	0
宁夏 Ningxia	0	0	0	0	0	0	0	0
新疆 Xinjiang	0	0	0	0	0	0	0	0

校基本情况

of Science & Technology

单位:人 Unit: in Person

工数 & Workers									
教职工 in College or Uni. Proper							科研机构人员 Personnel in Affiliated Research Org.	校办企业职工 Employees in School-run Enterprise	附设机构人员 Personnel in Other Subsidiary Units
教师 Teachers				行政人员 Adm. Personnel	教辅人员 Supporting Staff	工勤人员 Workers			
副高级 Sub-senior	中级 Middle	初级 Junior	无职称 No Ramk						
1666	2302	1179	306	2379	1170	1483	269	348	1019
802	1098	401	99	1028	599	714	129	195	641
91	88	89	12	113	45	9	9	3	87
0	0	0	0	0	0	0	0	0	0
0	0	0	0	0	0	0	0	0	0
56	68	103	26	109	34	40	2	0	0
124	212	58	1	129	60	80	0	0	0
0	0	0	0	0	0	0	0	0	0
0	0	0	0	0	0	0	0	0	0
99	184	84	29	249	105	178	53	150	61
0	0	0	0	0	0	0	0	0	0
67	73	36	9	101	38	32	0	0	4
0	0	0	0	0	0	0	0	0	0
0	0	0	0	0	0	0	0	0	0
0	0	0	0	0	0	0	0	0	0
0	0	0	0	0	0	0	0	0	0
0	0	0	0	0	0	0	0	0	0
0	0	0	0	0	0	0	0	0	0
0	0	0	0	0	0	0	0	0	0
204	230	188	0	222	120	162	52	0	69
0	0	0	0	0	0	0	0	0	0
0	0	0	0	0	0	0	0	0	0
114	164	111	93	218	96	98	13	0	35
0	0	0	0	0	0	0	0	0	0
0	0	0	0	0	0	0	0	0	0
0	0	0	0	0	0	0	0	0	0
0	0	0	0	0	0	0	0	0	0
109	185	109	37	210	73	170	11	0	122
0	0	0	0	0	0	0	0	0	0
0	0	0	0	0	0	0	0	0	0
0	0	0	0	0	0	0	0	0	0
0	0	0	0	0	0	0	0	0	0

高等财经院

Basic Statistics of

地区 Region	学校数(所) Institutions	本专科学生数 Undergraduate Students 毕业生数 Graduates	招生数 Students Admitted	在校学生数 Enrolment	教职 Teachers, Staff 合计 Total	校本部 Teachers, Staff & Workers 计 Subtotal	专任 Full-time 计 Subtotal	正高级 Senior
总计 Total	62	75696	162972	483239	52244	48565	26981	2360
北京 Beijing	4	4624	8370	25890	5012	4127	1914	224
天津 Tianjin	2	2968	6791	24060	2489	2416	1332	199
河北 Hebei	3	4432	10833	33837	3747	3245	1997	164
山西 Shanxi	2	3104	6033	17390	1739	1544	985	107
内蒙古 Inner Mongolia	1	899	2260	5818	891	862	465	40
辽宁 Liaoning	3	3759	4795	16093	2408	2275	1113	170
吉林 Jilin	4	2799	6448	16862	1748	1746	767	50
黑龙江 Heilongjiang	2	2864	5814	19386	1493	1427	831	83
上海 Shanghai	7	5697	11017	31787	3423	3231	1654	205
江苏 Jiangsu	2	3249	7105	22655	2176	2104	1258	118
浙江 Zhejiang	3	4102	10055	30375	3386	3170	1728	121
安徽 Anhui	2	2523	5144	15466	1752	1702	1138	74
福建 Fujian	1	695	1056	2441	237	237	141	2
江西 Jiangxi	1	2073	4798	14566	1571	1455	663	94
山东 Shandong	3	5085	9612	27782	2546	2275	1409	113
河南 Henan	3	2942	6992	20916	1879	1811	1097	40
湖北 Hubei	3	6458	10503	34158	3516	3153	1694	180
湖南 Hunan	3	2841	5453	14512	1433	1422	720	30
广东 Guangdong	2	2565	6767	18148	1650	1650	1078	56
广西 Guangxi	3	2383	7067	15305	1213	1152	742	8
海南 Hainan	0	946	3009	8812	0	0	0	0
重庆 Chongqing	1	1497	3060	10576	720	705	424	16
四川 Sichuan	1	1948	4483	12691	1429	1336	718	111
贵州 Guizhou	2	811	2049	6815	1269	1238	805	32
云南 Yunnan	1	2254	5512	15814	974	944	464	33
西藏 Tibet	0	1363	5258	12347	0	0	0	0
陕西 Shaanxi	1	815	2688	8737	1298	1255	647	31
甘肃 Gansu	1	0	0	0	944	854	511	35
青海 Qinghai	0	0	0	0	0	0	0	0
宁夏 Ningxia	0	0	0	0	0	0	0	0
新疆 Xinjiang	1	0	0	0	1301	1229	686	24

校基本情况

of Science & Technology

单位:人 Unit: in Person

工数 & Workers									
教职工 in College or Uni.Proper							科研机构人员 Personnel in Affiliated Research Org.	校办企业职工 Employees in School-run Enterprise	附设机构人员 Personnel in Other Subsidiary Units
教师 Teachers				行政人员 Adm. Personnel	教辅人员 Supporting Staff	工勤人员 Workers			
副高级 Sub-senior	中级 Middle	初级 Junior	无职称 No Ramk						
8559	10052	4498	1512	10295	4615	6674	461	1032	2186
755	729	114	92	1113	519	581	94	313	478
439	353	262	79	434	264	386	10	48	15
652	705	344	132	620	209	419	31	41	430
295	363	134	86	285	140	134	0	0	195
170	136	101	18	204	117	76	3	0	26
380	363	167	33	490	258	414	15	12	106
236	280	154	47	474	218	287	0	0	2
311	234	127	76	246	142	208	26	0	40
498	649	213	89	758	292	527	50	60	82
431	451	215	43	353	160	333	45	6	21
530	697	323	57	626	267	549	1	34	181
344	316	256	148	236	86	242	14	2	34
27	43	55	14	37	26	33	0	0	0
239	263	42	25	414	133	245	29	25	62
503	424	313	56	505	189	172	13	168	90
290	496	190	81	384	158	172	4	0	64
594	617	234	69	938	244	277	7	251	105
232	273	111	74	278	173	251	11	0	0
314	466	222	20	303	144	125	0	0	0
149	354	183	48	162	92	156	2	25	34
0	0	0	0	0	0	0	0	0	0
122	177	100	9	201	4	76	0	5	10
183	289	135	0	324	89	205	35	28	30
199	319	175	80	186	155	92	24	7	0
142	246	31	12	154	133	193	8	7	15
0	0	0	0	0	0	0	0	0	0
187	316	82	31	253	145	210	19	0	24
137	178	108	53	214	59	70	13	0	77
0	0	0	0	0	0	0	0	0	0
0	0	0	0	0	0	0	0	0	0
200	315	107	40	103	199	241	7	0	65

高等政法院

Basic Statistics of

地　区 Region	学校数(所) Institutions	本专科学生数 Undergraduate Students 毕业生数 Graduates	招生数 Students Admitted	在校学生数 Enrolment	教职 Teachers, Staff 合计 Total	校本部 Teachers, Staff & Workers 计 Subtotal	专任 Full-time 计 Subtotal	正高级 Senior
总　计　Total	30	19403	36888	108680	17613	16927	7574	568
北　京　Beijing	4	3984	4737	17179	3750	3578	1400	228
天　津　Tianjin	0	519	1375	4213	0	0	0	0
河　北　Hebei	2	0	850	2386	2218	2166	738	55
山　西　Shanxi	1	1362	2272	6972	368	368	169	2
内蒙古　Inner Mongolia	0	354	301	1671	0	0	0	0
辽　宁　Liaoning	2	1341	1105	6204	1086	1020	448	42
吉　林　Jilin	1	935	2230	5456	252	245	82	7
黑龙江　Heilongjiang	0	604	977	2593	0	0	0	0
上　海　Shanghai	2	360	715	1883	964	941	396	28
江　苏　Jiangsu	2	447	890	2264	945	924	414	9
浙　江　Zhejiang	2	660	997	2417	765	744	293	2
安　徽　Anhui	0	782	3138	7828	0	0	0	0
福　建　Fujian	1	985	1735	4030	323	319	177	5
江　西　Jiangxi	1	1190	1474	3804	355	355	132	2
山　东　Shandong	1	910	1557	4042	378	365	244	19
河　南　Henan	2	1555	3512	10613	741	741	390	6
湖　北　Hubei	1	526	1369	5299	491	491	285	13
湖　南　Hunan	1	960	1665	3968	522	511	274	2
广　东　Guangdong	1	1176	3262	9601	515	515	293	10
广　西　Guangxi	0	753	2010	5093	0	0	0	0
海　南　Hainan	0	0	717	1164	0	0	0	0
重　庆　Chongqing	1	0	0	0	1096	869	420	48
四　川　Sichuan	1	0	0	0	453	453	218	4
贵　州　Guizhou	0	0	0	0	0	0	0	0
云　南　Yunnan	1	0	0	0	403	395	225	5
西　藏　Tibet	0	0	0	0	0	0	0	0
陕　西　Shaanxi	1	0	0	0	999	962	492	60
甘　肃　Gansu	1	0	0	0	401	382	220	17
青　海　Qinghai	0	0	0	0	0	0	0	0
宁　夏　Ningxia	0	0	0	0	0	0	0	0
新　疆　Xinjiang	1	0	0	0	588	583	264	4

校基本情况

of Science & Technology

单位：人 Unit: in Person

工数 & Workers									
教职工 in College or Uni. Proper							科研机构人员 Personnel in Affiliated Research Org.	校办企业职工 Employees in School－run Enterprise	附设机构人员 Personnel in Other Subsidiary Units
教师 Teachers				行政人员 Adm. Personnel	教辅人员 Supporting Staff	工勤人员 Workers			
副高级 Sub－senior	中级 Middle	初级 Junior	无职称 No Ramk						
2411	2890	1302	403	5039	1773	2541	148	95	443
537	470	101	64	1286	395	497	68	14	90
0	0	0	0	0	0	0	0	0	0
224	209	153	97	443	165	820	21	31	0
43	56	61	7	141	29	29	0	0	0
0	0	0	0	0	0	0	0	0	0
159	181	55	11	379	117	76	0	0	66
36	30	8	1	82	59	22	7	0	0
0	0	0	0	0	0	0	0	0	0
104	219	31	14	296	112	137	0	12	11
105	164	107	29	304	78	128	3	0	18
75	98	90	28	312	69	70	0	21	0
0	0	0	0	0	0	0	0	0	0
50	83	32	7	100	34	8	4	0	0
40	49	31	10	144	17	62	0	0	0
90	101	29	5	81	17	23	0	0	13
122	144	90	28	164	102	85	0	0	0
96	129	33	14	77	95	34	0	0	0
82	132	54	4	157	51	29	0	0	11
83	122	42	36	97	67	58	0	0	0
0	0	0	0	0	0	0	0	0	0
0	0	0	0	0	0	0	0	0	0
159	147	61	5	265	103	81	8	0	219
83	79	47	5	136	36	63	0	0	0
0	0	0	0	0	0	0	0	0	0
49	97	74	0	106	35	29	3	0	5
0	0	0	0	0	0	0	0	0	0
146	157	106	23	237	77	156	24	13	0
57	101	45	0	57	61	44	5	4	10
0	0	0	0	0	0	0	0	0	0
0	0	0	0	0	0	0	0	0	0
71	122	52	15	175	54	90	5	0	0

高 等 体 育 院

Basic Statistics of

地 区 Region	学校数(所) Institutions	本专科学生数 Undergraduate Students 毕业生数 Graduates	招生数 Students Admitted	在校学生数 Enrolment	教职 Teachers, Staff 合计 Total	校本部 Teachers, Staff & Workers 计 Subtotal	专任 Full-time 计 Subtotal	正高级 Senior
总 计 Total	15	7251	16849	50408	8103	7321	3799	311
北 京 Beijing	2	795	1812	5463	1291	1181	577	50
天 津 Tianjin	1	644	1396	3988	436	429	184	23
河 北 Hebei	1	296	968	3000	235	235	121	10
山 西 Shanxi	0	500	1263	4209	0	0	0	0
内蒙古 Inner Mongolia	0	287	950	2576	0	0	0	0
辽 宁 Liaoning	1	451	840	2768	727	657	299	22
吉 林 Jilin	1	557	999	3710	381	380	225	13
黑龙江 Heilongjiang	1	329	511	1742	335	322	131	16
上 海 Shanghai	1	265	1050	2506	685	520	354	30
江 苏 Jiangsu	1	614	1660	4481	293	285	118	9
浙 江 Zhejiang	0	712	1222	3530	0	0	0	0
安 徽 Anhui	0	448	768	1491	0	0	0	0
福 建 Fujian	0	624	1916	6009	0	0	0	0
江 西 Jiangxi	0	729	1494	4935	0	0	0	0
山 东 Shandong	1	0	0	0	898	724	240	16
河 南 Henan	0	0	0	0	0	0	0	0
湖 北 Hubei	1	0	0	0	840	718	415	29
湖 南 Hunan	0	0	0	0	0	0	0	0
广 东 Guangdong	1	0	0	0	521	459	346	23
广 西 Guangxi	1	0	0	0	130	127	74	3
海 南 Hainan	0	0	0	0	0	0	0	0
重 庆 Chongqing	0	0	0	0	0	0	0	0
四 川 Sichuan	1	0	0	0	667	620	414	42
贵 州 Guizhou	0	0	0	0	0	0	0	0
云 南 Yunnan	0	0	0	0	0	0	0	0
西 藏 Tibet	0	0	0	0	0	0	0	0
陕 西 Shaanxi	1	0	0	0	664	664	301	25
甘 肃 Gansu	0	0	0	0	0	0	0	0
青 海 Qinghai	0	0	0	0	0	0	0	0
宁 夏 Ningxia	0	0	0	0	0	0	0	0
新 疆 Xinjiang	0	0	0	0	0	0	0	0

校基本情况

of Science & Technology

单位:人 Unit: in Person

工　　数
& Workers

教职工 in College or Uni.Proper 教师 Teachers 副高级 Sub-senior	中级 Middle	初级 Junior	无职称 No Ramk	行政人员 Adm. Personnel	教辅人员 Supporting Staff	工勤人员 Workers	科研机构人员 Personnel in Affiliated Research Org.	校办企业职工 Employees in School-run Enterprise	附设机构人员 Personnel in Other Subsidiary Units
1096	1510	659	223	1631	533	1358	100	52	630
183	252	68	24	242	85	277	0	10	100
55	61	19	26	130	34	81	7	0	0
37	32	29	13	58	20	36	0	0	0
0	0	0	0	0	0	0	0	0	0
0	0	0	0	0	0	0	0	0	0
88	121	57	11	194	54	110	0	0	70
69	86	44	13	75	9	71	1	0	0
58	34	12	11	102	26	63	0	0	13
81	149	39	55	95	30	41	0	0	165
32	39	32	6	104	28	35	8	0	0
0	0	0	0	0	0	0	0	0	0
0	0	0	0	0	0	0	0	0	0
0	0	0	0	0	0	0	0	0	0
0	0	0	0	0	0	0	0	0	0
80	69	43	32	223	82	179	42	0	132
0	0	0	0	0	0	0	0	0	0
98	174	106	8	89	20	194	18	0	104
0	0	0	0	0	0	0	0	0	0
94	154	72	3	54	41	18	6	30	26
21	35	12	3	27	5	21	3	0	0
0	0	0	0	0	0	0	0	0	0
0	0	0	0	0	0	0	0	0	0
117	180	65	10	74	63	69	15	12	20
0	0	0	0	0	0	0	0	0	0
0	0	0	0	0	0	0	0	0	0
0	0	0	0	0	0	0	0	0	0
83	124	61	8	164	36	163	0	0	0
0	0	0	0	0	0	0	0	0	0
0	0	0	0	0	0	0	0	0	0
0	0	0	0	0	0	0	0	0	0
0	0	0	0	0	0	0	0	0	0

高等艺术院

Basic Statistics of

地区 Region	学校数(所) Institutions	本专科学生数 Undergraduate Students 毕业生数 Graduates	本专科学生数 Undergraduate Students 招生数 Students Admitted	本专科学生数 Undergraduate Students 在校学生数 Enrolment	教职 Teachers, Staff 合计 Total	教职 Teachers, Staff 校本部 Teachers, Staff & Workers 计 Subtotal	教职 Teachers, Staff 校本部 Teachers, Staff & Workers 专任 Full-time 计 Subtotal	教职 Teachers, Staff 校本部 Teachers, Staff & Workers 专任 Full-time 正高级 Senior
总计 Total	30	7062	24022	64136	13034	12128	6806	739
北京 Beijing	7	960	2991	7454	2687	2398	1234	216
天津 Tianjin	2	364	1307	3491	666	641	339	48
河北 Hebei	0	356	1464	3776	0	0	0	0
山西 Shanxi	0	315	2494	5779	0	0	0	0
内蒙古 Inner Mongolia	0	353	600	1835	0	0	0	0
辽宁 Liaoning	2	297	1291	4042	1053	1039	548	53
吉林 Jilin	1	189	2043	3973	709	632	394	21
黑龙江 Heilongjiang	0	0	55	124	0	0	0	0
上海 Shanghai	2	716	1375	4952	852	654	342	31
江苏 Jiangsu	1	484	953	3116	486	428	250	35
浙江 Zhejiang	1	482	1163	3812	623	597	355	46
安徽 Anhui	0	252	779	2517	0	0	0	0
福建 Fujian	0	632	1345	3516	54	54	20	2
江西 Jiangxi	0	751	2707	5873	0	0	0	0
山东 Shandong	2	321	988	2543	999	986	544	41
河南 Henan	0	482	1974	5975	0	0	0	0
湖北 Hubei	2	108	493	1358	736	734	406	36
湖南 Hunan	0	0	0	0	0	0	0	0
广东 Guangdong	3	0	0	0	916	888	608	71
广西 Guangxi	1	0	0	0	453	445	267	24
海南 Hainan	0	0	0	0	0	0	0	0
重庆 Chongqing	1	0	0	0	483	467	258	30
四川 Sichuan	1	0	0	0	460	409	275	15
贵州 Guizhou	0	0	0	0	0	0	0	0
云南 Yunnan	1	0	0	0	512	492	240	19
西藏 Tibet	0	0	0	0	0	0	0	0
陕西 Shaanxi	2	0	0	0	934	854	479	41
甘肃 Gansu	0	0	0	0	0	0	0	0
青海 Qinghai	0	0	0	0	0	0	0	0
宁夏 Ningxia	0	0	0	0	0	0	0	0
新疆 Xinjiang	1	0	0	0	411	410	247	10

校基本情况

of Science & Technology

单位:人 Unit: in Person

工 数
& Workers

教职工 in College or Uni.Proper							科研机构人员 Personnel in Affiliated Research Org.	校办企业职工 Employees in School－run Enterprise	附设机构人员 Personnel in Other Subsidiary Units
教师 Teachers				行政人员 Adm. Personnel	教辅人员 Supporting Staff	工勤人员 Workers			
副高级 Sub－senior	中级 Middle	初级 Junior	无职称 No Ramk						
1922	2158	1423	564	2625	1166	1531	177	157	572
355	396	149	118	530	407	227	59	85	145
86	133	62	10	169	49	84	4	5	16
0	0	0	0	0	0	0	0	0	0
0	0	0	0	0	0	0	0	0	0
0	0	0	0	0	0	0	0	0	0
142	191	133	29	255	90	146	10	0	4
120	120	87	46	116	49	73	0	0	77
0	0	0	0	0	0	0	0	0	0
98	89	87	37	184	51	77	20	14	164
99	66	42	8	105	30	43	20	12	26
96	97	82	34	108	73	61	0	0	26
0	0	0	0	0	0	0	0	0	0
7	2	3	6	21	0	13	0	0	0
0	0	0	0	0	0	0	0	0	0
172	176	120	35	184	139	119	13	0	0
0	0	0	0	0	0	0	0	0	0
122	131	64	53	175	59	94	2	0	0
0	0	0	0	0	0	0	0	0	0
145	182	172	38	133	50	97	22	0	6
81	76	51	35	85	35	58	0	0	8
0	0	0	0	0	0	0	0	0	0
95	74	40	19	93	21	95	0	0	16
61	78	73	48	70	11	53	15	5	31
0	0	0	0	0	0	0	0	0	0
75	76	61	9	112	29	111	11	2	7
0	0	0	0	0	0	0	0	0	0
114	161	134	29	190	52	133	0	34	46
0	0	0	0	0	0	0	0	0	0
0	0	0	0	0	0	0	0	0	0
0	0	0	0	0	0	0	0	0	0
54	110	63	10	95	21	47	1	0	0

高等民族院

Basic Statistics of

地区 Region	学校数(所) Institutions	本专科学生数 Undergraduate Students			教职 Teachers, Staff			
					合计 Total	校本部 Teachers, Staff & Workers		
						计 Subtotal	专任 Full-time	
		毕业生数 Graduates	招生数 Students Admitted	在校学生数 Enrolment			计 Subtotal	正高级 Senior
总计 Total	12	11380	29284	86681	11939	10812	6171	546
北京 Beijing	1	819	2474	6373	1536	1402	714	99
天津 Tianjin	0	632	2010	5595	0	0	0	0
河北 Hebei	0	2463	6412	19334	0	0	0	0
山西 Shanxi	0	1585	2947	9074	0	0	0	0
内蒙古 Inner Mongolia	0	797	3250	9804	0	0	0	0
辽宁 Liaoning	1	835	2353	7239	515	515	367	26
吉林 Jilin	0	993	2342	6866	0	0	0	0
黑龙江 Heilongjiang	0	562	1286	3199	0	0	0	0
上海 Shanghai	0	1067	2650	7265	0	0	0	0
江苏 Jiangsu	0	1031	2035	6640	0	0	0	0
浙江 Zhejiang	0	596	1525	5292	0	0	0	0
安徽 Anhui	0	0	0	0	0	0	0	0
福建 Fujian	0	0	0	0	0	0	0	0
江西 Jiangxi	0	0	0	0	0	0	0	0
山东 Shandong	0	0	0	0	0	0	0	0
河南 Henan	0	0	0	0	0	0	0	0
湖北 Hubei	2	0	0	0	2490	2151	1286	121
湖南 Hunan	0	0	0	0	0	0	0	0
广东 Guangdong	0	0	0	0	0	0	0	0
广西 Guangxi	1	0	0	0	1007	963	521	34
海南 Hainan	0	0	0	0	0	0	0	0
重庆 Chongqing	0	0	0	0	0	0	0	0
四川 Sichuan	1	0	0	0	1382	1234	774	106
贵州 Guizhou	1	0	0	0	851	789	490	30
云南 Yunnan	1	0	0	0	867	837	446	39
西藏 Tibet	1	0	0	0	667	531	239	8
陕西 Shaanxi	0	0	0	0	0	0	0	0
甘肃 Gansu	1	0	0	0	1087	1067	564	46
青海 Qinghai	1	0	0	0	902	703	419	15
宁夏 Ningxia	1	0	0	0	635	620	351	22
新疆 Xinjiang	0	0	0	0	0	0	0	0

校基本情况

of Science & Technology

单位:人 Unit: in Person

工数 & Workers									
教职工 in College or Uni.Proper							科研机构人员 Personnel in Affiliated Research Org.	校办企业职工 Employees in School-run Enterprise	附设机构人员 Personnel in Other Subsidiary Units
教师 Teachers				行政人员 Adm. Personnel	教辅人员 Supporting Staff	工勤人员 Workers			
副高级 Sub-senior	中级 Middle	初级 Junior	无职称 No Ramk						
1978	2244	1067	336	2087	1327	1227	211	38	878
216	371	11	17	305	212	171	25	0	109
0	0	0	0	0	0	0	0	0	0
0	0	0	0	0	0	0	0	0	0
0	0	0	0	0	0	0	0	0	0
0	0	0	0	0	0	0	0	0	0
107	152	54	28	86	33	29	0	0	0
0	0	0	0	0	0	0	0	0	0
0	0	0	0	0	0	0	0	0	0
0	0	0	0	0	0	0	0	0	0
0	0	0	0	0	0	0	0	0	0
0	0	0	0	0	0	0	0	0	0
0	0	0	0	0	0	0	0	0	0
0	0	0	0	0	0	0	0	0	0
0	0	0	0	0	0	0	0	0	0
0	0	0	0	0	0	0	0	0	0
0	0	0	0	0	0	0	0	0	0
465	405	219	76	251	302	312	68	0	271
0	0	0	0	0	0	0	0	0	0
0	0	0	0	0	0	0	0	0	0
149	197	92	49	241	69	132	16	0	28
0	0	0	0	0	0	0	0	0	0
0	0	0	0	0	0	0	0	0	0
312	180	160	16	294	82	84	0	0	148
134	202	80	44	151	94	54	12	33	17
188	135	52	32	167	124	100	30	0	0
59	128	28	16	114	38	140	1	5	130
0	0	0	0	0	0	0	0	0	0
145	209	137	27	227	158	118	20	0	0
117	158	116	13	149	119	16	24	0	175
86	107	118	18	102	96.	71	15	0	0
0	0	0	0	0	0	0	0	0	0

普通高等学校女学

Number of Female Students, Teachers, Staff &

地区 Region	本专科学生数 Undergraduate Students			教职 Teachers, Staff			
					校本部 Teachers, Staff & Workers		
						专任 Full-time	
	毕业生数 Graduates	招生数 Students Admitted	在校学生数 Enrolment	合计 Total	计 Subtotal	计 Subtotal	正高级 Senior
总计 Total	570499	1418997	3970355	545812	473226	251422	9987
北京 Beijing	30366	61661	184963	47303	37137	15822	1226
天津 Tianjin	12543	33317	93030	13822	12210	6244	342
河北 Hebei	31228	84179	232525	25726	22586	12938	526
山西 Shanxi	15104	37960	101606	14241	12781	7345	341
内蒙古 Inner Mongo	8211	21151	59664	8299	7683	4491	127
辽宁 Liaoning	34165	74292	213771	31001	27983	16012	631
吉林 Jilin	16667	40590	122045	18991	17088	9087	557
黑龙江 Heilongjiang	21246	53004	153177	22776	18582	10447	586
上海 Shanghai	26530	53611	166883	26357	20624	8802	361
江苏 Jiangsu	41271	92570	292079	36782	31628	16500	486
浙江 Zhejiang	21802	73558	189283	20520	18389	10385	212
安徽 Anhui	15745	48272	122103	14148	12925	7171	216
福建 Fujian	14212	31859	84637	9820	8829	4792	153
江西 Jiangxi	12469	39017	97527	12758	11012	5743	151
山东 Shandong	41924	96474	258591	29856	26830	15637	733
河南 Henan	29365	72034	196342	20948	19156	11176	253
湖北 Hubei	30017	82304	232527	33398	28140	14381	614
湖南 Hunan	24167	67812	174758	23098	19858	9919	320
广东 Guangdong	34585	72999	203406	26370	23181	12954	361
广西 Guangxi	12821	29434	78777	9333	8559	4636	79
海南 Hainan	1597	6200	14268	1815	1692	827	34
重庆 Chongqing	13709	31486	89829	11214	9651	5170	153
四川 Sichuan	21676	63019	172422	21947	18879	9802	456
贵州 Guizhou	7231	16137	48431	8902	8383	4800	140
云南 Yunnan	11611	22842	65296	10034	9277	5010	203
西藏 Tibet	754	1483	3721	787	639	333	3
陕西 Shaanxi	20413	60643	167035	24359	20382	10370	473
甘肃 Gansu	8030	21949	56383	7510	6748	3677	102
青海 Qinghai	931	3389	10840	2173	1911	1158	10
宁夏 Ningxia	1712	4736	14542	2241	2073	1196	54
新疆 Xinjiang	8397	21015	69894	9283	8410	4597	84

生和女教职工数

Workers in Regular Higher Educational Institutions

单位:人 **Unit: in Person**

工 数 & Workers									
教 职 工 in College or Uni.Proper							科研机构人员 Personnel in Affiliated Research Org.	校办企业职工 Employees in School-run Enterprise	附设机构人员 Personnel in Other Subsidiary Units
教 师 Teachers				行政人员 Adm. Personnel	教辅人员 Supporting Staff	工勤人员 Workers			
副高级 Sub-senior	中 级 Middle	初 级 Junior	无职称 No Ramk						
65778	93815	60459	21383	86639	78242	56923	16320	18553	37713
5428	6286	2019	863	8370	8365	4580	5929	1647	2590
2096	2114	1299	393	2540	1972	1454	611	427	574
3448	4591	3050	1323	3288	3286	3074	194	1031	1915
1673	2721	1934	676	2136	1946	1354	195	306	959
1226	1615	1202	321	1285	1321	586	37	133	446
4946	6347	3200	888	4997	4619	2355	661	615	1742
2593	3242	2097	598	2936	3075	1990	320	349	1234
3416	3339	2375	731	2936	2720	2479	484	1011	2699
2228	3957	1777	479	4278	4135	3409	967	1677	3089
3576	5818	5102	1518	5982	4897	4249	756	1343	3055
2308	3657	2788	1420	3278	2773	1953	386	580	1165
1760	2250	2029	916	1977	2122	1655	325	175	723
1137	1629	1410	463	1720	1399	918	171	340	480
1367	1977	1630	618	2059	1638	1572	111	945	690
4366	5105	3974	1459	4163	4155	2875	561	1055	1410
2449	4089	3329	1056	2964	3066	1950	139	704	949
3741	5412	3271	1343	5614	4852	3293	847	1486	2925
2584	3804	2128	1083	3630	3466	2843	627	844	1769
3169	5524	3164	736	4355	3863	2009	413	719	2057
979	2007	1048	523	1487	1406	1030	70	336	368
199	261	239	94	350	259	256	19	5	99
1328	2142	1200	347	2058	1322	1101	297	233	1033
2455	3602	2359	930	3725	3049	2303	672	545	1851
1040	1927	1277	416	1668	1068	847	99	266	154
1318	1895	1089	505	1714	1387	1166	150	129	478
50	141	112	27	132	94	80	17	1	130
2438	4092	2639	728	3853	3175	2984	852	1104	2021
742	1264	1126	443	1013	1042	1016	162	240	360
272	531	279	66	320	284	149	177	0	85
311	423	326	82	320	273	284	23	8	137
1135	2053	987	338	1491	1213	1109	48	299	526

中等专业学

Basic Statistics of Specialized

地　区 Region	学校数(所) Schools	毕业生数 Grad－uates	招生数 Entrants			在校学生数 Enrolment		
			合计 Total	招高中毕业生数 From Senior Secondary Schools Graduates	招初中毕业生数 From Junior Secondary Schools Graduates		合计 Total	小计 Subtotal
总　计 Total	2953	1441539	1553062	34541	1518521	4563511	381480	364050
北　京 Beijing	59	31645	32893	430	32463	113870	8564	8129
天　津 Tianjin	73	26397	20743	42	20701	74690	8309	8005
河　北 Hebei	96	74276	69043	3212	65831	213823	21549	20824
山　西 Shanxi	100	52248	61721	0	61721	211904	14561	14133
内蒙古 Inner Mongolia	75	31765	28103	778	27325	98343	10223	9916
辽　宁 Liaoning	137	42856	56814	1387	55427	151810	16560	16019
吉　林 Jilin	74	38009	29693	1197	28496	84762	13495	12827
黑龙江 Heilongjiang	75	32431	40743	4130	36613	121718	10221	9772
上　海 Shanghai	82	29418	39331	0	39331	126883	11822	10823
江　苏 Jiangsu	154	117444	160058	5	160053	451377	20035	19359
浙　江 Zhejiang	62	46695	42173	0	42173	122455	5893	5555
安　徽 Anhui	108	66124	38856	253	38603	125831	11912	11422
福　建 Fujian	106	37773	42261	0	42261	130872	10285	10022
江　西 Jiangxi	76	47757	53206	389	52817	152087	8117	7826
山　东 Shandong	165	111333	115941	1948	113993	314135	27005	26093
河　南 Henan	157	100649	125311	6950	118361	336597	25382	23122
湖　北 Hubei	168	73002	63177	4154	59023	188729	18134	17088
湖　南 Hunan	113	80118	82740	724	82016	223697	15817	14852
广　东 Guangdong	184	71625	73069	522	72547	223791	19044	18630
广　西 Guangxi	126	44292	60306	359	59947	171792	16563	15096
海　南 Hainan	34	8885	10559	11	10548	31813	3071	2960
重　庆 Chongqing	47	25462	35482	30	35452	86046	5718	5320
四　川 Sichuan	134	73118	71517	3286	68231	186583	16166	15148
贵　州 Guizhou	79	36664	37620	0	37620	117970	8058	8008
云　南 Yunnan	121	36897	48062	258	47804	138949	13230	12998
西　藏 Tibet	11	2311	2107	208	1899	6437	1222	1205
陕　西 Shaanxi	111	41542	43528	2107	41421	134712	14071	13141
甘　肃 Gansu	99	21198	35367	403	34964	100908	11360	10979
青　海 Qinghai	15	3266	2881	14	2867	11382	1159	1117
宁　夏 Ningxia	25	4741	7516	375	7141	25643	3026	2984
新　疆 Xinjiang	87	31598	22241	1369	20872	83902	10908	10677

校基本情况

Secondary Schools

单位: 人 **Unit: in Person**

教职工数 Teachers, Staff & Workers										兼任教师 Part-time Teachers (不在教工数中)
校本部教职工 Employees in the School Proper								校办厂、场职工 Employees in School-srun Factories & Farms	附设机构人员 Personnel in Subsidiary Units	
专任教师 Full-time Teachers					教辅人员 Supporting Staff	行政人员 Adm. Personnel	工勤人员 Workers			
计 Subtotal	高级讲师及以上 Senior Lecturers & Over	讲师 Lecturers	助理讲师 Assistant Lecturers	教员 Instructors						
207791	46371	90449	64184	6787	33336	66346	56577	9103	8327	9644
4006	873	1819	1138	176	876	1795	1452	212	223	271
4381	1277	1875	1079	150	654	1650	1320	167	137	120
11682	2856	4766	3519	541	1927	3539	3676	454	271	252
7985	1722	3313	2534	416	1178	2696	2274	199	229	110
5670	1108	2661	1763	138	1201	1663	1382	108	199	87
8742	2512	3852	2144	234	1660	3085	2532	354	187	451
6986	1762	3007	2124	93	1208	2653	1980	581	87	21
4925	1990	1793	1000	142	926	1950	1971	164	285	102
5031	811	2601	1453	166	1203	2138	2451	685	314	1206
11760	2253	4763	4013	731	1700	3115	2784	410	266	922
3355	516	1517	1114	208	570	817	813	112	226	251
6664	1682	2618	2102	262	1000	2053	1705	224	266	210
6068	1178	2614	2100	176	871	1766	1317	66	197	485
4536	1166	1993	1293	84	713	1439	1138	241	50	114
15369	4050	5903	4954	462	2265	4872	3587	562	350	312
13842	3163	5660	4666	353	2098	3864	3318	1379	881	296
10006	2588	4590	2607	221	1502	3434	2146	414	632	598
8598	2235	3710	2460	193	1406	2693	2155	562	403	845
11110	1693	5155	3914	348	1778	3417	2325	93	321	958
9170	1629	4606	2694	241	1459	2182	2285	315	1152	413
1741	322	713	649	57	208	532	479	37	74	265
2953	674	1251	954	74	561	1016	790	97	301	129
8112	1819	3726	2442	125	1422	3028	2586	630	388	303
4864	845	2199	1715	105	525	1738	881	7	43	112
7550	1483	3653	2092	322	968	2144	2336	126	106	330
782	16	262	457	47	46	168	209	11	6	15
7258	1602	3114	2215	327	1257	2668	1958	565	365	262
6295	1122	2868	2164	141	923	1760	2001	138	243	69
713	88	354	266	5	60	162	182	0	42	2
1606	455	688	435	28	243	573	562	42	0	53
6031	881	2805	2124	221	928	1736	1982	148	83	80

中等技术学

Basic Statistics of Specialized

地　区 Region	学校数（所）Schools	毕业生数 Graduates	招生数 Entrants 合计 Total	招生数 Entrants 招高中毕业生数 From Senior Secondary Schools Graduates	招生数 Entrants 招初中毕业生数 From Junior Secondary Schools Graduates	在校学生数 Enrolment	合计 Total	小计 Subtotal
总　计 Total	2523	1218931	1358840	33021	1325819	3962433	320179	303852
北　京 Beijing	58	31551	32732	430	32302	113398	8436	8001
天　津 Tianjin	64	24084	19782	42	19740	70478	7040	6803
河　北 Hebei	90	59667	57159	3212	53947	177583	17597	16920
山　西 Shanxi	81	32257	44962	0	44962	158648	11532	11174
内蒙古 Inner Mongolia	71	26159	23931	500	23431	83552	9737	9430
辽　宁 Liaoning	132	42297	55438	1387	54051	148953	15938	15436
吉　林 Jilin	72	33123	26047	1197	24850	69839	10604	10061
黑龙江 Heilongjiang	58	27214	36057	4130	31927	106897	7890	7476
上　海 Shanghai	81	29418	39331	0	39331	126751	11822	10823
江　苏 Jiangsu	135	110965	150964	5	150959	413736	17419	16806
浙　江 Zhejiang	62	45779	41482	0	41482	119969	5490	5153
安　徽 Anhui	89	59361	31016	253	30763	107169	9811	9349
福　建 Fujian	87	32559	40662	0	40662	124042	8747	8534
江　西 Jiangxi	63	40625	44984	389	44595	126729	6206	5915
山　东 Shandong	131	96275	103967	1452	102515	278781	22040	21253
河　南 Henan	128	78712	105784	6800	98984	271839	21111	18920
湖　北 Hubei	152	66453	58614	3992	54622	178375	16527	15554
湖　南 Hunan	92	70599	71055	724	70331	193471	12930	12024
广　东 Guangdong	180	64522	71097	522	70575	218169	17673	17262
广　西 Guangxi	97	33163	50981	273	50708	148747	12719	11315
海　南 Hainan	26	6191	7472	11	7461	22220	2082	2006
重　庆 Chongqing	34	19977	30189	30	30159	69961	4264	3902
四　川 Sichuan	101	56070	59126	3286	55840	150233	13463	12448
贵　州 Guizhou	58	26882	26155	0	26155	87584	5768	5722
云　南 Yunnan	104	27228	40627	258	40369	114647	11185	10959
西　藏 Tibet	10	1808	1835	208	1627	5424	1061	1044
陕　西 Shaanxi	89	30525	32497	2107	30390	101982	11072	10214
甘　肃 Gansu	80	17266	29401	119	29282	82498	8840	8478
青　海 Qinghai	8	2162	2309	0	2309	8629	540	498
宁　夏 Ningxia	23	4448	7119	375	6744	23395	2792	2750
新　疆 Xinjiang	67	21591	16065	1319	14746	58734	7843	7622

校基本情况

Secondary Schools

单位: 人 **Unit: in Person**

教职工数 Teachers, Staff & Workers / 校本部教职工 Employees in the School Proper / 专任教师 Full-time Teachers / 计 Subtotal	高级讲师及以上 Senior Lecturers & Over	讲师 Lecturers	助理讲师 Assistant Lecturers	教员 Instructors	教辅人员 Supporting Staff	行政人员 Adm. Personnel	工勤人员 Workers	校办厂、场职工 Employees in School-srun Factories & Farms	附设机构人员 Personnel in Subsidiary Units	兼任教师 Part-time Teachers (不在教工数中)
170230	38346	75102	51561	5221	28775	57218	47629	8546	7781	9400
3944	850	1799	1119	176	865	1768	1424	212	223	271
3733	1119	1624	870	120	558	1388	1124	150	87	120
9361	2444	3855	2647	415	1614	2932	3013	410	267	216
6188	1346	2716	1906	220	1016	2179	1791	157	201	110
5364	1063	2496	1672	133	1162	1587	1317	108	199	87
8405	2412	3666	2101	226	1626	2966	2439	317	185	451
5310	1435	2297	1507	71	1036	2044	1671	487	56	21
3505	1421	1289	719	76	738	1534	1699	131	283	92
5031	811	2601	1453	166	1203	2138	2451	685	314	1206
10256	1884	4216	3502	654	1449	2729	2372	384	229	922
3108	479	1381	1048	200	526	775	744	111	226	251
5394	1438	2122	1673	161	804	1789	1362	211	251	187
5126	994	2169	1807	156	784	1494	1130	61	152	485
3272	853	1478	910	31	577	1155	911	241	50	114
12461	3243	4835	4051	332	1727	4186	2879	514	273	312
11105	2482	4543	3782	298	1865	3238	2712	1326	865	296
8923	2317	4195	2220	191	1382	3265	1984	378	595	598
6993	1772	3005	2071	145	1208	2118	1705	540	366	764
10154	1558	4679	3611	306	1642	3285	2181	90	321	954
6721	1274	3418	1872	157	1079	1789	1726	308	1096	413
1117	177	466	441	33	132	443	314	2	74	182
2149	526	981	609	33	356	821	576	82	280	129
6489	1516	3124	1781	68	1216	2652	2091	627	388	303
3287	603	1576	1048	60	458	1302	675	6	40	112
6253	1200	3071	1693	289	872	1909	1925	126	100	330
659	13	214	385	47	46	152	187	11	6	15
5393	1189	2379	1623	202	1069	2200	1552	552	306	257
4698	832	2226	1539	101	788	1383	1609	136	226	69
307	40	166	101	0	12	105	74	0	42	0
1486	420	633	405	28	228	535	501	42	0	53
4038	635	1882	1395	126	737	1357	1490	141	80	80

中等工业学

Basic Statistics of Specialized

地区 Region	学校数（所） Schools	毕业生数 Graduates	招生数 Entrants 合计 Total	招生数 Entrants 招高中毕业生数 From Senior Secondary Schools Graduates	招生数 Entrants 招初中毕业生数 From Junior Secondary Schools Graduates	在校学生数 Enrolment	合计 Total	小计 Subtotal
总计 Total	819	498968	554779	9472	545307	1620776	119096	113127
北京 Beijing	25	20681	18040	100	17940	67996	4230	3882
天津 Tianjin	21	12527	10112	0	10112	35458	2853	2646
河北 Hebei	23	16542	14955	257	14698	49608	5837	5563
山西 Shanxi	16	10062	14216	0	14216	48508	3055	2906
内蒙古 Inner Mongolia	20	8151	9583	228	9355	30355	2659	2619
辽宁 Liaoning	46	11532	20817	725	20092	50909	6755	6397
吉林 Jilin	15	10476	9090	405	8685	19718	2436	2387
黑龙江 Heilongjiang	16	6409	6131	51	6080	23022	1607	1587
上海 Shanghai	37	18839	20562	0	20562	68944	6943	6153
江苏 Jiangsu	65	84212	112546	5	112541	307078	9426	9040
浙江 Zhejiang	18	6723	10103	0	10103	23611	1911	1846
安徽 Anhui	44	31654	16946	198	16748	53569	5304	5088
福建 Fujian	30	12283	16499	0	16499	51549	3005	2959
江西 Jiangxi	18	16125	18672	142	18530	53650	1729	1673
山东 Shandong	48	39885	41079	215	40864	111916	9793	9334
河南 Henan	40	33601	38181	2048	36133	98762	6053	5882
湖北 Hubei	59	21662	23999	2475	21524	67555	7129	6759
湖南 Hunan	32	28685	26501	499	26002	73184	4573	4264
广东 Guangdong	53	26389	26836	55	26781	88857	6857	6789
广西 Guangxi	34	13290	18793	81	18712	54896	4409	4229
海南 Hainan	7	1692	2815	11	2804	7213	424	424
重庆 Chongqing	8	6914	9548	0	9548	22190	987	969
四川 Sichuan	31	21167	21203	167	21036	51847	5370	4784
贵州 Guizhou	16	7456	6679	0	6679	29025	1542	1535
云南 Yunnan	21	6558	8999	122	8877	28622	2614	2553
西藏 Tibet	0	0	0	0	0	0	0	0
陕西 Shaanxi	27	10377	14965	1264	13701	47559	3976	3674
甘肃 Gansu	22	6790	9126	119	9007	28558	3462	3246
青海 Qinghai	4	603	662	0	662	2644	226	184
宁夏 Ningxia	7	1113	2197	125	2072	6028	1105	1071
新疆 Xinjiang	16	6570	4924	180	4744	17945	2826	2684

校基本情况

Secondary Schools

单位: 人 Unit: in Person

教职工数 Teachers, Staff & Workers										兼任教师 Part-time Teachers (不在教工数中)
校本部教职工 Employees in the School Proper								校办厂、场职工 Employees in School-srun Factories & Farms	附设机构人员 Personnel in Subsidiary Units	
专任教师 Full-time Teachers					教辅人员 Supporting Staff	行政人员 Adm. Personnel	工勤人员 Workers			
计 Subtotal	高级讲师及以上 Senior Lecturers & Over	讲师 Lecturers	助理讲师 Assistant Lecturers	教员 Instructors						
63393	13993	28394	19072	1934	10849	21001	17884	4135	1834	3398
1898	387	855	596	60	496	865	623	169	179	68
1312	460	538	280	34	236	547	551	143	64	10
3100	915	1236	794	155	502	963	998	208	66	0
1519	390	759	358	12	329	514	544	74	75	36
1469	290	701	463	15	304	513	333	3	37	61
3449	887	1622	879	61	638	1272	1038	205	153	250
1229	424	542	262	1	266	473	419	49	0	14
836	340	312	165	19	128	303	320	5	15	0
2837	454	1389	887	107	678	1282	1356	632	158	516
5926	951	2427	2149	399	765	1171	1178	254	132	542
997	171	482	258	86	215	308	326	61	4	122
2939	736	1176	964	63	417	995	737	169	47	92
1705	375	743	559	28	277	561	416	19	27	204
838	234	382	214	8	183	434	218	47	9	70
5672	1296	2192	2022	162	759	1645	1258	401	58	195
3547	755	1518	1196	78	497	1018	820	110	61	93
3932	1022	1942	873	95	633	1269	925	203	167	89
2446	583	1115	688	60	445	713	660	179	130	208
4098	528	1919	1524	127	715	1197	779	37	31	261
2500	491	1283	662	64	432	680	617	121	59	182
269	26	90	146	7	28	87	40	0	0	28
519	107	236	172	4	84	226	140	17	1	0
2367	492	1101	746	28	453	1018	946	497	89	80
890	168	455	247	20	139	326	180	3	4	18
1431	235	730	407	59	206	507	409	54	7	11
0	0	0	0	0	0	0	0	0	0	0
1913	441	838	554	80	391	851	519	259	43	143
1653	352	821	429	51	314	556	723	63	153	21
103	15	58	30	0	4	54	23	0	42	0
576	195	227	140	14	66	205	224	34	0	12
1423	273	705	408	37	249	448	564	119	23	72

中等农业学

Basic Statistics of Specialized

地区 Region	学校数(所) Schools	毕业生数 Grad-uates	招生数 Entrants 合计 Total	招生数 Entrants 招高中毕业生数 From Senior Secondary Schools Graduates	招生数 Entrants 招初中毕业生数 From Junior Secondary Schools Graduates	在校学生数 Enrolment	合计 Total	小计 Subtotal
总计 Total	243	127362	118310	6324	111986	328035	34275	32579
北京 Beijing	0	975	1086	0	1086	3949	0	0
天津 Tianjin	1	1200	261	0	261	1821	318	318
河北 Hebei	13	12990	6927	294	6633	21483	2730	2703
山西 Shanxi	10	2651	3222	0	3222	11471	1448	1391
内蒙古 Inner Mongolia	12	4722	3329	0	3329	10486	1975	1783
辽宁 Liaoning	9	1955	3234	110	3124	9179	1421	1333
吉林 Jilin	8	4705	4207	380	3827	9054	1668	1623
黑龙江 Heilongjiang	6	5544	11006	2807	8199	24416	1287	1157
上海 Shanghai	3	2110	2982	0	2982	7569	321	321
江苏 Jiangsu	6	3526	7238	0	7238	20686	1377	1284
浙江 Zhejiang	4	1110	1130	0	1130	2630	390	269
安徽 Anhui	5	3501	1095	0	1095	3249	479	461
福建 Fujian	10	6230	5322	0	5322	15661	1207	1203
江西 Jiangxi	11	4592	5571	66	5505	11189	1451	1286
山东 Shandong	10	11098	6875	899	5976	20377	1473	1432
河南 Henan	5	4967	4099	989	3110	12101	910	896
湖北 Hubei	7	1457	830	2	828	2850	496	496
湖南 Hunan	17	11979	13428	33	13395	30269	2848	2661
广东 Guangdong	12	5617	4926	0	4926	13254	1366	1340
广西 Guangxi	9	4387	3981	42	3939	14439	1163	1121
海南 Hainan	5	1580	926	0	926	2911	483	481
重庆 Chongqing	6	2814	5579	0	5579	10360	738	732
四川 Sichuan	10	4966	4981	0	4981	10089	1038	999
贵州 Guizhou	8	2115	797	0	797	3636	784	782
云南 Yunnan	18	5299	5029	0	5029	17336	1890	1881
西藏 Tibet	1	377	299	2	297	489	114	103
陕西 Shaanxi	12	5748	3371	571	2800	10748	1925	1630
甘肃 Gansu	10	2417	3676	0	3676	11709	1304	1242
青海 Qinghai	1	1058	245	0	245	2137	52	52
宁夏 Ningxia	3	707	576	13	563	3648	490	482
新疆 Xinjiang	11	4965	2082	116	1966	8839	1129	1117

校基本情况

Secondary Schools

单位：人 Unit: in Person

教职工数 Teachers, Staff & Workers										兼任教师 Part-time Teachers (不在教工数中)
校本部教职工 Employees in the School Proper								校办厂、场职工 Employees in School-srun Factories & Farms	附设机构人员 Personnel in Subsidiary Units	
专任教师 Full-time Teachers					教辅人员 Supporting Staff	行政人员 Adm. Personnel	工勤人员 Workers			
计 Subtotal	高级讲师及以上 Senior Lecturers & Over	讲师 Lecturers	助理讲师 Assistant Lecturers	教员 Instructors						
17720	3772	7921	5721	306	3552	4908	6399	1354	342	663
0	0	0	0	0	0	0	0	0	0	0
155	67	61	26	1	10	75	78	0	0	0
1524	348	662	501	13	256	372	551	21	6	0
704	179	299	194	32	164	274	249	53	4	9
1028	199	460	342	27	211	213	331	83	109	0
673	209	321	136	7	202	224	234	88	0	2
775	247	313	210	5	222	216	410	45	0	0
482	184	173	125	0	111	164	400	106	24	8
184	18	87	64	15	25	33	79	0	0	129
698	112	303	256	27	144	215	227	91	2	20
138	23	66	49	0	25	48	58	2	119	0
239	60	114	62	3	64	70	88	18	0	0
742	90	341	302	9	125	192	144	4	0	39
674	173	292	205	4	176	144	292	162	3	11
778	218	327	226	7	176	210	268	31	10	37
508	107	210	181	10	111	110	167	14	0	21
292	42	121	129	0	35	74	95	0	0	0
1557	381	664	491	21	326	380	398	174	13	149
722	85	331	292	14	121	233	264	25	1	61
645	82	354	201	8	122	141	213	38	4	14
259	35	114	97	13	19	95	108	2	0	55
436	128	184	116	8	91	119	86	6	0	43
563	150	308	104	1	118	139	179	36	3	0
395	54	171	168	2	60	174	153	2	0	6
1069	182	526	333	28	133	282	397	9	0	1
66	1	23	42	0	4	11	22	11	0	0
816	171	378	249	18	196	275	343	271	24	22
672	105	294	251	22	155	148	267	47	15	36
35	2	24	9	0	3	14	0	0	0	0
251	50	109	88	4	57	86	88	8	0	0
640	70	291	272	7	90	177	210	7	5	0

中等林业学

Basic Statistics of Specialized

地　区 Region	学校数（所） Schools	毕业生数 Grad－uates	招生数 Entrants 合计 Total	招生数 Entrants 招高中毕业生数 From Senior Secondary Schools Graduates	招生数 Entrants 招初中毕业生数 From Junior Secondary Schools Graduates	在校学生数 Enrolment	合计 Total	小计 Subtotal
总　计 Total	35	19369	16897	926	15971	54332	5384	5179
北　京 Beijing	1	140	332	0	332	1245	101	101
天　津 Tianjin	1	504	215	0	215	1160	163	163
河　北 Hebei	1	351	333	1	332	1074	177	171
山　西 Shanxi	0	482	520	0	520	2124	0	0
内蒙古 Inner Mongolia	2	285	626	0	626	1241	338	338
辽　宁 Liaoning	1	434	694	30	664	2052	250	246
吉　林 Jilin	3	1091	248	0	248	1351	307	307
黑龙江 Heilongjiang	3	2551	3349	153	3196	8664	792	778
上　海 Shanghai	1	168	340	0	340	1379	78	78
江　苏 Jiangsu	0	503	0	0	0	320	0	0
浙　江 Zhejiang	0	0	0	0	0	0	0	0
安　徽 Anhui	1	1061	382	0	382	1354	116	116
福　建 Fujian	2	1232	1258	0	1258	4453	298	267
江　西 Jiangxi	1	1276	413	0	413	1537	0	0
山　东 Shandong	0	711	0	0	0	0	0	0
河　南 Henan	3	1715	1780	377	1403	4498	414	414
湖　北 Hubei	3	1256	1100	252	848	3882	466	387
湖　南 Hunan	0	711	0	0	0	412	0	0
广　东 Guangdong	1	522	758	0	758	1849	237	237
广　西 Guangxi	3	1459	1550	0	1550	4828	503	434
海　南 Hainan	0	0	0	0	0	0	0	0
重　庆 Chongqing	0	0	0	0	0	0	0	0
四　川 Sichuan	0	0	0	0	0	0	0	0
贵　州 Guizhou	1	286	253	0	253	1241	176	176
云　南 Yunnan	2	796	953	46	907	2756	275	275
西　藏 Tibet	0	0	0	0	0	0	0	0
陕　西 Shaanxi	2	500	795	0	795	1992	287	285
甘　肃 Gansu	1	875	372	0	372	3420	97	97
青　海 Q'nghai	0	0	0	0	0	0	0	0
宁　夏 Ningxia	1	118	415	19	396	862	81	81
新　疆 Xinjiang	1	342	211	48	163	638	228	228

校基本情况

Secondary Schools

单位：人 **Unit: in Person**

教职工数 Teachers, Staff & Workers										兼任教师 Part－time Teachers (不在教工数中)
校本部教职工 Employees in the School Proper								校办厂、场职工 Employees in School－srun Factories & Farms	附设机构人员 Personnel in Subsid－iary Units	
专任教师 Full－time Teachers					教辅人员 Support－ing Staff	行政人员 Adm. Personnel	工勤人员 Workers			
计 Subtotal	高级讲师及以上 Senior Lecturers & Over	讲师 Lecturers	助理讲师 Assistant Lecturers	教员 Instructors						
2632	735	1086	782	29	548	854	1145	113	92	33
43	6	22	6	9	16	25	17	0	0	0
81	23	35	23	0	10	27	45	0	0	0
83	31	33	18	1	26	35	27	6	0	0
0	0	0	0	0	0	0	0	0	0	0
170	44	60	66	0	47	48	73	0	0	0
107	52	33	22	0	36	56	47	0	4	0
148	65	55	28	0	28	70	61	0	0	0
294	125	107	62	0	35	122	327	14	0	0
38	6	16	14	2	15	11	14	0	0	0
0	0	0	0	0	0	0	0	0	0	0
0	0	0	0	0	0	0	0	0	0	0
68	25	22	21	0	23	11	14	0	0	0
169	64	67	38	0	15	36	47	29	2	23
0	0	0	0	0	0	0	0	0	0	0
0	0	0	0	0	0	0	0	0	0	0
231	63	89	74	5	31	55	97	0	0	0
252	65	113	71	3	61	45	29	12	67	10
0	0	0	0	0	0	0	0	0	0	0
108	17	54	37	0	19	72	38	0	0	0
252	39	147	66	0	30	82	70	50	19	0
0	0	0	0	0	0	0	0	0	0	0
0	0	0	0	0	0	0	0	0	0	0
0	0	0	0	0	0	0	0	0	0	0
91	15	35	41	0	17	38	30	0	0	0
151	28	61	53	9	51	37	36	0	0	0
0	0	0	0	0	0	0	0	0	0	0
140	22	55	63	0	33	28	84	2	0	0
72	16	31	25	0	11	7	7	0	0	0
0	0	0	0	0	0	0	0	0	0	0
39	16	14	9	0	9	9	24	0	0	0
95	13	37	45	0	35	40	58	0	0	0

中等医药学

Basic Statistics of Specialized

地　　区 Region	学校数（所） Schools	毕业生数 Grad－uates	招生数 Entrants 合计 Total	招生数 Entrants 招高中毕业生数 From Senior Secondary Schools Graduates	招生数 Entrants 招初中毕业生数 From Junior Secondary Schools Graduates	在校学生数 Enrolment	合计 Total	小计 Subtotal
总　计　Total	418	144593	232525	5345	227180	678833	56201	50289
北　京　Beijing	8	1631	2767	0	2767	7553	1018	967
天　津　Tianjin	7	1363	725	0	725	3070	419	417
河　北　Hebei	17	10184	15857	984	14873	49521	2534	2437
山　西　Shanxi	12	6082	9639	0	9639	33721	1934	1813
内蒙古　Inner Mongolia	15	3326	4532	147	4385	15963	1994	1919
辽　宁　Liaoning	22	2639	7977	33	7944	15595	2461	2449
吉　林　Jilin	10	3497	4347	367	3980	15742	2008	1715
黑龙江　Heilongjiang	13	3975	5932	20	5912	21913	1869	1692
上　海　Shanghai	16	2107	1696	0	1696	5592	1207	1201
江　苏　Jiangsu	14	5816	7800	0	7800	27015	2068	2049
浙　江　Zhejiang	3	858	2010	0	2010	4311	385	323
安　徽　Anhui	16	5034	5712	0	5712	21563	1704	1485
福　建　Fujian	15	3478	5977	0	5977	17216	1403	1288
江　西　Jiangxi	12	7267	9504	42	9462	30270	1402	1399
山　东　Shandong	21	10796	22728	0	22728	57709	3713	3495
河　南　Henan	22	10860	26216	683	25533	66472	5997	4371
湖　北　Hubei	18	8139	5786	191	5595	17878	1966	1856
湖　南　Hunan	11	10019	9653	150	9503	33407	2004	1701
广　东　Guangdong	34	9513	13343	4	13339	41923	3296	3045
广　西　Guangxi	18	3532	13595	0	13595	37977	3408	2303
海　南　Hainan	4	1069	1692	0	1692	5717	410	385
重　庆　Chongqing	9	4330	9684	0	9684	22633	1449	1122
四　川　Sichuan	21	12691	14039	2056	11983	40766	2796	2495
贵　州　Guizhou	11	2496	5873	0	5873	16263	980	976
云　南　Yunnan	19	3597	6374	0	6374	17114	2079	2003
西　藏　Tibet	0	116	56	0	56	190	118	118
陕　西　Shaanxi	14	4721	6602	0	6602	19012	2095	1848
甘　肃　Gansu	14	1926	6929	0	6929	14864	1578	1553
青　海　Qinghai	1	212	886	0	886	2139	87	87
宁　夏　Ningxia	3	445	1223	0	1223	4605	394	394
新　疆　Xinjiang	18	2874	3371	668	2703	11119	1425	1383

校基本情况

Secondary Schools

单位：人 Unit: in Person

教职工数 Teachers, Staff & Workers										兼任教师 Part-time Teachers (不在教工数中)
校本部教职工 Employees in the School Proper								校办厂、场职工 Employees in School-srun Factories & Farms	附设机构人员 Personnel in Subsidiary Units	
专任教师 Full-time Teachers					教辅人员 Supporting Staff	行政人员 Adm. Personnel	工勤人员 Workers			
计 Subtotal	高级讲师及以上 Senior Lecturers & Over	讲师 Lecturers	助理讲师 Assistant Lecturers	教员 Instructors						
27139	7620	11927	6933	659	6115	9388	7647	1742	4170	1698
425	95	227	93	10	140	218	184	36	15	25
268	51	143	72	2	51	57	41	0	2	0
1245	335	541	339	30	302	504	386	0	97	216
990	263	411	275	41	210	321	292	0	121	14
1041	262	470	294	15	347	296	235	22	53	9
1205	410	550	231	14	407	477	360	12	0	58
879	228	347	267	37	179	414	243	293	0	7
779	338	308	121	12	260	380	273	0	177	0
536	90	350	94	2	165	239	261	6	0	30
1049	294	403	295	57	219	400	381	5	14	108
219	62	90	64	3	40	33	31	0	62	69
858	287	332	216	23	137	250	240	23	196	30
734	197	280	225	32	198	180	176	0	115	151
854	265	405	173	11	125	216	204	0	3	23
1914	670	780	430	34	353	772	456	53	165	65
2279	693	939	597	50	610	760	722	876	750	30
982	286	450	232	14	208	405	261	17	93	32
924	349	344	218	13	200	320	257	144	159	170
1771	406	768	565	32	349	580	345	1	250	301
1364	329	669	325	41	233	332	374	91	1014	62
225	70	96	55	4	50	55	55	0	25	28
613	184	269	154	6	133	218	158	54	273	0
1377	382	722	266	7	266	498	354	79	222	10
526	146	250	127	3	109	243	98	1	3	68
1176	300	493	285	98	149	299	379	9	67	119
67	7	28	32	0	14	22	15	0	0	11
1008	274	428	278	28	230	344	266	20	227	38
927	163	401	352	11	154	212	260	0	25	4
58	7	27	24	0	5	7	17	0	0	0
190	57	90	43	0	52	75	77	0	0	20
656	120	316	191	29	220	261	246	0	42	0

中等财经学

Basic Statistics of Specialized

地区 Region	学校数(所) Schools	毕业生数 Graduates	招生数 Entrants 合计 Total	招高中毕业生数 From Senior Secondary Schools Graduates	招初中毕业生数 From Junior Secondary Schools Graduates	在校学生数 Enrolment	合计 Total	小计 Subtotal
总计 Total	450	205537	228356	4055	224301	636783	51381	50008
北京 Beijing	7	4644	5850	0	5850	19866	1184	1150
天津 Tianjin	7	2500	2539	0	2539	8867	1072	1044
河北 Hebei	19	13356	12505	1119	11386	34552	3412	3164
山西 Shanxi	21	8104	7878	0	7878	30545	2340	2314
内蒙古 Inner Mongolia	14	6632	2850	125	2725	14494	1821	1821
辽宁 Liaoning	17	3840	6182	115	6067	15279	1798	1785
吉林 Jilin	7	5656	2581	0	2581	7508	1310	1310
黑龙江 Heilongjiang	12	5835	5466	297	5169	17101	1391	1384
上海 Shanghai	10	4580	10424	0	10424	34242	1532	1485
江苏 Jiangsu	23	12078	17825	0	17825	43422	2589	2546
浙江 Zhejiang	10	3311	3065	0	3065	8280	683	626
安徽 Anhui	13	11318	4192	42	4150	15504	1428	1419
福建 Fujian	18	6989	8622	0	8622	26731	1677	1666
江西 Jiangxi	13	6991	7359	0	7359	17897	1052	985
山东 Shandong	23	18163	18413	150	18263	42610	3212	3166
河南 Henan	27	14989	18927	931	17996	48654	4556	4200
湖北 Hubei	23	6067	6854	258	6596	20401	2241	2221
湖南 Hunan	20	11843	16353	38	16315	38290	2515	2420
广东 Guangdong	34	14342	17528	320	17208	46571	2492	2472
广西 Guangxi	20	6853	9651	0	9651	26128	2010	2002
海南 Hainan	6	1402	1786	0	1786	4908	350	341
重庆 Chongqing	5	3284	3197	30	3167	8790	509	509
四川 Sichuan	20	9373	11375	512	10863	26395	2496	2410
贵州 Guizhou	12	4349	5152	0	5152	13042	1206	1182
云南 Yunnan	23	6596	10076	90	9986	27086	2341	2290
西藏 Tibet	1	216	76	0	76	429	80	80
陕西 Shaanxi	16	5483	3906	0	3906	13327	1399	1397
甘肃 Gansu	15	1980	4257	0	4257	12208	1153	1102
青海 Qinghai	0	0	38	0	38	108	49	49
宁夏 Ningxia	4	920	833	0	833	3189	369	369
新疆 Xinjiang	10	3843	2596	28	2568	10359	1114	1099

校基本情况

Secondary Schools

单位：人 Unit: in Person

教职工数 Teachers, Staff & Workers										兼任教师 Part-time Teachers (不在教工数中)
校本部教职工 Employees in the School Proper								校办厂、场职工 Employees in School-srun Factories & Farms	附设机构人员 Personnel in Subsidiary Units	
专任教师 Full-time Teachers					教辅人员 Supporting Staff	行政人员 Adm. Personnel	工勤人员 Workers			
计 Subtotal	高级讲师及以上 Senior Lecturers & Over	讲师 Lecturers	助理讲师 Assistant Lecturers	教员 Instructors						
28048	6273	12775	8195	805	4010	10646	7304	840	533	1447
557	109	250	167	31	95	274	224	5	29	31
588	177	250	111	50	66	237	153	7	21	0
1729	468	703	449	109	343	540	552	150	98	0
1235	299	560	361	15	174	555	350	25	1	11
1059	200	567	290	2	199	307	256	0	0	0
1052	328	466	253	5	98	370	265	11	2	0
637	189	291	149	8	137	269	267	0	0	0
685	291	227	158	9	102	347	250	6	1	74
680	115	392	163	10	179	274	352	47	0	238
1474	306	646	427	95	189	556	327	19	24	113
383	52	192	121	18	39	93	111	44	13	26
824	210	272	275	67	82	307	206	1	8	29
1017	142	445	384	46	94	333	222	3	8	36
568	113	243	210	2	69	225	123	32	35	10
1700	502	710	470	18	223	826	417	9	37	0
2639	561	1067	935	76	385	709	467	326	30	76
1156	288	577	287	4	162	603	300	0	20	0
1459	347	631	453	28	207	502	252	43	52	149
1502	236	731	470	65	174	514	282	10	10	188
1212	193	630	356	33	162	342	286	8	0	120
202	23	86	90	3	18	81	40	0	9	71
281	52	157	58	14	20	111	97	0	0	27
1157	279	551	322	5	239	616	398	12	74	73
706	119	337	236	14	74	266	136	0	24	9
1301	255	681	313	52	163	438	388	44	7	111
30	0	15	15	0	6	20	24	0	0	0
794	191	384	207	12	125	337	141	0	2	50
607	85	326	191	5	76	253	166	23	28	0
25	5	13	7	0	0	6	18	0	0	0
206	54	95	57	0	27	96	40	0	0	5
583	84	280	210	9	83	239	194	15	0	0

中等政法学

Basic Statistics of Secondary

地区 Region	学校数(所) Schools	毕业生数 Graduates	招生数 Entrants 计 Total	招高中毕业生数 Graduates From Senior Sec. School	招初中毕业生数 Graduates From Junior Sec. School	在校学生数 Enrolment	合计 Total	计 Subtotal
总计 Total	94	34510	29143	3328	25815	94227	8719	8631
北京 Beijing	2	1339	892	0	892	2749	166	166
天津 Tianjin	3	1031	1040	42	998	2889	280	280
河北 Hebei	6	2376	2892	557	2335	8293	562	562
山西 Shanxi	4	1750	3403	0	3403	13356	647	645
内蒙古 Inner Mongolia	3	783	681	0	681	3504	205	205
辽宁 Liaoning	2	0	0	0	0	0	155	155
吉林 Jilin	1	313	225	0	225	285	216	216
黑龙江 Heilongjiang	3	946	1213	470	743	4116	409	409
上海 Shanghai	2	40	206	0	206	685	189	189
江苏 Jiangsu	2	491	0	0	0	262	193	174
浙江 Zhejiang	3	99	0	0	0	0	161	161
安徽 Anhui	2	1526	225	0	225	1746	151	151
福建 Fujian	2	583	1212	0	1212	2825	221	221
江西 Jiangxi	2	1428	1131	16	1115	4589	50	50
山东 Shandong	5	1871	1173	117	1056	3686	629	629
河南 Henan	7	3627	3234	861	2373	7148	613	613
湖北 Hubei	8	2541	1706	388	1318	5560	510	472
湖南 Hunan	1	2654	901	0	901	3577	194	194
广东 Guangdong	8	2195	2613	100	2513	8059	419	419
广西 Guangxi	3	704	790	146	644	2061	289	289
海南 Hainan	2	332	110	0	110	818	153	153
重庆 Chongqing	0	199	0	0	0	0	0	0
四川 Sichuan	3	1296	1169	440	729	3130	342	342
贵州 Guizhou	3	368	956	0	956	2745	304	295
云南 Yunnan	5	1301	558	0	558	2208	381	381
西藏 Tibet	1	42	50	50	0	109	70	70
陕西 Shaanxi	4	1512	72	72	0	696	397	387
甘肃 Gansu	1	558	363	0	363	885	62	62
青海 Qinghai	0	205	196	0	196	915	0	0
宁夏 Ningxia	2	427	1030	0	1030	3003	167	167
新疆 Xinjiang	4	1973	1102	69	1033	4328	584	574

校基本情况

Politics & Law Schools

单位：人 Unit: in Person

计 Subtotal	高级讲师 Senior Lecturers	讲师 Lecturers	助理讲师 Assistant Lecturers	教员 Instructors	教辅人员 Supporting Staff	行政人员 Adm. Personnel	工勤人员 Workers	校办厂、场职工 Employees in School-run Factories & Farms	附设机构人员 Employees in Subsidiary Units	兼任教师数（不在教工数中） Part-time Teachers
教职工数 Teachers, Staff & Workers										
校本部教职工 Employees in the School Proper										
专任教师 Full-time Teachers										
4061	806	1733	1345	177	747	2614	1209	2	86	133
73	16	33	19	5	12	60	21	0	0	0
106	35	50	20	1	33	107	34	0	0	0
229	64	119	40	6	67	160	106	0	0	0
316	59	96	127	34	40	184	105	2	0	21
106	29	58	19	0	16	58	25	0	0	0
67	15	25	23	4	10	62	16	0	0	0
103	43	34	26	0	16	68	29	0	0	0
146	43	61	33	9	62	127	74	0	0	10
50	7	22	21	0	14	50	75	0	0	14
58	7	21	6	24	16	69	31	0	19	15
84	2	36	32	14	4	54	19	0	0	0
73	13	32	28	0	13	47	18	0	0	0
137	22	43	61	11	10	56	18	0	0	0
38	9	9	20	0	2	7	3	0	0	0
250	72	99	74	5	38	225	116	0	0	0
326	63	126	137	0	78	141	68	0	0	22
253	57	104	81	11	26	167	26	0	38	36
103	13	44	46	0	5	55	31	0	0	0
218	35	123	54	6	22	130	49	0	0	0
141	26	77	38	0	39	73	36	0	0	15
75	11	37	27	0	14	40	24	0	0	0
0	0	0	0	0	0	0	0	0	0	0
179	34	74	71	0	46	107	10	0	0	0
112	11	62	36	3	35	123	25	0	9	0
208	38	104	50	16	19	110	44	0	0	0
43	0	20	23	0	3	19	5	0	0	0
164	24	72	68	0	35	141	47	0	10	0
32	1	15	16	0	4	23	3	0	0	0
0	0	0	0	0	0	0	0	0	0	0
102	25	47	30	0	10	44	11	0	0	0
269	32	90	119	28	58	107	140	0	10	0

中 等 体 育 学
Basic Statistics of Secondary

地区 Region	学校数(所) Schools	毕业生数 Graduates	招生数 Entrants: 计 Total	招高中毕业生数 Graduates From Senior Sec. School	招初中毕业生数 Graduates From Junior Sec. School	在校学生数 Enrolment	合计 Total	计 Subtotal
总 计 Total	169	25391	25989	582	25407	81686	14615	14102
北 京 Beijing	7	744	1370	330	1040	2817	740	740
天 津 Tianjin	4	274	229	0	229	725	223	223
河 北 Hebei	7	1282	922	0	922	3191	922	922
山 西 Shanxi	6	836	1483	0	1483	4626	845	842
内蒙古 Inner Mongolia	0	890	857	0	857	2469	0	0
辽 宁 Liaoning	14	1383	1383	0	1383	4174	1130	1116
吉 林 Jilin	6	757	818	0	818	2596	607	551
黑龙江 Heilongjiang	3	728	917	0	917	2465	254	188
上 海 Shanghai	3	97	188	0	188	605	506	378
江 苏 Jiangsu	12	1388	2538	0	2538	5897	898	864
浙 江 Zhejiang	6	432	560	0	560	1538	510	510
安 徽 Anhui	3	2013	1325	0	1325	5305	139	139
福 建 Fujian	3	292	362	0	362	1101	243	243
江 西 Jiangxi	3	941	763	0	763	2508	268	268
山 东 Shandong	14	2123	1542	0	1542	6995	1411	1410
河 南 Henan	8	2944	2404	0	2404	7979	707	707
湖 北 Hubei	10	1495	1318	252	1066	5097	802	691
湖 南 Hunan	4	705	621	0	621	1777	233	233
广 东 Guangdong	19	1462	1263	0	1263	3612	1135	1108
广 西 Guangxi	1	213	165	0	165	558	172	172
海 南 Hainan	1	49	65	0	65	175	154	114
重 庆 Chongqing	1	102	74	0	74	181	94	88
四 川 Sichuan	2	270	384	0	384	1186	88	88
贵 州 Guizhou	2	999	535	0	535	2287	319	319
云 南 Yunnan	6	892	909	0	909	2722	657	638
西 藏 Tibet	0	58	80	0	80	145	58	58
陕 西 Shaanxi	9	1092	1264	0	1264	4265	546	546
甘 肃 Gansu	10	482	721	0	721	2014	595	587
青 海 Qinghai	1	35	98	0	98	166	43	43
宁 夏 Ningxia	0	0	0	0	0	0	0	0
新 疆 Xinjiang	4	413	831	0	831	2510	316	316

校基本情况
Physical Culture Schools

单位: 人 Unit: in Person

教职工数 Teachers, Staff & Workers										兼任教师数(不在教工数中) Part-time Teachers
校本部教职工 Employees in the School Proper								校办厂、场职工 Employees in School-run Factories & Farms	附设机构人员 Employees in Subsidiary Units	
专任教师 Full-time Teachers					教辅人员 Supporting Staff	行政人员 Adm. Personnel	工勤人员 Workers			
计 Subtotal	高级讲师及以上 Senior Lecturers & Over	讲师 Lecturers	助理讲师 Assistant Lecturers	教员 Instructors						
7903	1562	3669	2473	199	829	2856	2514	19	494	158
316	91	153	72	0	16	185	223	0	0	17
118	29	46	39	4	12	52	41	0	0	0
487	98	241	122	26	27	168	240	0	0	0
542	47	261	222	12	53	135	112	3	0	7
0	0	0	0	0	0	0	0	0	0	0
610	148	254	185	23	58	240	208	1	13	1
320	81	160	72	7	9	133	89	0	56	0
106	40	41	16	9	30	33	19	0	66	0
164	35	84	42	3	11	89	114	0	128	3
493	106	182	197	8	51	170	150	11	23	18
241	41	111	84	5	113	83	73	0	0	0
88	17	43	24	4	0	34	17	0	0	36
117	19	54	44	0	37	53	36	0	0	0
143	26	79	33	5	18	73	34	0	0	0
875	257	347	244	27	56	269	210	1	0	0
425	59	179	178	9	52	131	99	0	0	0
427	95	198	119	15	24	138	102	0	111	0
147	27	71	47	2	3	48	35	0	0	18
583	74	278	218	13	113	229	183	0	27	25
83	19	38	26	0	23	36	30	0	0	0
22	2	11	9	0	0	62	30	0	40	0
49	13	28	8	0	0	21	18	0	6	0
39	3	19	17	0	0	43	6	0	0	25
218	32	128	55	3	5	65	31	0	0	0
332	52	190	82	8	88	76	142	0	19	0
35	1	13	21	0	0	13	10	0	0	0
315	48	146	110	11	12	113	106	0	0	0
377	64	189	124	0	16	90	104	3	5	0
25	5	19	1	0	0	13	5	0	0	0
0	0	0	0	0	0	0	0	0	0	0
206	33	106	62	5	2	61	47	0	0	8

中等艺术学

Basic Statistics of

地区 Region	学校数(所) Schools	毕业生数 Graduates	招生数 Entrants			在校学生数 Enrolment		
			计 Total	招高中毕业生数 Graduates From Senior Sec. School	招初中毕业生数 Graduates From Junior Sec. School		合计 Total	计 Subtotal
总计 Total	155	30770	36954	840	36114	126014	15088	14977
北京 Beijing	7	1118	1996	0	1996	6165	930	928
天津 Tianjin	4	408	553	0	553	1986	368	368
河北 Hebei	3	1014	1085	0	1085	4757	808	808
山西 Shanxi	8	1760	2838	0	2838	10314	861	861
内蒙古 Inner Mongolia	3	1270	1473	0	1473	4850	635	635
辽宁 Liaoning	15	1345	2853	285	2568	9298	1682	1669
吉林 Jilin	2	1344	785	0	785	2410	245	245
黑龙江 Heilongjiang	1	465	571	0	571	1789	182	182
上海 Shanghai	6	698	973	0	973	3415	721	693
江苏 Jiangsu	11	2492	2434	0	2434	7760	710	697
浙江 Zhejiang	5	1151	1491	0	1491	5005	278	278
安徽 Anhui	4	1125	817	13	804	2371	419	419
福建 Fujian	6	921	1212	0	1212	3596	658	652
江西 Jiangxi	2	957	888	1	887	3165	87	87
山东 Shandong	7	2301	2191	71	2120	8255	796	779
河南 Henan	14	3774	3470	99	3371	12526	1310	1310
湖北 Hubei	14	1432	1526	93	1433	5050	739	739
湖南 Hunan	3	1256	1365	2	1363	4258	272	260
广东 Guangdong	14	1157	1561	43	1518	6803	1058	1039
广西 Guangxi	4	891	1071	4	1067	3515	331	331
海南 Hainan	1	67	78	0	78	478	108	108
重庆 Chongqing	3	261	314	0	314	1296	211	210
四川 Sichuan	4	875	1219	19	1200	4214	487	487
贵州 Guizhou	2	275	121	0	121	528	25	25
云南 Yunnan	2	418	1031	0	1031	3053	297	297
西藏 Tibet	0	35	0	0	0	81	0	0
陕西 Shaanxi	4	857	1322	0	1322	3973	329	329
甘肃 Gansu	1	321	488	0	488	1217	144	144
青海 Qinghai	1	49	184	0	184	520	83	83
宁夏 Ningxia	1	122	96	0	96	370	93	93
新疆 Xinjiang	3	611	948	210	738	2996	221	221

校基本情况

Secondary Art Schools

单位:人 Unit: in Person

教职工数 Teachers, Staff & Workers										兼任教师数(不在教工数中) Part-time Teachers
校本部教职工 Employees in the School Proper								校办厂、场职工 Employees in School-run Factories & Farms	附设机构人员 Employees in Subsidiary Units	
专任教师 Full-time Teachers					教辅人员 Supporting Staff	行政人员 Adm. Personnel	工勤人员 Workers			
计 Subtotal	高级讲师及以上 Senior Lecturers & Over	讲师 Lecturers	助理讲师 Assistant Lecturers	教员 Instructors						
9869	1926	3754	3540	649	975	2412	1721	44	67	904
577	143	245	128	61	88	132	131	2	0	121
250	61	128	51	10	18	43	57	0	0	35
593	120	200	207	66	27	99	89	0	0	0
595	74	224	240	57	40	131	95	0	0	0
436	22	151	189	74	18	132	49	0	0	17
1080	338	347	327	68	170	205	214	0	13	117
148	35	62	50	1	22	47	28	0	0	0
122	41	42	21	18	6	28	26	0	0	0
365	56	170	123	16	64	126	138	0	28	75
467	95	195	141	36	44	118	68	4	9	79
202	25	95	73	9	10	47	19	0	0	11
272	76	122	73	1	62	59	26	0	0	0
486	84	187	185	30	27	73	66	6	0	32
72	11	31	29	1	2	9	4	0	0	0
510	115	165	223	7	56	131	82	14	3	1
852	106	296	380	70	45	235	178	0	0	44
470	129	180	125	36	55	169	45	0	0	0
184	30	64	77	13	9	52	15	0	12	50
684	93	271	291	29	56	193	106	17	2	88
249	72	99	70	8	10	37	35	0	0	20
65	10	32	17	6	3	23	17	0	0	0
117	23	37	56	1	8	40	45	1	0	59
277	72	96	107	2	60	89	61	0	0	115
24	5	8	11	0	1	0	0	0	0	4
190	37	82	68	3	33	45	29	0	0	36
0	0	0	0	0	0	0	0	0	0	0
198	18	78	94	8	27	83	21	0	0	0
97	6	44	47	0	10	22	15	0	0	0
61	6	25	30	0	0	11	11	0	0	0
60	13	21	19	7	4	9	20	0	0	0
166	10	57	88	11	0	24	31	0	0	0

其他中等技术

Basic Statistics of Other

地 区 Region	学校数(所) Schools	毕业生数 Graduates	招生数 Entrants 计 Total	招高中毕业生数 Graduates From Senior Sec. School	招初中毕业生数 Graduates From Junior Sec. School	在校学生数 Enrolment	合计 Total	计 Subtotal
总 计 Total	140	132431	115887	2149	113738	341747	15420	14960
北 京 Beijing	1	279	399	0	399	1058	67	67
天 津 Tianjin	16	4277	4108	0	4108	14502	1344	1344
河 北 Hebei	1	1572	1683	0	1683	5104	615	590
山 西 Shanxi	4	530	1763	0	1763	3983	402	402
内蒙古 Inner Mongolia	2	100	0	0	0	190	110	110
辽 宁 Liaoning	6	19169	12298	89	12209	42467	286	286
吉 林 Jilin	20	5284	3746	45	3701	11175	1807	1707
黑龙江 Heilongjiang	1	761	1472	332	1140	3411	99	99
上 海 Shanghai	3	779	1960	0	1960	4320	325	325
江 苏 Jiangsu	2	459	583	0	583	1296	158	152
浙 江 Zhejiang	13	32095	23123	0	23123	74594	1172	1140
安 徽 Anhui	1	2129	322	0	322	2508	71	71
福 建 Fujian	1	551	198	0	198	910	35	35
江 西 Jiangxi	1	1048	683	122	561	1924	167	167
山 东 Shandong	3	9327	9966	0	9966	27233	1013	1008
河 南 Henan	2	2235	7473	812	6661	13699	551	527
湖 北 Hubei	10	22404	15495	81	15414	50102	2178	1933
湖 南 Hunan	4	2747	2233	2	2231	8297	291	291
广 东 Guangdong	5	3325	2269	0	2269	7241	813	813
广 西 Guangxi	5	1834	1385	0	1385	4345	434	434
海 南 Hainan	0	0	0	0	0	0	0	0
重 庆 Chongqing	2	2073	1793	0	1793	4511	276	272
四 川 Sichuan	10	5432	4756	92	4664	12606	846	843
贵 州 Guizhou	3	8538	5789	0	5789	18817	432	432
云 南 Yunnan	8	1771	6698	0	6698	13750	651	641
西 藏 Tibet	7	964	1274	156	1118	3981	621	615
陕 西 Shaanxi	1	235	200	200	0	410	118	118
甘 肃 Gansu	6	1917	3469	0	3469	7623	445	445
青 海 Qinghai	0	0	0	0	0	0	0	0
宁 夏 Ningxia	2	596	749	218	531	1690	93	93
新 疆 Xinjiang	0	0	0	0	0	0	0	0

学校基本情况

Secondary Technical Schools

单位:人 Unit: in Person

教职工数 Teachers, Staff & Workers										兼任教师数(不在教工数中) Part-time Teachers
校本部教职工 Employees in the School Proper								校办厂、场职工 Employees in School-run Factories & Farms	附设机构人员 Employees in Subsidiary Units	
专任教师 Full-time Teachers					教辅人员 Supporting Staff	行政人员 Adm. Personnel	工勤人员 Workers			
计 Subtotal	高级讲师及以上 Senior Lecturers & Over	讲师 Lecturers	助理讲师 Assistant Lecturers	教员 Instructors						
9465	1659	3843	3500	463	1150	2539	1806	297	163	966
55	3	14	38	0	2	9	1	0	0	9
855	216	373	248	18	122	243	124	0	0	75
371	65	120	177	9	64	91	64	25	0	0
287	35	106	129	17	6	65	44	0	0	12
55	17	29	9	0	20	20	15	0	0	0
162	25	48	45	44	7	60	57	0	0	23
1071	123	493	443	12	157	354	125	100	0	0
55	19	18	18	0	4	30	10	0	0	0
177	30	91	45	11	52	34	62	0	0	201
91	13	39	31	8	21	30	10	0	6	27
844	103	309	367	65	80	109	107	4	28	23
33	14	9	10	0	6	16	16	0	0	0
19	1	9	9	0	1	10	5	0	0	0
85	22	37	26	0	2	47	33	0	0	0
762	113	215	362	72	66	108	72	5	0	14
298	75	119	104	0	56	79	94	0	24	10
1159	333	510	303	13	178	395	201	146	99	431
173	42	72	51	8	13	48	57	0	0	20
468	84	204	160	20	73	137	135	0	0	30
275	23	121	128	3	28	66	65	0	0	0
0	0	0	0	0	0	0	0	0	0	0
134	19	70	45	0	20	86	32	4	0	0
530	104	253	148	25	34	142	137	3	0	0
325	53	130	127	15	18	67	22	0	0	7
395	73	204	102	16	30	115	101	10	0	52
418	4	115	252	47	19	67	111	0	6	4
45	0	0	0	45	20	28	25	0	0	4
261	40	105	104	12	48	72	64	0	0	8
0	0	0	0	0	0	0	0	0	0	0
62	10	30	19	3	3	11	17	0	0	16
0	0	0	0	0	0	0	0	0	0	0

中等师范学

Basic Statistics of

地区 Region	学校数(所) Schools	毕业生数 Graduates	招生数 Entrants			在校学生数 Enrolment		
			计 Total	招高中毕业生数 Graduates From Senior Sec. School	招初中毕业生数 Graduates From Junior Sec. School		合计 Total	计 Subtotal
总计 Total	430	222608	194222	1520	192702	601078	61301	60198
北京 Beijing	1	94	161	0	161	472	128	128
天津 Tianjin	9	2313	961	0	961	4212	1269	1202
河北 Hebei	6	14609	11884	0	11884	36240	3952	3904
山西 Shanxi	19	19991	16759	0	16759	53256	3029	2959
内蒙古 Inner Mongolia	4	5606	4172	278	3894	14791	486	486
辽宁 Liaoning	5	559	1376	0	1376	2857	622	583
吉林 Jilin	2	4886	3646	0	3646	14923	2891	2766
黑龙江 Heilongjiang	17	5217	4686	0	4686	14821	2331	2296
上海 Shanghai	1	0	0	0	0	132	0	0
江苏 Jiangsu	19	6479	9094	0	9094	37641	2616	2553
浙江 Zhejiang	0	916	691	0	691	2486	403	402
安徽 Anhui	19	6763	7840	0	7840	18662	2101	2073
福建 Fujian	19	5214	1599	0	1599	6830	1538	1488
江西 Jiangxi	13	7132	8222	0	8222	25358	1911	1911
山东 Shandong	34	15058	11974	496	11478	35354	4965	4840
河南 Henan	29	21937	19527	150	19377	64758	4271	4202
湖北 Hubei	16	6549	4563	162	4401	10354	1607	1534
湖南 Hunan	21	9519	11685	0	11685	30226	2887	2828
广东 Guangdong	4	7103	1972	0	1972	5622	1371	1368
广西 Guangxi	29	11129	9325	86	9239	23045	3844	3781
海南 Hainan	8	2694	3087	0	3087	9593	989	954
重庆 Chongqing	13	5485	5293	0	5293	16085	1454	1418
四川 Sichuan	33	17048	12391	0	12391	36350	2703	2700
贵州 Guizhou	21	9782	11465	0	11465	30386	2290	2286
云南 Yunnan	17	9669	7435	0	7435	24302	2045	2039
西藏 Tibet	1	503	272	0	272	1013	161	161
陕西 Shaanxi	22	11017	11031	0	11031	32730	2999	2927
甘肃 Gansu	19	3932	5966	284	5682	18410	2520	2501
青海 Qinghai	7	1104	572	14	558	2753	619	619
宁夏 Ningxia	2	293	397	0	397	2248	234	234
新疆 Xinjiang	20	10007	6176	50	6126	25168	3065	3055

校基本情况

Teacher Training Schools

单位: 人 Unit: in Person

教职工数 Teachers, Staff & Workers										兼任教师数(不在教工数中) Part-time Teachers
校本部教职工 Employees in the School Proper								校办厂、场职工 Employees in School-run Factories & Farms	附设机构人员 Employees in Subsidiary Units	
专任教师 Full-time Teachers					教辅人员 Supporting Staff	行政人员 Adm. Personnel	工勤人员 Workers			
计 Subtotal	高级讲师及以上 Senior Lecturers & Over	讲师 Lecturers	助理讲师 Assistant Lecturers	教员 Instructors						
37561	8025	15347	12623	1566	4561	9128	8948	557	546	244
62	23	20	19	0	11	27	28	0	0	0
648	158	251	209	30	96	262	196	17	50	0
2321	412	911	872	126	313	607	663	44	4	36
1797	376	597	628	196	162	517	483	42	28	0
306	45	165	91	5	39	76	65	0	0	0
337	100	186	43	8	34	119	93	37	2	0
1676	327	710	617	22	172	609	309	94	31	0
1420	569	504	281	66	188	416	272	33	2	10
0	0	0	0	0	0	0	0	0	0	0
1504	369	547	511	77	251	386	412	26	37	0
247	37	136	66	8	44	42	69	1	0	0
1270	244	496	429	101	196	264	343	13	15	23
942	184	445	293	20	87	272	187	5	45	0
1264	313	515	383	53	136	284	227	0	0	0
2908	807	1068	903	130	538	686	708	48	77	0
2737	681	1117	884	55	233	626	606	53	16	0
1083	271	395	387	30	120	169	162	36	37	0
1605	463	705	389	48	198	575	450	22	37	81
956	135	476	303	42	136	132	144	3	0	4
2449	355	1188	822	84	380	393	559	7	56	0
624	145	247	208	24	76	89	165	35	0	83
804	148	270	345	41	205	195	214	15	21	0
1623	303	602	661	57	206	376	495	3	0	0
1577	242	623	667	45	67	436	206	1	3	0
1297	283	582	399	33	96	235	411	0	6	0
123	3	48	72	0	0	16	22	0	0	0
1865	413	735	592	125	188	468	406	13	59	5
1597	290	642	625	40	135	377	392	2	17	0
406	48	188	165	5	48	57	108	0	0	2
120	35	55	30	0	15	38	61	0	0	0
1993	246	923	729	95	191	379	492	7	3	0

中等师范学校中幼

Basic Statistics of Pre-primary

地 区 Region		学校数(所) Schools	毕业生数 Graduates	招生数 Entrants			在校学生数 Enrolment		
				计 Total	招高中毕业生数 Graduates From Senior Sec. School	招初中毕业生数 Graduates From Junior Sec. School		合计 Total	计 Subtotal
总 计	**Total**	47	18975	22070	150	21920	63600	7252	6921
北 京	Beijing	1	94	161	0	161	472	128	128
天 津	Tianjin	2	599	0	0	0	551	375	331
河 北	Hebei	1	2372	1802	0	1802	5612	330	330
山 西	Shanxi	4	2713	4316	0	4316	10565	533	496
内蒙古	Inner Mongolia	2	691	633	0	633	2215	254	254
辽 宁	Liaoning	1	196	320	0	320	805	200	200
吉 林	Jilin	1	1444	839	0	839	3693	754	748
黑龙江	Heilongjiang	3	685	544	0	544	1873	339	339
上 海	Shanghai	0	0	0	0	0	61	0	0
江 苏	Jiangsu	3	108	556	0	556	2506	390	362
浙 江	Zhejiang	0	0	0	0	0	0	0	0
安 徽	Anhui	3	584	1501	0	1501	3652	313	301
福 建	Fujian	2	590	413	0	413	1613	312	272
江 西	Jiangxi	0	0	0	0	0	0	0	0
山 东	Shandong	4	952	1330	0	1330	3152	710	619
河 南	Henan	4	1878	2141	150	1991	6902	609	607
湖 北	Hubei	3	741	1093	0	1093	2609	378	348
湖 南	Hunan	2	752	1320	0	1320	3262	319	302
广 东	Guangdong	4	1277	1972	0	1972	5006	485	482
广 西	Guangxi	1	486	540	0	540	1136	165	144
海 南	Hainan	0	0	0	0	0	0	0	0
重 庆	Chongqing	0	405	303	0	303	1457	0	0
四 川	Sichuan	2	818	532	0	532	1735	216	216
贵 州	Guizhou	1	283	676	0	676	1381	82	82
云 南	Yunnan	0	226	0	0	0	0	0	0
西 藏	Tibet	0	0	0	0	0	0	0	0
陕 西	Shaanxi	1	288	303	0	303	845	127	127
甘 肃	Gansu	1	210	210	0	210	819	96	96
青 海	Qinghai	0	0	0	0	0	0	0	0
宁 夏	Ningxia	0	0	0	0	0	0	0	0
新 疆	Xinjiang	1	583	565	0	565	1678	137	137

儿师范学校基本情况

Teacher Training Schools

单位：人 Unit: in Person

教职工数 Teachers, Staff & Workers										兼任教师数（不在教工数中） Part-time Teachers
校本部教职工 Employees in the School Proper								校办厂、场职工 Employees in School-run Factories & Farms	附设机构人员 Employees in Subsidiary Units	
专任教师 Full-time Teachers					教辅人员 Supporting Staff	行政人员 Adm. Personnel	工勤人员 Workers			
计 Subtotal	高级讲师及以上 Senior Lecturers & Over	讲师 Lecturers	助理讲师 Assistant Lecturers	教员 Instructors						
4194	999	1657	1324	214	435	1323	969	52	279	9
62	23	20	19	0	11	27	28	0	0	0
190	62	84	36	8	22	48	71	0	44	0
204	18	72	98	16	51	42	33	0	0	0
315	52	80	129	54	8	99	74	9	28	0
146	22	71	53	0	14	64	30	0	0	0
105	43	44	11	7	8	54	33	0	0	0
475	105	172	197	1	38	148	87	4	2	0
206	87	57	48	14	18	86	29	0	0	0
0	0	0	0	0	0	0	0	0	0	0
207	59	85	47	16	30	76	49	3	25	0
0	0	0	0	0	0	0	0	0	0	0
211	44	67	79	21	24	34	32	0	12	9
162	26	91	43	2	6	76	28	3	37	0
0	0	0	0	0	0	0	0	0	0	0
344	79	119	131	15	52	125	98	22	69	0
365	102	146	100	17	29	100	113	2	0	0
229	83	82	55	9	30	56	33	0	30	0
185	51	75	46	13	19	48	50	6	11	0
317	47	175	93	2	32	70	63	3	0	0
75	23	40	12	0	11	35	23	0	21	0
0	0	0	0	0	0	0	0	0	0	0
0	0	0	0	0	0	0	0	0	0	0
105	22	39	40	4	14	52	45	0	0	0
69	14	30	19	6	2	8	3	0	0	0
0	0	0	0	0	0	0	0	0	0	0
0	0	0	0	0	0	0	0	0	0	0
69	10	32	21	6	6	31	21	0	0	0
58	15	32	11	0	7	21	10	0	0	0
0	0	0	0	0	0	0	0	0	0	0
0	0	0	0	0	0	0	0	0	0	0
95	12	44	36	3	3	23	16	0	0	0

中等专业学校女学

Number of Female Students, Teachers, Staff

地区 Region	毕业生数 Graduates	招生数 Entrants			在校学生数 Enrolment		
		计 Total	招高中毕业生数 Graduates From Senior Sec. School	招初中毕业生数 Graduates From Junior Sec. School		合计 Total	计 Subtotal
总计 Total	813593	855265	16334	838931	2584235	170407	162325
北京 Beijing	16037	17654	139	17515	60747	4513	4331
天津 Tianjin	13920	9420	15	9405	37338	4102	3988
河北 Hebei	44510	41053	1830	39223	130765	10331	10094
山西 Shanxi	33361	36975	0	36975	129204	7108	6921
内蒙古 Inner Mongolia	17224	14037	407	13630	50444	5005	4889
辽宁 Liaoning	25877	31760	531	31229	87526	8178	8000
吉林 Jilin	21409	15840	530	15310	49545	6585	6214
黑龙江 Heilongjiang	18440	22041	1849	20192	69015	4887	4626
上海 Shanghai	13675	19746	0	19746	62545	5465	5111
江苏 Jiangsu	61508	84941	1	84940	243257	8387	8128
浙江 Zhejiang	30030	24088	0	24088	72699	2655	2504
安徽 Anhui	36265	22461	81	22380	73166	4509	4264
福建 Fujian	23713	22904	0	22904	77064	4461	4310
江西 Jiangxi	27454	29697	150	29547	88500	3256	3123
山东 Shandong	68637	66697	917	65780	186058	11791	11396
河南 Henan	60068	71460	2903	68557	201166	11005	9663
湖北 Hubei	37090	32898	1993	30905	98955	7625	7216
湖南 Hunan	46151	44842	310	44532	126421	6596	6177
广东 Guangdong	40595	40573	127	40446	124884	9112	8903
广西 Guangxi	25812	30519	121	30398	99588	7551	6706
海南 Hainan	5109	6025	3	6022	19102	1250	1176
重庆 Chongqing	13645	19548	8	19540	48306	2452	2211
四川 Sichuan	39373	40452	2534	37918	106150	6583	6176
贵州 Guizhou	17126	19991	0	19991	59664	3656	3625
云南 Yunnan	18762	26407	112	26295	75366	5946	5846
西藏 Tibet	883	1051	19	1032	3265	517	512
陕西 Shaanxi	23163	23762	616	23146	78135	5618	5240
甘肃 Gansu	10386	20339	94	20245	55856	4237	4076
青海 Qinghai	1460	1648	10	1638	5412	478	458
宁夏 Ningxia	2891	4150	250	3900	15118	1364	1348
新疆 Xinjiang	19019	12286	784	11502	48974	5184	5093

生和女教职工数

& Workers in Specialized Secondary Schools

单位：人 Unit: in Person

教职工数 Teachers, Staff & Workers										兼任教师数 不在教（工数中） Part-time Teachers
校本部教职工 Employees in the School Proper								校办厂、场职工 Employees in School-run Factories & Farms	附设机构人员 Employees in Subsidiary Units	
专任教师 Full-time Teachers					教辅人员 Supporting Staff	行政人员 Adm. Personnel	工勤人员 Workers			
计 Subtotal	高级讲师及以上 Senior Lecturers & Over	讲师 Lecturers	助理讲师 Assistant Lecturers	教员 Instructors						
97717	18636	43088	32203	3790	18917	26275	19416	3453	4629	3563
2389	458	1121	693	117	511	903	528	87	95	123
2479	594	1109	680	96	362	702	445	22	92	40
6358	1376	2566	2074	342	1133	1313	1290	118	119	106
4337	767	1858	1456	256	752	1058	774	64	123	46
3003	512	1424	991	76	729	690	467	43	73	29
4916	1306	2223	1230	157	958	1395	731	116	62	227
3921	862	1701	1306	52	684	1081	528	326	45	11
2704	1065	985	571	83	478	829	615	84	177	34
2450	265	1276	813	96	598	983	1080	226	128	458
5196	836	2062	1922	376	869	1135	928	136	123	330
1561	185	698	568	110	325	308	310	36	115	86
2497	571	955	852	119	511	774	482	79	166	80
2627	400	1177	963	87	523	662	498	21	130	172
1796	353	824	576	43	389	556	382	102	31	43
7414	1591	2894	2681	248	1262	1638	1082	181	214	92
6160	1194	2547	2247	172	1107	1387	1009	804	538	107
4114	894	1905	1184	131	870	1433	799	140	269	195
3581	825	1631	1023	102	826	952	818	226	193	343
5352	679	2558	1912	203	1048	1536	967	30	179	288
3893	608	1931	1212	142	863	922	1028	102	743	93
654	96	266	265	27	131	199	192	36	38	91
1274	237	565	425	47	314	415	208	37	204	64
3454	618	1665	1104	67	755	1240	727	162	245	119
2215	339	1041	779	56	320	764	326	2	29	49
3471	575	1716	1012	168	539	855	981	36	64	139
314	1	98	194	21	33	69	96	2	3	3
3021	496	1312	1033	180	692	898	629	138	240	125
2418	304	1086	947	81	516	553	589	41	120	15
294	27	141	124	2	36	57	71	0	20	0
780	221	318	228	13	164	211	193	16	0	19
3074	381	1435	1138	120	619	757	643	40	51	36

普通中学校数、
Number of General Secondary Schools

地区 Region	学校数（所） Schools						
	计 Total	初级中学 JuniorSec. Schools	高级中学 SeniorSec. Schools	完全中学 CompleteSec. Schools	九年一贯制学校 9－Year Sec. Schools	计 Total	小计 Subtotal
总　计　Total	80067	56961	5485	9921	7700	1457086	1165081
北　京　Beijing	786	432	65	260	29	18051	12922
天　津　Tianjin	695	444	79	145	27	13538	10162
河　北　Hebei	5053	3908	390	401	354	88844	73557
山　西　Shanxi	3403	2628	205	304	266	44420	35813
内蒙古　Inner Mongolia	1762	1156	134	247	225	28888	22383
辽　宁　Liaoning	2362	1816	319	134	93	45379	35831
吉　林　Jilin	1725	1299	161	131	134	29314	23481
黑龙江　Heilongjiang	2746	1964	237	210	335	49335	41536
上　海　Shanghai	871	405	151	192	123	17504	11567
江　苏　Jiangsu	3551	2586	283	566	116	83400	63712
浙　江　Zhejiang	2781	1932	395	213	241	53962	40449
安　徽　Anhui	3819	2915	143	583	178	63687	51035
福　建　Fujian	1998	1378	82	477	61	46937	36909
江　西　Jiangxi	2835	2012	128	456	239	48284	37919
山　东　Shandong	4648	3592	517	293	246	111099	87803
河　南　Henan	6399	5298	582	272	247	112146	93431
湖　北　Hubei	3295	2415	371	228	281	64189	49511
湖　南　Hunan	4712	3406	328	426	552	79735	64540
广　东　Guangdong	4156	2932	182	830	212	91336	73534
广　西　Guangxi	3018	2368	171	345	134	52084	43498
海　南　Hainan	535	331	6	95	103	8174	6856
重　庆　Chongqing	1574	1154	9	280	131	29507	23519
四　川　Sichuan	5093	2949	85	697	1362	81167	66129
贵　州　Guizhou	2291	1513	69	299	410	36594	30977
云　南　Yunnan	2267	1760	32	379	96	38915	33392
西　藏　Tibet	103	87	8	8	0	1811	1455
陕　西　Shaanxi	2699	1807	215	396	281	47458	36516
甘　肃　Gansu	2004	1199	56	382	367	28679	22846
青　海　Qinghai	492	191	13	130	158	5413	4078
宁　夏　Ningxia	449	271	16	88	74	6683	5059
新　疆　Xinjiang	1945	813	53	454	625	30553	24661

班数(总计)

and Classes (Regional Aggregates)

班　数(个) Classes							
初　中 Junior Sec. Schools				高　中 Senior Sec. Schools			
一年级 Grade 1	二年级 Grade 2	三年级 Grade 3	四年级 Grade 4	小计 Subtotal	一年级 Grade 1	二年级 Grade 2	三年级 Grade 3
396402	385075	362330	21274	292005	113299	94215	84491
4132	4263	4484	43	5129	1918	1632	1579
2975	3298	3196	693	3376	1216	1162	998
24950	24717	22624	1266	15287	5791	4881	4615
12477	11889	11097	350	8607	3265	2769	2573
7295	7118	6614	1356	6505	2434	2093	1978
11825	12006	11389	611	9548	3625	3062	2861
8322	7950	7067	142	5833	2164	1900	1769
11178	11624	11546	7188	7799	2854	2601	2344
3646	3807	4086	28	5937	2199	1980	1758
23075	21393	19232	12	19688	7705	6455	5528
13185	13339	13886	39	13513	5183	4361	3969
17898	17098	15998	41	12652	4790	4161	3701
12332	12379	12198	0	10028	3775	3326	2927
13305	12824	11789	1	10365	4264	3321	2780
24029	27304	28650	7820	23296	8924	7410	6962
32146	31891	28943	451	18715	7401	5778	5536
17897	16434	14676	504	14678	5496	4711	4471
23267	21779	19489	5	15195	6002	5011	4182
26051	24490	22989	4	17802	6836	5805	5161
15535	14457	13490	16	8586	3345	2770	2471
2641	2308	1907	0	1318	500	426	392
7949	7582	7982	6	5988	2560	1936	1492
22817	22014	21180	118	15038	6372	4854	3812
11941	10357	8679	0	5617	2343	1828	1446
11761	11029	10319	283	5523	2107	1819	1597
624	501	330	0	356	126	110	120
13191	12335	10984	6	10942	4402	3430	3110
7941	7577	7058	270	5833	2278	1772	1783
1468	1362	1229	19	1335	514	428	393
1708	1680	1669	2	1624	605	518	501
8841	8270	7550	0	5892	2305	1905	1682

普通中学校数、

Number of General Secondary

地区 Region	学校数(所) Schools 计 Total	初级中学 JuniorSec. Schools	高级中学 SeniorSec. Schools	完全中学 CompleteSec. Schools	九年一贯制学校 9-Year Sec. Schools	计 Total	小计 Subtotal
总计 Total	14798	6884	1940	4056	1918	327010	216890
北京 Beijing	376	148	33	182	13	9329	5951
天津 Tianjin	341	188	27	107	19	6402	4386
河北 Hebei	729	281	75	207	166	15866	10934
山西 Shanxi	596	284	59	181	72	12843	9004
内蒙古 Inner Mongolia	419	174	64	127	54	9371	6122
辽宁 Liaoning	803	482	182	98	41	18376	12866
吉林 Jilin	307	185	46	60	16	7206	5087
黑龙江 Heilongjiang	595	356	89	92	58	12740	9540
上海 Shanghai	519	252	114	96	57	10849	6860
江苏 Jiangsu	630	347	60	189	34	16570	11497
浙江 Zhejiang	659	347	153	106	53	15744	9979
安徽 Anhui	553	230	49	191	83	11339	7374
福建 Fujian	324	125	46	131	22	8478	5340
江西 Jiangxi	366	121	40	143	62	7901	4895
山东 Shandong	1069	624	196	138	111	28611	18488
河南 Henan	844	424	155	170	95	17061	11207
湖北 Hubei	1054	540	183	151	180	21631	13868
湖南 Hunan	611	215	70	197	129	12325	7679
广东 Guangdong	847	376	68	287	116	20226	14072
广西 Guangxi	338	147	52	92	47	6622	4445
海南 Hainan	65	21	3	18	23	1139	843
重庆 Chongqing	553	363	8	152	30	10606	7803
四川 Sichuan	485	176	28	200	81	11571	7199
贵州 Guizhou	320	109	20	104	87	5550	3543
云南 Yunnan	168	57	11	81	19	3828	2479
西藏 Tibet	23	14	6	3	0	493	279
陕西 Shaanxi	445	126	48	201	70	9426	5757
甘肃 Gansu	254	56	18	121	59	5041	3178
青海 Qinghai	69	19	4	31	15	1111	772
宁夏 Ningxia	74	30	7	20	17	1264	854
新疆 Xinjiang	362	67	26	180	89	7491	4589

班数(城市)

Schools and Classes (Urban)

班数(个) Classes							
初中 Junior Sec. Schools				高中 Senior Sec. Schools			
一年级 Grade 1	二年级 Grade 2	三年级 Grade 3	四年级 Grade 4	小计 Subtotal	一年级 Grade 1	二年级 Grade 2	三年级 Grade 3
71269	70921	68605	6095	110120	42193	35647	32280
1906	1972	2056	17	3378	1211	1080	1087
1362	1461	1460	103	2016	722	697	597
3611	3650	3430	243	4932	1849	1591	1492
3182	2969	2792	61	3839	1450	1227	1162
1969	1878	1749	526	3249	1218	1055	976
3945	4162	4164	595	5510	2058	1776	1676
1812	1701	1509	65	2119	784	700	635
2632	2665	2809	1434	3200	1188	1049	963
2135	2258	2467	0	3989	1451	1338	1200
3888	3876	3721	12	5073	1958	1658	1457
3370	3306	3264	39	5765	2268	1828	1669
2573	2480	2300	21	3965	1486	1314	1165
1849	1792	1699	0	3138	1148	1050	940
1654	1675	1566	0	3006	1218	971	817
5017	5689	5740	2042	10123	3935	3214	2974
3866	3711	3448	182	5854	2326	1842	1686
4629	4529	4220	490	7763	2889	2504	2370
2666	2613	2395	5	4646	1812	1528	1306
5017	4740	4315	0	6154	2320	2028	1806
1516	1483	1436	10	2177	840	713	624
309	292	242	0	296	110	96	90
2552	2468	2777	6	2803	1163	901	739
2457	2338	2292	112	4372	1820	1403	1149
1251	1207	1085	0	2007	836	642	529
837	820	768	54	1349	496	455	398
102	96	81	0	214	76	66	72
1963	1944	1848	2	3669	1447	1177	1045
1015	1046	1043	74	1863	697	567	599
263	262	245	2	339	129	114	96
291	289	274	0	410	158	126	126
1630	1549	1410	0	2902	1130	937	835

普通中学校数、

Number of General Secondary Schools

地区 Region	学校数(所) Schools 计 Total	初级中学 Junior Sec. Schools	高级中学 Senior Sec. Schools	完全中学 Complete Sec. Schools	九年一贯制学校 9-Year Sec. Schools	计 Total	小计 Subtotal
总计 Total	25534	16922	2853	4245	1514	559409	409810
北京 Beijing	274	169	27	68	10	6633	4984
天津 Tianjin	268	187	40	38	3	5508	4394
河北 Hebei	1702	1204	275	148	75	35659	26449
山西 Shanxi	998	707	124	109	58	16563	12227
内蒙古 Inner Mongolia	591	357	66	105	63	11608	8542
辽宁 Liaoning	351	209	104	22	16	8339	4971
吉林 Jilin	671	463	110	59	39	13277	9700
黑龙江 Heilongjiang	550	329	120	64	37	13247	9538
上海 Shanghai	319	140	36	90	53	6214	4329
江苏 Jiangsu	691	386	118	162	25	20553	12224
浙江 Zhejiang	1737	1300	239	107	91	34374	26687
安徽 Anhui	847	519	70	234	24	18629	12287
福建 Fujian	820	492	30	293	5	22981	16886
江西 Jiangxi	1290	866	79	260	85	25727	19020
山东 Shandong	1972	1474	281	138	79	52839	40802
河南 Henan	1686	1220	330	64	72	37129	26302
湖北 Hubei	851	612	149	52	38	19473	13883
湖南 Hunan	1414	968	174	176	96	30463	22508
广东 Guangdong	1470	1004	80	337	49	35678	27361
广西 Guangxi	1504	1129	115	227	33	30702	24608
海南 Hainan	256	169	2	60	25	5013	4104
重庆 Chongqing	554	388	1	114	51	11812	9025
四川 Sichuan	1731	1035	39	432	225	36410	27061
贵州 Guizhou	491	285	46	101	59	9657	6830
云南 Yunnan	757	466	20	244	27	15494	11820
西藏 Tibet	79	72	2	5	0	1311	1169
陕西 Shaanxi	748	473	100	125	50	16004	10920
甘肃 Gansu	371	147	35	157	32	7972	4870
青海 Qinghai	168	36	9	84	39	2336	1463
宁夏 Ningxia	95	39	7	38	11	2201	1297
新疆 Xinjiang	278	77	25	132	44	5603	3549

班数(县镇)

and Classes (County Seats & Towns)

班数(个) Classes							
初中 Junior Sec. Schools				高中 Senior Sec. Schools			
一年级 Grade 1	二年级 Grade 2	三年级 Grade 3	四年级 Grade 4	小计 Subtotal	一年级 Grade 1	二年级 Grade 2	三年级 Grade 3
139040	135116	128932	6722	149599	58383	48074	43142
1605	1638	1715	26	1649	670	517	462
1198	1419	1341	436	1114	396	383	335
9130	8914	8023	382	9210	3498	2921	2791
4259	4034	3801	133	4336	1621	1416	1299
2775	2735	2581	451	3066	1142	977	947
1649	1697	1623	2	3368	1302	1080	986
3389	3288	2964	59	3577	1332	1156	1089
2539	2688	2611	1700	3709	1341	1247	1121
1390	1426	1498	15	1885	727	622	536
4540	4090	3594	0	8329	3292	2729	2308
8631	8777	9279	0	7687	2898	2512	2277
4197	4110	3974	6	6342	2438	2060	1844
5673	5675	5538	0	6095	2318	2011	1766
6682	6398	5939	1	6707	2747	2148	1812
11382	12648	13495	3277	12037	4557	3829	3651
9030	8874	8272	126	10827	4259	3313	3255
5168	4561	4150	4	5590	2104	1778	1708
8297	7592	6619	0	7955	3171	2623	2161
9612	9095	8654	0	8317	3205	2683	2429
8847	8110	7645	6	6094	2379	1954	1761
1577	1378	1149	0	909	347	293	269
3148	2953	2924	0	2787	1226	896	665
9328	9014	8715	4	9349	3956	3035	2358
2569	2273	1988	0	2827	1170	935	722
4156	3933	3663	68	3674	1417	1195	1062
519	403	247	0	142	50	44	48
3838	3681	3397	4	5084	2116	1539	1429
1701	1635	1531	3	3102	1232	939	931
518	484	444	17	873	333	277	263
428	423	444	2	904	335	292	277
1265	1170	1114	0	2054	804	670	580

普通中学校数、

Number of General Secondary

地　区 Region	学校数(所) Schools 计 Total	初级中学 Junior Sec. Schools	高级中学 Senior Sec. Schools	完全中学 Complete Sec. Schools	九年一贯制学校 9-Year Sec. Schools	合计 Total	小计 Subtotal
总　计 Total	39735	33155	692	1620	4268	570667	538381
北　京 Beijing	136	115	5	10	6	2089	1987
天　津 Tianjin	86	69	12	0	5	1628	1382
河　北 Hebei	2622	2423	40	46	113	37319	36174
山　西 Shanxi	1809	1637	22	14	136	15014	14582
内蒙古 Inner Mongolia	752	625	4	15	108	7909	7719
辽　宁 Liaoning	1208	1125	33	14	36	18664	17994
吉　林 Jilin	747	651	5	12	79	8831	8694
黑龙江 Heilongjiang	1601	1279	28	54	240	23348	22458
上　海 Shanghai	33	13	1	6	13	441	378
江　苏 Jiangsu	2230	1853	105	215	57	46277	39991
浙　江 Zhejiang	385	285	3	0	97	3844	3783
安　徽 Anhui	2419	2166	24	158	71	33719	31374
福　建 Fujian	854	761	6	53	34	15478	14683
江　西 Jiangxi	1179	1025	9	53	92	14656	14004
山　东 Shandong	1607	1494	40	17	56	29649	28513
河　南 Henan	3869	3654	97	38	80	57956	55922
湖　北 Hubei	1390	1263	39	25	63	23085	21760
湖　南 Hunan	2687	2223	84	53	327	36947	34353
广　东 Guangdong	1839	1552	34	206	47	35432	32101
广　西 Guangxi	1176	1092	4	26	54	14760	14445
海　南 Hainan	214	141	1	17	55	2022	1909
重　庆 Chongqing	467	403	0	14	50	7089	6691
四　川 Sichuan	2877	1738	18	65	1056	33186	31869
贵　州 Guizhou	1480	1119	3	94	264	21387	20604
云　南 Yunnan	1342	1237	1	54	50	19593	19093
西　藏 Tibet	1	1	0	0	0	7	7
陕　西 Shaanxi	1506	1208	67	70	161	22028	19839
甘　肃 Gansu	1379	996	3	104	276	15666	14798
青　海 Qinghai	255	136	0	15	104	1966	1843
宁　夏 Ningxia	280	202	2	30	46	3218	2908
新　疆 Xinjiang	1305	669	2	142	492	17459	16523

班数(农村)

Schools and Classes (Rural)

班　　数(个) Classes							
初　　中 Junior Sec. Schools				高　　中 Senior Sec. Schools			
一年级 Grade 1	二年级 Grade 2	三年级 Grade 3	四年级 Grade 4	小　计 Subtotal	一年级 Grade 1	二年级 Grade 2	三年级 Grade 3
186093	179038	164793	8457	32286	12723	10494	9069
621	653	713	0	102	37	35	30
415	418	395	154	246	98	82	66
12209	12153	11171	641	1145	444	369	332
5036	4886	4504	156	432	194	126	112
2551	2505	2284	379	190	74	61	55
6231	6147	5602	14	670	265	206	199
3121	2961	2594	18	137	48	44	45
6007	6271	6126	4054	890	325	305	260
121	123	121	13	63	21	20	22
14647	13427	11917	0	6286	2455	2068	1763
1184	1256	1343	0	61	17	21	23
11128	10508	9724	14	2345	866	787	692
4810	4912	4961	0	795	309	265	221
4969	4751	4284	0	652	299	202	151
7630	8967	9415	2501	1136	432	367	337
19250	19306	17223	143	2034	816	623	595
8100	7344	6306	10	1325	503	429	393
12304	11574	10475	0	2594	1019	860	715
11422	10655	10020	4	3331	1311	1094	926
5172	4864	4409	0	315	126	103	86
755	638	516	0	113	43	37	33
2249	2161	2281	0	398	171	139	88
11032	10662	10173	2	1317	596	416	305
8121	6877	5606	0	783	337	251	195
6768	6276	5888	161	500	194	169	137
3	2	2	0	0	0	0	0
7390	6710	5739	0	2189	839	714	636
5225	4896	4484	193	868	349	266	253
687	616	540	0	123	52	37	34
989	968	951	0	310	112	100	98
5946	5551	5026	0	936	371	298	267

普通中学毕业生数、招生数、毕业班学生数(总计)

Number of Graduates, Entrants & Graduates for Next Year in General Secondary Schools (Regional Aggregates)

单位:人
Unit: in Person

地区 Region	毕业生数 Graduates		招生数 Entrants		毕业班学生数 Graduates for Next Year	
	初中 Junior Sec. Schools	高中 Senior Sec. Schools	初中 Junior Sec. Schools	高中 Senior Sec. Schools	初中 Junior Sec. Schools	高中 Senior Sec. Schools
总计 Total	18798695	3837605	22522972	6767049	20232247	4663641
北京 Beijing	168808	51180	156001	84679	182233	64679
天津 Tianjin	128024	41486	129404	58855	140469	45246
河北 Hebei	1240624	234819	1476885	379583	1356436	267016
山西 Shanxi	523655	110947	648648	191225	549208	141436
内蒙古 Inner Mongolia	287088	84724	379361	143584	309209	104460
辽宁 Liaoning	522990	143387	610012	202394	607416	149184
吉林 Jilin	353012	83733	420285	128868	376461	95297
黑龙江 Heilongjiang	516075	105634	557434	159228	546638	116771
上海 Shanghai	187265	79437	160162	102287	185854	78856
江苏 Jiangsu	931121	249448	1289972	433049	1040469	291896
浙江 Zhejiang	639185	174441	652515	268519	691057	197308
安徽 Anhui	924998	170033	1159188	303440	982851	214697
福建 Fujian	601378	115812	631414	193479	627428	145242
江西 Jiangxi	667688	125862	807577	257013	689533	156690
山东 Shandong	1711995	344209	1436956	579567	1819798	422081
河南 Henan	1772632	257792	2030029	509340	1893124	365372
湖北 Hubei	829300	237805	1185705	364804	917775	277348
湖南 Hunan	981955	187847	1381576	382673	1095877	234056
广东 Guangdong	1220166	228122	1467948	385020	1286881	276990
广西 Guangxi	713017	115443	894047	205985	750523	145182
海南 Hainan	112009	20076	149498	29970	113821	22624
重庆 Chongqing	412514	62974	428269	150501	406895	76057
四川 Sichuan	1050609	173505	1305900	411162	1119215	203709
贵州 Guizhou	434933	55499	703105	135425	501383	78865
云南 Yunnan	516962	71073	652968	124391	562446	87454
西藏 Tibet	11192	4520	31219	6754	15254	5946
陕西 Shaanxi	584415	139112	775427	254651	626137	181697
甘肃 Gansu	330534	72295	446951	143666	377240	99240
青海 Qinghai	53647	15479	74216	28059	58698	17944
宁夏 Ningxia	76633	18979	91742	35512	83960	28002
新疆 Xinjiang	294271	61932	388558	113366	317958	72296

普通中学毕业生数、招生数、毕业班学生数(城市)

Number of Graduates, Entrants & Graduates for Next Year in General Secondary Schools (Urban)

单位:人

Unit: in Person

地区 Region		毕业生数 Graduates		招生数 Entrants		毕业班学生数 Graduates for Next Year	
		初中 Junior Sec. Schools	高中 Senior Sec. Schools	初中 Junior Sec. Schools	高中 Senior Sec. Schools	初中 Junior Sec. Schools	高中 Senior Sec. Schools
总计	**Total**	3159163	1449707	3636555	2345345	3480657	1686044
北京	Beijing	77707	35621	66914	51330	81658	43135
天津	Tianjin	60603	24728	56393	32809	62214	25981
河北	Hebei	166404	72334	203887	109947	188776	79437
山西	Shanxi	105716	48309	140618	81348	118797	61736
内蒙古	Inner Mongolia	77286	41766	107104	70062	89245	51979
辽宁	Liaoning	191344	81466	201674	107460	222354	84684
吉林	Jilin	74160	30069	84154	43958	83892	34063
黑龙江	Heilongjiang	111610	43009	125991	63304	121503	46963
上海	Shanghai	113363	54369	93282	67001	112455	53261
江苏	Jiangsu	160539	63169	185789	99267	180559	70948
浙江	Zhejiang	146148	74457	167922	115180	166753	82875
安徽	Anhui	115871	50800	148073	87464	128896	63275
福建	Fujian	75271	36242	91750	55572	85363	44576
江西	Jiangxi	70315	37080	82166	71200	75402	44682
山东	Shandong	300984	143941	277777	239240	321071	173401
河南	Henan	163167	75295	205697	145966	191087	96901
湖北	Hubei	203734	123199	262724	178663	228769	137428
湖南	Hunan	114849	58527	155850	110105	132971	70802
广东	Guangdong	202631	79548	262483	123292	221721	92389
广西	Guangxi	69872	28465	78749	47264	72849	34508
海南	Hainan	10804	4048	16232	5774	11953	4615
重庆	Chongqing	136062	31072	121533	61783	129697	35337
四川	Sichuan	107905	56063	124829	110206	117941	61546
贵州	Guizhou	50297	20310	66148	42815	56705	26731
云南	Yunnan	36881	18956	42755	28143	39064	22184
西藏	Tibet	3094	2792	4939	4193	3589	3628
陕西	Shaanxi	88809	48327	102310	78977	93831	57580
甘肃	Gansu	46364	24383	52916	40670	52986	32003
青海	Qinghai	10310	3973	14663	6590	11940	4462
宁夏	Ningxia	11711	5114	14690	8114	13539	6427
新疆	Xinjiang	55352	32275	76543	57648	63077	38507

普通中学毕业生数、招生数、毕业班学生数(县镇)

Number of Graduates, Entrants & Graduates for Next Year in General Secondary Schools (County Seats & Towns)

单位:人

Unit: in Person

地区 Region	毕业生数 Graduates 初中 Junior Sec. Schools	毕业生数 Graduates 高中 Senior Sec. Schools	招生数 Entrants 初中 Junior Sec. Schools	招生数 Entrants 高中 Senior Sec. Schools	毕业班学生数 Graduates for Next Year 初中 Junior Sec. Schools	毕业班学生数 Graduates for Next Year 高中 Senior Sec. Schools
总计 Total	6862333	1989907	8077791	3645291	7395749	2490216
北京 Beijing	65023	14872	65248	31899	72371	20559
天津 Tianjin	52534	14324	54696	20474	61003	15870
河北 Hebei	439085	143703	560772	239976	496261	168571
山西 Shanxi	194309	58448	246508	98934	209991	73668
内蒙古 Inner Mongolia	115728	40893	150108	69588	123782	49917
辽宁 Liaoning	77409	51631	90953	79070	92895	54100
吉林 Jilin	147150	50248	183987	82027	160714	59292
黑龙江 Heilongjiang	107964	51273	120912	79603	115998	58718
上海 Shanghai	68890	24106	61969	34326	68294	24818
江苏 Jiangsu	165903	102805	256681	188789	200079	125187
浙江 Zhejiang	431456	98890	430074	152462	462820	113315
安徽 Anhui	229203	86864	270782	158976	246688	111858
福建 Fujian	298553	70809	307800	121158	303642	88835
江西 Jiangxi	349971	82760	415921	168230	359929	104231
山东 Shandong	829006	184120	700349	312221	889480	229537
河南 Henan	506217	158211	575773	308521	542459	233279
湖北 Hubei	250030	93572	362583	150727	273570	115229
湖南 Hunan	330477	96610	476573	203819	369046	122202
广东 Guangdong	467995	109574	547283	187121	493664	134587
广西 Guangxi	411952	83802	524743	151262	440830	106185
海南 Hainan	78946	14793	93062	21984	74015	16607
重庆 Chongqing	158257	29218	185818	78115	161140	36447
四川 Sichuan	433954	104840	543163	261956	469030	127058
贵州 Guizhou	107040	29191	151267	72474	114803	42785
云南 Yunnan	191361	46801	234118	84690	202458	58511
西藏 Tibet	8056	1728	26178	2561	11600	2318
陕西 Shaanxi	182308	63384	232292	123507	198024	87284
甘肃 Gansu	76616	39022	100453	81155	86383	55607
青海 Qinghai	19555	10507	25361	18743	20387	12196
宁夏 Ningxia	22680	11152	24248	20991	24531	16569
新疆 Xinjiang	44705	21756	58116	39932	49862	24876

普通中学毕业生数、招生数、毕业班学生数(农村)

Number of Graduates, Entrants & Graduates for Next Year in General Secondary Schools (Rural)

单位:人
Unit: in Person

地区 Region		毕业生数 Graduates		招生数 Entrants		毕业班学生数 Graduates for Next Year	
		初中 Junior Sec. Schools	高中 Senior Sec. Schools	初中 Junior Sec. Schools	高中 Senior Sec. Schools	初中 Junior Sec. Schools	高中 Senior Sec. Schools
总计	**Total**	8777199	397991	10808626	776413	9355841	487381
北京	Beijing	26078	687	23839	1450	28204	985
天津	Tianjin	14887	2434	18315	5572	17252	3395
河北	Hebei	635135	18782	712226	29660	671399	19008
山西	Shanxi	223630	4190	261522	10943	220420	6032
内蒙古	Inner Mongolia	94074	2065	122149	3934	96182	2564
辽宁	Liaoning	254237	10290	317385	15864	292167	10400
吉林	Jilin	131702	3416	152144	2883	131855	1942
黑龙江	Heilongjiang	296501	11352	310531	16321	309137	11090
上海	Shanghai	5012	962	4911	960	5105	777
江苏	Jiangsu	604679	83474	847502	144993	659831	95761
浙江	Zhejiang	61581	1094	54519	877	61484	1118
安徽	Anhui	579924	32369	740333	57000	607267	39564
福建	Fujian	227554	8761	231864	16749	238423	11831
江西	Jiangxi	247402	6022	309490	17583	254202	7777
山东	Shandong	582005	16148	458830	28106	609247	19143
河南	Henan	1103248	24286	1248559	54853	1159578	35192
湖北	Hubei	375536	21034	560398	35414	415436	24691
湖南	Hunan	536629	32710	749153	68749	593860	41052
广东	Guangdong	549540	39000	658182	74607	571496	50014
广西	Guangxi	231193	3176	290555	7459	236844	4489
海南	Hainan	22259	1235	40204	2212	27853	1402
重庆	Chongqing	118195	2684	120918	10603	116058	4273
四川	Sichuan	508750	12602	637908	39000	532244	15105
贵州	Guizhou	277596	5998	485690	20136	329875	9349
云南	Yunnan	288720	5316	376095	11558	320924	6759
西藏	Tibet	42	0	102	0	65	0
陕西	Shaanxi	313298	27401	440825	52167	334282	36833
甘肃	Gansu	207554	8890	293582	21841	237871	11630
青海	Qinghai	23782	999	34192	2726	26371	1286
宁夏	Ningxia	42242	2713	52804	6407	45890	5006
新疆	Xinjiang	194214	7901	253899	15786	205019	8913

普通中学在校

Enrolment of General Secondary

地　区 Region	合　计 Total	初中 Junior Secondary Schools 计 Subtotal	一年级 Grade 1	二年级 Grade 2	三年级 Grade 3
总　计　Total	82878714	66040609	22590691	21979959	20317301
北　京　Beijing	730722	510055	156953	169230	182208
天　津　Tianjin	605190	447288	129544	143632	143475
河　北　Hebei	5280507	4332543	1477776	1444230	1347134
山　西　Shanxi	2316527	1830745	649526	615024	550086
内蒙古　Inner Mongolia	1492313	1128267	379835	364821	324407
辽　宁　Liaoning	2398928	1880118	610356	630039	607378
吉　林　Jilin	1552047	1222597	420598	416876	377280
黑龙江　Heilongjiang	2561187	2147936	558229	596824	601114
上　海　Shanghai	797633	523521	161018	175812	185798
江　苏　Jiangsu	4603372	3524050	1290538	1192699	1040373
浙　江　Zhejiang	2703005	2015585	652887	670072	691040
安　徽　Anhui	4010760	3239091	1160237	1094646	982452
福　建　Fujian	2407610	1899852	632327	640097	627428
江　西　Jiangxi	2894150	2284226	813791	780902	689533
山　东　Shandong	6891700	5422262	1437556	1710975	1818560
河　南　Henan	7333487	6077986	2056785	2090120	1897504
湖　北　Hubei	4166154	3224319	1187844	1090651	922064
湖　南　Hunan	4669124	3754394	1381888	1276629	1095826
广　东　Guangdong	5134043	4149939	1469324	1381854	1298649
广　西　Guangxi	2987131	2471312	896136	824295	750403
海　南　Hainan	476295	397982	149962	134199	113821
重　庆　Chongqing	1574357	1240367	429140	404134	406822
四　川　Sichuan	4568419	3660933	1310233	1226393	1119679
贵　州　Guizhou	2128111	1814034	704193	608458	501383
云　南　Yunnan	2151367	1835840	656642	602004	562895
西　藏　Tibet	90469	72048	31280	25514	15254
陕　西　Shaanxi	2782559	2140604	779236	735141	626134
甘　肃　Gansu	1606592	1260298	450507	420518	377590
青　海　Qinghai	267642	200474	74363	66529	58739
宁　夏　Ningxia	358477	265488	92153	89336	83956
新　疆　Xinjiang	1338836	1066455	389834	358305	318316

学生数(总计)

Schools (Regional Aggregates)

单位:人
Unit: in Person

四年级 Grade 4	高中 Senior Secondary Schools 计 Subtotal	一年级 Grade 1	二年级 Grade 2	三年级 Grade 3
1152658	16838105	6774853	5399611	4663641
1664	220667	85529	70459	64679
30637	157902	58940	53716	45246
63403	947964	379708	301240	267016
16109	485782	191473	152873	141436
59204	364046	143612	115974	104460
32345	518810	202542	167084	149184
7843	329450	128975	105178	95297
391769	413251	159292	137188	116771
893	274112	102776	92480	78856
440	1079322	433160	354266	291896
1586	687420	268971	221141	197308
1756	771669	303946	253026	214697
0	507758	194159	168357	145242
0	609924	257973	195261	156690
455171	1469438	579601	467756	422081
33577	1255501	510086	380043	365372
23760	941835	365071	299416	277348
51	914730	382809	297865	234056
112	984104	385084	322030	276990
478	515819	206207	164430	145182
0	78313	29978	25711	22624
271	333990	150563	107370	76057
4628	907486	411394	292383	203709
0	314077	135528	99684	78865
14299	315527	124689	103384	87454
0	18421	6780	5695	5946
93	641955	255110	205148	181697
11683	346294	143863	103191	99240
843	67168	28107	21117	17944
43	92989	35532	29455	28002
0	272381	113395	86690	72296

普通中学在校

Enrolment of General Secondary

地区 Region		合计 Total	初中 Junior Secondary Schools 计 Subtotal	一年级 Grade 1	二年级 Grade 2	三年级 Grade 3
总计	**Total**	17127112	11180335	3641259	3698143	3524189
北京	Beijing	363853	223536	67066	74155	81663
天津	Tianjin	273145	183907	56431	61208	62445
河北	Hebei	888508	612033	204199	205990	190286
山西	Shanxi	601634	393171	140674	130735	118713
内蒙古	Inner Mongolia	507818	328851	107113	104286	93021
辽宁	Liaoning	960940	676168	201732	220810	222019
吉林	Jilin	377088	261439	84157	90114	83291
黑龙江	Heilongjiang	633694	470736	126013	132282	137276
上海	Shanghai	491809	309410	93714	103241	112455
江苏	Jiangsu	809262	556168	185829	189436	180463
浙江	Zhejiang	794574	505253	167961	169073	166633
安徽	Anhui	645474	420885	148096	143088	128830
福建	Fujian	418366	267423	91853	90207	85363
江西	Jiangxi	410787	240041	82262	82377	75402
山东	Shandong	1656563	1051142	278077	324252	332717
河南	Henan	973520	623574	206618	213163	194429
湖北	Hubei	1245554	780301	262907	261214	232908
湖南	Hunan	707716	440090	155852	151267	132920
广东	Guangdong	1059433	736210	262529	248661	225020
广西	Guangxi	350237	228832	78825	77080	72693
海南	Hainan	58267	43003	16237	14813	11953
重庆	Chongqing	511794	368187	121623	116669	129624
四川	Sichuan	623882	370571	124912	122949	118405
贵州	Guizhou	288470	186906	66178	64023	56705
云南	Yunnan	203611	126955	42766	42058	39548
西藏	Tibet	24348	13093	4939	4565	3589
陕西	Shaanxi	501814	300470	102602	103947	93828
甘肃	Gansu	270466	166169	54165	55447	53227
青海	Qinghai	56900	40307	14663	13582	11976
宁夏	Ningxia	63964	42985	14691	14755	13539
新疆	Xinjiang	353621	212519	76575	72696	63248

学生数(城市)

Schools (Urban)

单位: 人

Unit: in Person

四年级 Grade 4	高中 Senior Secondary Schools 计 Subtotal	一年级 Grade 1	二年级 Grade 2	三年级 Grade 3
316744	5946777	2347473	1913260	1686044
652	140317	51930	45252	43135
3823	89238	32844	30413	25981
11558	276475	109975	87063	79437
3049	208463	81368	65359	61736
24431	178967	70068	56920	51979
31607	284772	107556	92532	84684
3877	115649	43986	37600	34063
75165	162958	63305	52690	46963
0	182399	67226	61912	53261
440	253094	99289	82857	70948
1586	289321	115446	91000	82875
871	224589	87536	73778	63275
0	150943	55763	50604	44576
0	170746	71269	54795	44682
116096	605421	239266	192754	173401
9364	349946	146009	107036	96901
23272	465253	178724	149101	137428
51	267626	110199	86625	70802
0	323223	123318	107516	92389
234	121405	47296	39601	34508
0	15264	5776	4873	4615
271	143607	61790	46480	35337
4305	253311	110245	81520	61546
0	101564	42857	31976	26731
2583	76656	28148	26324	22184
0	11255	4219	3408	3628
93	201344	79011	64753	57580
3330	104297	40690	31604	32003
86	16593	6590	5541	4462
0	20979	8114	6438	6427
0	141102	57660	44935	38507

普通中学在校

Enrolment of General Secondary

地　区 Region	合　计 Total	初 中 Junior Secondary Schools 计 Subtotal	一 年 级 Grade 1	二 年 级 Grade 2	三 年 级 Grade 3
总　计 **Total**	32797540	23772008	8105593	7898439	7409225
北　京 Beijing	285375	208849	65866	69630	72341
天　津 Tianjin	258225	202892	54791	64244	63541
河　北 Hebei	2213609	1614498	561242	540026	492473
山　西 Shanxi	952531	698380	246975	235036	210435
内蒙古 Inner Mongolia	622226	446854	150475	145940	130244
辽　宁 Liaoning	475961	279424	90982	95319	93060
吉　林 Jilin	736279	529309	184123	180405	161545
黑龙江 Heilongjiang	665458	456932	121460	131653	126305
上　海 Shanghai	287245	198105	62311	67136	68274
江　苏 Jiangsu	1156406	688800	256919	231802	200079
浙　江 Zhejiang	1730803	1335873	430382	442568	462923
安　徽 Anhui	1185823	784664	271161	266676	246731
福　建 Fujian	1236082	922248	308323	310283	303642
江　西 Jiangxi	1583454	1180633	419348	401356	359929
山　东 Shandong	3386847	2592822	700531	815809	882312
河　南 Henan	2496712	1720616	585735	581999	542740
湖　北 Hubei	1346541	958581	364076	320724	273584
湖　南 Hunan	1763503	1279576	476668	433862	369046
广　东 Guangdong	2038513	1562390	547749	517592	497049
广　西 Guangxi	1821402	1444457	525361	477986	440866
海　南 Hainan	309984	252400	93390	84995	74015
重　庆 Chongqing	686157	518190	186176	170874	161140
四　川 Sichuan	2105554	1529732	545979	514464	469029
贵　州 Guizhou	571409	401594	151440	135351	114803
云　南 Yunnan	870242	658569	235304	217749	202162
西　藏 Tibet	65765	58599	26239	20760	11600
陕　西 Shaanxi	966497	657618	233090	226504	198024
甘　肃 Gansu	477906	283609	100995	96127	86410
青　海 Qinghai	113903	69200	25414	22637	20392
宁　夏 Ningxia	128640	73436	24394	24472	24527
新　疆 Xinjiang	258488	163158	58694	54460	50004

学生数(县镇)

Schools (County Seats & Towns)

单位:人
Unit: in Person

	高中 Senior Secondary Schools			
四年级 Grade 4	计 Subtotal	一年级 Grade 1	二年级 Grade 2	三年级 Grade 3
358751	9025532	3650006	2885310	2490216
1012	76526	32138	23829	20559
20316	55333	20520	18943	15870
20757	599111	240073	190467	168571
5934	254151	99162	81321	73668
20195	175372	69610	55845	49917
63	196537	79119	63318	54100
3236	206970	82085	65593	59292
77514	208526	79666	70142	58718
384	89140	34588	29734	24818
0	467606	188839	153580	125187
0	394930	152647	128968	113315
96	401159	159279	130022	111858
0	313834	121607	103392	88835
0	402821	169083	129507	104231
194170	794025	312228	252260	229537
10142	776096	308788	234029	233279
197	387960	150898	121833	115229
0	483927	203846	157879	122202
0	476123	187154	154382	134587
244	376945	151447	119313	106185
0	57584	21990	18987	16607
0	167967	78170	53350	36447
260	575822	262135	186629	127058
0	169815	72524	54506	42785
3354	211673	84983	68179	58511
0	7166	2561	2287	2318
0	308879	123794	97801	87284
77	194297	81325	57365	55607
757	44703	18791	13716	12196
43	55204	21011	17624	16569
0	95330	39945	30509	24876

普通中学在校

Enrolment of General Secondary

地区 Region	合计 Total	初中 Junior Secondary Schools 计 Subtotal	一年级 Grade 1	二年级 Grade 2	三年级 Grade 3
总计 Total	32954062	31088266	10843839	10383377	9383887
北京 Beijing	81494	77670	24021	25445	28204
天津 Tianjin	73820	60489	18322	18180	17489
河北 Hebei	2178390	2106012	712335	698214	664375
山西 Shanxi	762362	739194	261877	249253	220938
内蒙古 Inner Mongolia	362269	352562	122247	114595	101142
辽宁 Liaoning	962027	924526	317642	313910	292299
吉林 Jilin	438680	431849	152318	146357	132444
黑龙江 Heilongjiang	1262035	1220268	310756	332889	337533
上海 Shanghai	18579	16006	4993	5435	5069
江苏 Jiangsu	2637704	2279082	847790	771461	659831
浙江 Zhejiang	177628	174459	54544	58431	61484
安徽 Anhui	2179463	2033542	740980	684882	606891
福建 Fujian	753162	710181	232151	239607	238423
江西 Jiangxi	899909	863552	312181	297169	254202
山东 Shandong	1848290	1778298	458948	570914	603531
河南 Henan	3863255	3733796	1264432	1294958	1160335
湖北 Hubei	1574059	1485437	560861	508713	415572
湖南 Hunan	2197905	2034728	749368	691500	593860
广东 Guangdong	2036097	1851339	659046	615601	576580
广西 Guangxi	815492	798023	291950	269229	236844
海南 Hainan	108044	102579	40335	34391	27853
重庆 Chongqing	376406	353990	121341	116591	116058
四川 Sichuan	1838983	1760630	639342	588980	532245
贵州 Guizhou	1268232	1225534	486575	409084	329875
云南 Yunnan	1077514	1050316	378572	342197	321185
西藏 Tibet	356	356	102	189	65
陕西 Shaanxi	1314248	1182516	443544	404690	334282
甘肃 Gansu	858220	810520	295347	268944	237953
青海 Qinghai	96839	90967	34286	30310	26371
宁夏 Ningxia	165873	149067	53068	50109	45890
新疆 Xinjiang	726727	690778	254565	231149	205064

学生数(农村)

Schools (Rural)

单位:人

Unit: in Person

	高中 Senior Secondary Schools			
四年级 Grade 4	计 Subtotal	一年级 Grade 1	二年级 Grade 2	三年级 Grade 3
477163	1865796	777374	601041	487381
0	3824	1461	1378	985
6498	13331	5576	4360	3395
31088	72378	29660	23710	19008
7126	23168	10943	6193	6032
14578	9707	3934	3209	2564
675	37501	15867	11234	10400
730	6831	2904	1985	1942
239090	41767	16321	14356	11090
509	2573	962	834	777
0	358622	145032	117829	95761
0	3169	878	1173	1118
789	145921	57131	49226	39564
0	42981	16789	14361	11831
0	36357	17621	10959	7777
144905	69992	28107	22742	19143
14071	129459	55289	38978	35192
291	88622	35449	28482	24691
0	163177	68764	53361	41052
112	184758	74612	60132	50014
0	17469	7464	5516	4489
0	5465	2212	1851	1402
0	22416	10603	7540	4273
63	78353	39014	24234	15105
0	42698	20147	13202	9349
8362	27198	11558	8881	6759
0	0	0	0	0
0	131732	52305	42594	36833
8276	47700	21848	14222	11630
0	5872	2726	1860	1286
0	16806	6407	5393	5006
0	35949	15790	11246	8913

普通中学学生

Number of Female Students in

地　区 Region	合　计 Total	初中 Junior Secondary Schools 计 Subtotal	一年级 Grade 1	二年级 Grade 2	三年级 Grade 3
总　计 Total	38702030	31278971	10681951	10402208	9632586
北　京 Beijing	363136	247914	75724	81900	89449
天　津 Tianjin	300331	219838	63422	71167	70792
河　北 Hebei	2595267	2135188	726548	710145	668006
山　西 Shanxi	1109096	887970	313788	297771	268687
内蒙古 Inner Mongolia	724109	544202	180910	175655	157818
辽　宁 Liaoning	1168323	912395	293843	305321	297181
吉　林 Jilin	755482	593675	203739	201928	184164
黑龙江 Heilongjiang	1258711	1052466	271961	290860	296242
上　海 Shanghai	397374	254272	77739	85137	90980
江　苏 Jiangsu	2085561	1634377	599349	553970	480841
浙　江 Zhejiang	1265622	950132	305626	315309	328485
安　徽 Anhui	1819385	1520606	549075	514260	456498
福　建 Fujian	1128153	905527	301231	305515	298781
江　西 Jiangxi	1266499	1037999	372042	355785	310172
山　东 Shandong	3197378	2570333	679457	810897	860472
河　南 Henan	3439268	2910587	989871	998546	905673
湖　北 Hubei	1875703	1483736	552420	501666	417757
湖　南 Hunan	2188681	1800729	662069	611950	526683
广　东 Guangdong	2361346	1942759	689218	647635	605861
广　西 Guangxi	1380739	1148795	409849	383982	354723
海　南 Hainan	208226	179351	67880	60363	51108
重　庆 Chongqing	736219	584286	201139	190542	192469
四　川 Sichuan	2129273	1726358	617281	576128	530703
贵　州 Guizhou	923857	802017	312784	270039	219194
云　南 Yunnan	998337	853511	304141	279403	263150
西　藏 Tibet	43197	33630	14580	11871	7179
陕　西 Shaanxi	1310206	1025976	372695	351823	301406
甘　肃 Gansu	708880	576219	205848	192927	171866
青　海 Qinghai	126124	92836	34252	30626	27540
宁　夏 Ningxia	165537	122802	42229	41294	39255
新　疆 Xinjiang	672010	528485	191241	177793	159451

总数中女学生数

General Secondary Schools

单位:人
Unit: in Person

	高中 Senior Secondary Schools			
四年级 Grade 4	计 Subtotal	一年级 Grade 1	二年级 Grade 2	三年级 Grade 3
562226	7423059	3034331	2384896	2003832
841	115222	44941	36595	33686
14457	80493	30488	27192	22813
30489	460079	187216	146470	126393
7724	221126	87961	70530	62635
29819	179907	71651	57279	50977
16050	255928	100549	83107	72272
3844	161807	64373	51859	45575
193403	206245	80991	67789	57465
416	143102	53892	47903	41307
217	451184	183679	148272	119233
712	315490	125188	101639	88663
773	298779	121248	97110	80421
0	222626	86738	73669	62219
0	228500	99409	72824	56267
219507	627045	250293	201138	175614
16497	528681	222373	159441	146867
11893	391967	154487	125176	112304
27	387952	165599	127038	95315
45	418587	168384	136257	113946
241	231944	94920	73947	63077
0	28875	11411	9414	8050
136	151933	68645	49109	34179
2246	402915	183840	130911	88164
0	121840	53652	38912	29276
6817	144826	57717	47546	39563
0	9567	3366	3082	3119
52	284230	113958	91811	78461
5578	132661	56490	39105	37066
418	33288	13768	10517	9003
24	42735	16827	13377	12531
0	143525	60277	45877	37371

普通中学教

Number of Teachers, Staff & Workers in General

地区 Region	教职工 Teachers, Staff & 合计 Total	专任教师 Full-time Teachers 计 Total	初中 Junior Sec. Schools	高中 Senior Sec. Schools
总计 Total	5334841	4376302	3430307	945995
北京 Beijing	76418	51364	35906	15458
天津 Tianjin	54793	40612	29807	10805
河北 Hebei	331086	277265	223744	53521
山西 Shanxi	173330	140460	111534	28926
内蒙古 Inner Mongolia	115765	87099	66598	20501
辽宁 Liaoning	177547	142232	111920	30312
吉林 Jilin	119653	91291	71735	19556
黑龙江 Heilongjiang	186394	149054	122359	26695
上海 Shanghai	77148	51349	35337	16012
江苏 Jiangsu	301889	243763	177592	66171
浙江 Zhejiang	182491	153300	109930	43370
安徽 Anhui	204583	173463	136252	37211
福建 Fujian	156710	131263	99749	31514
江西 Jiangxi	171806	151041	117006	34035
山东 Shandong	461898	369664	289291	80373
河南 Henan	408899	350658	290317	60341
湖北 Hubei	255678	215544	164033	51511
湖南 Hunan	288804	248245	198856	49389
广东 Guangdong	305781	254795	197320	57475
广西 Guangxi	183594	140697	114872	25825
海南 Hainan	30883	24044	19831	4213
重庆 Chongqing	109848	87427	69358	18069
四川 Sichuan	288228	237425	188437	48988
贵州 Guizhou	113232	97641	81411	16230
云南 Yunnan	138317	114916	96467	18449
西藏 Tibet	6500	5577	4322	1255
陕西 Shaanxi	169628	140192	107976	32216
甘肃 Gansu	94769	82709	64127	18582
青海 Qinghai	20458	17762	12933	4829
宁夏 Ningxia	24486	20736	15604	5132
新疆 Xinjiang	104225	84714	65683	19031

职 工 数（总 计）

Secondary Schools (Regional Aggregates)

单位: 人 Unit: in Person

数 Workers					
行政人员 Adm. Personnel	教辅人员 Supporting Staff	工勤人员 Workers	校办工厂、农场职工 Employeesin School－run Factories&Farms	代课教师 Substitute Teachers	兼任教师 Part－time Teachers
370827	213354	356642	17716	119543	34622
11304	6540	6336	874	1775	842
7024	3278	3357	522	930	566
20828	11666	20095	1232	5337	1107
10465	8110	13522	773	9413	1484
10566	6728	10956	416	3088	1067
26042	728	8353	192	1437	1333
13893	8256	5902	311	1726	718
16497	6608	13546	689	1865	702
8183	9268	7374	974	2478	2790
18640	15394	22706	1386	7384	1434
10838	6374	10833	1146	0	2255
11246	7062	12442	370	5964	3375
12399	4090	8651	307	3499	1516
6616	4143	9643	363	3130	1678
30590	27197	32951	1496	4768	981
21701	14663	21021	856	5388	2014
11730	10543	16474	1387	7555	625
13037	8849	17725	948	4216	1199
22357	9090	19067	472	11272	797
15981	8449	18126	341	11018	1130
1538	1085	4119	97	498	136
8502	4729	8587	603	2756	944
19566	10004	20493	740	5085	1972
7043	2923	5453	172	4354	1022
6044	3905	13304	148	2703	330
266	28	621	8	172	59
15229	5984	7904	319	4525	1003
4513	2612	4755	180	3667	610
899	425	1336	36	265	59
970	935	1749	96	524	165
6320	3688	9241	262	2751	709

普通中学教

Number of Teachers, Staff & Workers in General

地区 Region	教职工 Teachers, Staff &			
	合计 Total	专任教师 Full-time Teachers		
		计 Total	初中 Junior Sec. Schools	高中 Senior Sec. Schools
总计 Total	1332492	1019637	666478	353159
北京 Beijing	41049	26359	16268	10091
天津 Tianjin	27121	18430	12344	6086
河北 Hebei	67881	51832	35172	16660
山西 Shanxi	49385	36665	24314	12351
内蒙古 Inner Mongolia	38765	28483	18273	10210
辽宁 Liaoning	73696	58433	41466	16967
吉林 Jilin	30966	23083	16635	6448
黑龙江 Heilongjiang	51708	40198	29545	10653
上海 Shanghai	47112	31285	21034	10251
江苏 Jiangsu	67126	51419	34537	16882
浙江 Zhejiang	58982	47065	28272	18793
安徽 Anhui	42897	34426	22314	12112
福建 Fujian	32679	26153	15920	10233
江西 Jiangxi	29777	24810	14823	9987
山东 Shandong	130877	99211	63857	35354
河南 Henan	71457	55139	35941	19198
湖北 Hubei	90198	72093	45491	26602
湖南 Hunan	50053	39605	24377	15228
广东 Guangdong	76749	59336	39658	19678
广西 Guangxi	25058	19046	12624	6422
海南 Hainan	4735	3534	2574	960
重庆 Chongqing	43150	33220	24731	8489
四川 Sichuan	48535	37299	22527	14772
贵州 Guizhou	20704	16384	10904	5480
云南 Yunnan	15475	11836	7380	4456
西藏 Tibet	2181	1800	1038	762
陕西 Shaanxi	34325	26252	15884	10368
甘肃 Gansu	19378	15455	9507	5948
青海 Qinghai	4736	3737	2499	1238
宁夏 Ningxia	4773	3805	2603	1202
新疆 Xinjiang	30964	23244	13966	9278

职 工 数（城 市）

Secondary Schools (Urban)

单位：人 **Unit: in Person**

数 Workers				代课教师 Substitute Teachers	兼任教师 Part－time Teachers
行政人员 Adm. Personnel	教辅人员 Supporting Staff	工勤人员 Workers	校办工厂、农场职工 Employeesin School－run Factories&Farms		
131430	73608	98627	9190	26942	18518
6945	3330	3650	765	981	691
4438	1767	2080	406	791	472
6324	3533	5443	749	1439	531
4593	3040	4707	380	1859	1029
4907	2388	2748	239	1514	672
11611	453	3126	73	347	846
3898	2174	1634	177	421	445
5632	2251	3454	173	446	514
4837	6124	4245	621	1815	2425
6276	3850	5092	489	1443	592
3827	2891	4359	840	0	1157
3348	2151	2830	142	1267	1452
3001	1294	2042	189	271	727
2212	835	1815	105	258	881
11569	9349	9951	797	1413	472
7408	3827	4816	267	1375	686
6521	5027	5875	682	2384	428
3411	2532	4013	492	758	726
7187	4283	5814	129	3384	337
2401	1453	2072	86	561	449
275	260	635	31	45	21
3787	1956	3727	460	597	555
4262	2689	4016	269	650	568
1944	819	1427	130	460	227
1221	782	1573	63	66	189
139	18	216	8	45	20
4437	1485	1945	206	839	555
1561	952	1319	91	433	356
436	164	393	6	12	10
310	198	427	33	213	138
2712	1733	3183	92	855	347

普通中学教

Number of Teachers, Staff & Workers in General

地 区 Region	教职工 Teachers, Staff &			
	合 计 Total	专任教师 Full-time Teachers		
		计 Total	初中 Junior Sec. Schools	高中 Senior Sec. Schools
总 计 Total	2098518	1710083	1222236	487847
北 京 Beijing	26807	18929	13858	5071
天 津 Tianjin	21948	17357	13417	3940
河 北 Hebei	139871	115304	82606	32698
山 西 Shanxi	69157	55674	40458	15216
内蒙古 Inner Mongolia	47432	35512	25774	9738
辽 宁 Liaoning	36671	28187	17176	11011
吉 林 Jilin	56113	42636	30060	12576
黑龙江 Heilongjiang	53912	41686	28715	12971
上 海 Shanghai	28135	18692	13159	5533
江 苏 Jiangsu	79566	63006	34760	28246
浙 江 Zhejiang	112020	96051	71685	24366
安 徽 Anhui	63731	52506	34109	18397
福 建 Fujian	79511	67181	48289	18892
江 西 Jiangxi	92196	80887	59002	21885
山 东 Shandong	217808	174440	133506	40934
河 南 Henan	138425	116813	82131	34682
湖 北 Hubei	79260	67851	47399	20452
湖 南 Hunan	110007	92613	66819	25794
广 东 Guangdong	121375	102031	74968	27063
广 西 Guangxi	109798	83532	65130	18402
海 南 Hainan	18530	14897	12012	2885
重 庆 Chongqing	43067	34194	25803	8391
四 川 Sichuan	132811	107847	77874	29973
贵 州 Guizhou	33173	27289	18789	8500
云 南 Yunnan	58628	47541	35236	12305
西 藏 Tibet	4293	3752	3259	493
陕 西 Shaanxi	56357	47089	32101	14988
甘 肃 Gansu	29085	24690	14839	9851
青 海 Qinghai	9182	7849	4693	3156
宁 夏 Ningxia	8842	7103	4244	2859
新 疆 Xinjiang	20807	16944	10365	6579

职 工 数 （县 镇）

Secondary Schools （County Seats & Towns）

单位: 人 Unit: in Person

数 Workers					
行政人员 Adm. Personnel	教辅人员 Supporting Staff	工勤人员 Workers	校办工厂、农场职工 Employeesin School－run Factories&Farms	代课教师 Substitute Teachers	兼任教师 Part－time Teachers
131380	94302	156546	6207	37332	9307
3450	2343	1995	90	598	87
2139	1311	1036	105	82	77
8162	6044	9931	430	1667	305
3382	3781	5955	365	3399	174
3536	3078	5173	133	704	70
5451	141	2848	44	36	107
6154	4196	3011	116	831	193
5170	2438	4401	217	229	50
3158	3020	2931	334	592	359
4447	4775	6776	562	975	369
6283	3358	6035	293	0	1018
3408	2840	4796	181	1832	1062
5703	2027	4494	106	1172	527
2940	2761	5410	198	1558	562
13541	13043	16200	584	2414	327
6597	6081	8604	330	1516	756
2540	3192	5279	398	2206	65
4767	4280	7977	370	1058	334
7661	3137	8356	190	3505	258
8827	5547	11667	225	6451	410
701	618	2300	14	382	110
2920	2188	3638	127	933	330
8203	5645	10701	415	1544	827
2200	1391	2272	21	452	174
2477	2163	6376	71	788	70
127	10	404	0	127	39
4359	2253	2584	72	1031	288
1281	1205	1837	72	775	185
342	225	744	22	165	38
397	491	793	58	64	26
1057	720	2022	64	246	110

普通中学教

Number of Teachers, Staff & Workers in General

地区 Region	教职工 Teachers, Staff &			
	合计 Total	专任教师 Full-time Teachers		
		计 Total	初中 Junior Sec. Schools	高中 Senior Sec. Schools
总计 Total	1903831	1646582	1541593	104989
北京 Beijing	8562	6076	5780	296
天津 Tianjin	5724	4825	4046	779
河北 Hebei	123334	110129	105966	4163
山西 Shanxi	54788	48121	46762	1359
内蒙古 Inner Mongolia	29568	23104	22551	553
辽宁 Liaoning	67180	55612	53278	2334
吉林 Jilin	32574	25572	25040	532
黑龙江 Heilongjiang	80774	67170	64099	3071
上海 Shanghai	1901	1372	1144	228
江苏 Jiangsu	155197	129338	108295	21043
浙江 Zhejiang	11489	10184	9973	211
安徽 Anhui	97955	86531	79829	6702
福建 Fujian	44520	37929	35540	2389
江西 Jiangxi	49833	45344	43181	2163
山东 Shandong	113213	96013	91928	4085
河南 Henan	199017	178706	172245	6461
湖北 Hubei	86220	75600	71143	4457
湖南 Hunan	128744	116027	107660	8367
广东 Guangdong	107657	93428	82694	10734
广西 Guangxi	48738	38119	37118	1001
海南 Hainan	7618	5613	5245	368
重庆 Chongqing	23631	20013	18824	1189
四川 Sichuan	106882	92279	88036	4243
贵州 Guizhou	59355	53968	51718	2250
云南 Yunnan	64214	55539	53851	1688
西藏 Tibet	26	25	25	0
陕西 Shaanxi	78946	66851	59991	6860
甘肃 Gansu	46306	42564	39781	2783
青海 Qinghai	6540	6176	5741	435
宁夏 Ningxia	10871	9828	8757	1071
新疆 Xinjiang	52454	44526	41352	3174

职工数(农村)

Secondary Schools (Rural)

单位:人 Unit: in Person

数 Workers				代课教师 Substitute Teachers	兼任教师 Part-time Teachers
行政人员 Adm. Personnel	教辅人员 Supporting Staff	工勤人员 Workers	校办工厂、农场职工 Employeesin School-run Factories&Farms		
108017	45444	101469	2319	55269	6797
909	867	691	19	196	64
447	200	241	11	57	17
6342	2089	4721	53	2231	271
2490	1289	2860	28	4155	281
2123	1262	3035	44	870	325
8980	134	2379	75	1054	380
3841	1886	1257	18	474	80
5695	1919	5691	299	1190	138
188	124	198	19	71	6
7917	6769	10838	335	4966	473
728	125	439	13	0	80
4490	2071	4816	47	2865	861
3695	769	2115	12	2056	262
1464	547	2418	60	1314	235
5480	4805	6800	115	941	182
7696	4755	7601	259	2497	572
2669	2324	5320	307	2965	132
4859	2037	5735	86	2400	139
7509	1670	4897	153	4383	202
4753	1449	4387	30	4006	271
562	207	1184	52	71	5
1795	585	1222	16	1226	59
7101	1670	5776	56	2891	577
2899	713	1754	21	3442	621
2346	960	5355	14	1849	71
0	0	1	0	0	0
6433	2246	3375	41	2655	160
1671	455	1599	17	2459	69
121	36	199	8	88	11
263	246	529	5	247	1
2551	1235	4036	106	1650	252

普通中学教职工

Number of General Secondary Schools Teachers,

地区 Region	教职工 Teachers, Staff & 合计 Total	专任教师 Full－time Teachers	行政人员 Adm. Personnel
总计 Total	231819	156980	21632
北京 Beijing	2978	1884	418
天津 Tianjin	2182	1202	383
河北 Hebei	20638	14274	1578
山西 Shanxi	14626	9423	1121
内蒙古 Inner Mongolia	4847	3326	611
辽宁 Liaoning	3940	3118	567
吉林 Jilin	2439	1664	294
黑龙江 Heilongjiang	6488	4701	637
上海 Shanghai	7755	5046	912
江苏 Jiangsu	16921	11884	1236
浙江 Zhejiang	16153	11390	1037
安徽 Anhui	8597	5661	867
福建 Fujian	4989	3346	594
江西 Jiangxi	9986	7053	762
山东 Shandong	22049	15078	2077
河南 Henan	17348	12227	1589
湖北 Hubei	5728	3379	566
湖南 Hunan	11306	8167	962
广东 Guangdong	13418	8763	1223
广西 Guangxi	8708	5845	934
海南 Hainan	2297	1393	174
重庆 Chongqing	3410	1974	313
四川 Sichuan	5412	3519	530
贵州 Guizhou	4540	2989	409
云南 Yunnan	2033	1269	204
西藏 Tibet	175	127	17
陕西 Shaanxi	8095	5399	1146
甘肃 Gansu	960	683	95
青海 Qinghai	371	217	35
宁夏 Ningxia	468	262	62
新疆 Xinjiang	2962	1717	279

总数中民办教职工数

Staff & Workers Maintained by the Communities

单位：人 **Unit: in Person**

数 Workers			代课教师 Substitute Teachers	兼任教师 Part－time Teachers
教辅人员 Supporting Staff	工勤人员 Workers	校办工厂、农场职工 Employeesin School－run Factories&Farms		
12881	39447	879	12393	14673
288	383	5	150	164
170	427	0	316	215
797	3976	13	805	522
894	3152	36	833	867
187	723	0	332	724
139	116	0	88	656
156	325	0	508	218
309	764	77	115	314
852	882	63	1522	2025
1073	2711	17	806	391
898	2813	15	0	1325
509	1551	9	1092	1626
256	792	1	33	556
420	1712	39	34	682
1400	3397	97	1488	300
805	2581	146	897	755
363	1406	14	567	72
504	1651	22	253	616
642	2737	53	229	228
341	1519	69	595	367
195	497	38	19	28
192	805	126	275	436
380	967	16	71	436
196	946	0	405	171
157	403	0	39	126
3	28	0	0	1
385	1150	15	481	495
57	125	0	335	197
13	98	8	3	0
41	103	0	65	104
259	707	0	37	56

普通中学教职工总

Number of Female Teachers, Staff &

地区 Region		教职工 Teachers, Staff &			
		合计 Total	专任教师 Full-time Teachers		
			计 Total	初中 Junior Sec. Schools	高中 Senior Sec. Schools
总计	**Total**	2201639	1895582	577041	32427
北京	Beijing	47987	35395	3513	157
天津	Tianjin	31094	24880	1929	428
河北	Hebei	177108	161487	57197	2009
山西	Shanxi	85085	74462	22090	571
内蒙古	Inner Mongolia	56763	47281	10385	239
辽宁	Liaoning	96150	83915	24643	1081
吉林	Jilin	64655	54549	12317	253
黑龙江	Heilongjiang	100452	86463	30890	1459
上海	Shanghai	42785	30384	499	88
江苏	Jiangsu	110657	93770	35879	6122
浙江	Zhejiang	81065	70571	3873	75
安徽	Anhui	55185	47249	18114	1138
福建	Fujian	55689	48028	10405	716
江西	Jiangxi	49466	43628	9605	424
山东	Shandong	180770	157734	33764	1560
河南	Henan	170332	154551	70903	2021
湖北	Hubei	82975	70814	20425	979
湖南	Hunan	105380	94383	38809	2511
广东	Guangdong	127222	108759	31787	3498
广西	Guangxi	72940	57819	13333	293
海南	Hainan	11020	7864	1427	92
重庆	Chongqing	38986	32953	6347	264
四川	Sichuan	96820	83555	26886	1060
贵州	Guizhou	35488	30517	12644	435
云南	Yunnan	55224	45004	18901	489
西藏	Tibet	2381	2012	3	0
陕西	Shaanxi	68984	61809	25536	2358
甘肃	Gansu	27522	24351	9548	420
青海	Qinghai	8746	7673	1924	130
宁夏	Ningxia	9522	8219	2751	314
新疆	Xinjiang	53186	45503	20714	1243

数中女教职工数

Workers in General Secondary Schools

单位: 人 Unit: in Person

数 Workers				代课教师 Substitute Teachers	兼任教师 Part－time Teachers
行政人员 Adm. Personnel	教辅人员 Supporting Staff	工勤人员 Workers	校办工厂、农场职工 Employeesin School－run Factories&Farms		
79869	97052	122746	6390	56817	11540
5525	3808	2852	407	1082	472
2837	1904	1303	170	539	304
3490	5576	6049	506	3113	458
2073	4112	4167	271	5367	620
2868	3175	3320	119	1489	434
9183	439	2554	59	886	641
4037	4175	1754	140	948	278
5478	3283	4990	238	1038	283
3127	5503	3440	331	1485	1345
3084	6247	7052	504	3571	397
2188	3225	4574	507	0	789
1512	2906	3421	97	2100	931
1950	2039	3564	108	1727	443
1031	1641	3054	112	1257	438
4980	10086	7440	530	1747	245
3832	6063	5612	274	2364	619
2117	4225	5392	427	3348	160
1418	3588	5635	356	1942	278
3854	5092	9344	173	5424	228
2227	3803	8925	166	5371	310
354	565	2187	50	194	8
1433	2075	2367	158	1234	209
3006	4212	5853	194	2188	394
1331	1320	2254	66	1297	226
1300	1828	7030	62	1529	126
98	21	245	5	67	6
2592	2379	2093	111	2078	383
582	1067	1457	65	1550	89
201	250	607	15	116	14
163	427	655	58	268	93
1998	2018	3556	111	1498	319

职业中学校数、班数、

Number of Schools , Classes , Graduates & Students

地区 Region	学校数(所) Schools 计 Total	初中 Junior Sec. Schools	高中 Senior Sec. Schools	初高中合设 Junior & Senior Sec. Schools
总计 Total	7402	984	5942	476
北京 Beijing	96	0	93	3
天津 Tianjin	123	0	122	1
河北 Hebei	369	40	289	40
山西 Shanxi	264	55	158	51
内蒙古 Inner Mongolia	320	201	92	27
辽宁 Liaoning	340	22	314	4
吉林 Jilin	181	33	141	7
黑龙江 Heilongjiang	182	32	145	5
上海 Shanghai	48	1	46	1
江苏 Jiangsu	309	1	307	1
浙江 Zhejiang	423	0	414	9
安徽 Anhui	661	353	257	51
福建 Fujian	260	3	225	32
江西 Jiangxi	229	25	194	10
山东 Shandong	428	3	410	15
河南 Henan	484	10	459	15
湖北 Hubei	224	38	179	7
湖南 Hunan	398	13	360	25
广东 Guangdong	367	6	350	11
广西 Guangxi	192	7	144	41
海南 Hainan	49	1	46	2
重庆 Chongqing	152	3	147	2
四川 Sichuan	307	11	280	16
贵州 Guizhou	213	82	106	25
云南 Yunnan	193	21	146	26
西藏 Tibet	4	4	0	0
陕西 Shaanxi	292	6	264	22
甘肃 Gansu	156	7	141	8
青海 Qinghai	29	1	25	3
宁夏 Ningxia	26	1	19	6
新疆 Xinjiang	83	4	69	10

毕业生数和招生数(总计)

Admitted in Vocational Schools (Regional Aggregates)

班数(个) Classes		毕业生数(人) Graduates		招生数(人) Students Admitted	
初中 Junior	高中 Senior	初中 Junior	高中 Senior	初中 Junior	高中 Senior
14724	101240	238184	1216133	295243	1873637
25	2502	4	28152	54	28945
0	1699	0	23538	0	20089
897	7998	10954	112266	20472	114869
681	2395	13015	29174	13410	41290
2447	1788	25794	18446	37667	28020
67	4237	790	52534	609	62599
685	1947	12589	19607	12610	21342
290	1799	7160	23048	3550	28688
31	1973	129	25629	269	26333
9	4362	282	47563	87	86480
33	9327	422	90714	401	192674
4596	4202	80405	47223	116493	96310
74	4496	923	52194	1245	77267
210	2434	3769	34748	4970	54392
161	9196	2333	120426	2833	178864
277	7664	3699	122002	6162	164308
563	2804	10300	32294	15001	59719
241	4747	1635	53654	3865	109070
151	5070	2571	63151	2924	88884
487	2834	22232	20123	6044	41450
5	264	105	2729	23	3908
38	2633	624	24517	707	54593
191	4622	2046	49530	3369	104095
801	764	11091	10301	16816	13891
531	2674	12015	32923	8986	41754
27	0	798	0	467	0
175	4443	1934	52067	3420	97758
87	1468	1034	15987	1459	21554
21	182	630	1942	305	3254
53	261	637	2828	1015	4501
870	455	8264	6823	10010	6736

职业中学校数、班数、

Number of Schools, Classes, Graduates & Students

地区 Region	学校数(所) Schools			
	计 Total	初中 Junior Sec. Schools	高中 Senior Sec. Schools	初高中合设 Junior & Senior Sec. Schools
总计 Total	2831	31	2690	110
北京 Beijing	62	0	61	1
天津 Tianjin	97	0	96	1
河北 Hebei	151	3	139	9
山西 Shanxi	74	5	61	8
内蒙古 Inner Mongolia	39	0	37	2
辽宁 Liaoning	245	1	242	2
吉林 Jilin	49	4	43	2
黑龙江 Heilongjiang	56	1	53	2
上海 Shanghai	28	1	26	1
江苏 Jiangsu	105	1	104	0
浙江 Zhejiang	206	0	203	3
安徽 Anhui	102	2	91	9
福建 Fujian	134	0	115	19
江西 Jiangxi	73	0	72	1
山东 Shandong	214	0	208	6
河南 Henan	172	3	167	2
湖北 Hubei	121	1	118	2
湖南 Hunan	195	1	186	8
广东 Guangdong	132	1	130	1
广西 Guangxi	92	1	84	7
海南 Hainan	18	0	17	1
重庆 Chongqing	82	1	80	1
四川 Sichuan	84	0	78	6
贵州 Guizhou	46	3	40	3
云南 Yunnan	42	0	39	3
西藏 Tibet	0	0	0	0
陕西 Shaanxi	131	1	123	7
甘肃 Gansu	33	0	33	0
青海 Qinghai	10	1	9	0
宁夏 Ningxia	11	0	10	1
新疆 Xinjiang	27	0	25	2

毕业生数和招生数(城市)

Admitted in Vocational Schools (Urban)

班数(个) Classes		毕业生数(人) Graduates		招生数(人) Students Admitted	
初中 Junior	高中 Senior	初中 Junior	高中 Senior	初中 Junior	高中 Senior
779	49586	7936	606804	12033	829573
7	1896	0	20462	25	21495
0	1336	0	20071	0	15275
76	3391	539	40196	2037	43280
119	929	2574	14351	3033	17185
8	710	56	7685	141	10944
14	3232	59	42475	158	47018
30	861	298	6225	355	6232
14	871	76	11744	97	13048
31	1323	129	18049	269	16756
9	875	184	10991	87	13509
10	4803	55	49393	110	96106
77	1734	758	20131	1535	29983
3	2266	0	26009	0	37956
0	1182	61	17035	0	28361
44	4922	527	68102	554	87761
26	2841	353	45661	317	49313
31	1967	27	22672	123	35742
75	2282	167	30304	240	51799
3	2300	8	29250	16	38992
42	1992	350	13441	403	25508
5	139	52	1142	23	2093
10	1434	198	14871	127	28411
27	1794	301	22535	417	39431
24	340	212	5195	348	5674
30	1118	369	15482	615	14876
0	0	0	0	0	0
29	2117	308	22848	482	39276
8	576	0	5445	186	8364
3	74	26	578	21	1084
3	114	13	1660	2	1584
21	167	236	2801	312	2517

职业中学校数、班数、

Number of Schools, Classes, Graduates & Students

地 区 Region	学校数(所) Schools 计 Total	初中 Junior Sec. Schools	高中 Senior Sec. Schools	初高中合设 Junior & Senior Sec. Schools
总 计 Total	2869	170	2429	270
北 京 Beijing	22	0	21	1
天 津 Tianjin	22	0	22	0
河 北 Hebei	165	9	131	25
山 西 Shanxi	112	9	71	32
内蒙古 Inner Mongolia	117	51	45	21
辽 宁 Liaoning	53	3	50	0
吉 林 Jilin	94	9	82	3
黑龙江 Heilongjiang	81	2	78	1
上 海 Shanghai	17	0	17	0
江 苏 Jiangsu	104	0	104	0
浙 江 Zhejiang	212	0	207	5
安 徽 Anhui	152	33	101	18
福 建 Fujian	95	1	84	10
江 西 Jiangxi	115	2	106	7
山 东 Shandong	158	2	150	6
河 南 Henan	210	1	200	9
湖 北 Hubei	59	8	47	4
湖 南 Hunan	134	1	120	13
广 东 Guangdong	138	5	126	7
广 西 Guangxi	91	5	55	31
海 南 Hainan	28	1	27	0
重 庆 Chongqing	65	2	62	1
四 川 Sichuan	174	5	163	6
贵 州 Guizhou	86	9	59	18
云 南 Yunnan	112	5	86	21
西 藏 Tibet	3	3	0	0
陕 西 Shaanxi	111	1	99	11
甘 肃 Gansu	73	3	64	6
青 海 Qinghai	18	0	15	3
宁 夏 Ningxia	13	0	8	5
新 疆 Xinjiang	35	0	29	6

毕业生数和招生数(县镇)

Admitted in Vocational Schools (County Seats & Towns)

班数(个) Classes		毕业生数(人) Graduates		招生数(人) Students Admitted	
初中 Junior	高中 Senior	初中 Junior	高中 Senior	初中 Junior	高中 Senior
4291	41457	79556	483471	83551	834112
3	395	0	4504	20	4685
0	320	0	2995	0	4274
449	4172	5077	63269	10767	64089
286	1250	4844	11846	5555	19951
879	922	9113	9480	14214	14278
1	818	113	8000	0	12103
123	912	4099	11198	2576	12371
9	824	65	9854	41	13942
0	641	0	7388	0	9485
0	2130	98	21282	0	47182
18	4452	271	40553	246	94589
725	1688	14185	18007	16488	42795
63	1796	794	21252	1137	32358
44	1106	551	15366	1013	23136
79	3379	1078	41449	1406	74845
114	3507	1003	57747	2790	86065
146	679	2733	7668	3617	18735
85	1786	554	17942	2154	40766
124	1792	1909	20176	2389	32217
403	780	20616	6371	4946	15204
0	102	53	1355	0	1433
27	1145	408	8946	580	24590
90	2439	1049	23924	1693	56043
205	386	2481	4611	4178	7626
162	1312	4968	14825	3562	23016
24	0	798	0	442	0
84	1742	1015	22455	1861	43308
19	587	242	6692	158	7960
5	106	379	1144	0	2111
29	117	239	857	580	2210
95	172	821	2315	1138	2745

职业中学校数、班数、

Number of Schools, Classes, Graduates & Students

地 区 Region	学校数(所) Schools			
	计 Total	初中 Junior Sec. Schools	高中 Senior Sec. Schools	初高中合设 Junior & Senior Sec. Schools
总 计 Total	1702	783	823	96
北 京 Beijing	12	0	11	1
天 津 Tianjin	4	0	4	0
河 北 Hebei	53	28	19	6
山 西 Shanxi	78	41	26	11
内蒙古 Inner Mongolia	164	150	10	4
辽 宁 Liaoning	42	18	22	2
吉 林 Jilin	38	20	16	2
黑龙江 Heilongjiang	45	29	14	2
上 海 Shanghai	3	0	3	0
江 苏 Jiangsu	100	0	99	1
浙 江 Zhejiang	5	0	4	1
安 徽 Anhui	407	318	65	24
福 建 Fujian	31	2	26	3
江 西 Jiangxi	41	23	16	2
山 东 Shandong	56	1	52	3
河 南 Henan	102	6	92	4
湖 北 Hubei	44	29	14	1
湖 南 Hunan	69	11	54	4
广 东 Guangdong	97	0	94	3
广 西 Guangxi	9	1	5	3
海 南 Hainan	3	0	2	1
重 庆 Chongqing	5	0	5	0
四 川 Sichuan	49	6	39	4
贵 州 Guizhou	81	70	7	4
云 南 Yunnan	39	16	21	2
西 藏 Tibet	1	1	0	0
陕 西 Shaanxi	50	4	42	4
甘 肃 Gansu	50	4	44	2
青 海 Qinghai	1	0	1	0
宁 夏 Ningxia	2	1	1	0
新 疆 Xinjiang	21	4	15	2

毕业生数和招生数(农村)

Admitted in Vocational Schools (Rural)

班数(个) Classes		毕业生数(人) Graduates		招生数(人) Students Admitted	
初中 Junior	高中 Senior	初中 Junior	高中 Senior	初中 Junior	高中 Senior
9654	10197	150692	125858	199659	209952
15	211	4	3186	9	2765
0	43	0	472	0	540
372	435	5338	8801	7668	7500
276	216	5597	2977	4822	4154
1560	156	16625	1281	23312	2798
52	187	618	2059	451	3478
532	174	8192	2184	9679	2739
267	104	7019	1450	3412	1698
0	9	0	192	0	92
0	1357	0	15290	0	25789
5	72	96	768	45	1979
3794	780	65462	9085	98470	23532
8	434	129	4933	108	6953
166	146	3157	2347	3957	2895
38	895	728	10875	873	16258
137	1316	2343	18594	3055	28930
386	158	7540	1954	11261	5242
81	679	914	5408	1471	16505
24	978	654	13725	519	17675
42	62	1266	311	695	738
0	23	0	232	0	382
1	54	18	700	0	1592
74	389	696	3071	1259	8621
572	38	8398	495	12290	591
339	244	6678	2616	4809	3862
3	0	0	0	25	0
62	584	611	6764	1077	15174
60	305	792	3850	1115	5230
13	2	225	220	284	59
21	30	385	311	433	707
754	116	7207	1707	8560	1474

职业中学在校学生

Enrolment and Number of Graduates for Next Year

地区 Region	合计 Total	在校学生 Enrolment: 初中 Junior Sec. Schools: 计 Subtotal	一年级 Grade 1	二年级 Grade 2	三年级 Grade 3
总计 Total	5114998	833717	295536	274095	246119
北京 Beijing	82984	220	54	100	66
天津 Tianjin	65583	0	0	0	0
河北 Hebei	342748	52576	20472	19039	12518
山西 Shanxi	127405	36674	13410	11984	11211
内蒙古 Inner Mongolia	180891	113122	37733	35234	29550
辽宁 Liaoning	164241	1920	609	686	625
吉林 Jilin	96804	38651	12610	12117	12103
黑龙江 Heilongjiang	84884	15733	3550	3058	5380
上海 Shanghai	75579	879	269	326	284
江苏 Jiangsu	191246	288	87	97	104
浙江 Zhejiang	417015	1133	401	395	337
安徽 Anhui	506471	312959	116525	108317	87767
福建 Fujian	197474	3450	1248	1001	1201
江西 Jiangxi	129296	12394	4980	4045	3225
山东 Shandong	425772	8216	2833	2771	2425
河南 Henan	415162	16344	6162	5531	4540
湖北 Hubei	174946	38279	15002	12716	10392
湖南 Hunan	220167	9572	3865	3230	2477
广东 Guangdong	237131	8671	2924	2831	2916
广西 Guangxi	112539	24852	6065	5163	13624
海南 Hainan	8536	120	23	53	44
重庆 Chongqing	109036	2084	707	615	762
四川 Sichuan	211696	8923	3376	2776	2771
贵州 Guizhou	73582	44443	16892	15478	12073
云南 Yunnan	135447	27484	9031	7187	11266
西藏 Tibet	1060	1060	467	268	325
陕西 Shaanxi	201093	8792	3420	2721	2596
甘肃 Gansu	56483	4492	1459	1495	1374
青海 Qinghai	6527	884	305	275	304
宁夏 Ningxia	12413	2518	1022	751	745
新疆 Xinjiang	50787	36984	10035	13835	13114

数、毕业班学生数(总计)

in Vocational Schools (Regional Aggregates)

单位:人 Unit: in Person

生数						毕业班学生数 Graduates for Next Year	
	高中 Senior Sec. Schools						
四年级 Grade 4	计 Subtotal	一年级 Grade 1	二年级 Grade 2	三年级 Grade 3	四年级 Grade 4	初中 Junior Sec. Schools	高中 Senior Sec. Schools
17967	4281281	1874366	1374510	1011892	20513	246258	1164370
0	82764	29179	27541	22321	3723	56	22434
0	65583	20107	19135	19960	6381	0	22056
547	290172	114869	99536	75590	177	13024	87260
69	90731	41290	28296	21068	77	11160	26954
10605	67769	28021	22490	17258	0	26124	17831
0	162321	62599	51178	48448	96	625	48477
1821	58153	21342	21217	15301	293	12071	20938
3745	69151	28688	23145	17228	90	7987	18747
0	74700	26438	24651	21546	2065	284	22765
0	190958	86480	59847	43171	1460	104	48030
0	415882	192817	130283	92266	516	337	95832
350	193512	96310	58497	38675	30	87897	45848
0	194024	77284	65493	50772	475	1201	55238
144	116902	54392	38842	23668	0	3224	34057
187	417556	178864	133177	105247	268	2382	122473
111	398818	164379	122924	110846	669	4651	115515
169	136667	59728	42125	32520	2294	10561	33267
0	210595	109070	65165	36174	186	2477	46846
0	228460	88942	75385	64062	71	2919	68468
0	87687	41450	27735	18502	0	13624	20587
0	8416	3908	2975	1533	0	44	2539
0	106952	54593	34918	17441	0	762	26923
0	202773	104104	65692	32937	40	2771	42642
0	29139	13920	9735	5435	49	12073	9267
0	107963	41757	37984	28222	0	11266	33316
0	0	0	0	0	0	325	0
55	192301	97762	61731	31853	955	2608	53044
164	51991	21582	16825	13151	433	1538	14351
0	5643	3254	1532	857	0	304	1453
0	9895	4501	2630	2764	0	745	2913
0	13803	6736	3826	3076	165	13114	4299

职业中学在校学生

Enrolment and Number of Graduates for Next Year

在校学 Enrolment

地区 Region		合计 Total	初中 Junior Sec. Schools 计 Subtotal	一年级 Grade 1	二年级 Grade 2	三年级 Grade 3
总计	**Total**	2022468	31352	12053	10018	9095
北京	Beijing	61208	152	25	80	47
天津	Tianjin	52466	0	0	0	0
河北	Hebei	111000	4099	2037	1140	889
山西	Shanxi	46122	6892	3033	2025	1834
内蒙古	Inner Mongolia	26242	290	141	65	84
辽宁	Liaoning	125636	460	158	168	134
吉林	Jilin	21184	1048	355	360	333
黑龙江	Heilongjiang	32200	356	97	88	124
上海	Shanghai	50422	879	269	326	284
江苏	Jiangsu	32376	288	87	97	104
浙江	Zhejiang	213282	296	110	92	94
安徽	Anhui	71760	3814	1535	1294	985
福建	Fujian	94321	0	0	0	0
江西	Jiangxi	56706	0	0	0	0
山东	Shandong	215865	1865	554	585	644
河南	Henan	133158	1037	317	346	374
湖北	Hubei	89261	429	123	153	153
湖南	Hunan	103617	855	240	299	316
广东	Guangdong	100769	48	16	19	13
广西	Guangxi	57556	1445	403	496	546
海南	Hainan	4526	120	23	53	44
重庆	Chongqing	59170	331	127	55	149
四川	Sichuan	82333	1085	417	347	321
贵州	Guizhou	14726	1396	348	622	426
云南	Yunnan	48965	1753	615	588	550
西藏	Tibet	0	0	0	0	0
陕西	Shaanxi	85529	1137	482	357	274
甘肃	Gansu	20222	420	186	145	89
青海	Qinghai	2146	63	21	28	14
宁夏	Ningxia	4002	20	2	5	13
新疆	Xinjiang	5698	774	332	185	257

数、毕业班学生数(城市)

in Vocational Schools (Urban)

单位:人 Unit: in Person

生数							
	高中 Senior Sec. Schools					毕业班学生数 Graduates for Next Year	
四年级 Grade 4	计 Subtotal	一年级 Grade 1	二年级 Grade 2	三年级 Grade 3	四年级 Grade 4	初中 Junior Sec. Schools	高中 Senior Sec. Schools
186	1991116	830179	639742	504742	16453	9029	560154
0	61056	21728	19921	16180	3227	47	16691
0	52466	15293	14794	16070	6309	0	18487
33	106901	43280	36896	26600	125	881	33422
0	39230	17185	11877	10167	1	1834	12267
0	25952	10945	8144	6863	0	84	6950
0	125176	47018	39814	38248	96	134	38277
0	20136	6232	7967	5937	0	333	7136
47	31844	13048	10973	7823	0	87	8185
0	49543	16844	16150	14924	1625	284	15399
0	32088	13509	10201	8342	36	104	9084
0	212986	96243	67471	48775	497	94	50496
0	67946	29983	20966	16967	30	985	17687
0	94321	37962	30140	26002	217	0	27404
0	56706	28361	18252	10093	0	0	15367
82	214000	87761	67690	58281	268	599	63457
0	132121	49370	41849	40233	669	374	40500
0	88832	35746	28155	22637	2294	153	23425
0	102762	51799	33173	17604	186	316	24891
0	100721	39022	32680	29019	0	13	29981
0	56111	25508	17550	13053	0	546	13319
0	4406	2093	1524	789	0	44	967
0	58839	28411	19222	11206	0	149	14601
0	81248	39433	25464	16351	0	321	18606
0	13330	5702	4919	2709	0	426	4306
0	47212	14876	16736	15600	0	550	16938
0	0	0	0	0	0	0	0
24	84392	39276	28070	16563	483	298	23659
0	19802	8366	6195	5016	225	89	5520
0	2083	1084	662	337	0	14	441
0	3982	1584	923	1475	0	13	1475
0	4924	2517	1364	878	165	257	1216

职业中学在校学生

Enrolment and Number of Graduates for Next Year

地区 Region	在校学 Enrolment				
	合计 Total	初中 Junior Sec. Schools			
		计 Subtotal	一年级 Grade 1	二年级 Grade 2	三年级 Grade 3
总计 Total	2074149	240921	83578	78286	74818
北京 Beijing	13732	40	20	10	10
天津 Tianjin	11729	0	0	0	0
河北 Hebei	189707	27014	10767	10119	6088
山西 Shanxi	59575	16138	5555	5300	5283
内蒙古 Inner Mongolia	78641	43333	14214	13587	11599
辽宁 Liaoning	29567	32	0	0	32
吉林 Jilin	36311	6479	2576	2169	1654
黑龙江 Heilongjiang	33581	420	41	363	16
上海 Shanghai	24911	0	0	0	0
江苏 Jiangsu	101256	0	0	0	0
浙江 Zhejiang	200157	638	246	225	167
安徽 Anhui	132771	49418	16488	17180	15640
福建 Fujian	84604	3155	1140	916	1099
江西 Jiangxi	55987	2415	1013	797	605
山东 Shandong	167289	4333	1406	1779	1103
河南 Henan	209544	6865	2790	2383	1692
湖北 Hubei	48217	9551	3617	3319	2615
湖南 Hunan	82918	4727	2154	1518	1055
广东 Guangdong	88936	6940	2389	2337	2214
广西 Guangxi	51301	21327	4966	4201	12160
海南 Hainan	3302	0	0	0	0
重庆 Chongqing	46937	1713	580	560	573
四川 Sichuan	110105	4637	1693	1464	1480
贵州 Guizhou	25230	10701	4178	3925	2598
云南 Yunnan	61485	9215	3566	2189	3460
西藏 Tibet	1035	1035	442	268	325
陕西 Shaanxi	85447	4721	1861	1380	1449
甘肃 Gansu	21156	559	158	183	218
青海 Qinghai	3670	219	0	82	137
宁夏 Ningxia	6047	1337	580	355	402
新疆 Xinjiang	9001	3959	1138	1677	1144

数、毕业班学生数(县镇)

in Vocational Schools (County Seats & Towns)

单位:人 Unit: in Person

生 数						毕业班学生数 Graduates for Next Year	
	高 中 Senior Sec. Schools						
四年级 Grade 4	计 Subtotal	一年级 Grade 1	二年级 Grade 2	三年级 Grade 3	四年级 Grade 4	初 中 Junior Sec. Schools	高 中 Senior Sec. Schools
4239	1833228	834224	588808	406642	3554	74268	485176
0	13692	4686	4897	3680	429	0	3402
0	11729	4274	3858	3525	72	0	3204
40	162693	64089	54896	43656	52	6128	46927
0	43437	19951	13500	9986	0	5283	12550
3933	35308	14278	11950	9080	0	10873	9522
0	29535	12103	8999	8433	0	32	8433
80	29832	12371	10499	6669	293	1734	10715
0	33161	13942	10715	8414	90	16	9237
0	24911	9502	8422	6547	440	0	7291
0	101256	47182	31445	21312	1317	0	24291
0	199519	94595	61814	43091	19	167	44841
110	83353	42795	24855	15703	0	15750	19131
0	81449	32367	28963	19908	211	1099	22729
0	53572	23136	18612	11824	0	568	16539
45	162956	74845	52446	35665	0	1105	46850
0	202679	86079	61692	54908	0	1692	59008
0	38666	18740	11358	8568	0	2615	8527
0	78191	40766	23631	13794	0	1055	16538
0	81996	32240	27726	21959	71	2217	24303
0	29974	15204	9653	5117	0	12160	6936
0	3302	1433	1234	635	0	0	1315
0	45224	24590	14713	5921	0	573	11412
0	105468	56050	35224	14154	40	1480	20138
0	14529	7627	4418	2435	49	2598	4472
0	52270	23019	17847	11404	0	3460	14241
0	0	0	0	0	0	325	0
31	80726	43308	25149	11878	391	1437	22758
0	20597	7986	6829	5702	80	218	5984
0	3451	2111	870	470	0	137	903
0	4710	2210	1434	1066	0	402	1205
0	5042	2745	1159	1138	0	1144	1774

职业中学在校学生

Enrolment and Number of Graduates for Next Year

地区 Region	合计 Total	在校学生 Enrolment 初中 Junior Sec. Schools 计 Subtotal	一年级 Grade 1	二年级 Grade 2	三年级 Grade 3
总计 Total	1018381	561444	199905	185791	162206
北京 Beijing	8044	28	9	10	9
天津 Tianjin	1388	0	0	0	0
河北 Hebei	42041	21463	7668	7780	5541
山西 Shanxi	21708	13644	4822	4659	4094
内蒙古 Inner Mongolia	76008	69499	23378	21582	17867
辽宁 Liaoning	9038	1428	451	518	459
吉林 Jilin	39309	31124	9679	9588	10116
黑龙江 Heilongjiang	19103	14957	3412	2607	5240
上海 Shanghai	246	0	0	0	0
江苏 Jiangsu	57614	0	0	0	0
浙江 Zhejiang	3576	199	45	78	76
安徽 Anhui	301940	259727	98502	89843	71142
福建 Fujian	18549	295	108	85	102
江西 Jiangxi	16603	9979	3967	3248	2620
山东 Shandong	42618	2018	873	407	678
河南 Henan	72460	8442	3055	2802	2474
湖北 Hubei	37468	28299	11262	9244	7624
湖南 Hunan	33632	3990	1471	1413	1106
广东 Guangdong	47426	1683	519	475	689
广西 Guangxi	3682	2080	696	466	918
海南 Hainan	708	0	0	0	0
重庆 Chongqing	2929	40	0	0	40
四川 Sichuan	19258	3201	1266	965	970
贵州 Guizhou	33626	32346	12366	10931	9049
云南 Yunnan	24997	16516	4850	4410	7256
西藏 Tibet	25	25	25	0	0
陕西 Shaanxi	30117	2934	1077	984	873
甘肃 Gansu	15105	3513	1115	1167	1067
青海 Qinghai	711	602	284	165	153
宁夏 Ningxia	2364	1161	440	391	330
新疆 Xinjiang	36088	32251	8565	11973	11713

数、毕业班学生数(农村)

in Vocational Schools (Rural)

单位:人 **Unit: in Person**

生数。

四年级 Grade 4	高中 Senior Sec. Schools 计 Subtotal	一年级 Grade 1	二年级 Grade 2	三年级 Grade 3	四年级 Grade 4	毕业班学生数 Graduates for Next Year 初中 Junior Sec. Schools	高中 Senior Sec. Schools
13542	456937	209963	145960	100508	506	162961	119040
0	8016	2765	2723	2461	67	9	2341
0	1388	540	483	365	0	0	365
474	20578	7500	7744	5334	0	6015	6911
69	8064	4154	2919	915	76	4043	2137
6672	6509	2798	2396	1315	0	15167	1359
0	7610	3478	2365	1767	0	459	1767
1741	8185	2739	2751	2695	0	10004	3087
3698	4146	1698	1457	991	0	7884	1325
0	246	92	79	75	0	0	75
0	57614	25789	18201	13517	107	0	14655
0	3377	1979	998	400	0	76	495
240	42213	23532	12676	6005	0	71162	9030
0	18254	6955	6390	4862	47	102	5105
144	6624	2895	1978	1751	0	2656	2151
60	40600	16258	13041	11301	0	678	12166
111	64018	28930	19383	15705	0	2585	16007
169	9169	5242	2612	1315	0	7793	1315
0	29642	16505	8361	4776	0	1106	5417
0	45743	17680	14979	13084	0	689	14184
0	1602	738	532	332	0	918	332
0	708	382	217	109	0	0	257
0	2889	1592	983	314	0	40	910
0	16057	8621	5004	2432	0	970	3898
0	1280	591	398	291	0	9049	489
0	8481	3862	3401	1218	0	7256	2137
0	0	0	0	0	0	0	0
0	27183	15178	8512	3412	81	873	6627
164	11592	5230	3801	2433	128	1231	2847
0	109	59	0	50	0	153	109
0	1203	707	273	223	0	330	233
0	3837	1474	1303	1060	0	11713	1309

职业中学学生

Number of Female Students

地区 Region	合计 Total	在校学 Enrolment 初中 Junior Sec. Schools 计 Subtotal	一年级 Grade 1	二年级 Grade 2	三年级 Grade 3
总计 Total	2432667	386751	137985	127306	112647
北京 Beijing	41061	195	49	83	63
天津 Tianjin	35613	0	0	0	0
河北 Hebei	176348	25674	9999	9243	6191
山西 Shanxi	63596	17218	6018	5722	5445
内蒙古 Inner Mongolia	88617	54323	17882	16747	14228
辽宁 Liaoning	83664	873	255	345	273
吉林 Jilin	49629	19159	6375	6213	5714
黑龙江 Heilongjiang	44160	7637	1754	1673	2461
上海 Shanghai	37340	337	118	103	116
江苏 Jiangsu	85828	133	39	47	47
浙江 Zhejiang	196782	249	109	84	56
安徽 Anhui	230714	142801	54180	49268	39194
福建 Fujian	90014	1627	597	465	565
江西 Jiangxi	56122	5268	2172	1740	1297
山东 Shandong	183029	3438	1287	1089	1032
河南 Henan	195892	7353	2729	2610	1978
湖北 Hubei	80621	17224	6971	5854	4330
湖南 Hunan	111236	4638	1831	1576	1231
广东 Guangdong	113986	4094	1461	1396	1237
广西 Guangxi	49042	11325	2892	2209	6224
海南 Hainan	4144	66	8	35	23
重庆 Chongqing	54264	963	323	276	364
四川 Sichuan	98828	4123	1445	1274	1404
贵州 Guizhou	31526	19198	7398	6694	5106
云南 Yunnan	63637	12561	4055	3329	5177
西藏 Tibet	479	479	217	105	157
陕西 Shaanxi	104636	4371	1695	1353	1283
甘肃 Gansu	27608	2094	680	678	662
青海 Qinghai	3404	364	125	119	120
宁夏 Ningxia	6402	1185	394	452	339
新疆 Xinjiang	24445	17781	4927	6524	6330

总数中女学生数

in Vocational Schools

单位:人 **Unit: in Person**

生数						毕业班学生数 Graduates for Next Year	
	高中 Senior Sec. Schools						
四年级 Grade 4	计 Subtotal	一年级 Grade 1	二年级 Grade 2	三年级 Grade 3	四年级 Grade 4	初中 Junior Sec. Schools	高中 Senior Sec. Schools
8813	2045916	886668	654483	493455	11310	112298	555220
0	40866	14026	13500	11247	2093	54	11307
0	35613	10956	10334	10967	3356	0	12057
241	150674	58628	51482	40470	94	6412	46081
33	46378	21454	14198	10673	53	5428	13848
5466	34294	14276	11379	8639	0	12980	8883
0	82791	32347	26396	24026	22	273	23778
857	30470	10893	10976	8370	231	5591	11096
1749	36523	15050	12170	9276	27	3531	10038
0	37003	12629	12176	11041	1157	116	11562
0	85695	39403	26816	18860	616	47	20891
0	196533	89756	61631	44782	364	56	45904
159	87913	43300	26419	18194	0	38970	20957
0	88387	33748	29717	24635	287	565	25867
59	50854	24098	16724	10032	0	1111	14108
30	179591	77627	56485	45255	224	1013	51464
36	188539	78056	56987	53063	433	2014	54310
69	63397	27325	19231	15442	1399	4399	16026
0	106598	55487	32959	18065	87	1226	23442
0	109892	42091	36322	31459	20	1237	32790
0	37717	17635	11875	8207	0	6224	8949
0	4078	1802	1523	753	0	23	1427
0	53301	26411	18133	8757	0	364	12084
0	94705	47630	30904	16146	25	1404	20210
0	12328	5810	4146	2367	5	5106	3837
0	51076	19500	17394	14182	0	5177	15664
0	0	0	0	0	0	157	0
40	100265	48866	32455	18469	475	1295	27348
74	25514	10542	8105	6590	277	736	7029
0	3040	1720	824	496	0	120	695
0	5217	2394	1410	1413	0	339	1512
0	6664	3208	1812	1579	65	6330	2056

职业中学教

Number of Teachers, Staff & Workers in

地区 Region	教职工 Teachers, Staff &			
	合计 Total	专任教师 Full-time Teachers		
		计 Total	初中 Junior Sec. Schools	高中 Senior Sec. Schools
总计 Total	430325	310060	37390	272670
北京 Beijing	10770	6229	31	6198
天津 Tianjin	7400	4470	0	4470
河北 Hebei	29332	21110	2788	18322
山西 Shanxi	12892	9623	2177	7446
内蒙古 Inner Mongolia	17263	13044	7405	5639
辽宁 Liaoning	17104	11798	67	11731
吉林 Jilin	10078	6557	1515	5042
黑龙江 Heilongjiang	10488	7373	536	6837
上海 Shanghai	5993	3524	53	3471
江苏 Jiangsu	24049	18227	31	18196
浙江 Zhejiang	26936	20540	65	20475
安徽 Anhui	24262	19839	11524	8315
福建 Fujian	13288	10113	283	9830
江西 Jiangxi	9956	6947	607	6340
山东 Shandong	40475	27994	790	27204
河南 Henan	31988	23918	746	23172
湖北 Hubei	14240	10555	1891	8664
湖南 Hunan	20993	14266	540	13726
广东 Guangdong	19058	14754	426	14328
广西 Guangxi	9894	6709	759	5950
海南 Hainan	1440	980	20	960
重庆 Chongqing	9220	6356	135	6221
四川 Sichuan	19325	13982	513	13469
贵州 Guizhou	6421	4912	2277	2635
云南 Yunnan	10012	7165	841	6324
西藏 Tibet	4	4	4	0
陕西 Shaanxi	15514	10346	457	9889
甘肃 Gansu	6152	4751	277	4474
青海 Qinghai	868	654	34	620
宁夏 Ningxia	1178	921	169	752
新疆 Xinjiang	3732	2399	429	1970

职 工 数 （总 计）

Vocational Schools (Regional Aggregates)

单位: 人 **Unit: in Person**

数 Workers				代课教师 Substitute Teachers	兼任教师 Part－time Teachers
行政人员 Adm. Personnel	教辅人员 Supporting Staff	工勤人员 Workers	校办工厂、农场职工 Employeesin School－run Factories&Farms		
48260	22911	42976	6118	11581	16304
2255	864	1352	70	252	398
1487	716	641	86	158	328
3012	1527	2978	705	576	826
1147	572	1327	223	798	417
1347	970	1774	128	514	77
3744	190	1345	27	299	206
1918	823	659	121	125	246
1505	453	1040	117	43	174
728	847	712	182	197	204
1982	1421	2271	148	896	457
2382	1132	2642	240	0	2190
1787	863	1646	127	1011	1224
1466	504	1130	75	666	878
737	336	939	997	174	651
5076	2528	4242	635	332	681
2919	1760	2963	428	681	926
1327	784	1296	278	463	446
2380	1359	2517	471	506	754
1868	734	1627	75	935	472
1072	667	1328	118	319	723
150	55	219	36	38	28
1076	561	1094	133	270	563
1919	1042	2212	170	371	541
670	210	560	69	205	280
756	459	1594	38	117	649
0	0	0	0	12	4
2500	862	1563	243	1174	1720
498	285	556	62	229	116
78	39	93	4	30	8
90	78	86	3	74	30
384	270	570	109	116	87

职 业 中 学 教

Number of Teachers, Staff & Workers in

地 区 Region	教职工 Teachers, Staff &			
	合计 Total	专任教师 Full-time Teachers		
		计 Total	初中 Junior Sec. Schools	高中 Senior Sec. Schools
总 计 Total	186746	126529	2065	124464
北 京 Beijing	7388	4191	5	4186
天 津 Tianjin	5735	3338	0	3338
河 北 Hebei	10931	7212	286	6926
山 西 Shanxi	5127	3537	319	3218
内蒙古 Inner Mongolia	3344	2400	33	2367
辽 宁 Liaoning	12135	8380	14	8366
吉 林 Jilin	3168	1945	75	1870
黑龙江 Heilongjiang	4080	2908	38	2870
上 海 Shanghai	4160	2423	53	2370
江 苏 Jiangsu	7966	5891	31	5860
浙 江 Zhejiang	13896	10323	25	10298
安 徽 Anhui	4733	3172	238	2934
福 建 Fujian	6763	5022	3	5019
江 西 Jiangxi	3973	2868	0	2868
山 东 Shandong	20787	13787	127	13660
河 南 Henan	11361	7958	94	7864
湖 北 Hubei	8214	5636	26	5610
湖 南 Hunan	9904	6178	56	6122
广 东 Guangdong	8379	6119	8	6111
广 西 Guangxi	5083	3459	102	3357
海 南 Hainan	711	526	20	506
重 庆 Chongqing	5032	3265	41	3224
四 川 Sichuan	7322	5146	100	5046
贵 州 Guizhou	1668	1181	109	1072
云 南 Yunnan	3059	2289	74	2215
西 藏 Tibet	0	0	0	0
陕 西 Shaanxi	7065	4194	108	4086
甘 肃 Gansu	2257	1636	28	1608
青 海 Qinghai	293	224	15	209
宁 夏 Ningxia	464	334	3	331
新 疆 Xinjiang	1748	987	34	953

职 工 数（城 市）

Vocational Schools (Urban)

单位：人 Unit: in Person

数 Workers				代课教师 Substitute Teachers	兼任教师 Part－time Teachers
行政人员 Adm. Personnel	教辅人员 Supporting Staff	工勤人员 Workers	校办工厂、农场职工 Employeesin School－run Factories&Farms		
26890	11508	18682	3137	5558	10746
1831	456	860	50	167	269
1217	589	510	81	155	323
1437	650	1150	482	409	517
615	271	594	110	380	253
426	213	266	39	81	19
2712	172	852	19	284	195
703	262	200	58	34	221
644	148	374	6	17	99
492	648	501	96	102	164
860	439	692	84	219	157
1292	700	1378	203	0	1338
745	304	443	69	322	527
815	287	572	67	176	625
425	185	441	54	37	498
3022	1397	2065	516	204	582
1591	826	919	67	363	464
1024	490	820	244	309	429
1460	688	1274	304	251	613
946	437	839	38	412	402
603	367	600	54	136	427
75	26	80	4	25	17
672	377	647	71	71	362
902	445	720	109	206	333
222	86	169	10	84	197
248	176	342	4	8	217
0	0	0	0	0	0
1413	483	786	189	893	1390
210	153	215	43	111	49
30	14	25	0	2	0
49	38	43	0	68	22
209	181	305	66	32	37

职业中学教

Number of Teachers, Staff & Workers in

地区 Region	教职工 Teachers, Staff & 合计 Total	专任教师 Full-time Teachers 计 Total	初中 Junior Sec. Schools	高中 Senior Sec. Schools
总计 Total	178136	130679	11593	119086
北京 Beijing	2188	1307	0	1307
天津 Tianjin	1413	943	0	943
河北 Hebei	15052	11244	1340	9904
山西 Shanxi	5792	4497	954	3543
内蒙古 Inner Mongolia	7218	5471	2694	2777
辽宁 Liaoning	4234	2841	7	2834
吉林 Jilin	5236	3337	406	2931
黑龙江 Heilongjiang	5391	3667	10	3657
上海 Shanghai	1796	1082	0	1082
江苏 Jiangsu	11214	8383	0	8383
浙江 Zhejiang	12837	10066	31	10035
安徽 Anhui	6887	5401	1891	3510
福建 Fujian	5151	4003	185	3818
江西 Jiangxi	4936	3204	138	3066
山东 Shandong	15791	11371	288	11083
河南 Henan	15270	11601	265	11336
湖北 Hubei	3942	3121	503	2618
湖南 Hunan	8136	5844	238	5606
广东 Guangdong	7062	5595	355	5240
广西 Guangxi	4434	2988	580	2408
海南 Hainan	631	382	0	382
重庆 Chongqing	3957	2913	92	2821
四川 Sichuan	10169	7480	195	7285
贵州 Guizhou	2850	2039	573	1466
云南 Yunnan	5543	3803	366	3437
西藏 Tibet	4	4	4	0
陕西 Shaanxi	5998	4334	210	4124
甘肃 Gansu	2581	1981	75	1906
青海 Qinghai	567	423	12	411
宁夏 Ningxia	608	495	113	382
新疆 Xinjiang	1248	859	68	791

职 工 数（县 镇）

Vocational Schools (County Seats & Towns)

单位:人 Unit: in Person

数 Workers				代课教师 Substitute Teachers	兼任教师 Part－time Teachers
行政人员 Adm. Personnel	教辅人员 Supporting Staff	工勤人员 Workers	校办工厂、农场职工 Employeesin School－run Factories&Farms		
16717	8979	19101	2660	3481	4308
300	285	276	20	57	79
242	102	122	4	3	4
1298	789	1520	201	101	305
387	252	564	92	286	153
569	334	776	68	185	29
921	14	453	5	3	9
1027	447	369	56	74	15
720	281	621	102	19	69
229	195	204	86	93	40
818	777	1180	56	240	209
1068	428	1238	37	0	830
524	315	599	48	297	388
526	189	425	8	324	187
267	131	428	906	89	151
1572	942	1821	85	96	67
1041	763	1556	309	269	401
227	242	328	24	72	6
695	506	944	147	66	92
610	201	629	27	364	53
430	272	691	53	153	275
70	22	125	32	11	11
379	164	439	62	140	191
839	519	1271	60	110	194
328	106	325	52	41	67
430	218	1061	31	71	189
0	0	0	0	12	0
772	263	586	43	167	203
218	111	253	18	102	62
48	25	67	4	28	8
37	32	41	3	0	0
125	54	189	21	8	21

职业中学教

Number of Teachers, Staff & Workers in

地区 Region	教职工 Teachers, Staff &			
	合计 Total	专任教师 Full-time Teachers		
		计 Total	初中 Junior Sec. Schools	高中 Senior Sec. Schools
总计 Total	65443	52852	23732	29120
北京 Beijing	1194	731	26	705
天津 Tianjin	252	189	0	189
河北 Hebei	3349	2654	1162	1492
山西 Shanxi	1973	1589	904	685
内蒙古 Inner Mongolia	6701	5173	4678	495
辽宁 Liaoning	735	577	46	531
吉林 Jilin	1674	1275	1034	241
黑龙江 Heilongjiang	1017	798	488	310
上海 Shanghai	37	19	0	19
江苏 Jiangsu	4869	3953	0	3953
浙江 Zhejiang	203	151	9	142
安徽 Anhui	12642	11266	9395	1871
福建 Fujian	1374	1088	95	993
江西 Jiangxi	1047	875	469	406
山东 Shandong	3897	2836	375	2461
河南 Henan	5357	4359	387	3972
湖北 Hubei	2084	1798	1362	436
湖南 Hunan	2953	2244	246	1998
广东 Guangdong	3617	3040	63	2977
广西 Guangxi	377	262	77	185
海南 Hainan	98	72	0	72
重庆 Chongqing	231	178	2	176
四川 Sichuan	1834	1356	218	1138
贵州 Guizhou	1903	1692	1595	97
云南 Yunnan	1410	1073	401	672
西藏 Tibet	0	0	0	0
陕西 Shaanxi	2451	1818	139	1679
甘肃 Gansu	1314	1134	174	960
青海 Qinghai	8	7	7	0
宁夏 Ningxia	106	92	53	39
新疆 Xinjiang	736	553	327	226

职 工 数 （农 村）

Vocational Schools（Rural）

单位：人 Unit: in Person

数 Workers					
行政人员 Adm. Personnel	教辅人员 Supporting Staff	工勤人员 Workers	校办工厂、农场职工 Employeesin School－run Factories&Farms	代课教师 Substitute Teachers	兼任教师 Part－time Teachers
4653	2424	5193	321	2542	1250
124	123	216	0	28	50
28	25	9	1	0	1
277	88	308	22	66	4
145	49	169	21	132	11
352	423	732	21	248	29
111	4	40	3	12	2
188	114	90	7	17	10
141	24	45	9	7	6
7	4	7	0	2	0
304	205	399	8	437	91
22	4	26	0	0	22
518	244	604	10	392	309
125	28	133	0	166	66
45	20	70	37	48	2
482	189	356	34	32	32
287	171	488	52	49	61
76	52	148	10	82	11
225	165	299	20	189	49
312	96	159	10	159	17
39	28	37	11	30	21
5	7	14	0	2	0
25	20	8	0	59	10
178	78	221	1	55	14
120	18	66	7	80	16
78	65	191	3	38	243
0	0	0	0	0	4
315	116	191	11	114	127
70	21	88	1	16	5
0	0	1	0	0	0
4	8	2	0	6	8
50	35	76	22	76	29

职业中学教职工总

Number of Female Teachers, Staff

地　区 Region	教职工 Teachers, Staff &			
	合　计 Total	专任教师 Full-time Teachers		
		计 Total	初　中 Junior Sec. Schools	高　中 Senior Sec. Schools
总　计 Total	179897	137053	13328	123725
北　京 Beijing	6659	4296	20	4276
天　津 Tianjin	4050	2815	0	2815
河　北 Hebei	15005	12116	1594	10522
山　西 Shanxi	6102	5049	1085	3964
内蒙古 Inner Mongolia	7200	6064	3185	2879
辽　宁 Liaoning	9662	7411	20	7391
吉　林 Jilin	5094	3810	823	2987
黑龙江 Heilongjiang	5314	4135	151	3984
上　海 Shanghai	3125	1920	35	1885
江　苏 Jiangsu	9512	7511	18	7493
浙　江 Zhejiang	12011	9390	28	9362
安　徽 Anhui	6101	4981	2528	2453
福　建 Fujian	5339	4166	110	4056
江　西 Jiangxi	3007	1990	119	1871
山　东 Shandong	15784	12244	322	11922
河　南 Henan	12878	10247	275	9972
湖　北 Hubei	4946	3593	534	3059
湖　南 Hunan	8050	5758	193	5565
广　东 Guangdong	7861	6150	165	5985
广　西 Guangxi	4019	2695	305	2390
海　南 Hainan	542	359	6	353
重　庆 Chongqing	3666	2680	55	2625
四　川 Sichuan	6936	5247	182	5065
贵　州 Guizhou	2049	1571	662	909
云　南 Yunnan	4290	2992	303	2689
西　藏 Tibet	1	1	1	0
陕　西 Shaanxi	6186	4426	236	4190
甘　肃 Gansu	2015	1580	92	1488
青　海 Qinghai	348	282	13	269
宁　夏 Ningxia	444	377	67	310
新　疆 Xinjiang	1701	1197	201	996

数中女教职工数

& Workers in Vocational Schools

单位: 人 Unit: in Person

数 Workers				代课教师 Substitute Teachers	兼任教师 Part-time Teachers
行政人员 Adm. Personnel	教辅人员 Supporting Staff	工勤人员 Workers	校办工厂、农场职工 Employeesin School-run Factories&Farms		
14154	11119	15367	2204	4259	5666
1199	524	613	27	106	215
625	382	203	25	66	150
755	757	1076	301	270	340
309	314	379	51	388	145
290	351	454	41	229	22
1667	125	451	8	144	117
682	367	182	53	38	159
572	255	324	28	20	54
317	523	312	53	91	97
454	692	799	56	381	100
665	631	1207	118	0	771
315	368	411	26	306	320
383	239	524	27	165	279
174	123	289	431	53	215
1096	1155	1072	217	125	213
706	808	907	210	230	270
429	349	498	77	160	175
586	570	1003	133	148	236
494	387	816	14	334	140
280	338	655	51	142	205
54	24	99	6	10	5
288	312	346	40	46	184
518	452	660	59	125	139
137	90	239	12	54	76
194	208	887	9	53	212
0	0	0	0	5	0
729	473	480	78	453	776
75	124	205	31	46	12
19	16	30	1	10	0
15	31	21	0	11	9
127	131	225	21	50	30

小学校数、班数、招生

Number of Schools, Classes, Graduates & Students

地 区 Region	学校数(所) Schools	教学点数(个) Teaching Sites	班 计 Total	一 年 级 Grade 1	二 年 级 Grade 2
总 计 Total	456903	112359	3526147	611568	586080
北 京 Beijing	1824	3	21993	3554	3621
天 津 Tianjin	1208	0	18530	3162	3139
河 北 Hebei	28433	3691	211616	29365	30650
山 西 Shanxi	32898	671	132147	24743	19180
内蒙古 Inner Mongolia	8472	4274	68679	14146	12029
辽 宁 Liaoning	12161	637	98639	16164	16270
吉 林 Jilin	8632	801	74030	11621	11691
黑龙江 Heilongjiang	11990	987	88359	16123	16061
上 海 Shanghai	763	48	18099	2986	2968
江 苏 Jiangsu	13372	1850	152474	22992	23598
浙 江 Zhejiang	8962	556	87607	15362	15244
安 徽 Anhui	22718	3704	170244	34388	32445
福 建 Fujian	12924	4179	110176	17969	17493
江 西 Jiangxi	17255	3345	112233	22766	20279
山 东 Shandong	19590	2301	181730	33110	30773
河 南 Henan	37729	3817	285474	51211	49777
湖 北 Hubei	17994	3654	144496	22821	23198
湖 南 Hunan	27243	3098	155520	24793	23947
广 东 Guangdong	23314	3264	247858	43830	42351
广 西 Guangxi	16070	18709	173409	28547	26660
海 南 Hainan	3320	843	30582	5641	5449
重 庆 Chongqing	12031	1030	73445	12962	13023
四 川 Sichuan	25972	14375	213620	38586	37636
贵 州 Guizhou	14822	5772	129459	23424	22175
云 南 Yunnan	20595	20531	157644	27465	25981
西 藏 Tibet	899	2097	11985	2887	2793
陕 西 Shaanxi	26989	2137	143068	21029	20545
甘 肃 Gansu	16648	3647	100106	19552	17945
青 海 Qinghai	3120	529	18154	3865	3274
宁 夏 Ningxia	2912	594	20601	4536	3903
新 疆 Xinjiang	6043	1215	74170	11968	11982

数、毕业生数(总计)

Admitted in Primary Schools (Regional Aggregates)

数 (个) Classes					毕业生数(人) Graduates	招生数(人) Students Admitted
三年级 Grade 3	四年级 Grade 4	五年级 Grade 5	六年级 Grade 6	复式班 Multiple-grade Classes		
578179	577617	582655	446637	143411	23519240	19527981
3530	3536	3594	4096	62	156683	86406
3075	3063	3293	2733	65	133301	92955
33169	34598	35874	36807	11153	1526929	789634
19218	19119	19901	3878	26108	678698	801731
11895	11911	12243	2110	4345	420479	365473
16469	16248	16126	17125	237	622536	463091
11877	12015	12621	13658	547	455545	283161
16188	16208	16788	5096	1895	570422	406494
2955	2952	3058	3180	0	159222	102176
24119	25109	27051	27959	1646	1313037	832083
15649	16663	14349	8615	1725	644767	577818
30493	29978	30142	7802	4996	1277525	1272586
17056	17184	18386	18008	4080	647691	475169
19711	19712	20439	4541	4785	821475	741991
29413	31117	34968	22204	145	1440986	1072586
50620	53190	54292	22810	3574	2025508	1857734
23893	24000	23629	22857	4098	1221654	712199
23099	23518	24045	27039	9079	1403093	708909
41372	40255	39260	38761	2029	1529035	1687362
26378	26756	27076	26143	11849	947977	801523
5153	4893	4684	4561	201	163422	166168
12716	12046	11150	10785	763	451032	480050
36132	33854	31884	31245	4283	1361854	1320396
20995	19826	19258	19172	4609	816123	848378
24021	22627	21967	21452	14131	775185	737091
2425	1446	1149	1122	163	43929	60824
20920	21241	20947	20933	17453	830430	595066
17069	16007	15582	7378	6573	486101	609934
2995	2693	2557	1051	1719	81005	102602
3497	3387	3347	1481	450	101970	130005
12077	12465	12995	12035	648	411626	346386

小学校数、班数、招生

Number of Schools, Classes, Graduates & Students

地区 Region	学校数(所) Schools	教学点数(个) Teaching Sites	班 计 Total	一年级 Grade 1	二年级 Grade 2
总计 Total	25950	729	394519	69105	68035
北京 Beijing	533	3	9367	1561	1574
天津 Tianjin	372	0	6024	974	958
河北 Hebei	1139	16	19954	3115	3381
山西 Shanxi	896	0	14072	3128	2573
内蒙古 Inner Mongolia	513	19	9473	1971	1782
辽宁 Liaoning	1231	1	20863	3482	3507
吉林 Jilin	444	0	9489	1658	1646
黑龙江 Heilongjiang	698	3	11602	2086	2173
上海 Shanghai	430	2	10171	1703	1683
江苏 Jiangsu	1347	29	21349	3439	3504
浙江 Zhejiang	1238	25	18500	3392	3270
安徽 Anhui	1043	13	15063	2568	2545
福建 Fujian	764	21	10631	1764	1770
江西 Jiangxi	440	13	6839	1347	1355
山东 Shandong	1913	38	26308	5151	4877
河南 Henan	1275	14	19078	3258	3346
湖北 Hubei	2283	387	28963	4724	4876
湖南 Hunan	1008	15	13066	2079	2084
广东 Guangdong	2114	0	38530	6961	6695
广西 Guangxi	695	17	9554	1538	1531
海南 Hainan	135	0	2359	414	410
重庆 Chongqing	2517	47	19531	3356	3365
四川 Sichuan	607	12	13588	2457	2371
贵州 Guizhou	507	8	7225	1298	1231
云南 Yunnan	265	19	4461	884	753
西藏 Tibet	27	2	502	91	85
陕西 Shaanxi	650	17	10189	1657	1695
甘肃 Gansu	350	1	6053	1044	1038
青海 Qinghai	74	0	1471	247	243
宁夏 Ningxia	84	0	1618	269	267
新疆 Xinjiang	358	7	8626	1489	1447

数、毕业生数(城市)

Admitted in Primary Schools (Urban)

数 (个) Classes					毕业生数(人) Graduates	招生数(人) Students Admitted
三年级 Grade 3	四年级 Grade 4	五年级 Grade 5	六年级 Grade 6	复式班 Multiple-grade Classes		
67449	66646	66185	56787	312	3250742	2868086
1544	1576	1547	1565	0	63630	39972
963	1005	1085	1039	0	56428	32344
3404	3367	3348	3328	11	157386	116899
2419	2354	2338	1238	22	110521	136848
1741	1748	1693	536	2	89435	87496
3645	3560	3409	3254	6	195378	138477
1577	1536	1499	1573	0	73290	62622
2306	2306	2227	504	0	118808	86555
1644	1630	1692	1819	0	93371	52884
3536	3527	3591	3750	2	180356	135215
3252	3376	2925	2234	51	144895	141769
2511	2545	2583	2283	28	135104	114982
1722	1721	1777	1853	24	83140	75540
1331	1285	1336	180	5	70362	65079
4514	4398	4628	2740	0	228520	225206
3268	3315	3464	2425	2	179197	152036
4995	4991	4922	4398	57	255871	174712
2103	2129	2216	2429	26	132399	95101
6639	6295	6040	5896	4	259867	327156
1531	1583	1672	1694	5	70329	59606
387	371	381	396	0	16959	19398
3384	3295	3081	3035	15	120506	122214
2366	2165	2143	2085	1	92044	96248
1186	1158	1176	1174	2	56029	60095
751	729	711	633	0	35908	33953
82	81	78	85	0	3549	4582
1689	1675	1687	1745	41	88343	73931
1032	1004	1008	923	4	46959	47913
243	254	247	237	0	13652	13124
264	265	274	279	0	13789	11875
1420	1402	1407	1457	4	64717	64254

小学校数、班数、招生

Number of Schools, Classes, Graduates & Students

地　区 Region	学校数(所) Schools	教学点数(个) Teaching Sites	班 计 Total	一年级 Grade 1	二年级 Grade 2
总　计 Total	46949	3380	531629	91047	88242
北　京 Beijing	556	0	6553	1045	1058
天　津 Tianjin	439	0	6717	1155	1155
河　北 Hebei	2701	46	28538	3910	4149
山　西 Shanxi	2057	55	17738	4097	3180
内蒙古 Inner Mongolia	869	57	10991	2262	2027
辽　宁 Liaoning	695	6	9547	1537	1574
吉　林 Jilin	845	21	13394	2150	2127
黑龙江 Heilongjiang	711	22	10693	1919	1949
上　海 Shanghai	253	13	6996	1138	1124
江　苏 Jiangsu	1026	61	18724	2878	2935
浙　江 Zhejiang	5822	315	57216	9957	9990
安　徽 Anhui	1372	43	15498	2877	2894
福　建 Fujian	2005	147	24869	3936	3920
江　西 Jiangxi	5525	835	40091	7954	7135
山　东 Shandong	2029	73	26488	4783	4392
河　南 Henan	2209	45	25749	4534	4418
湖　北 Hubei	874	59	13116	1818	1941
湖　南 Hunan	2242	60	22024	3091	3052
广　东 Guangdong	2261	49	37405	6434	6205
广　西 Guangxi	1329	246	19823	3118	3067
海　南 Hainan	317	1	5148	836	814
重　庆 Chongqing	3450	102	21992	3886	3856
四　川 Sichuan	1707	197	29967	4915	4826
贵　州 Guizhou	769	95	9872	1756	1673
云　南 Yunnan	1209	346	14400	2435	2341
西　藏 Tibet	109	120	1533	306	295
陕　西 Shaanxi	1282	48	12946	1953	1996
甘　肃 Gansu	1327	265	11506	2169	2072
青　海 Qinghai	454	21	3543	716	647
宁　夏 Ningxia	152	14	2360	434	417
新　疆 Xinjiang	353	18	6192	1048	1013

数、毕业生数(县镇)

Admitted in Primary Schools (County Seats & Towns)

数 (个) Classes					毕业生数(人) Graduates	招生数(人) Students Admitted
三年级 Grade 3	四年级 Grade 4	五年级 Grade 5	六年级 Grade 6	复式班 Multiple-grade Classes		
87880	90523	94416	74563	4958	4501415	3713389
1032	1019	1068	1306	25	53555	27284
1140	1127	1186	916	38	43496	32913
4458	4774	5232	5844	171	250404	135853
3074	3114	3235	406	632	134518	167224
2014	2073	2171	413	31	97190	84795
1595	1566	1542	1733	0	76824	62097
2182	2188	2289	2450	8	111859	78491
2001	1991	2051	773	9	93699	80550
1151	1157	1196	1230	0	58821	44439
2990	3063	3327	3499	32	171951	128218
10265	11105	9511	5589	799	426058	377012
2706	2815	3007	1141	58	145749	132373
3859	3964	4477	4623	90	181964	141889
6938	7032	7492	2110	1430	307108	281149
4125	4407	5228	3546	7	250915	190963
4551	4845	5221	2156	24	242304	228553
2086	2237	2368	2566	100	148426	87251
3023	3294	4210	5086	268	287830	125299
6149	6074	6203	6313	27	297577	307915
3126	3314	3508	3637	53	159365	124368
831	855	889	923	0	45753	36567
3739	3594	3441	3393	83	155021	160686
4685	4764	5045	5714	18	298216	243055
1562	1561	1606	1661	53	80396	82622
2278	2271	2408	2467	200	104134	92585
258	222	223	227	2	9176	9706
2020	2097	2264	2306	310	113292	78782
2060	1993	1986	911	315	74572	85546
604	574	553	290	159	19623	25183
399	414	406	280	10	17602	20527
979	1019	1073	1054	6	44017	39494

小学校数、班数、招生

Number of Schools, Classes, Graduates & Students

地　　区 Region	学校数(所) Schools	教学点数(个) Teaching Sites	班 计 Total	一年级 Grade 1	二年级 Grade 2
总　计 Total	384004	108250	2599999	451416	429803
北　京 Beijing	735	0	6073	948	989
天　津 Tianjin	397	0	5789	1033	1026
河　北 Hebei	24593	3629	163124	22340	23120
山　西 Shanxi	29945	616	100337	17518	13427
内蒙古 Inner Mongolia	7090	4198	48215	9913	8220
辽　宁 Liaoning	10235	630	68229	11145	11189
吉　林 Jilin	7343	780	51147	7813	7918
黑龙江 Heilongjiang	10581	962	66064	12118	11939
上　海 Shanghai	80	33	932	145	161
江　苏 Jiangsu	10999	1760	112401	16675	17159
浙　江 Zhejiang	1902	216	11891	2013	1984
安　徽 Anhui	20303	3648	139683	28943	27006
福　建 Fujian	10155	4011	74676	12269	11803
江　西 Jiangxi	11290	2497	65303	13465	11789
山　东 Shandong	15648	2190	128934	23176	21504
河　南 Henan	34245	3758	240647	43419	42013
湖　北 Hubei	14837	3208	102417	16279	16381
湖　南 Hunan	23993	3023	120430	19623	18811
广　东 Guangdong	18939	3215	171923	30435	29451
广　西 Guangxi	14046	18446	144032	23891	22062
海　南 Hainan	2868	842	23075	4391	4225
重　庆 Chongqing	6064	881	31922	5720	5802
四　川 Sichuan	23658	14166	170065	31214	30439
贵　州 Guizhou	13546	5669	112362	20370	19271
云　南 Yunnan	19121	20166	138783	24146	22887
西　藏 Tibet	763	1975	9950	2490	2413
陕　西 Shaanxi	25057	2072	119933	17419	16854
甘　肃 Gansu	14971	3381	82547	16339	14835
青　海 Qinghai	2592	508	13140	2902	2384
宁　夏 Ningxia	2676	580	16623	3833	3219
新　疆 Xinjiang	5332	1190	59352	9431	9522

数、毕业生数(农村)

Admitted in Primary Schools (Rural)

数 (个) Classes 三年级 Grade 3	四年级 Grade 4	五年级 Grade 5	六年级 Grade 6	复式班 Multiple grade Classes	毕业生数(人) Graduates	招生数(人) Students Admitted
422850	420448	422054	315287	138141	15767083	12946506
954	941	979	1225	37	39498	19150
972	931	1022	778	27	33377	27698
25307	26457	27294	27635	10971	1119139	536882
13725	13651	14328	2234	25454	433659	497659
8140	8090	8379	1161	4312	233854	193182
11229	11122	11175	12138	231	350334	262517
8118	8291	8833	9635	539	270396	142048
11881	11911	12510	3819	1886	357915	239389
160	165	170	131	0	7030	4853
17593	18519	20133	20710	1612	960730	568650
2132	2182	1913	792	875	73814	59037
25276	24618	24552	4378	4910	996672	1025231
11475	11499	12132	11532	3966	382587	257740
11442	11395	11611	2251	3350	444005	395763
20774	22312	25112	15918	138	961551	656417
42801	45030	45607	18229	3548	1604007	1477145
16812	16772	16339	15893	3941	817357	450236
17973	18095	17619	19524	8785	982864	488509
28584	27886	27017	26552	1998	971591	1052291
21721	21859	21896	20812	11791	718283	617549
3935	3667	3414	3242	201	100710	110203
5593	5157	4628	4357	665	175505	197150
29081	26925	24696	23446	4264	971594	981093
18247	17107	16476	16337	4554	679698	705661
20992	19627	18848	18352	13931	635143	610553
2085	1143	848	810	161	31204	46536
17211	17469	16996	16882	17102	628795	442353
13977	13010	12588	5544	6254	364570	476475
2148	1865	1757	524	1560	47730	64295
2834	2708	2667	922	440	70579	97603
9678	10044	10515	9524	638	302892	242638

六年制小学校数、班

Number of Schools, Classes, Students Admitted

班

地　区 Region	计 Total	一年级 Grade 1	二年级 Grade 2	三年级 Grade 2
总　计 Total	3137643	534273	513851	507189
北　京 Beijing	21757	3511	3574	3479
天　津 Tianjin	14989	2441	2421	2380
河　北 Hebei	208278	28788	30042	32525
山　西 Shanxi	85161	17406	12657	12493
内蒙古 Inner Mongolia	35579	7672	5861	5803
辽　宁 Liaoning	95750	15588	15687	15878
吉　林 Jilin	72491	11312	11356	11577
黑龙江 Heilongjiang	33522	5414	5405	5424
上　海 Shanghai	18008	2968	2948	2936
江　苏 Jiangsu	152242	22951	23557	24077
浙　江 Zhejiang	87436	15328	15209	15615
安　徽 Anhui	132629	26081	24668	23153
福　建 Fujian	109224	17802	17331	16898
江　西 Jiangxi	80199	16044	14251	13781
山　东 Shandong	144164	24674	23071	22445
河　南 Henan	227541	40244	39137	39553
湖　北 Hubei	140891	22247	22592	23254
湖　南 Hunan	155367	24764	23920	23075
广　东 Guangdong	247827	43824	42344	41367
广　西 Guangxi	168412	27630	25835	25511
海　南 Hainan	30582	5641	5449	5153
重　庆 Chongqing	73351	12955	13006	12698
四　川 Sichuan	212754	38396	37451	35958
贵　州 Guizhou	129459	23424	22175	20995
云　南 Yunnan	154548	26751	25349	23427
西　藏 Tibet	11888	2866	2774	2399
陕　西 Shaanxi	143062	21028	20544	20919
甘　肃 Gansu	55771	9989	9418	9079
青　海 Qinghai	10660	2311	1968	1748
宁　夏 Ningxia	13211	2812	2478	2161
新　疆 Xinjiang	70890	11411	11373	11428

数、招生数、毕业生数

& Graduates in 6－year Primar Schools

数 (个) Classes 四年级 Grade 4	五年级 Grade 5	六年级 Grade 6	复式班 Multiple-grade Classes	毕业生数(人) Graduates	招生数(人) Students Admitted
506706	510165	445450	120009	20771489	17146180
3484	3551	4096	62	155077	85078
2401	2589	2729	28	105601	72404
33961	35218	36756	10988	1498740	770303
12444	12778	3874	13509	458246	594322
5866	6108	2106	2163	209265	203343
15652	15583	17125	237	593016	439128
11717	12328	13654	547	440672	271826
5420	5637	5096	1126	164697	132231
2935	3041	3180	0	158468	101526
25062	27006	27943	1646	1310551	830047
16628	14316	8615	1725	643825	576450
22859	23206	7777	4885	974198	943635
17023	18208	17908	4054	640887	470987
13724	14217	4484	3698	553004	527915
24228	27408	22204	134	1091088	786205
41509	42449	21982	2667	1559402	1503808
23102	22770	22837	4089	1181778	691516
23493	24024	27019	9072	1402197	708131
40250	39256	38759	2027	1528952	1687218
25829	26099	26143	11365	924678	783560
4893	4684	4561	201	163422	166168
12019	11125	10785	763	449136	479782
33692	31732	31245	4280	1355744	1312281
19826	19258	19172	4609	816123	848378
22060	21411	21452	14098	755848	717548
1431	1137	1118	163	43851	60383
21240	20946	20932	17453	830430	595066
8637	8369	7356	2923	270034	319933
1501	1376	1042	714	43045	61250
2097	2051	1476	136	60683	76820
11723	12284	12024	647	388831	328938

小学在校学生数和

Enrolment and Number of Graduates for

地区 Region	在校学生 Enrolment 合计 Total	一年级 Grade 1	二年级 Grade 2	三年级 Grade 3
总计 Total	121567086	19815252	19741719	20276756
北京 Beijing	594241	86878	92084	93495
天津 Tianjin	627242	93176	97674	103534
河北 Hebei	6745539	790521	935607	1097768
山西 Shanxi	3511136	805406	642400	637692
内蒙古 Inner Mongolia	1834499	366338	318725	331497
辽宁 Liaoning	3061398	465244	483147	510541
吉林 Jilin	2022173	283982	291991	315400
黑龙江 Heilongjiang	2437336	406960	421447	457194
上海 Shanghai	679325	102452	106564	109827
江苏 Jiangsu	6352325	836506	925618	990657
浙江 Zhejiang	3437490	580284	595600	631165
安徽 Anhui	6874782	1285044	1335158	1275797
福建 Fujian	3391839	489009	523035	525572
江西 Jiangxi	3966912	774054	703927	699475
山东 Shandong	6625876	1073039	1013805	1020962
河南 Henan	11045852	1875196	1782628	1942209
湖北 Hubei	5799930	715661	835956	951696
湖南 Hunan	5294879	710444	720183	714653
广东 Guangdong	9796069	1687362	1645826	1652047
广西 Guangxi	5100397	810176	794074	813639
海南 Hainan	1021696	170164	168565	168964
重庆 Chongqing	2797557	483986	483026	472525
四川 Sichuan	7785414	1352517	1326456	1282948
贵州 Guizhou	4842831	854196	820021	795749
云南 Yunnan	4509307	760424	752056	735271
西藏 Tibet	319569	61267	59164	55137
陕西 Shaanxi	4332170	610889	666537	710064
甘肃 Gansu	3229371	666629	622252	591248
青海 Qinghai	506601	111109	95789	92458
宁夏 Ningxia	663542	144186	118425	116101
新疆 Xinjiang	2359788	362153	363979	381471

毕业班学生数(总计)

Next Year in Primary Schools (Regional Aggregates)

单位:人 Unit: in Person

生数

四年级 Grade 4	五年级 Grade 5	六年级 Grade 6	毕业班学生数 Graduates for Next Year
21235842	22586256	17911261	22759167
96602	102252	122930	123735
107171	118527	107160	131355
1200857	1315019	1405767	1474318
631109	648054	146475	649836
354366	379468	84105	382625
509062	516280	577124	600629
332401	368513	429886	441658
477830	513678	160227	510117
112707	119185	128590	129106
1072395	1225228	1301921	1303824
671197	590197	369047	597196
1299418	1342250	337115	1243431
554717	642669	656837	671143
758606	839386	191464	738548
1180012	1427941	910117	1249618
2187706	2326632	931481	1997745
1041312	1119041	1136264	1190511
812930	1038235	1298434	1298593
1615616	1606252	1588966	1588966
872025	915846	894637	922665
168678	172712	172613	172613
457704	444843	455473	455473
1239757	1258659	1325077	1331089
780679	789083	803103	803103
733301	760996	767259	786873
51718	46740	45543	45543
746824	791375	806481	806481
558527	527975	262740	497617
87752	84723	34770	82080
115862	115212	53756	102987
407001	439285	405899	429689

小学在校学生数和

Enrolment and Number of Graduates for

地 区 Region	在校学生 Enrolment 合计 Total	一年级 Grade 1	二年级 Grade 2	三年级 Grade 3
总 计 Total	17212547	2870829	2891430	2953312
北 京 Beijing	269456	39995	42109	43632
天 津 Tianjin	229561	32350	32796	36066
河 北 Hebei	788154	116917	132176	137046
山 西 Shanxi	637661	136921	115596	110485
内蒙古 Inner Mongolia	435684	87518	80003	80366
辽 宁 Liaoning	910488	138713	145395	159924
吉 林 Jilin	361652	62622	61232	59790
黑龙江 Heilongjiang	517797	86556	94014	103838
上 海 Shanghai	354721	52908	54793	55678
江 苏 Jiangsu	906824	135317	143799	151764
浙 江 Zhejiang	809258	141890	138660	143945
安 徽 Anhui	720699	115030	119419	121935
福 建 Fujian	467564	76041	77980	75900
江 西 Jiangxi	336345	65186	67039	65371
山 东 Shandong	1170647	225258	214470	199093
河 南 Henan	935809	152124	160602	160797
湖 北 Hubei	1264795	174860	196431	218434
湖 南 Hunan	634076	95105	96748	99377
广 东 Guangdong	1836250	327156	315758	319787
广 西 Guangxi	381984	59623	59295	60913
海 南 Hainan	113029	19424	18749	18359
重 庆 Chongqing	735722	122739	122743	125850
四 川 Sichuan	555107	96348	94143	96601
贵 州 Guizhou	331567	60141	56263	54408
云 南 Yunnan	197693	33978	33885	33848
西 藏 Tibet	24101	4585	3989	3957
陕 西 Shaanxi	471530	74019	77464	79967
甘 肃 Gansu	278886	48001	47788	47967
青 海 Qinghai	79071	13124	13407	13162
宁 夏 Ningxia	74483	11875	12204	12020
新 疆 Xinjiang	381933	64505	62480	63032

毕业班学生数(城市)

Next Year in Primary Schools (Urban)

单位:人 Unit: in Person

生数 四年级 Grade 4	五年级 Grade 5	六年级 Grade 6	毕业班学生数 Graduates for Next Year
2947609	2969071	2580296	3086768
46665	47268	49787	50542
39758	44643	43948	47450
133985	133142	134888	151828
107555	105916	61188	111280
81576	77726	28495	82614
159492	152231	154733	177597
59043	57499	61466	68723
105493	101829	26067	105501
57541	62207	71594	71594
152570	157763	165611	165732
148964	132520	103279	133602
123730	129420	111165	130087
75127	78813	83703	84970
63837	67152	7760	58580
195664	210607	125555	201582
164861	173809	123616	173934
227455	233669	213946	242221
102735	112585	127526	127526
300646	289796	283107	283107
64277	68434	69442	69575
17967	18941	19589	19589
124832	119024	120534	120534
91638	89168	87209	92205
52249	53172	55334	55334
33101	32767	30114	33986
3922	3752	3896	3896
78495	79194	82391	82391
45929	45998	43203	48303
13722	13178	12478	13813
12320	12759	13305	13305
62460	64089	65367	65367

小学在校学生数和

Enrolment and Number of Graduates for

地　区 Region	在校学 Enrolment			
	合　计 Total	一 年 级 Grade 1	二 年 级 Grade 2	三 年 级 Grade 3
总　计　Total	22937748	3746113	3706114	3786130
北　京　Beijing	187743	27503	28932	29171
天　津　Tianjin	214612	33011	35113	36876
河　北　Hebei	1125529	135989	155233	177908
山　西　Shanxi	695334	167617	127382	124741
内蒙古　Inner Mongolia	433403	84873	76319	79179
辽　宁　Liaoning	406170	62159	65262	69083
吉　林　Jilin	529691	78664	78789	85182
黑龙江　Heilongjiang	463447	80583	83516	89003
上　海　Shanghai	291949	44656	46422	48482
江　苏　Jiangsu	917872	128389	138562	146468
浙　江　Zhejiang	2260334	378640	391732	415403
安　徽　Anhui	774749	133503	143847	138813
福　建　Fujian	989142	145479	152522	152361
江　西　Jiangxi	1535833	291889	271078	267342
山　东　Shandong	1124156	190974	177229	170306
河　南　Henan	1312673	229214	215259	225414
湖　北　Hubei	722056	87626	100565	113717
湖　南　Hunan	1020458	125422	126656	129152
广　东　Guangdong	1825904	307915	300116	301922
广　西　Guangxi	814758	124729	122445	127118
海　南　Hainan	241981	37075	37597	38433
重　庆　Chongqing	934332	161447	159787	155260
四　川　Sichuan	1503880	245946	236172	233126
贵　州　Guizhou	465510	82871	78606	73955
云　南　Yunnan	571734	93541	92494	91275
西　藏　Tibet	56130	9727	8993	8642
陕　西　Shaanxi	572178	80018	86745	92728
甘　肃　Gansu	468776	89255	87722	85930
青　海　Qinghai	121895	25617	22567	22242
宁　夏　Ningxia	111341	21364	19707	18989
新　疆　Xinjiang	244178	40417	38745	37909

毕业班学生数(县镇)

Next Year in Primary Schools (County Seats & Towns)

单位:人 Unit: in Person

生数 四年级 Grade 4	五年级 Grade 5	六年级 Grade 6	毕业班学生数 Graduates for Next Year
3961694	4274501	3463196	4420432
29034	31673	41430	41480
37234	39780	32598	43108
194729	217225	244445	251527
125092	132023	18479	132245
83519	89485	20028	90192
67505	65977	76184	76613
87073	92824	107159	110363
87146	89559	33640	87865
49285	50918	52186	52467
151555	169835	183063	184845
446734	391925	235900	395933
145590	158057	54939	145241
158141	186574	194065	197121
288506	323148	93870	288118
192781	241369	151497	215570
253187	279024	110575	236278
125892	139127	155129	157424
148209	213948	277071	277230
295592	306509	313850	313850
137036	148350	155080	156721
39728	43146	46002	46002
149809	150501	157528	157528
233310	257376	297950	298698
73904	76658	79516	79516
91523	99510	103391	105512
9659	9587	9522	9522
95838	105844	111005	111005
83610	81335	40924	76864
21044	20149	10276	19796
19200	19562	12519	17172
40229	43503	43375	44626

小学在校学生数和

Enrolment and Number of Graduates for

地区 Region	在校学 Enrolment			
	合计 Total	一年级 Grade 1	二年级 Grade 2	三年级 Grade 3
总计 Total	81416791	13198310	13144175	13537314
北京 Beijing	137042	19380	21043	20692
天津 Tianjin	183069	27815	29765	30592
河北 Hebei	4831856	537615	648198	782814
山西 Shanxi	2178141	500868	399422	402466
内蒙古 Inner Mongolia	965412	193947	162403	171952
辽宁 Liaoning	1744740	264372	272490	281534
吉林 Jilin	1130830	142696	151970	170428
黑龙江 Heilongjiang	1456092	239821	243917	264353
上海 Shanghai	32655	4888	5349	5667
江苏 Jiangsu	4527629	572800	643257	692425
浙江 Zhejiang	367898	59754	65208	71817
安徽 Anhui	5379334	1036511	1071892	1015049
福建 Fujian	1935133	267489	292533	297311
江西 Jiangxi	2094734	416979	365810	366762
山东 Shandong	4331073	656807	622106	651563
河南 Henan	8797370	1493858	1406767	1555998
湖北 Hubei	3813079	453175	538960	619545
湖南 Hunan	3640345	489917	496779	486124
广东 Guangdong	6133915	1052291	1029952	1030338
广西 Guangxi	3903655	625824	612334	625608
海南 Hainan	666686	113665	112219	112172
重庆 Chongqing	1127503	199800	200496	191415
四川 Sichuan	5726427	1010223	996141	953221
贵州 Guizhou	4045754	711184	685152	667386
云南 Yunnan	3739880	632905	625677	610148
西藏 Tibet	239338	46955	46182	42538
陕西 Shaanxi	3288462	456852	502328	537369
甘肃 Gansu	2481709	529373	486742	457351
青海 Qinghai	305635	72368	59815	57054
宁夏 Ningxia	477718	110947	86514	85092
新疆 Xinjiang	1733677	257231	262754	280530

毕业班学生数(农村)

Next Year in Primary Schools (Rural)

单位: 人 Unit: in Person

生数			毕业班学生数 Graduates for Next Year
四年级 Grade 4	五年级 Grade 5	六年级 Grade 6	
14326539	15342684	11867769	15251967
20903	23311	31713	31713
30179	34104	30614	40797
872143	964652	1026434	1070963
398462	410115	66808	406311
189271	212257	35582	209819
282065	298072	346207	346419
186285	218190	261261	262572
285191	322290	100520	316751
5881	6060	4810	5045
768270	897630	953247	953247
75499	65752	29868	67661
1030098	1054773	171011	968103
321449	377282	379069	389052
406263	449086	89834	391850
791567	975965	633065	832466
1769658	1873799	697290	1587533
687965	746245	767189	790866
561986	711702	893837	893837
1019378	1009947	992009	992009
670712	699062	670115	696369
110983	110625	107022	107022
183063	175318	177411	177411
914809	912115	939918	940186
654526	659253	668253	668253
608677	628719	633754	647375
38137	33401	32125	32125
572491	606337	613085	613085
428988	400642	178613	372450
52986	51396	12016	48471
84342	82891	27932	72510
304312	331693	297157	319696

六年制小学在校学生

Enrolment and Number of Graduates for

地　　区 Region	在校学 Enrolment			
	合计 Total	一年级 Grade 1	二年级 Grade 2	三年级 Grade 3
总　计 Total	108801890	17374014	17360317	17839787
北　京 Beijing	586438	85550	90521	91898
天　津 Tianjin	514558	72522	75947	80593
河　北 Hebei	6627952	771182	913527	1072253
山　西 Shanxi	2504300	596046	445420	439592
内蒙古 Inner Mongolia	981509	203588	158657	164622
辽　宁 Liaoning	2935634	441272	458083	483975
吉　林 Jilin	1963212	272647	279656	303693
黑龙江 Heilongjiang	892017	132463	136667	147493
上　海 Shanghai	675989	101796	105893	109147
江　苏 Jiangsu	6340544	834470	923389	988521
浙　江 Zhejiang	2998694	578844	587243	591016
安　徽 Anhui	5242189	954264	990793	954229
福　建 Fujian	3363360	484720	518584	520984
江　西 Jiangxi	2841876	553042	498287	490267
山　东 Shandong	5293438	786598	747069	776228
河　南 Henan	9018610	1515847	1432111	1549979
湖　北 Hubei	5653351	694978	812394	927980
湖　南 Hunan	5290316	709666	719399	713912
广　东 Guangdong	9795247	1687218	1645668	1651890
广　西 Guangxi	4984252	791532	775231	790680
海　南 Hainan	1021696	170164	168565	168964
重　庆 Chongqing	2792378	483718	482317	471795
四　川 Sichuan	7749866	1344405	1318857	1275761
贵　州 Guizhou	4842831	854196	820021	795749
云　南 Yunnan	4410930	740865	732564	715466
西　藏 Tibet	317645	60826	58791	54757
陕　西 Shaanxi	4332170	610889	666537	710064
甘　肃 Gansu	1842731	342412	323086	313847
青　海 Qinghai	305930	68230	56560	52652
宁　夏 Ningxia	432799	86156	74317	72264
新　疆 Xinjiang	2249428	343908	344163	359516

数和毕业班学生数

Next Year in 6-year Primary Schools

单位: 人 Unit: in Person

生数			
四年级 Grade 4	五年级 Grade 5	六年级 Grade 6	毕业班学生数 Graduates for Next Year
18572286	19766883	17888603	19999331
94888	100651	122930	122961
84310	94204	106982	107122
1176468	1290991	1403531	1451410
434628	442289	146325	444090
177030	193547	84065	196775
482405	492775	577124	577124
320603	356750	429863	429887
151379	163788	160227	160227
112029	118534	128590	128590
1069883	1222969	1301312	1301756
510496	362048	369047	369047
978813	1027866	336224	930013
549568	636543	652961	665029
527514	581942	190824	495472
931298	1142128	910117	964240
1742954	1856417	921302	1553968
1001920	1080437	1135642	1169703
812115	1037510	1297714	1297873
1615466	1606127	1588878	1588878
844354	887818	894637	894637
168678	172712	172613	172613
456607	443715	454226	454226
1233119	1252647	1325077	1325077
780679	789083	803103	803103
713394	741382	767259	767259
51400	46476	45395	45395
746824	791375	806481	806481
300439	300800	262147	274514
48249	45630	34609	34609
73365	73021	53676	61530
381411	414708	405722	405722

小学在校学生数和毕业

Number of Female Students

地区 Region	在校学 Enrolment			
	合计 Total	一年级 Grade 1	二年级 Grade 2	三年级 Grade 3
总计 Total	57381345	9295734	9304040	9576220
北京 Beijing	286068	41926	44612	45068
天津 Tianjin	300248	44225	46329	49418
河北 Hebei	3257399	377424	447465	529198
山西 Shanxi	1695352	387160	310414	309446
内蒙古 Inner Mongolia	876249	173300	152456	158539
辽宁 Liaoning	1461004	219774	229240	244699
吉林 Jilin	972337	136188	139913	151538
黑龙江 Heilongjiang	1178522	196634	203474	221301
上海 Shanghai	325011	48822	50669	52392
江苏 Jiangsu	2964081	385574	430106	462848
浙江 Zhejiang	1617296	271704	279849	296938
安徽 Anhui	3256706	604424	632645	603676
福建 Fujian	1573293	219850	240097	243478
江西 Jiangxi	1843834	357021	326922	325141
山东 Shandong	3139769	507285	480835	484811
河南 Henan	5245286	880217	844371	921030
湖北 Hubei	2701518	325196	382646	441177
湖南 Hunan	2497862	332783	338692	337262
广东 Guangdong	4601216	787962	772492	775511
广西 Guangxi	2338728	371043	365721	372236
海南 Hainan	464376	76700	76663	76947
重庆 Chongqing	1332306	230308	229966	225502
四川 Sichuan	3689709	638924	627409	609521
贵州 Guizhou	2258597	402217	385638	373478
云南 Yunnan	2107017	356432	352882	344458
西藏 Tibet	148555	29006	28059	25670
陕西 Shaanxi	2033920	283582	311530	332287
甘肃 Gansu	1528502	316784	296997	280833
青海 Qinghai	236019	51999	44771	42993
宁夏 Ningxia	314666	68892	57002	54994
新疆 Xinjiang	1135899	172378	174175	183830

班学生总数中女生数

in Primary Schools

单位：人 Unit: in Person

生 数			
四年级 Grade 4	五年级 Grade 5	六年级 Grade 6	毕业班学生数 Graduates for Next Year
10030893	10694927	8479531	10701495
46542	49056	58864	58630
51087	57100	52089	62992
582075	638312	682925	711310
304957	313391	69984	310289
169296	181751	40907	183401
243402	248145	275744	287170
160045	177648	207005	211935
230508	248556	78049	245766
53806	57472	61850	61829
501578	573199	610776	597053
315691	276831	176283	279487
616304	639993	159664	574653
257296	301074	311498	318489
353637	391112	90001	333722
558437	677330	431071	591900
1039715	1116620	443333	945921
489108	527484	535907	549418
383436	489450	616239	616239
758580	756474	750197	750197
397954	420008	411766	424647
76741	78701	78624	78624
218615	211418	216497	216497
587778	596516	629561	629800
364052	364761	368451	368451
342021	354281	356943	366332
23858	21244	20718	18800
350581	372593	383347	382738
263238	248452	122198	230979
40865	39236	16155	37849
54082	54159	25537	47894
195608	212560	197348	208483

小学教职

Number of Teachers, Staff & Workers

地区 Region	教职工 Teachers, Staff &		
	合计 Total	专任教师 Full-time Teachers	行政人员 Adm. Personnel
总计 Total	6340243	5778853	339508
北京 Beijing	66235	52840	7239
天津 Tianjin	54237	44922	6011
河北 Hebei	355320	332173	15451
山西 Shanxi	196137	182248	7657
内蒙古 Inner Mongolia	146285	128331	8745
辽宁 Liaoning	205229	175549	26658
吉林 Jilin	169601	144586	15545
黑龙江 Heilongjiang	207924	180900	15663
上海 Shanghai	56900	41246	5807
江苏 Jiangsu	307850	279455	15418
浙江 Zhejiang	176529	160144	8639
安徽 Anhui	286461	272010	10161
福建 Fujian	192768	181457	8620
江西 Jiangxi	215317	205904	4760
山东 Shandong	414600	383816	16477
河南 Henan	527252	496203	17425
湖北 Hubei	265514	245773	9691
湖南 Hunan	292796	276535	7276
广东 Guangdong	437121	379755	42689
广西 Guangxi	233023	205469	20497
海南 Hainan	55161	49945	2075
重庆 Chongqing	132260	117543	9105
四川 Sichuan	357284	321193	19692
贵州 Guizhou	190170	177920	9220
云南 Yunnan	237326	222855	8139
西藏 Tibet	13631	12792	275
陕西 Shaanxi	203733	188394	10995
甘肃 Gansu	129069	124017	2824
青海 Qinghai	29546	28215	472
宁夏 Ningxia	35634	34228	727
新疆 Xinjiang	149330	132435	5555

工 数（总 计）

in Primary Schools (Regional Aggregates)

单位:人 Unit: in Person

数 . Workers			代课教师 Substitute Teachers	兼任教师 Part－time Teachers
教辅人员 Supporting Staff	工勤人员 Workers	校办工厂、农场职工 Employeesin School－run Factories&Farms		
70786	145290	5806	477010	22136
2828	3202	126	219	114
1073	2112	119	515	151
2685	4866	145	23536	1022
2402	3726	104	25097	1524
2873	6110	226	5989	978
266	2635	121	4866	723
5016	4303	151	2625	361
3069	8140	152	2308	423
5139	4132	576	492	665
5737	6573	667	17155	1070
2278	5000	468	0	866
1741	2411	138	13321	1321
750	1873	68	5794	377
1726	2807	120	9069	747
6225	7645	437	8639	746
6509	6849	266	19591	2077
2995	6541	514	32676	906
2423	6409	153	6270	713
3041	11291	345	44103	1206
1610	5378	69	72569	1107
387	2749	5	2681	191
1109	4374	129	11817	269
3118	12941	340	28121	1360
980	2034	16	30779	922
997	5307	28	30682	226
26	525	13	3008	41
1334	2954	56	38168	569
554	1652	22	24015	903
97	681	81	1542	186
156	523	0	1679	32
1642	9547	151	9684	340

小学教职

Number of Teachers, Staff & Workers

地区 Region	教职工 Teachers, Staff & 合计 Total	专任教师 Full-time Teachers	行政人员 Adm. Personnel
总计 Total	1047051	905160	78212
北京 Beijing	28685	22543	3435
天津 Tianjin	23506	18265	3233
河北 Hebei	48963	43141	3372
山西 Shanxi	38685	33647	2445
内蒙古 Inner Mongolia	27898	23684	2486
辽宁 Liaoning	58132	48264	8441
吉林 Jilin	27045	22275	2749
黑龙江 Heilongjiang	37946	31050	3856
上海 Shanghai	28940	21275	3065
江苏 Jiangsu	55342	49370	3413
浙江 Zhejiang	42998	38360	1929
安徽 Anhui	38277	35405	1575
福建 Fujian	25942	23934	1196
江西 Jiangxi	19402	18019	796
山东 Shandong	79720	69777	5080
河南 Henan	56436	49823	3417
湖北 Hubei	71043	63294	4475
湖南 Hunan	37029	33316	1617
广东 Guangdong	91802	76058	8346
广西 Guangxi	22774	19977	1495
海南 Hainan	6121	5009	266
重庆 Chongqing	43108	37484	2993
四川 Sichuan	31145	26902	2062
贵州 Guizhou	17641	15561	1292
云南 Yunnan	11424	10181	577
西藏 Tibet	1676	1552	56
陕西 Shaanxi	27239	23392	2415
甘肃 Gansu	15620	14167	777
青海 Qinghai	4096	3810	183
宁夏 Ningxia	4127	3840	101
新疆 Xinjiang	24289	21785	1069

工 数（城 市）

in Primary Schools (Urban)

单位：人 Unit: in Person

数 Workers			代课教师 Substitute Teachers	兼任教师 Part－time Teachers
教辅人员 Supporting Staff	工勤人员 Workers	校办工厂、农场职工 Employeesin School－run Factories&Farms		
20200	41022	2457	26707	4434
1188	1415	104	98	101
491	1442	75	191	143
716	1642	92	846	245
1090	1450	53	1873	220
676	951	101	451	166
122	1258	47	107	45
1127	832	62	251	52
982	2009	49	423	302
2360	2023	217	300	328
883	1500	176	1113	62
721	1837	151	0	221
391	857	49	1084	93
224	569	19	403	108
106	476	5	126	59
2097	2513	253	648	194
1203	1815	178	770	219
1124	1927	223	3139	346
511	1527	58	330	155
1388	5755	255	8282	284
329	958	15	1090	267
166	680	0	86	2
556	1973	102	1971	111
569	1508	104	529	244
162	622	4	619	91
141	516	9	79	21
3	65	0	36	0
353	1055	24	687	141
154	510	12	336	67
16	87	0	53	0
25	161	0	54	3
326	1089	20	732	144

小学教职

Number of Teachers, Staff & Workers

地区 Region	教职工 Teachers, Staff &		
	合计 Total	专任教师 Full-time Teachers	行政人员 Adm. Personnel
总计 Total	1298172	1155547	75969
北京 Beijing	20517	15762	2487
天津 Tianjin	18285	15469	1866
河北 Hebei	61801	56144	3117
山西 Shanxi	38570	35083	1576
内蒙古 Inner Mongolia	33641	27997	2790
辽宁 Liaoning	26979	23448	2864
吉林 Jilin	42019	33422	5153
黑龙江 Heilongjiang	37443	31056	3373
上海 Shanghai	25256	17806	2553
江苏 Jiangsu	48748	43065	2715
浙江 Zhejiang	111721	102019	5357
安徽 Anhui	36168	33310	1806
福建 Fujian	55803	51039	3787
江西 Jiangxi	82503	78586	1970
山东 Shandong	75594	67646	3857
河南 Henan	70528	64188	2570
湖北 Hubei	36581	33581	969
湖南 Hunan	57993	53774	1776
广东 Guangdong	86388	75378	7453
广西 Guangxi	49806	43839	3017
海南 Hainan	13682	12225	390
重庆 Chongqing	42541	37874	2953
四川 Sichuan	77931	67566	5363
贵州 Guizhou	24120	22168	1311
云南 Yunnan	36071	32491	1707
西藏 Tibet	3367	3070	86
陕西 Shaanxi	30934	28129	1753
甘肃 Gansu	21440	20298	476
青海 Qinghai	7605	7225	129
宁夏 Ningxia	6540	6182	147
新疆 Xinjiang	17597	15707	598

工 数（县 镇）

in Primary Schools (County Seats & Towns)

单位：人 Unit: in Person

数 Workers			代课教师 Substitute Teachers	兼任教师 Part－time Teachers
教辅人员 Supporting Staff	工勤人员 Workers	校办工厂、农场职工 Employeesin School－run Factories&Farms		
23067	41799	1790	35139	3794
1192	1061	15	39	5
412	507	31	101	8
902	1600	38	2331	187
710	1163	38	2962	330
792	2020	42	761	165
45	582	40	95	7
2032	1354	58	530	14
815	2154	45	171	48
2650	1896	351	145	309
1154	1667	147	811	63
1336	2709	300	0	454
445	538	69	843	125
301	659	17	558	77
807	1062	78	3411	452
1805	2228	58	1037	34
1724	2010	36	737	265
676	1296	59	1582	62
754	1650	39	505	80
802	2715	40	3556	171
901	2031	18	4280	138
133	932	2	256	61
310	1388	16	2595	54
1008	3834	160	1334	318
185	455	1	827	115
385	1480	8	827	54
17	192	2	166	13
319	706	27	1663	45
127	533	6	2403	21
37	208	6	292	89
54	157	0	67	2
237	1012	43	254	28

小学教职

Number of Teachers, Staff & Workers

地区 Region	教职工 Teachers, Staff &		
	合计 Total	专任教师 Full－time Teachers	行政人员 Adm. Personnel
总计 Total	3995020	3718146	185327
北京 Beijing	17033	14535	1317
天津 Tianjin	12446	11188	912
河北 Hebei	244556	232888	8962
山西 Shanxi	118882	113518	3636
内蒙古 Inner Mongolia	84746	76650	3469
辽宁 Liaoning	120118	103837	15353
吉林 Jilin	100537	88889	7643
黑龙江 Heilongjiang	132535	118794	8434
上海 Shanghai	2704	2165	189
江苏 Jiangsu	203760	187020	9290
浙江 Zhejiang	21810	19765	1353
安徽 Anhui	212016	203295	6780
福建 Fujian	111023	106484	3637
江西 Jiangxi	113412	109299	1994
山东 Shandong	259286	246393	7540
河南 Henan	400288	382192	11438
湖北 Hubei	157890	148898	4247
湖南 Hunan	197774	189445	3883
广东 Guangdong	258931	228319	26890
广西 Guangxi	160443	141653	15985
海南 Hainan	35358	32711	1419
重庆 Chongqing	46611	42185	3159
四川 Sichuan	248208	226725	12267
贵州 Guizhou	148409	140191	6617
云南 Yunnan	189831	180183	5855
西藏 Tibet	8588	8170	133
陕西 Shaanxi	145560	136873	6827
甘肃 Gansu	92009	89552	1571
青海 Qinghai	17845	17180	160
宁夏 Ningxia	24967	24206	479
新疆 Xinjiang	107444	94943	3888

工 数（农 村）

in Primary Schools (Rural)

单位：人 Unit: in Person

数 Workers			代课教师 Substitute Teachers	兼任教师 Part-time Teachers
教辅人员 Supporting Staff	工勤人员 Workers	校办工厂、农场职工 Employeesin School-run Factories&Farms		
27519	62469	1559	415164	13908
448	726	7	82	8
170	163	13	223	0
1067	1624	15	20359	590
602	1113	13	20262	974
1405	3139	83	4777	647
99	795	34	4664	671
1857	2117	31	1844	295
1272	3977	58	1714	73
129	213	8	47	28
3700	3406	344	15231	945
221	454	17	0	191
905	1016	20	11394	1103
225	645	32	4833	192
813	1269	37	5532	236
2323	2904	126	6954	518
3582	3024	52	18084	1593
1195	3318	232	27955	498
1158	3232	56	5435	478
851	2821	50	32265	751
380	2389	36	67199	702
88	1137	3	2339	128
243	1013	11	7251	104
1541	7599	76	26258	798
633	957	11	29333	716
471	3311	11	29776	151
6	268	11	2806	28
662	1193	5	35818	383
273	609	4	21276	815
44	386	75	1197	97
77	205	0	1558	27
1079	7446	88	8698	168

小学教职工总数

Number of Primary School Teachers, Staff

地　区 Region	教职工 Teachers, Staff & 合　计 Total	专任教师 Full-time Teachers	行政人员 Adm. Personnel
总　计 Total	132869	95084	9131
北　京 Beijing	791	549	66
天　津 Tianjin	458	200	77
河　北 Hebei	10194	7077	778
山　西 Shanxi	5678	3852	308
内蒙古 Inner Mongolia	2630	2049	251
辽　宁 Liaoning	915	841	46
吉　林 Jilin	1024	699	98
黑龙江 Heilongjiang	1462	1030	142
上　海 Shanghai	2416	1890	185
江　苏 Jiangsu	4047	2778	207
浙　江 Zhejiang	7049	4764	403
安　徽 Anhui	3421	2529	229
福　建 Fujian	2152	1638	159
江　西 Jiangxi	2352	1798	145
山　东 Shandong	6919	5000	498
河　南 Henan	9479	6780	607
湖　北 Hubei	3389	2575	283
湖　南 Hunan	4235	3046	205
广　东 Guangdong	31677	21657	2100
广　西 Guangxi	5638	4317	557
海　南 Hainan	3719	2535	207
重　庆 Chongqing	2308	1662	185
四　川 Sichuan	6252	5054	295
贵　州 Guizhou	5468	4449	411
云　南 Yunnan	1348	846	110
西　藏 Tibet	122	102	8
陕　西 Shaanxi	4892	3340	372
甘　肃 Gansu	567	359	52
青　海 Qinghai	319	256	16
宁　夏 Ningxia	253	165	10
新　疆 Xinjiang	1695	1247	121

中民办教职工数

& Workers Maintained by the Communities

单位: 人 Unit: in Person

数 Workers			代课教师 Substitute Teachers	兼任教师 Part－time Teachers
教辅人员 Supporting Staff	工勤人员 Workers	校办工厂、农场职工 Employeesin School－run Factories&Farms		
6243	22090	321	11624	3125
119	57	0	10	16
37	144	0	0	44
495	1844	0	778	259
557	935	26	353	92
84	244	2	188	240
3	25	0	11	13
74	152	1	308	47
73	217	0	15	11
144	197	0	262	290
316	740	6	203	91
431	1449	2	0	311
131	531	1	632	284
45	310	0	200	18
65	332	12	97	58
437	977	7	463	65
606	1463	23	646	313
116	400	15	607	51
166	810	8	142	39
1197	6512	211	1016	135
129	633	2	1646	281
199	777	1	19	8
76	384	1	669	45
270	632	1	1286	159
75	533	0	853	83
85	307	0	72	18
3	9	0	0	0
209	969	2	978	87
29	127	0	117	52
12	35	0	23	0
8	70	0	11	2
52	275	0	19	13

小学教职工总数

Number of Female Teachers, Staff &

地区 Region	教职工 Teachers, Staff &		
	合计 Total	专任教师 Full-time Teachers	行政人员 Adm. Personnel
总计 Total	3240148	3057582	83392
北京 Beijing	48677	40880	4096
天津 Tianjin	36342	31564	2992
河北 Hebei	231946	224642	3761
山西 Shanxi	128787	123433	2328
内蒙古 Inner Mongolia	78108	72104	2770
辽宁 Liaoning	128609	116192	11184
吉林 Jilin	102602	92420	5923
黑龙江 Heilongjiang	122832	110999	6446
上海 Shanghai	39607	31242	3184
江苏 Jiangsu	149843	141629	3137
浙江 Zhejiang	103013	97074	1610
安徽 Anhui	109164	106441	1150
福建 Fujian	101028	98671	963
江西 Jiangxi	87169	84618	900
山东 Shandong	183097	175104	3258
河南 Henan	269634	259916	4088
湖北 Hubei	118725	112595	2134
湖南 Hunan	144041	139246	1345
广东 Guangdong	247338	232272	6909
广西 Guangxi	108715	102642	2349
海南 Hainan	23429	21195	257
重庆 Chongqing	61203	57508	1649
四川 Sichuan	158739	149644	3429
贵州 Guizhou	75668	72666	1602
云南 Yunnan	99309	94551	1176
西藏 Tibet	6017	5748	51
陕西 Shaanxi	104004	99848	2265
甘肃 Gansu	47129	45646	465
青海 Qinghai	13724	13214	154
宁夏 Ningxia	16874	16457	92
新疆 Xinjiang	94775	87421	1725

中女教职工数

Workers in Primary Schools

单位: 人 Unit: in Person

数 Workers			代课教师 Substitute Teachers	兼任教师 Part-time Teachers
教辅人员 Supporting Staff	工勤人员 Workers	校办工厂、农场职工 Employeesin School-run Factories&Farms		
32880	64275	2019	279283	11408
1743	1897	61	166	85
640	1107	39	417	122
1405	2074	64	19626	461
1415	1585	26	20653	964
1201	1964	69	3926	670
153	1039	41	3851	377
2832	1348	79	1650	96
1906	3407	74	1386	120
2896	2074	211	416	415
2228	2731	118	11834	659
1287	2835	207	0	599
482	1029	62	8037	666
388	974	32	4357	153
253	1356	42	5004	294
2314	2314	107	5759	266
2635	2869	126	13816	1214
1361	2474	161	13855	447
894	2499	57	3865	435
1772	6253	132	30770	827
737	2962	25	40838	532
247	1726	4	1026	39
498	1504	44	5663	98
999	4569	98	13769	514
366	1032	2	9239	311
414	3161	7	13914	94
13	199	6	942	4
590	1276	25	25708	276
215	799	4	11170	403
38	289	29	622	41
60	265	0	887	11
898	4664	67	6117	215

特殊教育

Basic Statistics of

地区 Region	学校数(所) Schools	班数(个) Classes	毕业生数 Graduates	招生数 Entrants		
					合计 Total	一年级 Grade 1
总计 Total	1540	12576	44237	52861	374457	47268
北京 Beijing	23	290	1032	686	6488	457
天津 Tianjin	22	178	533	307	3482	289
河北 Hebei	93	612	1306	1782	12337	1636
山西 Shanxi	36	355	626	1037	6297	1130
内蒙古 Inner Mongolia	25	219	265	506	3292	477
辽宁 Liaoning	75	777	871	1082	8926	1037
吉林 Jilin	48	398	596	513	5516	579
黑龙江 Heilongjiang	71	691	670	1024	7002	835
上海 Shanghai	32	486	1747	1517	11826	476
江苏 Jiangsu	115	1103	4058	4108	33943	3471
浙江 Zhejiang	64	560	2603	2158	16484	1628
安徽 Anhui	67	461	1874	3172	18963	3019
福建 Fujian	76	622	6133	5273	39333	4178
江西 Jiangxi	50	241	1295	2271	13353	2495
山东 Shandong	139	1229	1887	2285	16966	2023
河南 Henan	122	894	1844	3267	19913	3224
湖北 Hubei	76	552	944	1364	9283	1582
湖南 Hunan	54	363	1574	2244	14294	1814
广东 Guangdong	66	535	3900	3321	27528	3161
广西 Guangxi	46	299	1611	2405	14623	2138
海南 Hainan	4	37	86	240	1803	252
重庆 Chongqing	38	225	1994	2080	17199	1669
四川 Sichuan	68	437	1677	2157	13390	1926
贵州 Guizhou	38	239	1261	2460	15664	2593
云南 Yunnan	25	201	1806	2609	17558	2327
西藏 Tibet	2	15	3	19	212	39
陕西 Shaanxi	28	226	232	379	2356	347
甘肃 Gansu	14	130	712	1231	9192	1662
青海 Qinghai	10	67	195	349	2515	399
宁夏 Ningxia	6	48	54	141	843	139
新疆 Xinjiang	7	86	848	874	3876	266

基本情况

Special Education

单位：人
Unit: in Person

在校学生数

Enrolment

二年级 Grade 2	三年级 Grade 3	四年级 Grade 4	五年级 Grade 5	六年级 Grade 6	七年级 Gradel	八年级 Grade 8	九年级 Grade 9	十年级 Grade 10
51203	51422	52506	51577	44290	25866	24903	21915	3507
555	665	750	920	1086	453	636	628	338
373	379	480	570	659	293	226	196	17
1693	1683	1627	1788	1402	901	732	639	236
1146	1003	985	801	446	295	247	180	64
484	522	536	503	265	140	203	125	37
1071	1070	1147	1060	1212	768	754	804	3
719	776	702	745	722	487	361	289	136
875	1023	1157	931	684	568	451	325	153
693	952	1125	1374	1356	1752	1779	1774	545
4037	4396	4921	4990	5404	2328	2096	1890	410
1719	1978	2089	2296	2225	1481	1530	1483	55
3159	2706	2788	2683	1047	1377	1167	885	132
4629	5113	5584	6122	5465	2649	2945	2533	115
2441	2369	2075	1840	451	573	547	497	65
2062	1966	2179	2169	1715	1537	1566	1247	502
3267	2949	3017	2526	1335	1456	1108	842	189
1497	1316	1251	1194	1010	586	449	367	31
1872	1789	1908	1847	1897	1128	1070	907	62
3824	3930	3943	4016	4305	1342	1562	1445	0
2336	2206	1982	1839	1665	959	728	751	19
322	306	289	247	232	67	43	45	0
2172	2580	2788	2598	2522	959	933	940	38
2036	1854	1853	1835	1820	682	697	593	94
2786	2651	2289	2097	1756	555	534	383	20
2609	2640	2516	2454	2057	980	1030	877	68
51	36	21	4	20	10	20	11	0
318	274	290	234	216	268	214	149	46
1590	1495	1400	1132	719	416	384	361	33
449	419	409	326	175	101	114	67	56
178	147	107	109	71	37	28	27	0
240	229	298	327	351	718	749	655	43

Number of Teachers, Staff & Workers

地区 Region	教职工 Teachers, Staff &		
	合计 Total	专任教师 Full-time Teachers	行政人员 Adm. Personnel
总计 Total	40378	29805	4002
北京 Beijing	918	681	114
天津 Tianjin	715	479	118
河北 Hebei	2008	1511	172
山西 Shanxi	1123	856	93
内蒙古 Inner Mongolia	771	577	77
辽宁 Liaoning	2457	1829	336
吉林 Jilin	1753	1224	298
黑龙江 Heilongjiang	2628	1931	277
上海 Shanghai	1653	987	237
江苏 Jiangsu	3334	2424	254
浙江 Zhejiang	1424	1122	103
安徽 Anhui	1256	957	110
福建 Fujian	1535	1277	90
江西 Jiangxi	473	379	54
山东 Shandong	5104	3506	566
河南 Henan	3162	2467	252
湖北 Hubei	1689	1253	160
湖南 Hunan	1236	922	93
广东 Guangdong	1566	1241	140
广西 Guangxi	628	451	45
海南 Hainan	99	67	9
重庆 Chongqing	649	510	66
四川 Sichuan	1242	973	98
贵州 Guizhou	665	518	66
云南 Yunnan	602	438	36
西藏 Tibet	75	63	11
陕西 Shaanxi	627	447	67
甘肃 Gansu	382	279	25
青海 Qinghai	141	114	9
宁夏 Ningxia	149	122	8
新疆 Xinjiang	314	200	18

校教职工数

in Special Education Schools

单位:人 Unit: in Person

数 Workers		代课教师 Substitute Teachers	兼任教师 Part-time Teachers
教辅人员 Supporting Staff	工勤人员 Workers		
2131	4440	774	391
31	92	7	11
35	83	0	0
92	233	33	7
45	129	72	21
68	49	9	8
91	201	44	26
113	118	9	6
139	281	5	12
158	271	7	24
191	465	47	22
44	155	0	20
81	108	17	22
35	133	76	13
16	24	36	6
383	649	2	27
190	253	37	24
96	180	41	6
82	139	10	3
45	140	113	41
16	116	19	10
9	14	4	0
22	51	21	14
31	140	13	12
18	63	22	10
21	107	4	0
0	1	0	0
20	93	93	25
21	57	8	1
4	14	8	8
2	17	5	1
32	64	12	11

特殊教育学校专任

Breakdown of Special Education School

地　区 Region	合　计 Total	按学历分 By Educational Attainment			
		研究生毕业 Graduate	本科毕业 Under-Graduate	专科毕业 Associate Bachelor	高中阶段毕业 Below High School Graduate
总　计 Total	29805	22	2825	13893	12606
北　京 Beijing	681	1	84	349	237
天　津 Tianjin	479	0	33	216	212
河　北 Hebei	1511	1	104	934	457
山　西 Shanxi	856	0	62	404	373
内蒙古 Inner Mongolia	577	0	80	247	234
辽　宁 Liaoning	1829	1	173	1174	467
吉　林 Jilin	1224	5	259	551	408
黑龙江 Heilongjiang	1931	0	183	838	858
上　海 Shanghai	987	1	131	398	440
江　苏 Jiangsu	2424	0	162	1038	1195
浙　江 Zhejiang	1122	0	67	372	644
安　徽 Anhui	957	0	78	418	448
福　建 Fujian	1277	1	22	406	813
江　西 Jiangxi	379	0	34	159	181
山　东 Shandong	3506	3	519	1782	1176
河　南 Henan	2467	1	213	1276	954
湖　北 Hubei	1253	1	125	633	487
湖　南 Hunan	922	1	61	415	429
广　东 Guangdong	1241	0	196	511	527
广　西 Guangxi	451	0	9	117	311
海　南 Hainan	67	0	9	32	26
重　庆 Chongqing	510	1	29	238	241
四　川 Sichuan	973	0	53	407	502
贵　州 Guizhou	518	0	12	159	333
云　南 Yunnan	438	0	36	225	169
西　藏 Tibet	63	0	1	8	34
陕　西 Shaanxi	447	0	35	230	176
甘　肃 Gansu	279	0	11	141	116
青　海 Qinghai	114	2	15	57	36
宁　夏 Ningxia	122	0	9	66	45
新　疆 Xinjiang	200	3	20	92	77

教师学历、职称情况

Heads and teachers by Educational Attainment

单位:人 Unit: in Person

高中阶段毕业以下 Below High School Graduate	按职称分 By Rank					
	中学高级 Senior Secondary	小学高级 Senior Primary	小学一级 1st Grade Primary	小学二级 2st Grade Primary	小学三级 3st Grade Primary	未评职称 Rank Undecided
459	541	11424	11903	3623	230	2084
10	15	316	278	25	1	46
18	19	245	185	21	0	9
15	10	473	757	193	3	75
17	8	317	343	129	2	57
16	10	178	223	106	6	54
14	55	1007	580	129	2	56
1	15	563	448	166	2	30
52	48	910	613	207	16	137
17	4	466	372	50	0	95
29	39	1024	920	311	10	120
39	10	482	355	149	8	118
13	19	307	400	156	1	74
35	5	314	641	186	4	127
5	14	105	177	36	3	44
26	107	1164	1706	400	6	123
23	53	803	952	348	36	275
7	24	519	464	187	11	48
16	22	385	357	95	6	57
7	3	327	477	146	90	198
14	0	180	135	99	4	33
0	2	18	22	11	0	14
1	0	176	246	58	0	30
11	16	404	414	112	2	25
14	3	148	239	73	1	54
8	7	183	143	70	0	35
20	6	20	3	6	0	28
6	10	135	190	62	0	50
11	3	86	104	48	16	22
4	6	45	43	15	0	5
2	2	47	55	13	0	5
8	6	77	61	16	0	40

幼儿园基本

Basic Statistics of Kindergartens

地区 Region	园数(所) Kindergartens	班数(个) Classes		入园人数(人) Children Admitted	
		计 Total	其中:小学附设学前班 Of which: Pre-school Classes Attached to Primary Schools	计 Total	其中:小学附设学前班 Of which: Pre-school Classes Attached to Primary Schools
总计 Total	111752	742088	356959	13736112	8514052
北京 Beijing	1540	8494	1680	91092	29378
天津 Tianjin	1166	6806	565	68280	19745
河北 Hebei	2235	32708	22430	613969	453062
山西 Shanxi	5331	33092	16070	483961	212485
内蒙古 Inner Mongolia	1101	13401	8880	237047	179515
辽宁 Liaoning	6639	27583	13393	394029	237771
吉林 Jilin	2380	13645	7638	211457	140531
黑龙江 Heilongjiang	2100	17636	11182	277793	203926
上海 Shanghai	1019	7932	26	86153	78
江苏 Jiangsu	7807	44167	11311	635911	194726
浙江 Zhejiang	11920	44483	4110	516873	77976
安徽 Anhui	2429	27140	17008	653645	479499
福建 Fujian	7329	26699	8075	368638	122184
江西 Jiangxi	3469	21318	10910	475561	309446
山东 Shandong	16408	54040	16241	822097	328141
河南 Henan	2163	50577	37063	1376167	1141404
湖北 Hubei	2153	21399	12306	424856	280485
湖南 Hunan	1506	23747	17678	494160	389237
广东 Guangdong	10135	69750	27120	1283085	776415
广西 Guangxi	2460	30031	21027	642397	517315
海南 Hainan	619	4559	2275	80021	52133
重庆 Chongqing	3477	18914	8636	414064	240011
四川 Sichuan	7935	53909	23620	1084614	599875
贵州 Guizhou	1179	15426	10851	488329	406186
云南 Yunnan	1711	23364	14752	528528	404213
西藏 Tibet	32	178	50	2609	647
陕西 Shaanxi	2103	22512	16453	400146	308991
甘肃 Gansu	2286	15101	7760	295783	204539
青海 Qinghai	215	2724	1966	58737	44315
宁夏 Ningxia	139	3162	2262	84759	69712
新疆 Xinjiang	766	7591	3621	141351	90111

情况（总计）

(Regional Aggregates)

在园幼儿数（人） Children Enrolled		教职工数（人） Teachers, Staff & Workers			
			其中: Of which		
计 Total	其中:小学附设学前班 Of which: Pre-school Classes Attached to Primary Schools	计 Total	园长 Kindergarten Heads	教师 Teachers	保健员 Health Nurses
20360245	9806398	903319	88041	571227	56644
213794	39703	25402	1559	12127	1205
203627	20220	15254	1045	9571	325
822559	530225	25739	2125	16617	1692
780030	323640	30216	2865	20183	1436
310601	195811	15819	1286	9824	814
667930	313622	39592	5295	23521	2635
283555	162475	15514	2128	9160	1307
371120	227762	19586	2557	11145	1788
244471	197	24611	1431	14796	1199
1274300	312910	64090	6159	46612	2746
1176097	118932	75000	7640	49442	4613
818333	518599	19197	2445	14008	1020
667127	175231	35575	3200	25790	1356
574756	328022	21526	2803	14275	1601
1420189	448683	75218	8767	53900	2625
1645846	1228815	35626	2625	22395	2753
590405	318783	28280	2650	17423	2088
569064	408213	18496	1837	9590	2937
2115525	882939	135608	11861	77731	8706
769726	547096	21848	2406	12778	1964
112359	59444	7230	771	4045	892
587645	304458	17610	1983	11666	1301
1595534	727509	47279	5198	30591	3717
564782	419874	12623	1203	7920	1085
668471	404213	22710	1857	14525	1508
5967	1927	537	54	298	39
502001	341061	17369	1482	10551	1020
402653	217179	13567	1384	8731	692
69402	47362	3079	256	1704	243
104000	74834	3464	204	2210	227
228376	106659	15654	965	8098	1110

成人高等学校基本情况(总计)(不包

Basic Statistics of Adult Higher Educational
(Sparetime Schools & Divisions of Correspondence run by Regular

地区 Region	学校数（所） Schools		本专科学生数 Undergraduate Students					
	计 Total	其中:中央部委所属学校数 Inst. Under Central Ministries & Agencies	毕业生数 Graduates	招生数 Students Admitted	在校学生数 Enrolment	合计 Total	计 Subtotal	小计 Subtotal
总计 Total	607	20	371526	505718	1261789	168069	162641	88861
北京 Beijing	39	10	15582	20906	56334	9393	8954	3841
天津 Tianjin	22	0	9966	17667	34872	5578	5480	2726
河北 Hebei	15	0	13707	14406	44054	4398	4272	2214
山西 Shanxi	18	0	7634	10470	28860	4911	4773	2409
内蒙古 Inner Mongolia	13	0	6123	9806	24613	3743	3736	2038
辽宁 Liaoning	43	2	11494	14293	35055	7942	7748	4084
吉林 Jilin	21	1	11341	16492	37209	5416	5309	2811
黑龙江 Heilongjiang	38	2	17013	21475	56117	9810	9468	5033
上海 Shanghai	31	1	5489	9846	25668	4863	4679	2232
江苏 Jiangsu	30	1	11606	13444	37335	11455	11304	6940
浙江 Zhejiang	17	0	13238	19037	56569	5889	5758	3453
安徽 Anhui	14	0	8803	10065	28190	4339	4305	2432
福建 Fujian	16	0	8574	11467	29841	3220	3129	1719
江西 Jiangxi	16	0	10036	12962	38870	4132	3719	2029
山东 Shandong	29	0	20103	19461	57811	11797	11302	6182
河南 Henan	24	0	13964	23775	52732	7780	7672	4477
湖北 Hubei	27	0	21090	27935	61242	7807	7605	4118
湖南 Hunan	24	0	28347	31333	73445	5142	4993	2889
广东 Guangdong	37	1	20530	36334	86875	13505	13037	7726
广西 Guangxi	10	0	10005	16110	43115	3265	3174	1675
海南 Hainan	1	0	917	1022	2059	95	95	59
重庆 Chongqing	13	0	9662	18233	38110	3817	3650	1950
四川 Sichuan	37	1	43342	59518	137482	9335	8922	5109
贵州 Guizhou	7	0	9832	12557	32566	1656	1622	953
云南 Yunnan	7	0	1902	3698	7767	2227	2204	1291
西藏 Tibet	0	0	0	0	0	0	0	0
陕西 Shaanxi	27	1	20531	22016	53785	8028	7490	3893
甘肃 Gansu	13	0	5373	7706	19019	1505	1413	912
青海 Qinghai	2	0	1535	3722	9296	1266	1222	787
宁夏 Ningxia	1	0	2009	4743	11274	170	170	84
新疆 Xinjiang	15	0	11778	15219	41624	5585	5436	2795

括普通高等学校举办的函授、业余学生数)

Institutions (Regional Aggregates)
Institutions of Higher Education are not included in Aggregates)

单位:人 Unit: in Person

教职工数 Teachers, Staff & Workers										
校本部教职工 Teachers, Staff & Workers in the School Proper								科研机构人员 Personnel in Affiliated Research Org.	校办企业职工 Employees in School-run Enterprise	附设机构人员 Personnel in Other Subsidiary Units
专任教师 Full-time Teachers					行政人员 Adm. Personnel	教辅人员 Supporting Staff	工勤人员 Workers			
正高级 Senior	副高级 Sub-senior	中级 Middle	初级 Junior	无职称 No Ramk						
1999	23438	39577	19365	4482	34579	19446	19755	630	2627	2171
256	1138	1685	548	214	2681	1260	1172	91	159	189
55	981	1244	376	70	1193	944	617	18	62	18
62	627	871	499	155	798	547	713	12	37	77
19	726	973	547	144	1074	596	694	0	122	16
8	562	927	486	55	728	440	530	0	7	0
75	1346	1858	704	101	1637	1027	1000	0	94	100
96	820	1209	598	88	1269	594	635	12	16	79
186	1942	2043	734	128	1971	1125	1339	52	35	255
47	514	1226	384	61	992	543	912	35	100	49
133	1321	2901	2000	585	1897	1265	1202	14	112	25
68	696	1533	963	193	978	768	559	3	113	15
18	659	995	565	195	919	506	448	3	23	8
13	440	739	415	112	811	291	308	7	67	17
51	612	836	449	81	672	486	532	36	365	12
144	1585	2392	1603	458	2468	1306	1346	25	316	154
43	1131	1829	1190	284	1534	877	784	45	47	16
76	1061	1959	847	175	1681	1026	780	57	35	110
42	786	1498	477	86	1054	484	566	5	135	9
210	1694	3636	1796	390	2568	1338	1405	49	72	347
26	372	865	343	69	701	389	409	24	48	19
2	9	22	20	6	23	6	7	0	0	0
44	494	1019	346	47	713	493	494	0	142	25
177	1421	2296	1009	206	2082	725	1006	6	139	268
21	192	477	234	29	425	125	119	6	17	11
5	252	595	295	144	432	232	249	0	7	16
0	0	0	0	0	0	0	0	0	0	0
79	1085	1744	802	183	1625	1084	888	61	281	196
1	240	458	183	30	269	90	142	13	44	35
6	116	447	190	28	183	144	108	32	7	5
2	25	38	18	1	60	19	7	0	0	0
34	591	1262	744	164	1141	716	784	24	25	100

成人高等学校本、专科学生数(总计)

Number of Students in Adult Higher Educational (Sparetime Schools & Divisions of Correspondence run by

地区 Region	毕业生数 Graduates			招生数 Students Admitted		
	计 Total	本科 Normal Courses	专科 Short-cycle Courses	计 Total	本科 Normal Courses	专科 Short-cycle Courses
总计 Total	371526	32530	338996	505718	53281	452437
北京 Beijing	15582	2316	13266	20906	2767	18139
天津 Tianjin	9966	29	9937	17667	0	17667
河北 Hebei	13707	325	13382	14406	719	13687
山西 Shanxi	7634	140	7494	10470	298	10172
内蒙古 Inner Mongolia	6123	0	6123	9806	0	9806
辽宁 Liaoning	11494	401	11093	14293	861	13432
吉林 Jilin	11341	1377	9964	16492	3066	13426
黑龙江 Heilongjiang	17013	603	16410	21475	1790	19685
上海 Shanghai	5489	0	5489	9846	0	9846
江苏 Jiangsu	11606	1336	10270	13444	2890	10554
浙江 Zhejiang	13238	3093	10145	19037	4854	14183
安徽 Anhui	8803	1393	7410	10065	1817	8248
福建 Fujian	8574	1653	6921	11467	3737	7730
江西 Jiangxi	10036	902	9134	12962	2064	10898
山东 Shandong	20103	4485	15618	19461	4808	14653
河南 Henan	13964	1825	12139	23775	2506	21269
湖北 Hubei	21090	2381	18709	27935	2851	25084
湖南 Hunan	28347	125	28222	31333	446	30887
广东 Guangdong	20530	2426	18104	36334	3787	32547
广西 Guangxi	10005	548	9457	16110	1782	14328
海南 Hainan	917	0	917	1022	0	1022
重庆 Chongqing	9662	305	9357	18233	1891	16342
四川 Sichuan	43342	3264	40078	59518	4215	55303
贵州 Guizhou	9832	1654	8178	12557	1914	10643
云南 Yunnan	1902	0	1902	3698	0	3698
西藏 Tibet	0	0	0	0	0	0
陕西 Shaanxi	20531	1233	19298	22016	1632	20384
甘肃 Gansu	5373	0	5373	7706	0	7706
青海 Qinghai	1535	0	1535	3722	0	3722
宁夏 Ningxia	2009	0	2009	4743	0	4743
新疆 Xinjiang	11778	716	11062	15219	2586	12633

(不包括普通高等学校举办的函授、业余学生数)

Institutions by Type of Courses (Regional Aggregates)
Institutions of Higher Education are not included in Aggregates)

单位: 人 Unit: in Person

在校学生数 Enrolment			毕业班学生数 Graduates for Next Year		
计 Total	本科 Normal Courses	专科 Short-cycle Courses	计 Total	本科 Normal Courses	专科 Short-cycle Courses
1261789	142005	1119784	447122	44641	0
56334	8471	47863	17391	2268	0
34872	15	34857	11011	15	0
44054	1105	42949	16296	386	0
28860	450	28410	11332	130	0
24613	0	24613	8694	0	0
35055	1984	33071	12293	365	0
37209	7669	29540	14135	2948	0
56117	5716	50401	20344	2243	0
25668	0	25668	7210	0	0
37335	6893	30442	13029	1567	0
56569	16611	39958	17156	5526	0
28190	5054	23136	9942	1577	0
29841	8421	21420	10106	2358	0
38870	6231	32639	15955	2693	0
57811	12921	44890	18800	3132	0
52732	6009	46723	15924	2221	0
61242	8397	52845	19992	3514	0
73445	980	72465	32171	283	0
86875	9502	77373	26932	2780	0
43115	4410	38705	12896	697	0
2059	0	2059	917	0	0
38110	3524	34586	11130	490	0
137482	10519	126963	57365	3567	0
32566	5819	26747	13646	2797	0
7767	0	7767	1793	0	0
0	0	0	0	0	0
53785	5123	48662	23592	2058	0
19019	0	19019	6588	0	0
9296	0	9296	3647	0	0
11274	0	11274	2717	0	0
41624	6181	35443	14118	1026	0

广播电视大

Basic Statistics of

地区 Region	学校数（所）Schools 计 Total	学校数（所）Schools 其中:中央部委所属学校数 Inst. Under Central Ministries & Agencies	本专科学生数 Undergraduate Students 毕业生数 Graduates	本专科学生数 Undergraduate Students 招生数 Students Admitted	本专科学生数 Undergraduate Students 在校学生数 Enrolment	合计 Total	计 Subtotal	小计 Subtotal
总计 Total	45	1	139680	143606	385130	64574	63353	34275
北京 Beijing	2	1	1495	1051	4264	1586	1509	599
天津 Tianjin	1	0	3710	4518	10230	2202	2131	981
河北 Hebei	1	0	6090	8388	27841	1753	1749	848
山西 Shanxi	1	0	1060	967	4515	819	819	265
内蒙古 Inner Mongolia	1	0	2611	1177	6443	1266	1266	578
辽宁 Liaoning	3	0	3699	4038	9684	2328	2328	1275
吉林 Jilin	2	0	5764	6615	13053	1683	1666	877
黑龙江 Heilongjiang	2	0	6100	3037	11822	3612	3511	1739
上海 Shanghai	1	0	799	372	2125	352	304	94
江苏 Jiangsu	2	0	2522	974	4830	6775	6711	4108
浙江 Zhejiang	2	0	5942	3496	13708	3994	3889	2350
安徽 Anhui	1	0	548	270	1606	1338	1338	737
福建 Fujian	2	0	3016	1576	6624	983	983	453
江西 Jiangxi	1	0	3688	4499	13686	764	760	432
山东 Shandong	2	0	3651	2632	10609	6888	6626	3762
河南 Henan	1	0	2776	1948	5983	2289	2251	1360
湖北 Hubei	2	0	9702	11704	22729	3991	3938	2247
湖南 Hunan	1	0	15876	10374	27492	1178	1178	481
广东 Guangdong	3	0	5617	9441	23570	5727	5647	3290
广西 Guangxi	1	0	3841	3392	12053	1518	1481	708
海南 Hainan	1	0	917	1022	2059	95	95	59
重庆 Chongqing	1	0	6887	11828	23608	1335	1335	615
四川 Sichuan	2	0	17034	22176	52668	2620	2597	1474
贵州 Guizhou	1	0	4614	5444	11638	855	840	478
云南 Yunnan	1	0	1288	2768	5714	1515	1493	845
西藏 Tibet	0	0	0	0	0	0	0	0
陕西 Shaanxi	2	0	9756	9432	22779	3035	2896	1641
甘肃 Gansu	1	0	2484	3050	9392	187	173	62
青海 Qinghai	1	0	835	821	3885	1083	1042	651
宁夏 Ningxia	1	0	2009	4743	11274	170	170	84
新疆 Xinjiang	2	0	5349	1853	9246	2633	2627	1182

学基本情况

Radio/TV Universities

教职工数 Teachers, Staff & Workers										
校本部教职工 Teachers, Staff & Workers in the School Proper								科研机构人员 Personnel in Affiliated Research Org.	校办企业职工 Employees in School-run Enterprise	附设机构人员 Personnel in Other Subsidiary Units
专任教师 Full-time Teachers					行政人员 Adm. Personnel	教辅人员 Supporting Staff	工勤人员 Workers			
正高级 Senior	副高级 Sub-senior	中级 Middle	初级 Junior	无职称 No Ramk						
370	7396	15413	9088	2008	14100	8464	6514	285	584	352
16	178	293	93	19	494	264	152	56	1	20
17	333	508	105	18	492	424	234	16	47	8
15	210	348	217	58	419	252	230	0	3	1
1	94	120	45	5	327	142	85	0	0	0
2	152	275	134	15	334	190	164	0	0	0
22	401	559	259	34	544	309	200	0	0	0
17	248	424	173	15	411	263	115	12	5	0
70	560	711	347	51	777	559	436	11	17	73
10	20	58	6	0	144	33	33	7	31	10
14	576	1718	1405	395	1085	825	693	0	55	9
16	412	1035	754	133	643	551	345	3	102	0
0	165	280	228	64	327	181	93	0	0	0
0	83	217	142	11	333	113	84	0	0	0
4	121	195	86	26	150	101	77	2	2	0
25	785	1545	1093	314	1283	849	732	22	94	146
3	256	510	442	149	492	234	165	22	13	3
14	472	1074	571	116	858	472	361	41	12	0
2	125	221	108	25	430	129	138	0	0	0
37	567	1633	902	151	1143	574	640	5	55	20
0	128	404	160	16	409	182	182	0	37	0
2	9	22	20	6	23	6	7	0	0	0
17	140	332	113	13	315	234	171	0	0	0
9	346	668	367	84	605	279	239	0	23	0
5	71	236	153	13	215	88	59	6	6	3
4	179	385	187	90	321	175	152	0	6	16
0	0	0	0	0	0	0	0	0	0	0
40	424	685	425	67	636	436	183	40	61	38
1	24	22	11	4	81	13	17	6	8	0
5	95	370	153	28	158	129	104	32	4	5
2	25	38	18	1	60	19	7	0	0	0
0	197	527	371	87	591	438	416	4	2	0

Number of Students in Radio/TV

地区 Region	毕业生数 Graduates			招生数 Students Admitted		
	计 Total	本科 Normal Courses	专科 Short-cycle Courses	计 Total	本科 Normal Courses	专科 Short-cycle Courses
总计 Total	139680	725	138955	143606	1119	142487
北京 Beijing	1495	85	1410	1051	0	1051
天津 Tianjin	3710	0	3710	4518	0	4518
河北 Hebei	6090	0	6090	8388	0	8388
山西 Shanxi	1060	0	1060	967	0	967
内蒙古 Inner Mongolia	2611	0	2611	1177	0	1177
辽宁 Liaoning	3699	0	3699	4038	0	4038
吉林 Jilin	5764	0	5764	6615	0	6615
黑龙江 Heilongjiang	6100	0	6100	3037	0	3037
上海 Shanghai	799	0	799	372	0	372
江苏 Jiangsu	2522	220	2302	974	13	961
浙江 Zhejiang	5942	0	5942	3496	0	3496
安徽 Anhui	548	0	548	270	0	270
福建 Fujian	3016	0	3016	1576	0	1576
江西 Jiangxi	3688	0	3688	4499	0	4499
山东 Shandong	3651	0	3651	2632	0	2632
河南 Henan	2776	0	2776	1948	0	1948
湖北 Hubei	9702	206	9496	11704	269	11435
湖南 Hunan	15876	0	15876	10374	0	10374
广东 Guangdong	5617	0	5617	9441	0	9441
广西 Guangxi	3841	150	3691	3392	419	2973
海南 Hainan	917	0	917	1022	0	1022
重庆 Chongqing	6887	0	6887	11828	142	11686
四川 Sichuan	17034	64	16970	22176	276	21900
贵州 Guizhou	4614	0	4614	5444	0	5444
云南 Yunnan	1288	0	1288	2768	0	2768
西藏 Tibet	0	0	0	0	0	0
陕西 Shaanxi	9756	0	9756	9432	0	9432
甘肃 Gansu	2484	0	2484	3050	0	3050
青海 Qinghai	835	0	835	821	0	821
宁夏 Ningxia	2009	0	2009	4743	0	4743
新疆 Xinjiang	5349	0	5349	1853	0	1853

本、专科学生数

Universities by Type of Courses

单位:人

Unit: in Person

在校学生数 Enrolment			毕业班学生数 Graduates for Next Year		
计 Total	本科 Normal Courses	专科 Short-cycle Courses	计 Total	本科 Normal Courses	专科 Short-cycle Courses
385130	2432	382698	149418	632	0
4264	0	4264	1688	0	0
10230	0	10230	2506	0	0
27841	0	27841	9117	0	0
4515	0	4515	2333	0	0
6443	0	6443	3037	0	0
9684	0	9684	3675	0	0
13053	0	13053	5386	0	0
11822	0	11822	5912	0	0
2125	0	2125	956	0	0
4830	300	4530	2487	132	0
13708	0	13708	5370	0	0
1606	0	1606	819	0	0
6624	0	6624	2583	0	0
13686	0	13686	5514	0	0
10609	66	10543	3766	66	0
5983	0	5983	1494	0	0
22729	425	22304	6568	112	0
27492	0	27492	13330	0	0
23570	0	23570	7833	0	0
12053	1093	10960	4322	192	0
2059	0	2059	917	0	0
23608	142	23466	7139	0	0
52668	406	52262	24186	130	0
11638	0	11638	4220	0	0
5714	0	5714	1144	0	0
0	0	0	0	0	0
22779	0	22779	11133	0	0
9392	0	9392	2929	0	0
3885	0	3885	2204	0	0
11274	0	11274	2717	0	0
9246	0	9246	4133	0	0

职工高等学

Basic Statistics of

地区 Region	学校数（所） Schools: 计 Total	学校数（所） Schools: 其中：中央部委所属学校数 Inst. Under Central Ministries & Agencies	本专科学生数 Undergraduate Students: 毕业生数 Graduates	本专科学生数 Undergraduate Students: 招生数 Students Admitted	本专科学生数 Undergraduate Students: 在校学生数 Enrolment	合计 Total	计 Subtotal	小计 Subtotal
总　计 Total	357	12	88937	158850	367280	51846	49127	27366
北　京 Beijing	26	4	5801	8596	22779	5227	5077	2143
天　津 Tianjin	16	0	4187	10020	18613	2219	2208	1258
河　北 Hebei	6	0	3157	4068	9939	848	742	411
山　西 Shanxi	7	0	2038	3784	10626	2269	2197	1147
内蒙古 Inner Mongolia	5	0	1509	5066	10032	683	676	372
辽　宁 Liaoning	35	2	5942	8746	21499	4611	4531	2400
吉　林 Jilin	12	1	2931	4357	10372	1812	1748	999
黑龙江 Heilongjiang	25	1	6406	12826	27999	4382	4166	2156
上　海 Shanghai	25	0	3413	8139	19847	3558	3445	1717
江　苏 Jiangsu	18	1	4531	6280	17047	1861	1800	1155
浙　江 Zhejiang	10	0	1502	8531	18152	1112	1091	676
安　徽 Anhui	7	0	2323	3594	9205	1052	1046	622
福　建 Fujian	6	0	988	866	3634	354	354	236
江　西 Jiangxi	10	0	3247	3442	10654	1481	1425	908
山　东 Shandong	14	0	2766	2484	7583	1945	1719	992
河　南 Henan	15	0	3906	8561	19618	1805	1784	1123
湖　北 Hubei	14	0	3519	6649	14442	1691	1563	860
湖　南 Hunan	17	0	7301	12997	25024	2363	2263	1428
广　东 Guangdong	17	1	5806	10168	22717	2787	2426	1427
广　西 Guangxi	2	0	710	1173	3148	158	158	93
海　南 Hainan	0	0	0	0	0	0	0	0
重　庆 Chongqing	10	0	1701	2285	5493	1564	1397	784
四　川 Sichuan	21	1	5582	8691	20207	2782	2490	1511
贵　州 Guizhou	3	0	1260	1989	4225	296	285	229
云　南 Yunnan	3	0	330	324	1028	229	228	137
西　藏 Tibet	0	0	0	0	0	0	0	0
陕　西 Shaanxi	16	1	3585	5276	12566	2577	2213	1197
甘　肃 Gansu	10	0	1385	2755	5466	986	938	653
青　海 Qinghai	1	0	700	2901	5411	183	180	136
宁　夏 Ningxia	0	0	0	0	0	0	0	0
新　疆 Xinjiang	6	0	2411	4282	9954	1011	977	596

校基本情况

Workers' Colleges

单位: 人

Unit: in Person

教职工数 Teachers, Staff & Workers										
校本部教职工 Teachers, Staff & Workers in the School Proper								科研机构人员 Personnel in Affiliated Research Org.	校办企业职工 Employees in School-run Enterprise	附设机构人员 Personnel in Other Subsidiary Units
专任教师 Full-time Teachers					行政人员 Adm. Personnel	教辅人员 Supporting Staff	工勤人员 Workers			
正高级 Senior	副高级 Sub-senior	中级 Middle	初级 Junior	无职称 No Ramk						
663	7589	13204	4910	1000	9907	5274	6580	129	1299	1291
184	613	911	300	135	1558	667	709	23	101	26
6	452	566	194	40	460	259	231	0	11	0
22	131	164	71	23	116	102	113	5	29	72
5	265	524	292	61	456	243	351	0	59	13
1	113	183	72	3	166	69	69	0	7	0
25	738	1173	398	66	835	607	689	0	39	41
15	258	439	228	59	386	152	211	0	11	53
70	827	976	256	27	917	385	708	16	18	182
24	406	931	305	51	626	391	711	13	64	36
13	275	565	230	72	291	165	189	0	53	8
34	155	309	147	31	176	137	102	0	11	10
2	179	329	81	31	158	144	122	0	6	0
1	49	122	53	11	51	17	50	0	0	0
4	249	412	216	27	259	126	132	17	32	7
6	307	398	218	63	337	177	213	3	215	8
14	319	534	211	45	299	213	149	10	9	2
25	236	455	129	15	310	212	181	0	23	105
22	368	800	221	17	357	197	281	0	91	9
82	333	605	329	78	499	257	243	21	13	327
0	33	44	12	4	36	15	14	0	0	0
0	0	0	0	0	0	0	0	0	0	0
15	190	445	118	16	308	118	187	0	142	25
66	362	758	273	52	485	179	315	0	86	206
0	44	135	45	5	23	13	20	0	11	0
0	24	81	30	2	39	22	30	0	1	0
0	0	0	0	0	0	0	0	0	0	0
15	324	631	197	30	423	254	339	7	205	152
0	168	354	118	13	145	66	74	7	36	5
1	21	77	37	0	25	15	4	0	3	0
0	0	0	0	0	0	0	0	0	0	0
11	150	283	129	23	166	72	143	7	23	4

职工高等学校

Number of Students in Workers'

地区 Region	毕业生数 Graduates 计 Total	本科 Normal Courses	专科 Short-cycle Courses	招生数 Students Admitted 计 Total	本科 Normal Courses	专科 Short-cycle Courses
总计 Total	88937	2165	86772	158850	2853	155997
北京 Beijing	5801	401	5400	8596	330	8266
天津 Tianjin	4187	0	4187	10020	0	10020
河北 Hebei	3157	325	2832	4068	666	3402
山西 Shanxi	2038	140	1898	3784	298	3486
内蒙古 Inner Mongolia	1509	0	1509	5066	0	5066
辽宁 Liaoning	5942	18	5924	8746	44	8702
吉林 Jilin	2931	596	2335	4357	375	3982
黑龙江 Heilongjiang	6406	92	6314	12826	175	12651
上海 Shanghai	3413	0	3413	8139	0	8139
江苏 Jiangsu	4531	0	4531	6280	0	6280
浙江 Zhejiang	1502	0	1502	8531	0	8531
安徽 Anhui	2323	0	2323	3594	0	3594
福建 Fujian	988	0	988	866	0	866
江西 Jiangxi	3247	0	3247	3442	0	3442
山东 Shandong	2766	0	2766	2484	39	2445
河南 Henan	3906	0	3906	8561	0	8561
湖北 Hubei	3519	417	3102	6649	852	5797
湖南 Hunan	7301	0	7301	12997	0	12997
广东 Guangdong	5806	0	5806	10168	0	10168
广西 Guangxi	710	0	710	1173	0	1173
海南 Hainan	0	0	0	0	0	0
重庆 Chongqing	1701	0	1701	2285	0	2285
四川 Sichuan	5582	159	5423	8691	71	8620
贵州 Guizhou	1260	0	1260	1989	0	1989
云南 Yunnan	330	0	330	324	0	324
西藏 Tibet	0	0	0	0	0	0
陕西 Shaanxi	3585	17	3568	5276	3	5273
甘肃 Gansu	1385	0	1385	2755	0	2755
青海 Qinghai	700	0	700	2901	0	2901
宁夏 Ningxia	0	0	0	0	0	0
新疆 Xinjiang	2411	0	2411	4282	0	4282

本、专科学生数

Colleges by Type of Courses

单位: 人

Unit: in Person

在校学生数 Enrolment			毕业班学生数 Graduates for Next Year		
计 Total	本科 Normal Courses	专科 Short－cycle Courses	计 Total	本科 Normal Courses	专科 Short－cycle Courses
367280	6121	361159	114226	2332	0
22779	1369	21410	6646	481	0
18613	0	18613	6238	0	0
9939	1052	8887	3914	386	0
10626	450	10176	3498	130	0
10032	0	10032	2854	0	0
21499	59	21440	7148	0	0
10372	886	9486	3580	511	0
27999	219	27780	7845	44	0
19847	0	19847	4892	0	0
17047	0	17047	5238	0	0
18152	0	18152	2987	0	0
9205	0	9205	2739	0	0
3634	0	3634	1442	0	0
10654	0	10654	4445	0	0
7583	61	7522	2645	0	0
19618	0	19618	5043	0	0
14442	1726	12716	4031	573	0
25024	0	25024	10272	0	0
22717	0	22717	5996	0	0
3148	0	3148	1044	0	0
0	0	0	0	0	0
5493	0	5493	1963	0	0
20207	240	19967	7754	169	0
4225	0	4225	1400	0	0
1028	0	1028	391	0	0
0	0	0	0	0	0
12566	59	12507	4284	38	0
5466	0	5466	1831	0	0
5411	0	5411	1443	0	0
0	0	0	0	0	0
9954	0	9954	2663	0	0

农民高等学

Basic Statistics

地区 Region	学校数（所）Schools 计 Total	其中:中央部委所属学校数 Inst. Under Central Ministries & Agencies	本专科学生数 Undergraduate Students 毕业生数 Graduates	招生数 Students Admitted	在校学生数 Enrolment	合计 Total	计 Subtotal	小计 Subtotal
总计 Total	3	0	331	540	1008	260	260	164
吉林 Jilin	3	0	331	540	1008	260	260	164

注:农民高等学校都是专科学生数。

Note: All students in Peasants' colleges are enrolled in short-cycle courses.

独立函授学

Basic Statistics of

地区 Region	学校数（所）Schools 计 Total	其中:中央部委所属学校数 Inst. Under Central Ministries & Agencies	本专科学生数 Undergraduate Students 毕业生数 Graduates	招生数 Students Admitted	在校学生数 Enrolment	合计 Total	计 Subtotal	小计 Subtotal
总计 Total	2	0	4262	5215	10032	517	517	389
北京 Beijing	1	0	0	0	0	0	0	0
四川 Sichuan	1	0	4262	5215	10032	517	517	389

独立函授学院

Number of Students in Independent

地区 Regio	毕业生数 Graduates 计 Total	本科 Normal Courses	专科 Short-cycle Courses	招生数 Students Admitted 计 Total	本科 Normal Courses	专科 Short-cycle Courses
总计 Total	4262	0	4262	5215	0	5215
四川 Sichuan	4262	0	4262	5215	0	5215

校基本情况
of Peasants ' Colleges

单位：人
Unit: in Person

教职工数 Teachers, Staff & Workers: 校本部教职工 Teachers, Staff & Workers in the School Proper: 专任教师 Full-time Teachers: 正高级 Senior	副高级 Sub-Senior	中级 Middle	初级 Junior	无职称 No Ramk	行政人员 Adm. Personnel	教辅人员 Supporting Staff	工勤人员 Workers	科研机构人员 Personnel in Affiliated Research Org.	校办企业职工 Employees in School-run Enterprise	附设机构人员 Personnel in Other Subsidiary Units
0	21	71	69	3	45	19	32	0	0	0
0	21	71	69	3	45	19	32	0	0	0

院基本情况
Independent Correspondence Colleges

单位：人
Unit: in Person

教职工数 Teachers, Staff & Workers: 校本部教职工 Teachers, Staff & Workers in the School Proper: 专任教师 Full-time Teachers: 正高级 Senior	副高级 Sub-Senior	中级 Middle	初级 Junior	无职称 No Ramk	行政人员 Adm. Personnel	教辅人员 Supporting Staff	工勤人员 Workers	科研机构人员 Personnel in Affiliated Research Org.	校办企业职工 Employees in School-run Enterprise	附设机构人员 Personnel in Other Subsidiary Units
15	63	203	94	14	104	0	24	0	0	0
0	0	0	0	0	0	0	0	0	0	0
15	63	203	94	14	104	0	24	0	0	0

本、专科学生数
Correspondence Colleges by Type of Courses

单位：人

在校学生数 Enrolment: 计 Total	本科 Normal Courses	专科 Short-cycle Courses	毕业班学生数 Graduates for Next Year: 计 Total	本科 Normal Courses	专科 Short-cycle Courses
10032	0	10032	4777	0	0
10032	0	10032	4777	0	0

地区 Region	学校数（所）Schools 计 Total	其中:中央部委所属学校数 Inst. Under Central Ministries & Agencies	本专科学生数 Undergraduate Students 毕业生数 Graduates	招生数 Students Admitted	在校学生数 Enrolment	合计 Total	计 Subtotal	小计 Subtotal
总计 Total	103	1	76479	123771	326380	23282	22690	13339
北京 Beijing	1	0	3674	5303	14979	618	536	240
天津 Tianjin	0	0	0	0	0	0	0	0
河北 Hebei	3	0	463	345	1362	812	803	478
山西 Shanxi	4	0	658	1343	3621	594	531	311
内蒙古 Inner Mongolia	5	0	1286	2711	6576	1701	1701	1047
辽宁 Liaoning	1	0	585	1017	2466	370	298	148
吉林 Jilin	2	0	675	3210	8757	591	591	402
黑龙江 Heilongjiang	7	1	3631	5086	15137	1052	1052	748
上海 Shanghai	0	0	0	0	0	0	0	0
江苏 Jiangsu	4	0	2255	4756	11541	1464	1442	830
浙江 Zhejiang	5	0	5760	6985	24660	767	762	420
安徽 Anhui	4	0	4934	5334	15144	1264	1236	762
福建 Fujian	4	0	2586	6149	12710	826	751	434
江西 Jiangxi	3	0	2253	4283	12449	850	845	457
山东 Shandong	8	0	6685	7846	23005	1325	1318	638
河南 Henan	6	0	4048	10673	20715	1764	1740	1010
湖北 Hubei	6	0	4035	4355	10832	1143	1128	625
湖南 Hunan	5	0	1358	3467	11231	325	325	208
广东 Guangdong	5	0	2895	6914	18093	1103	1103	696
广西 Guangxi	3	0	1920	4459	11252	606	575	377
海南 Hainan	0	0	0	0	0	0	0	0
重庆 Chongqing	1	0	577	2950	6275	506	506	354
四川 Sichuan	7	0	10888	15355	38406	1482	1476	951
贵州 Guizhou	3	0	3958	5124	16703	505	497	246
云南 Yunnan	3	0	202	606	1025	483	483	309
西藏 Tibet	0	0	0	0	0	0	0	0
陕西 Shaanxi	4	0	5631	4515	12856	858	857	434
甘肃 Gansu	2	0	1504	1901	4161	332	302	197
青海 Qinghai	0	0	0	0	0	0	0	0
宁夏 Ningxia	0	0	0	0	0	0	0	0
新疆 Xinjiang	7	0	4018	9084	22424	1941	1832	1017

基本情况

Educational Colleges

单位:人

Unit: in Person

教职工数 Teachers, Staff & Workers										
校本部教职工 Teachers, Staff & Workers in the School Proper								科研机构人员 Personnel in Affiliated Research Org.	校办企业职工 Employees in School-run Enterprise	附设机构人员 Personnel in Other Subsidiary Units
专任教师 Full-time Teachers					行政人员 Adm. Personnel	教辅人员 Supporting Staff	工勤人员 Workers			
正高级 Senior	副高级 Sub-senior	中级 Middle	初级 Junior	无职称 No Ramk						
353	4236	5335	2661	754	4118	2487	2746	64	221	307
7	97	105	25	6	118	108	70	0	16	66
0	0	0	0	0	0	0	0	0	0	0
4	113	210	116	35	94	76	155	0	5	4
1	107	118	47	38	76	89	55	0	63	0
5	283	456	266	37	190	177	287	0	0	0
0	101	39	8	0	102	25	23	0	13	59
43	154	150	54	1	55	66	68	0	0	0
27	407	217	82	15	170	73	61	0	0	0
0	0	0	0	0	0	0	0	0	0	0
24	232	314	190	70	295	148	169	10	4	8
13	127	189	62	29	155	76	111	0	0	5
15	244	260	160	83	215	114	145	3	17	8
2	158	189	64	21	182	58	77	0	67	8
16	167	145	114	15	120	113	155	0	0	5
41	235	221	116	25	330	180	170	0	7	0
14	275	383	286	52	320	209	201	2	17	5
25	182	279	107	32	208	217	78	10	0	5
1	73	102	28	4	64	27	26	0	0	0
15	210	323	130	18	179	119	109	0	0	0
13	100	180	55	29	78	51	69	20	11	0
0	0	0	0	0	0	0	0	0	0	0
11	110	140	76	17	46	42	64	0	0	0
22	322	404	168	35	316	82	127	6	0	0
16	77	106	36	11	187	24	40	0	0	8
1	49	129	78	52	72	35	67	0	0	0
0	0	0	0	0	0	0	0	0	0	0
14	121	142	95	62	119	161	143	0	1	0
0	48	82	54	13	43	11	51	0	0	30
0	0	0	0	0	0	0	0	0	0	0
0	0	0	0	0	0	0	0	0	0	0
23	244	452	244	54	384	206	225	13	0	96

教育学院本、

Number of Students in Educational

地区 Region	毕业生数 Graduates			招生数 Students Admitted		
	计 Total	本科 Normal Courses	专科 Short-cycle Courses	计 Total	本科 Normal Courses	专科 Short-cycle Courses
总计 Total	76479	25909	50570	123771	43700	80071
北京 Beijing	3674	1607	2067	5303	1996	3307
天津 Tianjin	0	0	0	0	0	0
河北 Hebei	463	0	463	345	0	345
山西 Shanxi	658	0	658	1343	0	1343
内蒙古 Inner Mongolia	1286	0	1286	2711	0	2711
辽宁 Liaoning	585	377	208	1017	623	394
吉林 Jilin	675	485	190	3210	2445	765
黑龙江 Heilongjiang	3631	511	3120	5086	1615	3471
上海 Shanghai	0	0	0	0	0	0
江苏 Jiangsu	2255	1106	1149	4756	2797	1959
浙江 Zhejiang	5760	3093	2667	6985	4854	2131
安徽 Anhui	4934	1393	3541	5334	1817	3517
福建 Fujian	2586	1312	1274	6149	3073	3076
江西 Jiangxi	2253	727	1526	4283	1798	2485
山东 Shandong	6685	3799	2886	7846	3644	4202
河南 Henan	4048	1244	2804	10673	1991	8682
湖北 Hubei	4035	1049	2986	4355	1069	3286
湖南 Hunan	1358	0	1358	3467	0	3467
广东 Guangdong	2895	2330	565	6914	3704	3210
广西 Guangxi	1920	279	1641	4459	1084	3375
海南 Hainan	0	0	0	0	0	0
重庆 Chongqing	577	305	272	2950	1749	1201
四川 Sichuan	10888	2706	8182	15355	3411	11944
贵州 Guizhou	3958	1654	2304	5124	1914	3210
云南 Yunnan	202	0	202	606	0	606
西藏 Tibet	0	0	0	0	0	0
陕西 Shaanxi	5631	1216	4415	4515	1530	2985
甘肃 Gansu	1504	0	1504	1901	0	1901
青海 Qinghai	0	0	0	0	0	0
宁夏 Ningxia	0	0	0	0	0	0
新疆 Xinjiang	4018	716	3302	9084	2586	6498

专科学生数

Colleges by Type of Courses

单位:人
Unit: in Person

在校学生数 Enrolment 计 Total	本科 Normal Courses	专科 Short-cycle Courses	毕业班学生数 Graduates for Next Year 计 Total	本科 Normal Courses	专科 Short-cycle Courses
326380	119489	206891	114111	36718	0
14979	6120	8859	4250	1500	0
0	0	0	0	0	0
1362	0	1362	537	0	0
3621	0	3621	942	0	0
6576	0	6576	2317	0	0
2466	1648	818	609	299	0
8757	6199	2558	3063	2099	0
15137	5497	9640	5998	2199	0
0	0	0	0	0	0
11541	6442	5099	3220	1364	0
24660	16611	8049	8799	5526	0
15144	5054	10090	5355	1577	0
12710	7025	5685	3724	1991	0
12449	5607	6842	4997	2443	0
23005	10050	12955	6372	2028	0
20715	4242	16473	6466	1384	0
10832	3669	7163	5243	1972	0
11231	0	11231	4392	0	0
18093	9233	8860	5954	2684	0
11252	2688	8564	3011	410	0
0	0	0	0	0	0
6275	3382	2893	1198	490	0
38406	9091	29315	14460	2943	0
16703	5819	10884	8026	2797	0
1025	0	1025	258	0	0
0	0	0	0	0	0
12856	4931	7925	5770	1986	0
4161	0	4161	1828	0	0
0	0	0	0	0	0
0	0	0	0	0	0
22424	6181	16243	7322	1026	0

管 理 干 部 学

Basic Statistics of

地　区 Region	学校数（所）Schools 计 Total	其中:中央部委所属学校数 Inst. Under Central Ministries & Agencies	本专科学生数 Undergraduate Students 毕业生数 Graduates	招生数 Students Admitted	在校学生数 Enrolment	合　计 Total	计 Subtotal	小计 Subtotal
总　计　Total	97	6	55296	66269	155538	24352	23574	11712
北　京　Beijing	9	5	4420	5553	13053	1759	1629	743
天　津　Tianjin	5	0	2069	3129	6029	1157	1141	487
河　北　Hebei	5	0	3997	1605	4912	985	978	477
山　西　Shanxi	6	0	3878	4376	10098	1229	1226	686
内蒙古　Inner Mongolia	2	0	717	852	1562	93	93	41
辽　宁　Liaoning	4	0	1024	492	1038	483	483	244
吉　林　Jilin	2	0	1439	1749	3979	805	789	307
黑龙江　Heilongjiang	4	0	876	526	1159	764	739	390
上　海　Shanghai	5	1	988	1335	3677	800	777	338
江　苏　Jiangsu	6	0	2298	1434	3917	1355	1351	847
浙　江　Zhejiang	0	0	0	0	0	0	0	0
安　徽　Anhui	2	0	998	867	2235	685	685	311
福　建　Fujian	4	0	1984	2876	6873	1057	1041	596
江　西　Jiangxi	2	0	848	738	2081	1037	689	232
山　东　Shandong	5	0	6864	6499	16600	1639	1639	790
河　南　Henan	2	0	1405	843	2491	1055	1030	522
湖　北　Hubei	5	0	3834	5227	13239	982	976	386
湖　南　Hunan	1	0	689	1067	2669	298	295	176
广　东　Guangdong	12	0	6212	9811	22495	3888	3861	2313
广　西　Guangxi	4	0	3534	7086	16662	983	960	497
海　南　Hainan	0	0	0	0	0	0	0	0
重　庆　Chongqing	1	0	160	236	440	82	82	66
四　川　Sichuan	6	0	5576	8081	16169	1934	1842	784
贵　州　Guizhou	0	0	0	0	0	0	0	0
云　南　Yunnan	0	0	0	0	0	0	0	0
西　藏　Tibet	0	0	0	0	0	0	0	0
陕　西　Shaanxi	5	0	1486	1887	4160	1282	1268	479
甘　肃　Gansu	0	0	0	0	0	0	0	0
青　海　Qinghai	0	0	0	0	0	0	0	0
宁　夏　Ningxia	0	0	0	0	0	0	0	0
新　疆　Xinjiang	0	0	0	0	0	0	0	0

院基本情况

Institutes for Administration

单位: 人

Unit: in Person

教职工数 Teachers, Staff & Workers										
校本部教职工 Teachers, Staff & Workers in the School Proper								科研机构人员 Personnel in Affiliated Research Org.	校办企业职工 Employees in School-run Enterprise	附设机构人员 Personnel in Other Subsidiary Units
专任教师 Full-time Teachers					行政人员 Adm. Personnel	教辅人员 Supporting Staff	工勤人员 Workers			
正高级 Senior	副高级 Sub-senior	中级 Middle	初级 Junior	无职称 No Ramk						
567	3724	4539	2227	655	5593	2777	3492	150	423	205
49	234	318	92	50	429	216	241	12	41	77
32	196	170	77	12	241	261	152	2	4	10
21	173	149	95	39	169	117	215	7	0	0
12	260	211	163	40	215	122	203	0	0	3
0	14	13	14	0	38	4	10	0	0	0
27	96	83	37	1	114	49	76	0	0	0
13	110	104	70	10	259	79	144	0	0	16
19	148	139	49	35	107	108	134	25	0	0
12	73	179	64	10	178	104	157	15	5	3
82	238	304	175	48	226	127	151	4	0	0
0	0	0	0	0	0	0	0	0	0	0
1	71	126	96	17	219	67	88	0	0	0
10	150	211	156	69	245	103	97	7	0	9
27	75	84	33	13	143	146	168	17	331	0
72	258	228	176	56	518	100	231	0	0	0
6	173	179	136	28	215	131	162	11	8	6
12	171	151	40	12	305	125	160	6	0	0
7	75	67	20	7	53	16	50	3	0	0
76	584	1075	435	143	747	388	413	23	4	0
13	111	237	116	20	178	141	144	4	0	19
0	0	0	0	0	0	0	0	0	0	0
1	25	37	3	0	5	2	9	0	0	0
65	328	263	107	21	572	185	301	0	30	62
0	0	0	0	0	0	0	0	0	0	0
0	0	0	0	0	0	0	0	0	0	0
0	0	0	0	0	0	0	0	0	0	0
10	161	211	73	24	417	186	186	14	0	0
0	0	0	0	0	0	0	0	0	0	0
0	0	0	0	0	0	0	0	0	0	0
0	0	0	0	0	0	0	0	0	0	0
0	0	0	0	0	0	0	0	0	0	0

管理干部学院

Number of Students in Institutes for

地 区 Region	毕业生数 Graduates			招生数 Students Admitted		
	计 Total	本 科 Normal Courses	专 科 Short－cycle Courses	计 Total	本 科 Normal Courses	专 科 Short－cycle Courses
总 计 Total	55296	3257	52039	66269	5389	60880
北 京 Beijing	4420	223	4197	5553	441	5112
天 津 Tianjin	2069	29	2040	3129	0	3129
河 北 Hebei	3997	0	3997	1605	53	1552
山 西 Shanxi	3878	0	3878	4376	0	4376
内蒙古 Inner Mongolia	717	0	717	852	0	852
辽 宁 Liaoning	1024	6	1018	492	194	298
吉 林 Jilin	1439	296	1143	1749	246	1503
黑龙江 Heilongjiang	876	0	876	526	0	526
上 海 Shanghai	988	0	988	1335	0	1335
江 苏 Jiangsu	2298	10	2288	1434	80	1354
浙 江 Zhejiang	0	0	0	0	0	0
安 徽 Anhui	998	0	998	867	0	867
福 建 Fujian	1984	341	1643	2876	664	2212
江 西 Jiangxi	848	175	673	738	266	472
山 东 Shandong	6864	686	6178	6499	1125	5374
河 南 Henan	1405	211	1194	843	295	548
湖 北 Hubei	3834	709	3125	5227	661	4566
湖 南 Hunan	689	21	668	1067	446	621
广 东 Guangdong	6212	96	6116	9811	83	9728
广 西 Guangxi	3534	119	3415	7086	279	6807
海 南 Hainan	0	0	0	0	0	0
重 庆 Chongqing	160	0	160	236	0	236
四 川 Sichuan	5576	335	5241	8081	457	7624
贵 州 Guizhou	0	0	0	0	0	0
云 南 Yunnan	0	0	0	0	0	0
西 藏 Tibet	0	0	0	0	0	0
陕 西 Shaanxi	1486	0	1486	1887	99	1788
甘 肃 Gansu	0	0	0	0	0	0
青 海 Qinghai	0	0	0	0	0	0
宁 夏 Ningxia	0	0	0	0	0	0
新 疆 Xinjiang	0	0	0	0	0	0

本、专科学生数

Administration by Type of Courses

单位:人

Unit: in Person

在校学生数 Enrolment			毕业班学生数 Graduates for Next Year		
计 Total	本科 Normal Courses	专科 Short-cycle Courses	计 Total	本科 Normal Courses	专科 Short-cycle Courses
155538	12852	142686	57958	4389	0
13053	982	12071	4471	287	0
6029	15	6014	2267	15	0
4912	53	4859	2728	0	0
10098	0	10098	4559	0	0
1562	0	1562	486	0	0
1038	277	761	493	66	0
3979	584	3395	1649	338	0
1159	0	1159	589	0	0
3677	0	3677	1343	0	0
3917	151	3766	2084	71	0
0	0	0	0	0	0
2235	0	2235	1029	0	0
6873	1396	5477	2357	367	0
2081	624	1457	999	250	0
16600	2744	13856	6003	1038	0
2491	770	1721	1388	381	0
13239	2577	10662	4150	857	0
2669	866	1803	1052	169	0
22495	269	22226	7149	96	0
16662	629	16033	4519	95	0
0	0	0	0	0	0
440	0	440	204	0	0
16169	782	15387	6188	325	0
0	0	0	0	0	0
0	0	0	0	0	0
0	0	0	0	0	0
4160	133	4027	2251	34	0
0	0	0	0	0	0
0	0	0	0	0	0
0	0	0	0	0	0
0	0	0	0	0	0

其 他 机 构
Basic Statistics

地　　区 Region	本专科学生数 Undergraduate Students			合　计 Total			
	毕业生数 Graduates	招生数 Students Admitted	在校学生数 Enrolment		计 Subtotal	小计 Subtotal	正高级 Senior
总　计 Total	6541	7467	16421	3238	3120	1616	31
北　京 Beijing	192	403	1259	203	203	116	0
天　津 Tianjin	0	0	0	0	0	0	0
河　北 Hebei	0	0	0	0	0	0	0
山　西 Shanxi	0	0	0	0	0	0	0
内蒙古 Inner Mongolia	0	0	0	0	0	0	0
辽　宁 Liaoning	244	0	368	150	108	17	1
吉　林 Jilin	201	21	40	265	255	62	8
黑龙江 Heilongjiang	0	0	0	0	0	0	0
上　海 Shanghai	289	0	19	153	153	83	1
江　苏 Jiangsu	0	0	0	0	0	0	0
浙　江 Zhejiang	34	25	49	16	16	7	5
安　徽 Anhui	0	0	0	0	0	0	0
福　建 Fujian	0	0	0	0	0	0	0
江　西 Jiangxi	0	0	0	0	0	0	0
山　东 Shandong	137	0	14	0	0	0	0
河　南 Henan	1829	1750	3925	867	867	462	6
湖　北 Hubei	0	0	0	0	0	0	0
湖　南 Hunan	3123	3428	7029	978	932	596	10
广　东 Guangdong	0	0	0	0	0	0	0
广　西 Guangxi	0	0	0	0	0	0	0
海　南 Hainan	0	0	0	0	0	0	0
重　庆 Chongqing	337	934	2294	330	330	131	0
四　川 Sichuan	0	0	0	0	0	0	0
贵　州 Guizhou	0	0	0	0	0	0	0
云　南 Yunnan	82	0	0	0	0	0	0
西　藏 Tibet	0	0	0	0	0	0	0
陕　西 Shaanxi	73	906	1424	276	256	142	0
甘　肃 Gansu	0	0	0	0	0	0	0
青　海 Qinghai	0	0	0	0	0	0	0
宁　夏 Ningxia	0	0	0	0	0	0	0
新　疆 Xinjiang	0	0	0	0	0	0	0

基 本 情 况

of the Other

单位：人
Unit: in Person

教职工数 Teachers, Staff & Workers									
校本部教职工 Teachers, Staff & Workers in the School Proper							科研机构人员 Personnel in Affiliated Research Org.	校办企业职工 Employees in School-run Enterprise	附设机构人员 Personnel in Other Subsidiary Units
专任教师 Full-time Teachers				行政人员 Adm. Personnel	教辅人员 Supporting Staff	工勤人员 Workers			
副高级 Sub-senior	中级 Middle	初级 Junior	无职称 No Ramk						
409	812	316	48	712	425	367	2	100	16
16	58	38	4	82	5	0	0	0	0
0	0	0	0	0	0	0	0	0	0
0	0	0	0	0	0	0	0	0	0
0	0	0	0	0	0	0	0	0	0
0	0	0	0	0	0	0	0	0	0
10	4	2	0	42	37	12	0	42	0
29	21	4	0	113	15	65	0	0	10
0	0	0	0	0	0	0	0	0	0
15	58	9	0	44	15	11	0	0	0
0	0	0	0	0	0	0	0	0	0
2	0	0	0	4	4	1	0	0	0
0	0	0	0	0	0	0	0	0	0
0	0	0	0	0	0	0	0	0	0
0	0	0	0	0	0	0	0	0	0
0	0	0	0	0	0	0	0	0	0
108	223	115	10	208	90	107	0	0	0
0	0	0	0	0	0	0	0	0	0
145	308	100	33	150	115	71	2	44	0
0	0	0	0	0	0	0	0	0	0
0	0	0	0	0	0	0	0	0	0
0	0	0	0	0	0	0	0	0	0
29	65	36	1	39	97	63	0	0	0
0	0	0	0	0	0	0	0	0	0
0	0	0	0	0	0	0	0	0	0
0	0	0	0	0	0	0	0	0	0
0	0	0	0	0	0	0	0	0	0
55	75	12	0	30	47	37	0	14	6
0	0	0	0	0	0	0	0	0	0
0	0	0	0	0	0	0	0	0	0
0	0	0	0	0	0	0	0	0	0
0	0	0	0	0	0	0	0	0	0

其他机构本、

Namber of Students

地 区 Region	毕业生数 Graduates			招生数 Students Admitted		
	合 计 Total	本 科 Normal Courses	专 科 Short-cycle Courses	合 计 Total	本 科 Normal Courses	专 科 Short-cycle Courses
总 计 Total	6541	474	6067	7467	220	7247
北 京 Beijing	192	0	192	403	0	403
天 津 Tianjin	0	0	0	0	0	0
河 北 Hebei	0	0	0	0	0	0
山 西 Shanxi	0	0	0	0	0	0
内蒙古 Inner Mongolia	0	0	0	0	0	0
辽 宁 Liaoning	244	0	244	0	0	0
吉 林 Jilin	201	0	201	21	0	21
黑龙江 Heilongjiang	0	0	0	0	0	0
上 海 Shanghai	289	0	289	0	0	0
江 苏 Jiangsu	0	0	0	0	0	0
浙 江 Zhejiang	34	0	34	25	0	25
安 徽 Anhui	0	0	0	0	0	0
福 建 Fujian	0	0	0	0	0	0
江 西 Jiangxi	0	0	0	0	0	0
山 东 Shandong	137	0	137	0	0	0
河 南 Henan	1829	370	1459	1750	220	1530
湖 北 Hubei	0	0	0	0	0	0
湖 南 Hunan	3123	104	3019	3428	0	3428
广 东 Guangdong	0	0	0	0	0	0
广 西 Guangxi	0	0	0	0	0	0
海 南 Hainan	0	0	0	0	0	0
重 庆 Chongqing	337	0	337	934	0	934
四 川 Sichuan	0	0	0	0	0	0
贵 州 Guizhou	0	0	0	0	0	0
云 南 Yunnan	82	0	82	0	0	0
西 藏 Tibet	0	0	0	0	0	0
陕 西 Shaanxi	73	0	73	906	0	906
甘 肃 Gansu	0	0	0	0	0	0
青 海 Qinghai	0	0	0	0	0	0
宁 夏 Ningxia	0	0	0	0	0	0
新 疆 Xinjiang	0	0	0	0	0	0

本、专科学生数

Administration by Type of Courses

单位:人

Unit: in Person

在校学生数 Enrolment			毕业班学生数 Graduates for Next Year		
合计 Total	本科 Normal Courses	专科 Short-cycle Courses	合计 Total	本科 Normal Courses	专科 Short-cycle Courses
16421	1111	15310	6194	570	5624
1259	0	1259	336	0	336
0	0	0	0	0	0
0	0	0	0	0	0
0	0	0	0	0	0
0	0	0	0	0	0
368	0	368	368	0	368
40	0	40	19	0	19
0	0	0	0	0	0
19	0	19	19	0	19
0	0	0	0	0	0
49	0	49	0	0	0
0	0	0	0	0	0
0	0	0	0	0	0
0	0	0	0	0	0
14	0	14	14	0	14
3925	997	2928	1533	456	1077
0	0	0	0	0	0
7029	114	6915	3125	114	3011
0	0	0	0	0	0
0	0	0	0	0	0
0	0	0	0	0	0
2294	0	2294	626	0	626
0	0	0	0	0	0
0	0	0	0	0	0
0	0	0	0	0	0
0	0	0	0	0	0
1424	0	1424	154	0	154
0	0	0	0	0	0
0	0	0	0	0	0
0	0	0	0	0	0
0	0	0	0	0	0

普通高等学校举办函授、

Number of Students by Type of Courses in Correspondence Divisions、Sparetime Schools

地区 Region	函授、业余 Divisions of Correspondence and Sparetime Schools								
	毕业生数 Graduates			招生数 Students Admitted			在校学生数 Enrolment		
	计 Total	本科 Normal Courses	专科 Short-cycle Courses	计 Total	本科 Normal Courses	专科 Short-cycle Courses	计 Total	本科 Normal Courses	专科 Short-cycle Courses
总计 Total	566116	163217	402899	1253675	438701	814974	3333042	1128233	2204809
北京 Beijing	48207	14284	33923	78893	35315	43578	236647	94833	141814
天津 Tianjin	10960	3949	7011	23425	10468	12957	57378	26153	31225
河北 Hebei	35286	6783	28503	74379	19190	55189	196815	45458	151357
山西 Shanxi	13692	4152	9540	42137	8973	33164	106203	23281	82922
内蒙古 Inner Mongolia	5741	2342	3399	17248	9779	7469	51666	29653	22013
辽宁 Liaoning	22895	8251	14644	36611	19693	16918	112613	51859	60754
吉林 Jilin	20725	7896	12829	30742	17119	13623	88774	45171	43603
黑龙江 Heilongjiang	16801	6773	10028	28955	16830	12125	79812	42314	37498
上海 Shanghai	23433	8950	14483	51661	22817	28844	133558	58915	74643
江苏 Jiangsu	40433	12623	27810	79445	30939	48506	216258	80341	135917
浙江 Zhejiang	24868	9847	15021	69476	25170	44306	189725	78740	110985
安徽 Anhui	17347	2168	15179	34829	7770	27059	109229	19556	89673
福建 Fujian	7056	2025	5031	19813	8746	11067	46048	18467	27581
江西 Jiangxi	10793	3889	6904	37179	14417	22762	87032	32603	54429
山东 Shandong	45750	13594	32156	84220	25627	58593	244112	77291	166821
河南 Henan	19913	5389	14524	59519	14341	45178	139649	32085	107564
湖北 Hubei	36473	11921	24552	64039	23040	40999	176496	70562	105934
湖南 Hunan	26213	7186	19027	60618	19311	41307	167734	46055	121679
广东 Guangdong	27241	5385	21856	83432	23325	60107	183286	46476	136810
广西 Guangxi	15965	3145	12820	51550	9813	41737	124985	21634	103351
海南 Hainan	2468	360	2108	5957	1892	4065	15778	3918	11860
重庆 Chongqing	11022	3551	7471	19437	8733	10704	56032	22713	33319
四川 Sichuan	28015	5185	22830	40909	12310	28599	129132	36744	92388
贵州 Guizhou	3280	497	2783	16767	3060	13707	33532	8247	25285
云南 Yunnan	9155	1636	7519	40226	14609	25617	85117	27099	58018
西藏 Tibet	274	0	274	2416	151	2265	3830	299	3531
陕西 Shaanxi	20837	4762	16075	41673	15472	26201	115618	39274	76344
甘肃 Gansu	6628	2173	4455	21941	7044	14897	50878	16164	34714
青海 Qinghai	331	0	331	1995	877	1118	4234	1602	2632
宁夏 Ningxia	2255	407	1848	8283	1715	6568	21923	4981	16942
新疆 Xinjiang	12059	4094	7965	25900	10155	15745	68948	25745	43203

脱产分本专科学生数

& Short-cycle Courses for Adults run by Regular Institutions of Higher Education

单位：人 Unit: in Person

脱　产

Short-cycle courses for Adults

毕业生数 Graduates			招生数 Students Admitted			在校学生数 Enrolment		
计 Total	本科 Normal Courses	专科 Short-cycle Courses	计 Total	本科 Normal Courses	专科 Short-cycle Courses	计 Total	本科 Normal Courses	专科 Short-cycle Courses
237337	33325	204012	463818	118199	345619	996742	272505	724237
14446	3244	11202	30906	12750	18156	66663	29290	37373
3906	555	3351	5592	1987	3605	12020	3731	8289
11556	1200	10356	26368	4686	21682	54693	10329	44364
4976	422	4554	11344	1735	9609	21255	3253	18002
2789	301	2488	8265	1590	6675	16864	3693	13171
14359	2842	11517	25044	10673	14371	53634	25032	28602
5029	803	4226	14769	4547	10222	28131	7944	20187
10418	2358	8060	15415	4828	10587	36511	11429	25082
1908	211	1697	5835	1857	3978	11626	3957	7669
14850	1173	13677	36653	8142	28511	73628	17003	56625
9292	629	8663	14967	2067	12900	29700	5678	24022
8265	1222	7043	13112	3196	9916	34422	9800	24622
2374	21	2353	4102	432	3670	10030	971	9059
4172	32	4140	8900	1386	7514	17234	2349	14885
3870	474	3396	7342	1186	6156	14682	3039	11643
15203	324	14879	28014	2205	25809	61635	5652	55983
19555	6947	12608	31094	13838	17256	81926	40848	41078
14312	1876	12436	30627	5292	25335	60601	11891	48710
8666	176	8490	5771	644	5127	18831	1342	17489
2501	87	2414	2653	252	2401	5229	420	4809
816	0	816	2983	605	2378	5036	1099	3937
6726	773	5953	10237	3668	6569	27952	11166	16786
22618	1879	20739	39194	9461	29733	91226	21692	69534
9898	1182	8716	22116	5172	16944	43417	8862	34555
2870	400	2470	18839	2549	16290	30849	4357	26492
275	51	224	850	16	834	1281	59	1222
7945	1855	6090	17296	7098	10198	36255	15071	21184
5775	1019	4756	13794	3245	10549	26004	6532	19472
1932	411	1521	2408	712	1696	4551	1136	3415
1350	177	1173	1515	333	1182	3597	487	3110
4685	681	4004	7813	2047	5766	17259	4393	12866

成人高等学校其

Number of Other Students in Adult Higher

地区 Region	招生数 Entrants							
	电大注册视听生 Registered Viewers/auditors of Programs Provided by RTVUs	网络本、专科班 Students Earolled in Normal and Short-cycle Courses Provided by Web-based Programs	学历文凭考试 Students Enrolled in State Recognized Credit Programs Provided by Non-state/Private HEIs	自考助学班 Classes run by Non-state Private HEIs for Students Preparing for State-administered Examinatims for Self-directed Learners	证书教育 Programs Awarding Certificates on Completion ofCourses	岗位培训 Job-related Training	进修及 In-service	
							一周至三个月以下 1 Week-Under 3 Months	三个月至半年以下 3 Months-Under Half Year
总计 Total	40351	195485	0	19532	81909	1079776	142474	31438
北京 Beijing	0	121462	0	2490	10126	47698	10163	5425
天津 Tianjin	0	40	0	2755	7613	10648	1605	901
河北 Hebei	0	0	0	0	372	172	300	0
山西 Shanxi	0	0	0	0	107	18241	3275	130
内蒙古 Inner Mongolia	92	0	0	0	460	2004	4394	180
辽宁 Liaoning	0	0	0	682	2406	17216	5758	40
吉林 Jilin	127	0	0	203	3038	6176	511	94
黑龙江 Heilongjiang	0	21028	0	82	617	9835	6192	650
上海 Shanghai	30087	0	0	3994	1817	398885	3447	10099
江苏 Jiangsu	0	0	0	0	10430	42400	8603	4874
浙江 Zhejiang	0	48246	0	621	5488	28381	17006	693
安徽 Anhui	0	0	0	113	11	13652	2380	43
福建 Fujian	0	0	0	1203	2620	14088	2087	93
江西 Jiangxi	7688	0	0	0	198	20449	5325	109
山东 Shandong	0	1612	0	0	691	83219	5548	434
河南 Henan	1393	0	0	0	1912	22291	5206	498
湖北 Hubei	0	0	0	0	2374	36063	8377	3211
湖南 Hunan	0	0	0	0	2744	12186	4483	457
广东 Guangdong	0	0	0	432	2102	44925	15744	1427
广西 Guangxi	0	0	0	92	0	28055	8840	200
海南 Hainan	0	0	0	0	0	0	0	0
重庆 Chongqing	3	0	0	5490	7425	133590	0	0
四川 Sichuan	0	0	0	60	6650	27550	10676	316
贵州 Guizhou	0	0	0	354	0	5370	256	64
云南 Yunnan	0	0	0	0	755	2684	0	180
西藏 Tibet	0	0	0	0	0	0	5365	1093
陕西 Shaanxi	0	0	0	0	6926	29062	2950	227
甘肃 Gansu	961	0	0	961	1357	13236	0	0
青海 Qinghai	0	3097	0	0	0	0	296	0
宁夏 Ningxia	0	0	0	0	674	1839	3687	0
新疆 Xinjiang	0	0	0	0	2996	9861	0	0

他学生数(总计)

Educational Institutions (Regional Aggregates)

单位:人 Unit: in Person

培训 Training		在校学生数 Enrolment									
		电大注册视听生 Registered Viewers/auditors of Programs Provided by RTVUs	网络本、专科班 Students Earolled in Normal and Short-cycle Courses Provided by Web-based Programs	学历文凭考试 Students Enrolled in State Recognized Credit Programs Provided by Non-state/Private HEIs	自考助学班 Classes run by Non-state Private HEIs for Students Preparing for State-administered Examinatims for Self-directed Learners	证书教育 Programs Awarding Certificates on Completion ofCourses	岗位培训 Job-related Training	进修及培训 In-service Training			
半年至一年以下 Half Year-Under 1 Year	一年以上 Over 1 Year							一周至三个月以下 1 Week-Under 3 Months	三个月至半年以下 3 Months-Under Half Year	半年至一年以下 Half Year-Under 1 Year	一年以上 Over 1 Year
23799	6505	253824	710680	28	36644	75197	711859	36596	8487	14571	13938
3798	2468	2003	594671	0	3370	5948	12470	4555	773	2450	3720
384	0	180	40	0	4229	2652	3915	1268	379	181	0
0	0	0	0	0	0	215	269	103	0	0	0
0	0	0	0	0	0	107	15811	1043	120	0	0
520	0	7513	0	0	0	920	740	0	76	330	0
110	25	15246	0	0	682	2322	3988	1913	40	110	20
0	143	1901	0	0	382	0	2799	546	75	0	143
230	49	8957	38195	0	114	737	8190	0	100	0	0
3051	343	59308	0	28	6034	652	383770	587	2725	2402	343
240	246	7362	0	0	0	12701	12924	1695	1065	320	2094
0	273	4788	71887	0	994	4669	16407	3785	761	0	3009
0	0	13545	0	0	726	646	1651	0	0	0	0
2612	0	14826	0	0	2515	1288	16314	1036	42	1187	0
304	0	9753	0	0	0	857	19115	1241	35	0	0
608	668	0	2790	0	0	691	9813	1636	80	583	400
430	20	20646	0	0	0	1616	11288	830	218	430	240
960	282	0	0	0	719	2913	4784	0	0	407	95
2083	0	5024	0	0	0	3154	3831	2906	414	1584	0
2291	0	0	0	0	432	624	14924	1241	163	255	197
4321	69	1104	0	0	92	0	963	660	50	4045	0
0	0	0	0	0	0	0	0	0	0	0	0
869	0	335	0	0	7254	11261	130373	0	0	150	0
103	117	52918	0	0	1466	12492	9326	2926	130	0	26
0	480	3447	0	0	466	0	695	48	0	0	1425
727	126	5313	0	0	0	84	250	50	380	51	150
142	149	0	0	0	0	0	0	2773	705	70	59
0	0	5070	0	0	0	3691	12871	1007	156	0	0
0	0	7169	0	0	7169	1374	4480	0	0	0	0
16	1047	2777	3097	0	0	0	0	30	0	16	2017
0	0	1920	0	0	0	0	183	4717	0	0	0
0	0	2719	0	0	0	3583	9715	0	0	0	0

成人中等专业学校基本情况

Basic Statistics of Adult Specialized

(Limited to State－planned enrolment

地区 Region	学校数(所) Schools	毕业生数 Graduates	招生数 Students Admitted 合计 Total	招高中毕业起点 Graduates From Senior Sec. School	招初中毕业起点 Graduates From Junior Sec. School	在校学生数 Enrolment
总　计　Total	3473	443446	420036	139866	280170	1075692
北　京　Beijing	18	6545	5053	40	5013	16588
天　津　Tianjin	74	12059	3990	456	3534	20505
河　北　Hebei	201	23325	18723	9713	9010	52477
山　西　Shanxi	187	9507	18739	17034	1705	40078
内蒙古　Inner Mongolia	97	10004	6391	3229	3162	15871
辽　宁　Liaoning	1	12038	6419	3483	2936	25162
吉　林　Jilin	117	12878	5622	913	4709	15220
黑龙江　Heilongjiang	262	19479	21058	9330	11728	53600
上　海　Shanghai	57	14222	5805	3875	1930	26143
江　苏　Jiangsu	186	31183	18871	8717	10154	48171
浙　江　Zhejiang	120	21247	26234	8817	17417	62308
安　徽　Anhui	121	15530	14545	5313	9232	30836
福　建　Fujian	154	7944	14311	3009	11302	35451
江　西　Jiangxi	119	3356	4291	150	4141	9296
山　东　Shandong	121	15530	14545	5313	9232	30836
河　南　Henan	249	37492	33650	18798	14852	69392
湖　北　Hubei	95	12003	24597	4617	19980	53606
湖　南　Hunan	168	24256	29998	11176	18822	55971
广　东　Guangdong	274	43419	49520	4174	45346	133414
广　西　Guangxi	131	14583	15146	2303	12843	39635
海　南　Hainan	19	268	414	0	414	635
重　庆　Chongqing	80	15518	19266	1362	17904	42365
四　川　Sichuan	235	22604	25305	5689	19616	61016
贵　州　Guizhou	31	7310	5489	0	5489	27804
云　南　Yunnan	138	14680	7063	528	6535	30584
西　藏　Tibet	0	0	0	0	0	0
陕　西　Shaanxi	124	17088	12696	5677	7019	33213
甘　肃　Gansu	55	8500	5940	2947	2993	23610
青　海　Qinghai	11	936	858	241	617	2583
宁　夏　Ningxia	0	3312	2672	2162	510	6179
新　疆　Xinjiang	28	6630	2825	800	2025	13143

(总计)(列入计划,学制两年以上)

Secondary Schools (Regional Aggregates)
and Courses Lasting 2 Years and Over)

单位:人 Unit: in Person

毕业班学生数 Graduates for Nert Year	教职工数 Teachers, Staff & Workers 合计 Total	专任教师 Full-time Teachers	教辅人员 Supportin Staff	行政人员 Adm. Personnel	工勤人员 Workers	兼任教师 Part-time Teachers
397133	145150	84141	15451	25334	20224	33362
5235	936	350	164	222	200	323
8178	2395	1337	231	498	329	649
18452	7376	4525	622	1190	1039	333
11007	4527	2491	514	812	710	135
5336	4700	2715	565	880	540	419
10651	578	333	104	109	32	1311
7097	7543	4853	942	1177	571	447
22399	11738	7196	927	1905	1710	683
10286	2427	1099	330	556	442	1467
18617	9874	5212	1225	1602	1835	2601
18739	4210	2455	559	722	474	3175
13887	3618	1826	461	743	588	1210
8995	4601	3133	408	557	503	779
2878	2856	1827	202	471	356	343
13887	3618	1826	461	743	588	1210
34365	14427	8537	1701	2222	1967	426
16099	5026	2930	621	857	618	1981
22600	6121	3851	549	832	889	507
40851	12429	7802	845	2034	1748	2586
11998	7104	3820	757	1287	1240	1153
114	620	285	32	90	213	36
14146	3373	1857	371	653	492	1664
22370	7212	4038	717	1380	1077	1286
10191	2550	1416	301	662	171	2505
12755	4002	2339	369	719	575	1518
0	0	0	0	0	0	0
16436	4682	2355	638	1127	562	1342
11381	2680	1516	359	540	265	1678
842	444	278	55	68	43	97
3604	793	481	36	170	106	231
3737	2690	1458	385	506	341	1267

广播电视中等专业学校基本

Basic Statistics of Radio/TV

(Limited to State－planned enrolment

地区 Region	学校数(所) Schools	毕业生数 Graduates	招生数 Students Admitted			在校学生数 Enrolment
			合计 Total	招高中毕业起点 Graduates From Senior Sec. School	招初中毕业起点 Graduates From Junior Sec. School	
总计 Total	123	125038	84878	31970	52908	243759
北京 Beijing	1	2716	1640	0	1640	4875
天津 Tianjin	3	1341	1142	254	888	1538
河北 Hebei	3	1862	2150	1637	513	5060
山西 Shanxi	3	61	54	0	54	167
内蒙古 Inner Mongolia	0	11	46	0	46	68
辽宁 Liaoning	1	6184	6419	3483	2936	15764
吉林 Jilin	3	6847	2819	345	2474	6571
黑龙江 Heilongjiang	12	1168	200	0	200	602
上海 Shanghai	2	7587	3893	3682	211	12850
江苏 Jiangsu	3	7953	1106	548	558	4171
浙江 Zhejiang	15	7218	6824	2513	4311	15506
安徽 Anhui	5	765	833	47	786	3083
福建 Fujian	3	330	477	178	299	2407
江西 Jiangxi	1	0	0	0	0	0
山东 Shandong	5	765	833	47	786	3083
河南 Henan	6	11896	6075	5376	699	8105
湖北 Hubei	6	1394	3663	1567	2096	7050
湖南 Hunan	10	6425	3611	859	2752	7084
广东 Guangdong	12	6665	6644	817	5827	18846
广西 Guangxi	3	1588	2062	0	2062	5551
海南 Hainan	1	50	0	0	0	0
重庆 Chongqing	2	8218	2276	260	2016	8912
四川 Sichuan	5	9901	9655	4155	5500	26260
贵州 Guizhou	3	4338	4711	0	4711	17792
云南 Yunnan	4	9951	5433	433	5000	22736
西藏 Tibet	0	0	0	0	0	0
陕西 Shaanxi	4	9201	6971	3774	3197	18640
甘肃 Gansu	2	4468	2977	1244	1733	14866
青海 Qinghai	2	546	165	165	0	937
宁夏 Ningxia	0	408	212	81	131	844
新疆 Xinjiang	3	5181	1987	505	1482	10391

情况（列入计划，学制两年以上）
Specialized Secondary Schools and Courses Lasting 2 Years and Over)

单位：人 Unit: in Person

毕业班学生数 Graduates for Next Year	教职工数 Teachers, Staff & Workers					兼任教师 Part-time Teachers
	合计 Total	专任教师 Full-time Teachers	教辅人员 Supportin Staff	行政人员 Adm. Personnel	工勤人员 Workers	
106447	13273	6726	2498	2612	1437	14011
1509	30	9	15	3	3	0
738	160	65	37	32	26	304
3259	50	34	6	10	0	28
71	90	40	15	22	13	0
6	6	3	3	0	0	8
5978	578	333	104	109	32	1311
3255	775	577	64	104	30	210
285	454	252	45	75	82	302
4827	70	32	7	22	9	15
1743	1077	428	156	184	309	1096
5199	592	329	102	122	39	1582
1871	73	33	21	16	3	224
467	41	28	3	7	3	85
0	10	8	2	0	0	0
1871	73	33	21	16	3	224
9878	1334	656	359	203	116	7
2331	722	324	186	131	81	1034
2713	434	286	24	87	37	248
6165	369	179	30	116	44	243
1698	1157	522	222	317	96	527
0	37	0	14	10	13	15
4930	257	118	58	56	25	979
11584	255	127	62	50	16	343
6010	726	333	195	148	50	450
8501	782	431	124	138	89	1136
0	0	0	0	0	0	0
10516	977	430	193	240	114	1101
7534	565	267	139	89	70	1235
413	116	89	6	10	11	46
418	137	82	14	26	15	113
2677	1326	678	271	269	108	1145

职工中等专业学校基本情

Basic Statistics of Specialized

(Limited to State-planned enrolment

地区 Region	学校数(所) Schools	毕业生数 Graduates	招生数 Students Admitted 合计 Total	招高中毕业起点 Graduates From Senior Sec. School	招初中毕业起点 Graduates From Junior Sec. School	在校学生数 Enrolment
总计 Total	1177	162003	166047	15849	150198	442578
北京 Beijing	12	2490	1661	4	1657	7027
天津 Tianjin	43	7794	1831	202	1629	12759
河北 Hebei	36	10187	6832	512	6320	14636
山西 Shanxi	54	1587	1764	826	938	5357
内蒙古 Inner Mongolia	29	4457	3376	667	2709	6897
辽宁 Liaoning	0	4592	0	0	0	7583
吉林 Jilin	40	3552	2138	382	1756	5928
黑龙江 Heilongjiang	106	9697	9768	1982	7786	26973
上海 Shanghai	49	6615	1912	193	1719	13273
江苏 Jiangsu	106	12331	7262	1859	5403	21504
浙江 Zhejiang	51	10251	11424	926	10498	30368
安徽 Anhui	53	5700	7475	755	6720	15300
福建 Fujian	48	3835	5045	513	4532	13901
江西 Jiangxi	22	2454	4041	142	3899	8517
山东 Shandong	53	5700	7475	755	6720	15300
河南 Henan	50	3286	2342	247	2095	7332
湖北 Hubei	51	6229	10734	363	10371	31075
湖南 Hunan	31	5819	10330	518	9812	17648
广东 Guangdong	165	30434	36221	1599	34622	97182
广西 Guangxi	25	4321	6193	583	5610	16574
海南 Hainan	1	62	17	0	17	79
重庆 Chongqing	30	4952	13200	681	12519	24572
四川 Sichuan	34	4884	6884	48	6836	14246
贵州 Guizhou	16	1572	642	0	642	7247
云南 Yunnan	8	2335	112	2	110	2407
西藏 Tibet	0	0	0	0	0	0
陕西 Shaanxi	32	2084	4013	784	3229	8292
甘肃 Gansu	20	1326	772	80	692	3203
青海 Qinghai	6	298	633	16	617	1505
宁夏 Ningxia	0	2450	1589	1210	379	4416
新疆 Xinjiang	6	709	361	0	361	1477

况（列入计划，学制两年以上）
Secondary Schools for Staff & Workers and Courses Lasting 2 Years and Over)

单位：人 Unit: in Person

毕业班学生数 Graduates for Next Year	教职工数 Teachers, Staff & Workers					兼任教师 Part-time Teachers
	合计 Total	专任教师 Full-time Teachers	教辅人员 Supportin Staff	行政人员 Adm. Personnel	工勤人员 Workers	
147019	49814	27857	4522	9879	7556	10299
2487	572	247	105	127	93	175
4563	1373	789	128	248	208	306
5184	1908	1106	129	337	336	103
1877	1448	650	160	303	335	44
2365	2008	958	301	551	198	313
3788	0	0	0	0	0	0
1962	1962	1074	179	419	290	57
9845	4993	2681	354	994	964	273
5439	1697	699	230	472	296	1438
7785	4073	2200	317	844	712	843
10327	1909	1093	280	309	227	1055
5091	1704	930	173	355	246	600
3914	980	636	74	139	131	415
2397	855	453	54	231	117	187
5091	1704	930	173	355	246	600
3564	2057	1144	219	453	241	95
8988	2475	1494	221	411	349	184
6771	1438	868	107	230	233	127
28778	8421	5495	623	1203	1100	1797
5052	1438	728	108	299	303	115
41	12	6	1	3	2	11
6349	1325	708	123	292	202	499
4081	1602	841	170	340	251	519
2538	776	484	64	168	60	210
1649	295	198	21	33	43	1
0	0	0	0	0	0	0
2420	878	361	80	264	173	118
1390	853	462	46	273	72	115
399	259	157	45	39	18	38
2267	649	396	22	140	91	46
617	150	69	15	47	19	15

农民中等专业学校基本情

Basic Statistics of Specialized

(Limited to State－planned enrolment

地　区 Region	学校数(所) Schools	毕业生数 Graduates	招生数 Students Admitted 合　计 Total	招高中毕业起点 Graduates From Senior Sec. School	招初中毕业起点 Graduates From Junior Sec. School	在校学生数 Enrolment
总　计 Total	221	29764	43025	7627	35398	92056
北　京 Beijing	2	463	876	0	876	1464
天　津 Tianjin	5	211	301	0	301	1069
河　北 Hebei	5	409	723	36	687	1564
山　西 Shanxi	2	0	0	0	0	0
内蒙古 Inner Mongolia	3	77	97	28	69	216
辽　宁 Liaoning	0	1262	0	0	0	1815
吉　林 Jilin	11	2074	665	186	479	2581
黑龙江 Heilongjiang	42	8041	9984	6242	3742	24471
上　海 Shanghai	1	20	0	0	0	20
江　苏 Jiangsu	0	0	0	0	0	0
浙　江 Zhejiang	3	198	17	17	0	109
安　徽 Anhui	3	166	241	40	201	571
福　建 Fujian	14	1380	3523	0	3523	6487
江　西 Jiangxi	2	0	0	0	0	0
山　东 Shandong	3	166	241	40	201	571
河　南 Henan	40	6762	8790	618	8172	20516
湖　北 Hubei	8	256	5689	0	5689	6287
湖　南 Hunan	21	1660	3866	163	3703	7784
广　东 Guangdong	0	0	0	0	0	0
广　西 Guangxi	22	2905	2174	91	2083	6216
海　南 Hainan	2	32	364	0	364	396
重　庆 Chongqing	9	1072	1971	25	1946	3761
四　川 Sichuan	19	2283	3180	43	3137	5771
贵　州 Guizhou	0	0	0	0	0	0
云　南 Yunnan	0	0	0	0	0	0
西　藏 Tibet	0	0	0	0	0	0
陕　西 Shaanxi	2	220	260	90	170	260
甘　肃 Gansu	2	107	63	8	55	127
青　海 Qinghai	0	0	0	0	0	0
宁　夏 Ningxia	0	0	0	0	0	0
新　疆 Xinjiang	0	0	0	0	0	0

况（列入计划，学制两年以上）
Secondary Schools for Peasants and Courses Lasting 2 Years and Over)

单位：人 Unit: in Person

毕业班学生数 Graduates for Next Year	教职工数 Teachers, Staff & Workers: 合计 Total	专任教师 Full-time Teachers	教辅人员 Supportin Staff	行政人员 Adm. Personnel	工勤人员 Workers	兼任教师 Part-time Teachers
30007	8422	5420	674	1046	1282	1001
374	214	75	44	38	57	148
566	30	18	0	10	2	31
410	81	51	7	13	10	4
0	0	0	0	0	0	0
77	55	35	3	10	7	8
885	0	0	0	0	0	0
1740	411	245	60	70	36	8
10975	1900	1176	135	327	262	94
20	68	27	14	8	19	14
0	0	0	0	0	0	0
92	78	35	10	21	12	4
160	91	65	10	9	7	0
1273	426	306	25	46	49	100
0	0	0	0	0	0	0
160	91	65	10	9	7	0
5775	1930	1310	163	169	288	102
385	132	101	3	11	17	306
2129	1032	758	59	93	122	31
0	0	0	0	0	0	0
2277	875	491	86	90	208	47
0	79	43	0	9	27	8
1031	249	167	11	32	39	19
1357	640	434	28	73	105	71
0	0	0	0	0	0	0
0	0	0	0	0	0	0
0	0	0	0	0	0	0
260	13	3	6	2	2	0
61	27	15	0	6	6	6
0	0	0	0	0	0	0
0	0	0	0	0	0	0
0	0	0	0	0	0	0

教师进修学校基本情况
Basic Statistics of In-service
(Limited to State-planned enrolment

地区 Region	学校数(所) Schools	毕业生数 Graduates	招生数 Students Admitted			在校学生数 Enrolment
			合计 Total	招高中毕业起点 Graduates From Senior Sec. School	招初中毕业起点 Graduates From Junior Sec. School	
总计 Total	1703	69859	80175	63200	16975	182019
北京 Beijing	0	0	0	0	0	0
天津 Tianjin	13	155	0	0	0	119
河北 Hebei	154	10699	8952	7462	1490	30660
山西 Shanxi	118	6060	16264	16089	175	32155
内蒙古 Inner Mongolia	63	5231	2852	2532	320	8496
辽宁 Liaoning	0	0	0	0	0	0
吉林 Jilin	62	0	0	0	0	0
黑龙江 Heilongjiang	102	573	1106	1106	0	1523
上海 Shanghai	5	0	0	0	0	0
江苏 Jiangsu	70	2033	1739	1126	613	5752
浙江 Zhejiang	47	636	852	0	852	2264
安徽 Anhui	35	5010	4428	4408	20	6601
福建 Fujian	65	526	2061	2061	0	4856
江西 Jiangxi	91	0	0	0	0	0
山东 Shandong	35	5010	4428	4408	20	6601
河南 Henan	126	7121	9548	6240	3308	17960
湖北 Hubei	27	2905	2645	2064	581	6273
湖南 Hunan	93	9252	10992	8916	2076	20642
广东 Guangdong	83	3166	4455	1330	3125	10891
广西 Guangxi	59	1840	1974	859	1115	4762
海南 Hainan	15	124	33	0	33	160
重庆 Chongqing	34	1117	1427	396	1031	4240
四川 Sichuan	156	3454	2520	1345	1175	7993
贵州 Guizhou	3	51	64	0	64	278
云南 Yunnan	124	119	173	93	80	349
西藏 Tibet	0	0	0	0	0	0
陕西 Shaanxi	80	2897	1324	910	414	4055
甘肃 Gansu	28	1673	2028	1615	413	4560
青海 Qinghai	0	0	0	0	0	0
宁夏 Ningxia	0	0	0	0	0	0
新疆 Xinjiang	15	207	310	240	70	829

(列入计划，学制两年以上)

Teacher Training Schools and Courses Lasting 2 Years and Over)

单位：人 Unit: in Person

毕业班学生数 Graduates for Next Year	教职工数 Teachers, Staff & Workers					兼任教师 Part-time Teachers
	合计 Total	专任教师 Full-time Teachers	教辅人员 Supportin Staff	行政人员 Adm. Personnel	工勤人员 Workers	
66285	58806	36630	5595	8306	8275	2020
0	0	0	0	0	0	0
119	664	370	48	169	77	0
9470	5234	3255	474	821	684	179
7360	2764	1756	291	361	356	85
2714	2522	1665	244	294	319	82
0	0	0	0	0	0	0
0	3972	2731	516	518	207	127
1294	4387	3086	393	507	401	14
0	592	341	79	54	118	0
1238	3668	2102	372	452	742	61
737	1601	986	166	260	189	142
4860	673	366	84	101	122	63
596	2460	1708	240	298	214	34
0	1893	1323	132	215	223	119
4860	673	366	84	101	122	63
7026	6813	4124	638	944	1107	190
3125	868	530	93	128	117	25
9963	2893	1782	322	346	443	77
3299	2945	1744	171	487	543	79
1542	2391	1418	177	288	508	69
73	492	236	17	68	171	2
1348	1373	804	165	235	169	126
3048	3787	2168	393	662	564	213
101	75	51	4	12	8	2
300	2216	1333	188	272	423	82
0	0	0	0	0	0	0
1402	2107	1259	162	508	178	103
1646	873	615	70	96	92	29
0	0	0	0	0	0	0
0	0	0	0	0	0	0
164	870	511	72	109	178	54

干部中等专业学校基本情

Basic Statistics of Specialized

(Limited to State－planned enrolment

地　区 Region	学校数(所) Schools	毕业生数 Graduates	招生数 Students Admitted			在校学生数 Enrolment
			合　计 Total	招高中毕业起点 Graduates From Senior Sec. School	招初中毕业起点 Graduates From Junior Sec. School	
总　计 Total	192	23174	20320	2225	18095	49374
北　京 Beijing	2	274	551	36	515	1034
天　津 Tianjin	10	2558	716	0	716	5020
河　北 Hebei	3	168	66	66	0	557
山　西 Shanxi	4	111	119	119	0	323
内蒙古 Inner Mongolia	2	208	20	2	18	194
辽　宁 Liaoning	0	0	0	0	0	0
吉　林 Jilin	0	0	0	0	0	0
黑龙江 Heilongjiang	0	0	0	0	0	0
上　海 Shanghai	5	890	2613	96	2517	3307
江　苏 Jiangsu	0	0	0	0	0	0
浙　江 Zhejiang	16	2783	838	0	838	1960
安　徽 Anhui	21	1414	2899	174	2725	6800
福　建 Fujian	2	77	250	8	242	370
江　西 Jiangxi	16	2783	838	0	838	1960
山　东 Shandong	26	2020	795	217	578	2670
河　南 Henan	2	1219	1866	623	1243	2921
湖　北 Hubei	12	858	987	720	267	2563
湖　南 Hunan	12	1894	1256	0	1256	4239
广　东 Guangdong	18	1843	1881	57	1824	4554
广　西 Guangxi	0	0	0	0	0	0
海　南 Hainan	4	159	392	0	392	773
重　庆 Chongqing	19	1234	2985	47	2938	5799
四　川 Sichuan	7	625	72	0	72	1367
贵　州 Guizhou	0	1615	904	0	904	2379
云　南 Yunnan	0	0	0	0	0	0
西　藏 Tibet	3	0	0	0	0	0
陕　西 Shaanxi	2	81	100	0	100	211
甘　肃 Gansu	3	92	60	60	0	141
青　海 Qinghai	0	0	0	0	0	0
宁　夏 Ningxia	3	268	112	0	112	232
新　疆 Xinjiang						

况（列入计划，学制两年以上）
Secondary Schools for Cadres and Courses Lasting 2 Years and Over)

单位：人 Unit: in Person

毕业班学生数 Graduates for Next Year	教职工数 Teachers, Staff & Workers 合计 Total	专任教师 Full-time Teachers	教辅人员 Supportin Staff	行政人员 Adm. Personnel	工勤人员 Workers	兼任教师 Part-time Teachers
17731	8517	4366	877	1925	1349	1168
263	101	19	0	40	42	0
2192	168	95	18	39	16	8
129	103	79	6	9	9	19
111	25	10	4	8	3	0
174	96	47	12	23	14	5
0	0	0	0	0	0	0
0	0	0	0	0	0	0
0	0	0	0	0	0	0
565	428	232	32	92	72	5
0	0	0	0	0	0	0
657	778	291	111	199	177	84
2173	627	406	66	53	102	123
115	89	43	14	16	16	9
657	778	291	111	199	177	84
1413	1157	615	106	276	160	32
1270	815	479	118	165	53	432
986	292	140	33	69	50	22
1626	456	247	21	127	61	161
1113	931	548	101	177	105	72
0	0	0	0	0	0	0
381	158	55	12	35	56	17
1702	893	445	63	244	141	60
699	378	198	33	98	49	12
1248	0	0	0	0	0	0
0	0	0	0	0	0	0
0	28	14	0	13	1	0
107	98	52	4	17	25	0
30	69	32	4	19	14	13
0	0	0	0	0	0	0
120	49	28	8	7	6	10

成人中学基

Basic Statistics of General Secondary

地区 Region	学校数(所) Schools	教学班(点)(个) External Teaching Sites (Classes)	毕业生数 Graduates 合计 Total	毕业生数 Graduates 其中:女生 Of which Female Students	招 Students 合计 Total
总计 Total	3265	13848	394067	196592	482602
北京 Beijing	11	94	2227	1202	2429
天津 Tianjin	26	115	2794	1139	2337
河北 Hebei	127	247	9142	4333	9837
山西 Shanxi	772	986	45988	18653	51118
内蒙古 Inner Mongolia	17	67	2176	1854	2243
辽宁 Liaoning	150	324	13253	6239	15395
吉林 Jilin	2	7	185	97	58
黑龙江 Heilongjiang	88	536	4831	2095	10461
上海 Shanghai	288	4410	112913	60325	171490
江苏 Jiangsu	394	2829	56011	27341	65266
浙江 Zhejiang	364	1259	24841	10905	31571
安徽 Anhui	22	62	1405	444	2337
福建 Fujian	34	108	2465	1203	3078
江西 Jiangxi	42	50	2912	1554	2968
山东 Shandong	22	62	1405	444	2337
河南 Henan	68	120	26506	18794	20935
湖北 Hubei	14	39	1870	767	840
湖南 Hunan	195	667	22862	11679	17896
广东 Guangdong	225	780	34376	15065	33235
广西 Guangxi	62	165	4734	2394	9633
海南 Hainan	4	6	20	5	151
重庆 Chongqing	87	299	9543	4450	10193
四川 Sichuan	136	341	5468	2921	8131
贵州 Guizhou	7	20	281	117	926
云南 Yunnan	0	6	0	0	320
西藏 Tibet	0	0	0	0	0
陕西 Shaanxi	82	94	3622	1744	4183
甘肃 Gansu	1	7	39	28	212
青海 Qinghai	14	52	814	376	814
宁夏 Ningxia	4	21	779	306	420
新疆 Xinjiang	7	75	605	118	1788

本情况（总计）

Schools for Adults (Regional Aggregates)

单位:人 Unit: in Person

生数 Admitted	在校学生数 Enrolment		教职工数 Teachers, Staff & Workers		兼任教师 Part-time Teachers
其中:女生 Of which: Female Students	合计 Total	其中:女生 Of shich: Female Students	合计 Total	其中:专任教师 Of which: Full-time Teachers	
233987	585338	262153	24215	15043	18084
1362	3100	1617	144	70	146
1026	4872	2100	204	97	179
4963	11902	5886	1340	1039	429
18003	53112	18778	1517	317	1326
1113	3009	1411	259	181	80
7313	34355	16071	1245	1122	450
37	400	216	48	41	6
4125	11701	5946	1032	713	1048
90159	104517	53346	4197	2244	4453
33278	120277	47248	4140	2463	3478
14711	48027	22711	2648	1867	2424
530	3634	839	202	154	111
1564	5353	2389	268	221	213
1820	3759	2153	47	23	139
530	3634	839	202	154	111
12622	28729	15831	132	114	273
338	1698	696	92	73	61
9669	27339	14589	1470	786	852
14784	51139	22516	1500	886	889
4108	24178	10042	1647	1349	68
78	206	82	15	8	7
4513	14225	6524	514	180	340
3930	12223	5526	897	611	466
238	3316	353	86	67	48
228	320	228	0	0	23
0	0	0	0	0	0
2048	5121	2571	194	148	137
78	216	82	39	22	38
376	814	376	0	0	64
117	750	289	37	19	82
326	3412	898	99	74	143

成人高中基

Basic Statistics of Senior Secondary

地　区 Region	学校数(所) Schools	教学班(点)(个) External Teaching Sites (Classes)	毕业生数 Graduates 合计 Total	 其中:女生 Of which Female Students	招 Students 合计 Total
总　计　Total	1463	9612	238062	116412	304927
北　京　Beijing	11	94	2227	1202	2429
天　津　Tianjin	23	97	2341	1021	1901
河　北　Hebei	75	165	5171	2296	5608
山　西　Shanxi	33	60	3842	1304	3877
内蒙古　Inner Mongolia	9	42	260	203	1459
辽　宁　Liaoning	51	104	1736	990	2859
吉　林　Jilin	2	7	185	97	58
黑龙江　Heilongjiang	36	68	1823	684	5101
上　海　Shanghai	281	4256	110923	59245	167738
江　苏　Jiangsu	269	2343	44774	21817	47144
浙　江　Zhejiang	298	1148	22154	9571	27782
安　徽　Anhui	21	57	1210	377	2196
福　建　Fujian	20	49	745	357	1120
江　西　Jiangxi	5	7	275	155	292
山　东　Shandong	21	57	1210	377	2196
河　南　Henan	2	7	345	91	235
湖　北　Hubei	1	1	0	0	0
湖　南　Hunan	51	340	12732	6114	5786
广　东　Guangdong	124	377	18269	6920	17889
广　西　Guangxi	19	32	238	88	1527
海　南　Hainan	4	6	20	5	151
重　庆　Chongqing	28	94	4219	2069	2343
四　川　Sichuan	64	170	2312	1030	3462
贵　州　Guizhou	0	0	0	0	0
云　南　Yunnan	0	0	0	0	0
西　藏　Tibet	0	0	0	0	0
陕　西　Shaanxi	10	18	692	284	1142
甘　肃　Gansu	1	7	39	28	212
青　海　Qinghai	0	0	0	0	0
宁　夏　Ningxia	4	6	320	87	420
新　疆　Xinjiang	0	0	0	0	0

本情况

Schools for Adults

单位:人 Unit: in Person

生 数 Admitted	在校学生数 Enrolment		教 职 工 数 Teachers, Staff & Workers		
其中:女生 Of which: Female Students	合 计 Total	其中:女生 Of shich: Female Students	合 计 Total	其中:专任教师 Of which: Full-time Teachers	兼任教师 Part-time Teachers
149354	335217	146039	16201	10123	11484
1362	3100	1617	144	70	146
836	4416	1905	187	87	172
2797	6329	3158	912	682	329
1489	4317	1769	263	124	128
725	2563	1243	174	137	46
1601	3812	1952	583	513	93
37	400	216	48	41	6
1034	4490	1916	554	345	259
88186	102656	52403	3942	2039	4135
23108	99437	35699	3209	2064	2351
12734	43456	20326	2537	1803	2253
485	3493	794	202	154	92
557	2335	1120	165	139	123
131	433	194	8	3	14
485	3493	794	202	154	92
89	680	270	66	58	8
0	40	4	4	3	0
2956	11342	5638	576	354	222
6887	24266	8956	958	538	483
578	3051	1144	437	243	0
78	206	82	15	8	7
1072	2977	1318	190	59	157
1474	5713	2541	642	382	290
0	0	0	0	0	0
0	0	0	0	0	0
0	0	0	0	0	0
458	1246	609	107	82	18
78	216	82	39	22	38
0	0	0	0	0	0
117	750	289	37	19	22
0	0	0	0	0	0

职 工 中 学

Basic Statistics of General Secondary

地 区 Region	学校数(所) Schools	教学班(点)(个) External Teaching Sites (Classes)	毕业生数 Graduates		招 Students
			合计 Total	其中:女生 Of which Female Students	合计 Total
总 计 Total	961	6319	162947	82571	230310
北 京 Beijing	10	94	2196	1194	2429
天 津 Tianjin	22	110	2727	1101	2251
河 北 Hebei	59	92	4430	1930	4767
山 西 Shanxi	60	83	5608	2199	5380
内蒙古 Inner Mongolia	17	67	2176	1854	2243
辽 宁 Liaoning	20	113	1753	831	2113
吉 林 Jilin	2	7	185	97	58
黑龙江 Heilongjiang	52	426	1823	684	5416
上 海 Shanghai	238	3843	102534	54122	159847
江 苏 Jiangsu	106	231	9263	4841	6639
浙 江 Zhejiang	115	459	7829	4198	10764
安 徽 Anhui	20	55	1190	360	2174
福 建 Fujian	13	50	712	238	1131
江 西 Jiangxi	14	9	782	403	734
山 东 Shandong	20	55	1190	360	2174
河 南 Henan	0	0	0	0	0
湖 北 Hubei	8	13	707	327	92
湖 南 Hunan	28	64	3880	1539	1463
广 东 Guangdong	59	175	6932	3210	7001
广 西 Guangxi	33	129	3385	1548	8527
海 南 Hainan	4	6	20	5	151
重 庆 Chongqing	11	111	1086	528	888
四 川 Sichuan	26	80	1268	649	1564
贵 州 Guizhou	2	4	0	0	397
云 南 Yunnan	0	6	0	0	320
西 藏 Tibet	0	0	0	0	0
陕 西 Shaanxi	10	14	562	208	887
甘 肃 Gansu	1	3	39	28	130
青 海 Qinghai	0	0	0	0	0
宁 夏 Ningxia	4	6	320	87	420
新 疆 Xinjiang	7	14	350	30	350

基本情况

Schools for Staff & Workers

单位:人 Unit: in Person

生数 Admitted	在校学生数 Enrolment		教职工数 Teachers, Staff & Workers		兼任教师 Part-time Teachers
其中:女生 Of which: Female Students	合计 Total	其中:女生 Of which: Female Students	合计 Total	其中:专任教师 Of which: Full-time Teachers	
115984	219944	103815	13170	8060	9080
1362	2863	1475	128	64	130
985	4565	1971	196	91	164
2390	4772	2322	678	488	320
2187	6001	2819	381	117	211
1113	3009	1411	259	181	80
980	5322	2604	642	562	65
37	400	216	48	41	6
2952	4820	2685	770	506	1011
83342	98595	50370	3470	1626	4009
3726	11530	6003	1675	1004	1163
5710	19928	10146	1098	726	708
469	3451	761	198	150	90
427	2844	996	200	180	36
447	1510	782	38	22	26
469	3451	761	198	150	90
0	0	0	0	0	0
40	537	224	8	5	27
689	2831	1281	320	154	121
3378	11009	4688	604	336	316
3370	22378	8941	1398	1157	0
78	206	82	15	8	7
449	2061	1019	79	37	146
667	2904	1267	469	235	222
0	2519	0	62	51	25
228	320	228	0	0	23
0	0	0	0	0	0
300	884	398	87	72	17
42	134	46	35	22	10
0	0	0	0	0	0
117	750	289	37	19	22
30	350	30	77	56	35

职 工 高 中

Basic Statistics of Senior Secondary

地 区 Region	学校数(所) Schools	教学班(点)(个) External Teaching Sites (Classes)	毕业生数 Graduates		招 Students
			合 计 Total	其中:女生 Of which Female Students	合 计 Total
总 计 Total	815	5378	146480	73842	205340
北 京 Beijing	10	94	2196	1194	2429
天 津 Tianjin	19	92	2274	983	1815
河 北 Hebei	46	77	3687	1544	3907
山 西 Shanxi	31	46	3800	1289	3517
内蒙古 Inner Mongolia	9	42	260	203	1459
辽 宁 Liaoning	17	61	1128	505	1157
吉 林 Jilin	2	7	185	97	58
黑龙江 Heilongjiang	35	52	1823	684	2601
上 海 Shanghai	234	3715	101223	53354	156388
江 苏 Jiangsu	106	231	9263	4841	6639
浙 江 Zhejiang	111	449	7492	4011	10217
安 徽 Anhui	20	55	1190	360	2174
福 建 Fujian	11	26	531	232	751
江 西 Jiangxi	5	7	275	155	292
山 东 Shandong	20	55	1190	360	2174
河 南 Henan	0	0	0	0	0
湖 北 Hubei	0	0	0	0	0
湖 南 Hunan	20	56	3474	1363	991
广 东 Guangdong	54	154	3960	1570	3849
广 西 Guangxi	19	32	238	88	1527
海 南 Hainan	4	6	20	5	151
重 庆 Chongqing	3	19	242	112	283
四 川 Sichuan	26	80	1148	584	1564
贵 州 Guizhou	0	0	0	0	0
云 南 Yunnan	0	0	0	0	0
西 藏 Tibet	0	0	0	0	0
陕 西 Shaanxi	8	13	522	193	847
甘 肃 Gansu	1	3	39	28	130
青 海 Qinghai	0	0	0	0	0
宁 夏 Ningxia	4	6	320	87	420
新 疆 Xinjiang	0	0	0	0	0

基本情况

Schools for Staff & Workers

单位:人 Unit: in Person

招生数 Admitted	在校学生数 Enrolment		教职工数 Teachers, Staff & Workers		兼任教师 Part-time Teachers
其中:女生 Of which: Female Students	合计 Total	其中:女生 Of which: Female Students	合计 Total	其中:专任教师 Of which: Full-time Teachers	
103869	178086	85732	10865	6288	7575
1362	2863	1475	128	64	130
795	4109	1776	179	81	157
1915	4012	1973	507	348	269
1319	3957	1599	251	115	97
725	2563	1243	174	137	46
511	2532	1179	424	363	65
37	400	216	48	41	6
1034	1990	766	485	307	252
81514	97012	49567	3391	1596	3804
3726	11530	6003	1675	1004	1163
5392	19254	9757	1077	717	690
469	3451	761	198	150	90
377	1840	900	140	121	31
131	433	194	8	3	14
469	3451	761	198	150	90
0	0	0	0	0	0
0	0	0	0	0	0
493	2359	1085	269	138	87
1703	7825	2999	574	324	284
578	3051	1144	437	243	0
78	206	82	15	8	7
130	616	267	59	30	27
667	2904	1267	469	235	222
0	0	0	0	0	0
0	0	0	0	0	0
0	0	0	0	0	0
285	844	383	87	72	12
42	134	46	35	22	10
0	0	0	0	0	0
117	750	289	37	19	22
0	0	0	0	0	0

农 民 中 学

Basic Statistics of General Secondary

地　区 Region	学校数(所) Schools	教学班(点)(个) External Teaching Sites (Classes)	毕业生数 Graduates 合计 Total	毕业生数 Graduates 其中:女生 Of which Female Student	招 Students 合计 Total
总　计 Total	2304	7529	231120	114021	252292
北　京 Beijing	1	0	31	8	0
天　津 Tianjin	4	5	67	38	86
河　北 Hebei	68	155	4712	2403	5070
山　西 Shanxi	712	903	40380	16454	45738
内蒙古 Inner Mongolia	0	0	0	0	0
辽　宁 Liaoning	130	211	11500	5408	13282
吉　林 Jilin	0	0	0	0	0
黑龙江 Heilongjiang	36	110	3008	1411	5045
上　海 Shanghai	50	567	10379	6203	11643
江　苏 Jiangsu	288	2598	46748	22500	58627
浙　江 Zhejiang	249	800	17012	6707	20807
安　徽 Anhui	2	7	215	84	163
福　建 Fujian	21	58	1753	965	1947
江　西 Jiangxi	28	41	2130	1151	2234
山　东 Shandong	2	7	215	84	163
河　南 Henan	68	120	26506	18794	20935
湖　北 Hubei	6	26	1163	440	748
湖　南 Hunan	167	603	18982	10140	16433
广　东 Guangdong	166	605	27444	11855	26234
广　西 Guangxi	29	36	1349	846	1106
海　南 Hainan	0	0	0	0	0
重　庆 Chongqing	76	188	8457	3922	9305
四　川 Sichuan	110	261	4200	2272	6567
贵　州 Guizhou	5	16	281	117	529
云　南 Yunnan	0	0	0	0	0
西　藏 Tibet	0	0	0	0	0
陕　西 Shaanxi	72	80	3060	1536	3296
甘　肃 Gansu	0	4	0	0	82
青　海 Qinghai	14	52	814	376	814
宁　夏 Ningxia	0	15	459	219	0
新　疆 Xinjiang	0	61	255	88	1438

基本情况

Schools for Peasants

单位:人 Unit: in Person

生数 Admitted	在校学生数 Enrolment		教职工数 Teachers, Staff & Workers		
其中:女生 Of which: Female Students	合计 Total	其中:女生 Of which: Female Students	合计 Total	其中:专任教师 Of which: Full-time Teachers	兼任教师 Part-time Teachers
118003	365394	158338	11045	6983	9004
0	237	142	16	6	16
41	307	129	8	6	15
2573	7130	3564	662	551	109
15816	47111	15959	1136	200	1115
0	0	0	0	0	0
6333	29033	13467	603	560	385
0	0	0	0	0	0
1173	6881	3261	262	207	37
6817	5922	2976	727	618	444
29552	108747	41245	2465	1459	2315
9001	28099	12565	1550	1141	1716
61	183	78	4	4	21
1137	2509	1393	68	41	177
1373	2249	1371	9	1	113
61	183	78	4	4	21
12622	28729	15831	132	114	273
298	1161	472	84	68	34
8980	24508	13308	1150	632	731
11406	40130	17828	896	550	573
738	1800	1101	249	192	68
0	0	0	0	0	0
4064	12164	5505	435	143	194
3263	9319	4259	428	376	244
238	797	353	24	16	23
0	0	0	0	0	0
0	0	0	0	0	0
1748	4237	2173	107	76	120
36	82	36	4	0	28
376	814	376	0	0	64
0	0	0	0	0	60
296	3062	868	22	18	108

农民高中

Basic Statistics of General Secondary

地区 Region	学校数(所) Schools	教学班(点)(个) External Teaching Sites (Classes)	毕业生数 Graduates		招 Students
			合计 Total	其中:女生 Of which Female Student	合计 Total
总计 Total	648	4234	91582	42570	99587
北京 Beijing	1	0	31	8	0
天津 Tianjin	4	5	67	38	86
河北 Hebei	29	88	1484	752	1701
山西 Shanxi	2	14	42	15	360
内蒙古 Inner Mongolia	0	0	0	0	0
辽宁 Liaoning	34	43	608	485	1702
吉林 Jilin	0	0	0	0	0
黑龙江 Heilongjiang	1	16	0	0	2500
上海 Shanghai	47	541	9700	5891	11350
江苏 Jiangsu	163	2112	35511	16976	40505
浙江 Zhejiang	187	699	14662	5560	17565
安徽 Anhui	1	2	20	17	22
福建 Fujian	9	23	214	125	369
江西 Jiangxi	0	0	0	0	0
山东 Shandong	1	2	20	17	22
河南 Henan	2	7	345	91	235
湖北 Hubei	1	1	0	0	0
湖南 Hunan	31	284	9258	4751	4795
广东 Guangdong	70	223	14309	5350	14040
广西 Guangxi	0	0	0	0	0
海南 Hainan	0	0	0	0	0
重庆 Chongqing	25	75	3977	1957	2060
四川 Sichuan	38	90	1164	446	1898
贵州 Guizhou	0	0	0	0	0
云南 Yunnan	0	0	0	0	0
西藏 Tibet	0	0	0	0	0
陕西 Shaanxi	2	5	170	91	295
甘肃 Gansu	0	4	0	0	82
青海 Qinghai	0	0	0	0	0
宁夏 Ningxia	0	0	0	0	0
新疆 Xinjiang	0	0	0	0	0

基本情况

Schools for Peasants

单位：人 Unit: in Person

生数 Admitted	在校学生数 Enrolment		教职工数 Teachers, Staff & Workers		
其中：女生 Of which: Female Students	合计 Total	其中：女生 Of which: Female Students	合计 Total	其中：专任教师 Of which: Full-time Teachers	兼任教师 Part-time Teachers
45485	157131	60307	5336	3835	3909
0	237	142	16	6	16
41	307	129	8	6	15
882	2317	1185	405	334	60
170	360	170	12	9	31
0	0	0	0	0	0
1090	1280	773	159	150	28
0	0	0	0	0	0
0	2500	1150	69	38	7
6672	5644	2836	551	443	331
19382	87907	29696	1534	1060	1188
7342	24202	10569	1460	1086	1563
16	42	33	4	4	2
180	495	220	25	18	92
0	0	0	0	0	0
16	42	33	4	4	2
89	680	270	66	58	8
0	40	4	4	3	0
2463	8983	4553	307	216	135
5184	16441	5957	384	214	199
0	0	0	0	0	0
0	0	0	0	0	0
942	2361	1051	131	29	130
807	2809	1274	173	147	68
0	0	0	0	0	0
0	0	0	0	0	0
0	0	0	0	0	0
173	402	226	20	10	6
36	82	36	4	0	28
0	0	0	0	0	0
0	0	0	0	0	0
0	0	0	0	0	0

成人技术培训学

Basic Statistics of Technical Training

地　区 Region	学校数(所) Schools	毕业生数 Graduates 合计 Total	其中: Of which 长班 A	短班 B	招 Students 合计 Total
总　计 Total	389504	81188034	5037579	76150455	69469697
北　京 Beijing	2348	807888	43818	764070	673670
天　津 Tianjin	2938	674470	110705	563765	656764
河　北 Hebei	41227	5919696	299695	5620001	3564068
山　西 Shanxi	55803	3517411	100189	3417222	3856171
内蒙古 Inner Mongolia	5852	792776	12806	779970	643626
辽　宁 Liaoning	7620	1897980	135366	1762614	1741066
吉　林 Jilin	1595	1042984	17708	1025276	683821
黑龙江 Heilongjiang	9069	3239619	161032	3078587	2936674
上　海 Shanghai	630	685339	144604	540735	820823
江　苏 Jiangsu	17195	5902854	362868	5539986	5656414
浙　江 Zhejiang	20428	4933693	299611	4634082	5023662
安　徽 Anhui	10346	4004762	78662	3926100	3509832
福　建 Fujian	9098	2391748	219622	2172126	2061171
江　西 Jiangxi	8873	1165208	38623	1126585	1135660
山　东 Shandong	10346	4004762	78662	3926100	3509832
河　南 Henan	34701	6208985	403392	5805593	6470877
湖　北 Hubei	5342	1200606	67518	1133088	1281626
湖　南 Hunan	18548	1371005	64628	1306377	1199519
广　东 Guangdong	3209	1488032	155789	1332243	1367570
广　西 Guangxi	12324	4135295	204290	3931005	3763085
海　南 Hainan	1363	217474	27855	189619	219585
重　庆 Chongqing	13345	3966593	302770	3663823	3353713
四　川 Sichuan	30447	6499097	1282118	5216979	5703532
贵　州 Guizhou	14153	3378679	83505	3295174	3364734
云　南 Yunnan	13274	5396157	169031	5227126	1282638
西　藏 Tibet	0	0	0	0	0
陕　西 Shaanxi	23788	2406873	47762	2359111	2160851
甘　肃 Gansu	10403	1922908	59206	1863702	1341468
青　海 Qinghai	1229	319429	83	319346	263350
宁　夏 Ningxia	1654	298400	30400	268000	224600
新　疆 Xinjiang	2356	1397311	35261	1362050	999295

校基本情况（总计）

Schools for Adults (Regional Aggregates)

单位：人 Unit: in Person

生数 Admitted 其中：Of which 长班 A	生数 Admitted 其中：Of which 短班 B	在校学生数 Enrolment 合计 Total	在校学生数 Enrolment 其中：Of which 长班 A	在校学生数 Enrolment 其中：Of which 短班 B	教职工数 Teachers, Staff & Workers 合计 Total	教职工数 Teachers, Staff & Workers 其中：专任教师 Of which: Full-time Teachers	兼任教师 Part-time Teachers
5026447	64443250	60414405	4219200	56195205	397353	140077	788058
53601	620069	172029	34321	137708	5361	2651	6312
92461	564303	121255	50439	70816	2719	1607	5347
401424	3162644	4119313	442114	3677199	47125	21644	72031
100920	3755251	4300273	110811	4189462	76847	14657	96407
13004	630622	870267	13703	856564	5898	2748	10260
125427	1615639	1344789	90848	1253941	9189	3360	16745
24874	658947	376320	28548	347772	1593	1039	3240
166839	2769835	2590986	133444	2457542	14980	7463	19636
192747	628076	225835	75066	150769	5974	3561	6863
351297	5305117	5066542	406895	4659647	23245	11122	42586
335804	4687858	3508627	309262	3199365	20090	8316	48658
88332	3421500	3498230	89835	3408395	10404	1404	32793
217942	1843229	1750057	95290	1654767	4422	1890	17773
35278	1100382	1104797	38199	1066598	5875	880	18879
88332	3421500	3498230	89835	3408395	10404	1404	32793
755776	5715101	3189347	313547	2875800	14890	11303	46114
63253	1218373	927350	61219	866131	11291	6740	16576
45971	1153548	1198822	76964	1121858	23192	7171	23554
149865	1217705	1190058	159794	1030264	7782	3610	9963
136865	3626220	3259650	112664	3146986	21037	8264	38620
29263	190322	242647	28936	213711	737	169	2042
313337	3040376	3434320	343808	3090512	5248	1864	20693
882522	4821010	5124275	784200	4340075	12961	5656	30704
134223	3230511	3425939	53944	3371995	15761	1514	41437
45700	1236938	1480526	46113	1434413	2453	655	38049
0	0	0	0	0	0	0	0
55544	2105307	1756767	70977	1685790	13466	5531	43311
68836	1272632	843343	51701	791642	18593	2184	35069
11	263339	249873	493	249380	544	0	1318
28800	195800	234900	31900	203000	1900	610	3500
28199	971096	1309038	74330	1234708	3372	1060	6785

职工技术培训

Basic Statistics of Technical Training

地 区 Region	学校数(所) Schools	毕业生数 Graduates 合计 Total	其中: Of which 长班 A	短班 B	招 Students 合计 Total
总 计 Total	10435	4369958	687120	3682838	4385591
北 京 Beijing	337	358271	32141	326130	347470
天 津 Tianjin	161	103526	16317	87209	109157
河 北 Hebei	2021	493257	101507	391750	302031
山 西 Shanxi	693	39245	10932	28313	84820
内蒙古 Inner Mongolia	68	7613	1289	6324	7947
辽 宁 Liaoning	148	107745	16512	91233	102190
吉 林 Jilin	65	26021	1866	24155	32274
黑龙江 Heilongjiang	411	386291	52632	333659	311484
上 海 Shanghai	475	556987	121644	435343	693420
江 苏 Jiangsu	743	609128	79503	529625	510042
浙 江 Zhejiang	921	485163	85176	399987	710347
安 徽 Anhui	50	51988	803	51185	54465
福 建 Fujian	488	53493	15847	37646	64901
江 西 Jiangxi	16	1867	82	1785	2503
山 东 Shandong	50	51988	803	51185	54465
河 南 Henan	2160	463001	24833	438168	454548
湖 北 Hubei	186	78651	8594	70057	83584
湖 南 Hunan	180	40547	8656	31891	26624
广 东 Guangdong	156	76941	15794	61147	83853
广 西 Guangxi	241	101252	18640	82612	64648
海 南 Hainan	46	10936	2712	8224	8930
重 庆 Chongqing	54	26210	862	25348	27505
四 川 Sichuan	158	110618	41672	68946	90537
贵 州 Guizhou	7	160	0	160	290
云 南 Yunnan	1	89	89	0	20
西 藏 Tibet	0	0	0	0	0
陕 西 Shaanxi	350	56451	17312	39139	68942
甘 肃 Gansu	120	34006	6192	27814	54799
青 海 Qinghai	57	4963	83	4880	4260
宁 夏 Ningxia	55	8100	1700	6400	10000
新 疆 Xinjiang	17	25450	2927	22523	19535

学校基本情况

Schools for Staff & Workers

单位:人 Unit: in Person

生数 Admitted		在校学生数 Enrolment			教职工数 Teachers, Staff & Workers		
其中: Of which		合计 Total	其中: Of which		合计 Total	其中:专任教师 Of which: Full-time Teachers	兼任教师 Part-time Teachers
长班 A	短班 B		长班 A	短班 B			
732507	3653084	2888667	647463	2241204	54630	31207	48192
33311	314159	56060	17976	38084	3675	2207	2000
17266	91891	32091	7512	24579	990	688	742
72621	229410	358046	111706	246340	6550	2365	3451
7380	77440	138066	7398	130668	2718	1056	2307
1779	6168	7417	2427	4990	341	153	470
17462	84728	67137	16341	50796	1890	1182	1335
204	32070	33065	1073	31992	312	252	382
51636	259848	133103	33346	99757	3132	1747	3890
166326	527094	186574	63864	122710	5565	3240	6078
78211	431831	662700	122815	539885	7741	3865	7183
106242	604105	497370	103590	393780	5261	2976	7519
1223	53242	14728	1675	13053	821	568	1031
28998	35903	49172	12907	36265	1089	586	794
86	2417	2418	75	2343	123	74	29
1223	53242	14728	1675	13053	821	568	1031
25476	429072	158939	9666	149273	1479	1355	2190
9243	74341	81064	12281	68783	2134	1562	902
11112	15512	42479	15696	26783	2204	1394	1055
19535	64318	81531	37060	44471	1313	930	1160
12531	52117	53752	11794	41958	1448	1128	1175
1840	7090	8779	1856	6923	104	68	105
1072	26433	27505	1072	26433	252	70	178
31229	59308	62581	19825	42756	1083	867	1070
0	290	290	0	290	18	7	11
20	0	20	20	0	3	2	4
0	0	0	0	0	0	0	0
25610	43332	61330	20405	40925	1655	919	1331
7043	47756	24822	9334	15488	1156	867	428
11	4249	3132	205	2927	1	0	23
2800	7200	8600	2600	6000	450	300	190
1017	18518	21168	1269	19899	301	211	128

农民技术培训

Basic Statistics of Technical

地　区 Region	学校数(所) Schools	毕业生数 Graduates 合计 Total	其中: Of which 长班 A	 短班 B	招 Students 合计 Total
总计 Total	379069	76818076	4350459	72467617	65084106
北京 Beijing	2011	449617	11677	437940	326200
天津 Tianjin	2777	570944	94388	476556	547607
河北 Hebei	39206	5426439	198188	5228251	3262037
山西 Shanxi	55110	3478166	89257	3388909	3771351
内蒙古 Inner Mongolia	5784	785163	11517	773646	635679
辽宁 Liaoning	7472	1790235	118854	1671381	1638876
吉林 Jilin	1530	1016963	15842	1001121	651547
黑龙江 Heilongjiang	8658	2853328	108400	2744928	2625190
上海 Shanghai	155	128352	22960	105392	127403
江苏 Jiangsu	16452	5293726	283365	5010361	5146372
浙江 Zhejiang	19507	4448530	214435	4234095	4313315
安徽 Anhui	10296	3952774	77859	3874915	3455367
福建 Fujian	8610	2338255	203775	2134480	1996270
江西 Jiangxi	8857	1163341	38541	1124800	1133157
山东 Shandong	10296	3952774	77859	3874915	3455367
河南 Henan	32541	5745984	378559	5367425	6016329
湖北 Hubei	5156	1121955	58924	1063031	1198042
湖南 Hunan	18368	1330458	55972	1274486	1172895
广东 Guangdong	3053	1411091	139995	1271096	1283717
广西 Guangxi	12083	4034043	185650	3848393	3698437
海南 Hainan	1317	206538	25143	181395	210655
重庆 Chongqing	13291	3940383	301908	3638475	3326208
四川 Sichuan	30289	6388479	1240446	5148033	5612995
贵州 Guizhou	14146	3378519	83505	3295014	3364444
云南 Yunnan	13273	5396068	168942	5227126	1282618
西藏 Tibet	0	0	0	0	0
陕西 Shaanxi	23438	2350422	30450	2319972	2091909
甘肃 Gansu	10283	1888902	53014	1835888	1286669
青海 Qinghai	1172	314466	0	314466	259090
宁夏 Ningxia	1599	290300	28700	261600	214600
新疆 Xinjiang	2339	1371861	32334	1339527	979760

学校基本情况

Training Schools for Peasants

单位：人 **Unit: in Person**

招生数 Admitted		在校学生数 Enrolment			教职工数 Teachers, Staff & Workers		兼任教师 Part-time Teachers
其中: Of which		合计 Total	其中: Of which		合计 Total	其中: 专任教师 Of which: Full-time Teachers	
长班 A	短班 B		长班 A	短班 B			
4293940	60790166	57525738	3571737	53954001	342723	108870	739866
20290	305910	115969	16345	99624	1686	444	4312
75195	472412	89164	42927	46237	1729	919	4605
328803	2933234	3761267	330408	3430859	40575	19279	68580
93540	3677811	4162207	103413	4058794	74129	13601	94100
11225	624454	862850	11276	851574	5557	2595	9790
107965	1530911	1277652	74507	1203145	7299	2178	15410
24670	626877	343255	27475	315780	1281	787	2858
115203	2509987	2457883	100098	2357785	11848	5716	15746
26421	100982	39261	11202	28059	409	321	785
273086	4873286	4403842	284080	4119762	15504	7257	35403
229562	4083753	3011257	205672	2805585	14829	5340	41139
87109	3368258	3483502	88160	3395342	9583	836	31762
188944	1807326	1700885	82383	1618502	3333	1304	16979
35192	1097965	1102379	38124	1064255	5752	806	18850
87109	3368258	3483502	88160	3395342	9583	836	31762
730300	5286029	3030408	303881	2726527	13411	9948	43924
54010	1144032	846286	48938	797348	9157	5178	15674
34859	1138036	1156343	61268	1095075	20988	5777	22499
130330	1153387	1108527	122734	985793	6469	2680	8803
124334	3574103	3205898	100870	3105028	19589	7136	37445
27423	183232	233868	27080	206788	633	101	1937
312265	3013943	3406815	342736	3064079	4996	1794	20515
851293	4761702	5061694	764375	4297319	11878	4789	29634
134223	3230221	3425649	53944	3371705	15743	1507	41426
45680	1236938	1480506	46093	1434413	2450	653	38045
0	0	0	0	0	0	0	0
29934	2061975	1695437	50572	1644865	11811	4612	41980
61793	1224876	818521	42367	776154	17437	1317	34641
0	259090	246741	288	246453	543	0	1295
26000	188600	226300	29300	197000	1450	310	3310
27182	952578	1287870	73061	1214809	3071	849	6657

成人小学

Basic Statistics of

地区 Region	学校数(所) Schools	教学班(点)(个) External Teaching Sites (Classes)	毕业生数 Graduates 合计 Total	毕业生数 Graduates 其中:女生 Of which Female Students	招 Students 合计 Total
总计 Total	106398	216331	4893340	2448298	4329647
北京 Beijing	0	0	0	0	0
天津 Tianjin	72	99	5469	2221	5843
河北 Hebei	7998	13812	305708	165237	229440
山西 Shanxi	16787	21300	317731	150013	331150
内蒙古 Inner Mongolia	3149	8756	31635	19637	26337
辽宁 Liaoning	702	1892	24376	11682	25641
吉林 Jilin	37	242	548	333	973
黑龙江 Heilongjiang	3774	6322	57312	31441	56718
上海 Shanghai	1	175	349	185	3969
江苏 Jiangsu	2602	3762	82431	52694	62870
浙江 Zhejiang	1881	3540	102280	57916	95150
安徽 Anhui	3301	6796	112959	62943	96740
福建 Fujian	2633	3795	46800	37280	39465
江西 Jiangxi	4654	7411	119856	82479	80800
山东 Shandong	3354	6198	1313685	449404	1309122
河南 Henan	16730	24085	499629	255951	482374
湖北 Hubei	1218	2470	70966	39646	57585
湖南 Hunan	2790	5476	94543	53345	86456
广东 Guangdong	657	2048	151919	93420	150922
广西 Guangxi	3336	8247	107065	61969	90405
海南 Hainan	187	546	3834	2950	4576
重庆 Chongqing	2373	4726	59647	33686	50413
四川 Sichuan	4454	12205	248710	129537	208824
贵州 Guizhou	6586	21159	298330	187207	311600
云南 Yunnan	0	14727	296611	175814	28186
西藏 Tibet	0	0	0	0	0
陕西 Shaanxi	8637	12615	161403	96759	192238
甘肃 Gansu	6280	14067	142079	73629	181068
青海 Qinghai	524	3073	58511	30098	18240
宁夏 Ningxia	1079	1687	62915	40880	49569
新疆 Xinjiang	602	5100	116039	49942	52973

基本情况

Adults Primary Schools

单位:人 Unit: in Person

生数 Admitted	在校学生数 Enrolment		教职工数 Teachers, Staff & Workers		兼任教师 Part-time Teachers
其中:女生 Of which: Female Students	合计 Total	其中:女生 Of which: Female Students	合计 Total	其中:专任教师 Of which: Full-time Teachers	
2132120	4678256	2309366	116779	36382	297137
0	0	0	0	0	0
2447	374	226	56	47	193
115390	284384	136990	9591	2237	18749
138255	329513	159787	19879	3566	26753
15820	46548	28783	5031	2162	9497
12762	33276	16760	1209	760	1396
661	353	242	170	69	655
29982	61775	33488	4844	2949	7557
2027	3165	1599	60	30	68
34968	74159	43500	3218	1148	6806
46174	92000	46137	1572	515	3902
56337	110326	65822	1845	370	10089
30152	41274	31738	745	193	4418
56042	86149	59296	4075	419	11431
445036	1317084	450298	1465	190	9676
277758	439070	236892	6260	5401	19030
31416	56243	30415	1636	1197	4976
46719	90752	47958	4420	1008	8225
92800	167251	100348	990	518	1051
56407	116128	65528	3969	1374	11903
3710	4834	3720	126	70	270
27602	63389	35284	1515	454	6754
109618	206817	105233	4727	1792	13999
190594	342411	206780	15510	2985	52460
15830	181921	100901	571	81	17008
0	0	0	0	0	0
119989	164955	107394	6459	2589	23362
105649	183812	102255	14586	3356	19929
12759	18254	12804	325	107	1193
31785	51120	32728	551	472	1767
23431	110919	46460	1374	323	4020

职工小学

Basic Statistics of

地区 Region	学校数(所) Schools	教学班(点)(个) External Teaching Sites (Classes)	毕业生数 Graduates 合计 Total	其中:女生 Of which Female Students	招 Students 合计 Total
总计 Total	1002	2595	81412	42834	73868
北京 Beijing	0	0	0	0	0
天津 Tianjin	0	0	0	0	0
河北 Hebei	211	380	15590	8775	6921
山西 Shanxi	68	121	3199	1511	2891
内蒙古 Inner Mongolia	1	6	200	110	230
辽宁 Liaoning	21	309	70	26	205
吉林 Jilin	20	201	230	161	0
黑龙江 Heilongjiang	17	102	1670	799	640
上海 Shanghai	1	157	244	144	3054
江苏 Jiangsu	49	66	2841	2144	2268
浙江 Zhejiang	39	180	4838	2449	7315
安徽 Anhui	13	4	266	186	182
福建 Fujian	12	40	719	451	645
江西 Jiangxi	4	4	420	294	468
山东 Shandong	13	4	266	186	182
河南 Henan	271	383	9687	5329	17561
湖北 Hubei	4	15	1626	486	445
湖南 Hunan	43	76	2344	1366	628
广东 Guangdong	25	127	13590	5468	11692
广西 Guangxi	52	168	8239	4296	3342
海南 Hainan	0	0	0	0	0
重庆 Chongqing	1	0	0	0	0
四川 Sichuan	93	140	4934	1752	4819
贵州 Guizhou	2	14	600	0	142
云南 Yunnan	0	0	0	0	0
西藏 Tibet	0	0	0	0	0
陕西 Shaanxi	25	37	2988	773	3317
甘肃 Gansu	2	9	450	315	520
青海 Qinghai	15	52	6401	5813	6401
宁夏 Ningxia	0	0	0	0	0
新疆 Xinjiang	0	0	0	0	0

基本情况

Worker Primary Schools

单位：人 Unit: in Person

生数 Admitted	在校学生数 Enrolment		教职工数 Teachers, Staff & Workers		兼任教师 Part－time Teachers
其中：女生 Of which: Female Students	合计 Total	其中：女生 Of which: Female Students	合计 Total	其中：专任教师 Of which: Full－time Teachers	
36749	81624	37799	1863	1135	2698
0	0	0	0	0	0
0	0	0	0	0	0
3127	6034	1834	320	216	428
1131	4176	1913	181	81	210
120	230	120	6	6	0
132	310	154	124	76	198
0	230	161	0	0	536
285	46	12	12	5	49
1566	2355	1179	46	16	55
1361	2176	1564	0	0	0
3217	7752	3546	31	9	191
132	182	132	0	0	32
383	842	517	29	4	45
351	468	351	4	0	4
132	182	132	0	0	32
9123	21184	9228	243	167	295
157	545	194	9	5	42
449	1505	835	93	36	51
4417	12887	4355	66	42	80
1851	3616	2030	207	169	238
0	0	0	0	0	0
0	0	0	2	0	0
1653	6054	2197	291	151	92
0	142	0	41	34	28
0	0	0	0	0	0
0	0	0	0	0	0
999	3507	1017	77	60	57
350	800	515	48	48	12
5813	6401	5813	33	10	23
0	0	0	0	0	0
0	0	0	0	0	0

农民小学

Basic Statistics of

地区 Region	学校数(所) Schools	教学班(点)(个) External Teaching Sites (Classes)	毕业生数 Graduates 合计 Total	毕业生数 Graduates 其中:女生 Of which Female Students	招 Students 合计 Total
总计 Total	105396	213736	4811928	2405464	4255779
北京 Beijing	0	0	0	0	0
天津 Tianjin	72	99	5469	2221	5843
河北 Hebei	7787	13432	290118	156462	222519
山西 Shanxi	16719	21179	314532	148502	328259
内蒙古 Inner Mongolia	3148	8750	31435	19527	26107
辽宁 Liaoning	681	1583	24306	11656	25436
吉林 Jilin	17	41	318	172	973
黑龙江 Heilongjiang	3757	6220	55642	30642	56078
上海 Shanghai	0	18	105	41	915
江苏 Jiangsu	2553	3696	79590	50550	60602
浙江 Zhejiang	1842	3360	97442	55467	87835
安徽 Anhui	3288	6792	112693	62757	96558
福建 Fujian	2621	3755	46081	36829	38820
江西 Jiangxi	4650	7407	119436	82185	80332
山东 Shandong	3341	6194	1313419	449218	1308940
河南 Henan	16459	23702	489942	250622	464813
湖北 Hubei	1214	2455	69340	39160	57140
湖南 Hunan	2747	5400	92199	51979	85828
广东 Guangdong	632	1921	138329	87952	139230
广西 Guangxi	3284	8079	98826	57673	87063
海南 Hainan	187	546	3834	2950	4576
重庆 Chongqing	2372	4726	59647	33686	50413
四川 Sichuan	4361	12065	243776	127785	204005
贵州 Guizhou	6584	21145	297730	187207	311458
云南 Yunnan	0	14727	296611	175814	28186
西藏 Tibet	0	0	0	0	0
陕西 Shaanxi	8612	12578	158415	95986	188921
甘肃 Gansu	6278	14058	141629	73314	180548
青海 Qinghai	509	3021	52110	24285	11839
宁夏 Ningxia	1079	1687	62915	40880	49569
新疆 Xinjiang	602	5100	116039	49942	52973

基本情况

Peasant Primary Schools

单位:人 Unit: in Person

生数 Admitted	在校学生数 Enrolment		教职工数 Teachers, Staff & Workers		兼任教师 Part-time Teachers
其中:女生 Of which: Female Students	合计 Total	其中:女生 Of which: Female Students	合计 Total	其中:专任教师 Of which: Full-time Teachers	
2095371	4596632	2271567	114916	35247	294439
0	0	0	0	0	0
2447	374	226	56	47	193
112263	278350	135156	9271	2021	18321
137124	325337	157874	19698	3485	26543
15700	46318	28663	5025	2156	9497
12630	32966	16606	1085	684	1198
661	123	81	170	69	119
29697	61729	33476	4832	2944	7508
461	810	420	14	14	13
33607	71983	41936	3218	1148	6806
42957	84248	42591	1541	506	3711
56205	110144	65690	1845	370	10057
29769	40432	31221	716	189	4373
55691	85681	58945	4071	419	11427
444904	1316902	450166	1465	190	9644
268635	417886	227664	6017	5234	18735
31259	55698	30221	1627	1192	4934
46270	89247	47123	4327	972	8174
88383	154364	95993	924	476	971
54556	112512	63498	3762	1205	11665
3710	4834	3720	126	70	270
27602	63389	35284	1513	454	6754
107965	200763	103036	4436	1641	13907
190594	342269	206780	15469	2951	52432
15830	181921	100901	571	81	17008
0	0	0	0	0	0
118990	161448	106377	6382	2529	23305
105299	183012	101740	14538	3308	19917
6946	11853	6991	292	97	1170
31785	51120	32728	551	472	1767
23431	110919	46460	1374	323	4020

农民小学中扫

Basic Statistics of Literacy Classes

地　区 Region	学校数(所) Schools	教学班(点)(个) External Teaching Sites (Classes)	毕业生数 Graduates 合计 Total	其中:女生 Of which Female Students	招 Students 合计 Total
总　计 Total	70346	143225	1744471	1029673	1468127
北　京 Beijing	0	0	0	0	0
天　津 Tianjin	0	0	0	0	0
河　北 Hebei	5970	6873	40815	20408	56409
山　西 Shanxi	8204	10479	46308	22830	52118
内蒙古 Inner Mongolia	2918	6873	19844	13420	15440
辽　宁 Liaoning	91	411	1441	1073	2559
吉　林 Jilin	17	41	318	172	973
黑龙江 Heilongjiang	1721	2416	7771	4216	5723
上　海 Shanghai	0	0	0	0	0
江　苏 Jiangsu	222	419	10266	5748	7243
浙　江 Zhejiang	1001	1689	23069	13073	22077
安　徽 Anhui	2845	5242	77249	38340	73066
福　建 Fujian	1324	1886	22284	17762	16229
江　西 Jiangxi	3538	6005	102871	70575	57340
山　东 Shandong	2698	4644	59657	34940	67130
河　南 Henan	10981	15352	216936	129329	195607
湖　北 Hubei	807	1577	42416	23509	35416
湖　南 Hunan	821	1987	28777	17247	27422
广　东 Guangdong	151	178	3516	2225	5127
广　西 Guangxi	1997	4432	24682	18535	23732
海　南 Hainan	172	404	3297	2771	4146
重　庆 Chongqing	808	2580	18279	10606	18662
四　川 Sichuan	2318	6171	87978	45743	96793
贵　州 Guizhou	6540	20976	295837	186299	308401
云　南 Yunnan	0	12629	259541	155693	0
西　藏 Tibet	0	0	0	0	0
陕　西 Shaanxi	7922	11897	115769	70038	144254
甘　肃 Gansu	5299	12610	115700	58154	156437
青　海 Qinghai	495	1309	21012	10438	11689
宁　夏 Ningxia	1067	1556	59728	39243	46829
新　疆 Xinjiang	419	2589	39110	17286	17305

盲班基本情况

in Peasant Primary Schools

单位：人 Unit: in Person

生 数 Admitted	在校学生数 Enrolment		教职工数 Teachers, Staff & Workers		兼任教师 Part-time Teachers
其中：女生 Of which Female Students	合计 Total	其中：女生 Of which Female Students	合计 Total	其中：专任教师 Of which: Full-time Teachers	
867631	1773880	1023877	80726	22772	221657
0	0	0	0	0	0
0	0	0	0	0	0
21829	169608	78401	6985	1033	12657
27837	69993	36619	8786	1177	13196
9487	29686	19318	4541	1919	8371
1693	1654	1252	316	45	332
661	123	81	170	69	119
2972	7657	3952	2071	1171	2966
0	0	0	0	0	0
4367	8741	7925	318	117	1441
12959	23062	13398	753	271	2092
40557	83553	48599	1480	355	8528
12207	17700	13762	294	87	2190
39616	61838	42428	3021	388	9090
39395	71993	43214	1100	175	7915
118313	166601	94052	4017	3496	13335
18826	37694	19499	927	710	3551
17038	21718	13232	2561	442	4662
3226	5257	3262	190	21	205
18296	24335	19984	2490	627	6702
3511	4146	3521	110	60	239
10952	22107	13012	910	248	4456
50765	94693	48659	1875	1096	8671
189714	334282	203373	15264	2798	52324
0	147300	81176	423	44	13294
0	0	0	0	0	0
87862	116506	75074	6101	2480	22053
91507	158245	87516	14304	3185	18561
6836	11703	6881	292	97	1019
30453	48380	31396	550	471	1625
6752	35305	14291	877	190	2063

全国农业广播电

Basic Data on China Agricultural

地区 Region	学校数(所) Schools	招生数 Entrants						
		合计 Total	其中:女生 Of which Female Students	中专学历 Secondary Diploma Education	自考及联办大专 Self-learning and College-level Education	中专后继续教育 Further Education of Post-secondary Diploma Education	证书教育 Certificate Training	
							绿色证书 Green Certificate	跨世纪青年农民 Trans-century Youth Farmer
总　计 Total	40	2042075	623573	59149	24137	59345	1221895	677549
北　京 Beijing	2	2464	1365	875	88	1351	50	100
天　津 Tianjin	1	10829	2748	656	647	0	521	9005
河　北 Hebei	1	111001	42225	3089	0	14426	37189	56297
山　西 Shanxi	1	63867	24810	2606	766	4267	47149	9079
内蒙古 Inner Mongolia	1	116676	34930	566	173	937	100000	15000
辽　宁 Liaoning	1	68411	33494	2783	1597	366	37690	25975
吉　林 Jilin	1	39978	8663	1046	15	1622	24565	12730
黑龙江 Heilongjiang	4	54424	13984	999	1565	1813	26888	23159
上　海 Shanghai	1	4355	2366	604	1148	143	956	1504
江　苏 Jiangsu	1	165274	60212	1007	1685	852	124450	37280
浙　江 Zhejiang	1	59838	15402	1750	1034	0	45054	12000
安　徽 Anhui	1	15733	3975	1814	0	832	5827	7260
福　建 Fujian	1	95803	29275	2003	0	0	45000	48800
江　西 Jiangxi	1	1295	384	85	0	1210	0	0
山　东 Shandong	1	223384	93134	8021	0	12919	100578	101866
河　南 Henan	1	157002	26067	4839	1713	629	114117	35704
湖　北 Hubei	1	145654	21983	1873	810	325	102085	40561
湖　南 Hunan	1	38699	11456	6778	411	3531	10823	17156
广　东 Guangdong	2	38596	22248	48	0	96	8452	30000
广　西 Guangxi	1	171623	49992	112	1687	0	136043	33781
海　南 Hainan	2	195	62	95	100	0	0	0
重　庆 Chongqing	1	40468	10777	1700	398	378	21063	16929
四　川 Sichuan	1	10272	4767	3002	232	3952	1855	1231
贵　州 Guizhou	1	32474	9618	3855	1154	1817	8421	17227
云　南 Yunnan	2	121072	39248	2936	22	3596	88567	25951
西　藏 Tibet	1	1036	191	181	0	0	698	157
陕　西 Shaanxi	2	132679	24721	1796	4327	1387	77481	47688
甘　肃 Gansu	1	85728	24523	295	3153	1041	53800	27439
青　海 Qinghai	1	7083	2453	165	64	368	1542	4944
宁　夏 Ningxia	1	10433	3765	215	94	370	673	9081
新　疆 Xinjiang	2	15729	4735	3355	1254	1117	358	9645

视学校基本情况

Broadcasting and T.V. School

单位：人 Unit: in Person

毕(结)业生数 Graduates								
合计 Total	其中：女生 Of which Female Students	中专学历 Secondary Diploma Education	单、多科结业 Completed One or More Courses	自考及联办大专 Self-learning and College-level Education	中专后继续教育 Further Education of Post-secondary Diploma Education	证书教育 Certificate Training		
						职业资格 Vocational Qualification	绿色证书 Green Certificate	跨世纪青年农民 Trans-century Youth Farmer
1580300	497698	88713	161478	28071	23032	86191	733642	459173
1693	927	418	200	381	324	302	68	0
20584	3392	702	47	439	0	221	13175	6000
95511	33105	6949	9246	273	1310	729	30703	46301
65816	19877	2650	16430	905	76	12610	26825	6320
39376	12620	153	0	1186	6	631	22400	15000
51634	25769	3075	126	2353	355	2104	28580	15041
19365	6031	2575	0	94	156	0	10116	6424
71239	17344	1273	12252	2490	666	19944	20641	13973
4417	2431	1214	404	309	30	0	956	1504
149229	51934	2686	7149	2399	795	1730	99350	35120
60380	15601	2322	0	1004	0	0	45054	12000
36806	5318	2507	22444	0	494	826	5085	5450
72329	0	1996	34800	0	733	0	15000	19800
1045	354	1045	0	0	0	0	0	0
226932	89480	10229	17060	0	9450	21335	89762	79096
67050	15402	8768	9391	0	130	969	34192	13600
57932	8445	956	574	900	637	903	41839	12123
23633	10085	3316	3092	1502	642	2939	7636	9100
33276	17893	537	0	0	126	0	8032	24581
135614	47363	1079	0	2283	73	451	102028	29700
289	103	143	0	146	0	0	0	0
52785	25265	7056	1339	0	239	606	31332	12213
25644	8409	7755	9030	1079	4321	397	1855	1207
41929	12274	2081	7485	1748	935	5743	7589	16348
59866	20833	4445	5003	40	441	1540	36760	11637
710	100	0	0	0	0	0	593	117
64403	16984	3863	5770	2838	676	8928	20990	21338
61588	17405	1418	2589	3467	221	1844	28720	23329
8993	3363	413	6	405	98	108	3284	4777
10435	3852	309	0	304	0	0	741	9081
19797	5739	6780	133	3028	196	1331	336	7993

全国农业广播电视学校基本情况(续)

Basic Data on China Agricultural Broadcasting and T.V. School

地区 Region		中专学历在校生数(人) Students in School for Secondary Diploma Education	实用技术培训(人次) Applicable Technology Training	教职工数 Teachers, Staff and Works					兼职教师(不在教工数中) Part-time Teachers
				小计 Total	专任教师 Full-time Teachers	教辅人员 Supporting Staff	行政人员 Adm. Personnel	工勤人员 Workers	
总计	**Total**	171970	10410265	19878	9688	4740	3546	1904	24642
北京	Beijing	1391	180	204	83	65	32	24	473
天津	Tianjin	1220	201465	87	39	30	11	7	321
河北	Hebei	8811	256670	1434	821	279	231	103	765
山西	Shanxi	8825	393951	733	332	261	89	51	978
内蒙古	Inner Mongolia	1580	858000	472	255	114	66	37	316
辽宁	Liaoning	7116	753880	663	391	130	99	43	1235
吉林	Jilin	2981	162910	783	566	71	120	26	180
黑龙江	Heilongjiang	2686	1307635	1834	917	379	429	109	920
上海	Shanghai	1168	5432	330	166	43	60	61	68
江苏	Jiangsu	2438	1413000	710	298	100	98	214	742
浙江	Zhejiang	4385	280000	229	110	62	50	7	976
安徽	Anhui	8199	519279	676	326	170	116	64	1181
福建	Fujian	7606	1200009	698	287	208	139	64	563
江西	Jiangxi	827	620	200	76	54	45	25	280
山东	Shandong	16302	390810	1547	765	520	174	88	1728
河南	Henan	12067	466009	1278	574	360	213	131	1767
湖北	Hubei	2558	165127	474	241	117	97	19	834
湖南	Hunan	10290	194690	764	259	184	225	96	1199
广东	Guangdong	228	0	50	7	7	22	14	54
广西	Guangxi	736	480596	585	207	145	139	94	332
海南	Hainan	364	8640	260	128	22	48	62	13
重庆	Chongqing	6732	72454	257	118	58	56	25	853
四川	Sichuan	28598	118560	1274	637	359	168	110	4271
贵州	Guizhou	8121	286147	654	363	103	122	66	543
云南	Yunnan	13257	91287	705	417	125	87	76	1149
西藏	Tibet	260	250	19	0	2	16	1	67
陕西	Shaanxi	3493	300738	986	357	264	242	123	1198
甘肃	Gansu	1438	337811	596	252	208	83	53	547
青海	Qinghai	812	8072	116	89	6	10	11	46
宁夏	Ningxia	919	67843	137	82	14	26	15	113
新疆	Xinjiang	6926	68200	1123	525	280	233	85	930

第二部分

Part Ⅱ

办 学 条 件

Physical Facilities

一、教育经费

Public Expenditure on Education

全国教育经费来源和支出情况

Sources of Educational Fund and Expenditure for Education

单位：万元

Unit: in 10 Thousand Yuan

年　份 Year	合　计 Total	国家财政性教育经费 Government Appropriation for Education	预算内教育经费 Budgetary	社会团体和公民个人办学经费 Funds of Social Organizations and Citizens for Running Schools	社会捐资和集资办学经费 Donations and Fund-Raising for Running Schools	学费和杂费 Tuition and Miscellanecous Fee	其他教育经费 Other Educational Funds
1991	7315028.2	6178286.0	4597308.1	0.0	628209.7	323475.6	185056.9
1992	8670490.5	7287505.8	5387381.7	0.0	696285.2	439319.3	247380.2
1993	10599374.4	8677618.3	6443914.0	33322.7	701856.1	871476.9	315100.4
1994	14887812.6	11747395.6	8839794.7	107795.2	974487.1	1469228.1	588906.6
1995	18779501.1	14115233.3	10283930.0	203671.5	1628414.0	2012422.5	819759.8
1996	22623393.5	16717045.5	12119133.6	261998.9	1884189.5	2610361.2	1149798.4
1997	25317325.7	18625416.3	13577262.1	301746.4	1706587.6	3260792.0	1422783.4
1998	29490592.0	20324526.0	15655917.0	480314.0	1418537.0	3697474.0	3569741.0
1999	33490416.4	22871756.1	18157597.3	628957.1	1258694.2	4636107.9	4094901.1
2000	38490805.8	25626055.7	20856792.0	858537.2	1139556.9	5948304.3	4918351.7
2001	46376626.2	30570099.5	25823761.9	1280895.2	1128851.8	7456013.5	5940766.2

各地区教育经费来源和支出情况(2001年)

Sources of Educational Fund and Expenditure for Education by Region (2001)

单位：万元

Unit: in 10 Thousand Yuan

地区 Region		合计 Total	国家财政性教育经费 Government Appropriation for Education	预算内教育经费 Budgetary	社会团体和公民个人办学经费 Funds of Social Organizations and Citizens for Running Schools	社会捐资和集资办学经费 Donations and Fund-Raising for Running Schools	学费和杂费 Tuition and Miscellaneous Fee	其他教育经费 Other Educational Funds
北京	Beijing	3192212.0	2160968.1	1973772.7	30074.6	76185.5	319944.9	605038.9
天津	Tianjin	859240.6	534954.6	458512.4	41856.9	5936.6	113425.2	163067.3
河北	Hebei	1779336.2	1212157.6	1013142.2	58635.4	34901.5	344971.8	128669.9
山西	Shanxi	978974.8	689074.0	574416.5	28309.1	28848.9	153759.1	78983.7
内蒙古	Inner Mongolia	719313.3	558750.4	466137.2	6661.6	3994.0	100693.3	49214.0
辽宁	Liaoning	1703898.7	1131081.6	967952.8	47361.2	5252.9	294026.2	226176.8
吉林	Jilin	1051755.8	748477.2	625730.5	13238.4	27941.4	168592.4	93506.4
黑龙江	Heilongjiang	1426565.1	1003535.6	764916.1	25531.5	5629.4	209099.7	182768.9
上海	Shanghai	2320452.2	1533925.9	1306651.7	79303.2	39468.2	328207.2	339547.7
江苏	Jiangsu	3370588.2	1988589.9	1730964.5	108214.5	189364.9	523547.8	560871.1
浙江	Zhejiang	2829570.4	1714621.8	1276846.5	193331.2	133237.1	360262.7	428117.6
安徽	Anhui	1342105.4	874985.3	805656.7	16496.4	18280.0	284845.8	147497.9
福建	Fujian	1451135.5	984196.0	889224.7	44969.2	47157.2	205212.3	169600.8
江西	Jiangxi	987384.8	613926.4	527729.9	39593.7	12163.3	187332.1	134369.3
山东	Shandong	2880702.1	1908783.2	1523456.0	83810.1	76917.3	514686.6	296504.9
河南	Henan	1959174.3	1346540.0	1113695.0	41144.2	45413.0	338009.6	188067.5
湖北	Hubei	1990721.0	1140396.9	906239.7	16813.4	59464.5	399774.1	374272.1
湖南	Hunan	1771611.8	997202.3	797038.7	35993.6	39885.2	451554.2	246976.5
广东	Guangdong	4213486.9	2566792.4	2218268.6	201897.3	114834.8	843063.0	486899.4
广西	Guangxi	1123494.1	782554.7	663989.1	15553.7	11575.5	183424.1	130386.1
海南	Hainan	256623.1	172822.5	135157.4	9320.1	8133.4	40883.3	25463.8
重庆	Chongqing	867751.6	540814.5	479263.7	13814.9	33956.5	113281.4	165884.3
四川	Sichuan	2028689.8	1337988.7	1131403.4	26634.4	40987.2	286006.5	337073.0
贵州	Guizhou	672764.1	506803.7	443419.3	7416.4	6586.7	98826.4	53130.9
云南	Yunnan	1157531.5	976141.7	885747.5	13811.6	20838.0	81618.0	65122.2
西藏	Tibet	103044.9	95944.1	95738.4	0.0	1303.2	3265.0	2532.6
陕西	Shaanxi	1354170.5	864832.2	758456.1	61683.7	27552.1	269315.0	130787.5
甘肃	Gansu	686750.1	520918.3	442921.7	4401.3	7427.9	104027.1	49975.5
青海	Qinghai	164561.8	139900.1	128853.6	621.9	907.5	14995.6	8136.7
宁夏	Ningxia	195102.0	152583.3	137895.7	623.6	1280.7	21650.7	18963.7
新疆	Xinjiang	937913.6	769836.5	580563.6	13778.1	3427.4	97712.4	53159.2

各类学校教育经费来源和支出情况(2001 年)

Sources of Educational Fund and Expenditure for Education in Various Schools (2001)

单位：万元

Unit: in 10 Thousand Yuan

学校类别 Type of Schools	合计 Total	国家财政性教育经费 Government Appropriation for Education	预算内教育经费 Budgetary	社会团体和公民个人办学经费 Funds of Social Organizations and Citizens for Running Schools	社会捐资和集资办学经费 Donations and Fund-Raising for Running Schools	学费和杂费 Tuition and Miscel-lanecous Fee	其他教育经费 Other Educa-tional Funds
全国总计 National Total	46376626.2	30570099.5	25823761.9	1280895.2	1128851.8	7456013.5	5940766.2
中央 Gentral Government	5554191.8	3334199.3	2665568.0	0.0	114976.4	706181.0	1398835.1
地方 Local Government	40822434.4	27235900.2	23158193.9	1280895.2	1013875.4	6749832.5	4541931.1
按学校类别分组 Grouped by Type of Schools	0.0	0.0	0.0	0.0	0.0	0.0	0.0
高等学校 Institutions of Higher Education	12475481.3	6659987.1	6322876.8	253801.9	174307.6	3124295.9	2263088.8
普通高等学校 Regular IHEs	11665761.8	6328003.5	6060683.1	181992.7	172774.7	2824417.1	2158573.8
成人高等学校 IHEs for Adults	809719.5	331983.6	262193.7	71809.2	1532.9	299878.8	104515.0
中等专业学校 Specialized Sec. Schools	2526961.3	1399673.0	1291489.0	27009.2	9630.1	840766.5	249882.5
中等技术学校 Technical Schools	1746873.4	957819.4	894169.9	13757.6	4098.9	623865.6	147331.9
中等师范学校 Teacher Training Schools	395824.1	216470.9	204244.3	0.0	3587.1	133690.4	42075.7
成人中等学校 Specialized Secondary Schools for Adults	384263.8	225382.7	193074.8	13251.6	1944.1	83210.5	60474.9
技工学校 Technical Schools	334232.9	252763.1	109458.1	0.0	1146.7	57042.4	23280.7
中学 Secondary Schools	13895667.0	9139116.4	7205864.8	685018.2	534870.6	1967943.7	1568718.1
普通中学 Regular Secondary Schools	13863722.1	9127804.8	7197907.4	673146.6	534790.5	1963435.9	1564544.3
高级中学 Senior Secondary Schools	2711952.1	1335336.2	1052966.2	128136.7	150975.5	645199.2	452304.5
完全中学 Complete Secondary Schools	3779582.5	2224350.6	1699049.3	302143.3	182810.1	566826.8	503451.7
初级中学 Junior Secondary Schools	7372187.5	5568118.0	4445891.9	242866.6	201004.9	751409.9	608788.1
农村 Rural	3688747.8	2909644.5	2490349.4	0.0	98803.2	429732.9	250567.2
成人中学 Secondary Schools for Adults	31944.9	11311.6	7957.4	11871.6	80.1	4507.8	4173.8
职业中学 Vocational Schools	1303159.5	812526.5	668502.7	59903.0	12872.3	291157.5	126700.2
小学 Primary Schools	12746891.5	10239873.6	8560870.4	255162.9	356733.5	1072032.8	823088.7
普通小学 Regular Primary Schools	12740074.1	10233536.8	8555383.1	255120.3	356726.4	1071932.4	822758.2
农村 Rular Areas	7333944.4	6100089.2	5371368.1	0.0	206455.9	699629.9	327769.4
成人小学 Primary Schools for Adults	6817.4	6336.8	5487.3	42.6	7.1	100.4	330.5
特殊教育学校 Special Edu. Schools	132456.5	116097.8	99882.1	0.0	3081.6	3031.4	10245.7
幼儿园 Kindergartens	602844.1	363854.5	346799.8	0.0	14156.1	99743.3	125090.2
其他 Others	2358932.1	1586207.5	1218018.2	0.0	22053.3	0.0	750671.3

二、教育基本建设投资

Capital Construction Investment in the Educational Sector

教育基本建设

Data on the Completion of Capital Construction

学校类别 Type of School	投资合计 Total Investment Completed in the Curent yeal (in 10 Thousand Yuan)	其中：住宅 of which: Housing	本年 Investment by 国家预算内 Budgetary Allocation 计 Subtotal	中 央 Central
总 计 **Total**	10918667	892281	2140291	927032
普通高等学校 Regular Institutions of Higher Education	4746508	330815	803076	528562
中等师范学校 Teacher Teaining Schools	40404	7184	3580	266
普通中学 Regular Secondary Schools	3381314	305810	536500	239922
职业中学 Vocational Schools	208106	17092	20963	6437
小学 Primary Schools	2170631	134366	746114	145763
特殊教育学校 Special Education Schools	21849	1816	3478	1141
幼儿园 Kindergartens	52765	3051	2349	440
其他 Other	297090	92147	24231	4501

投资完成情况(2002)

Investment in the Educationral Sector (2002)

完成投资按资金来源分(万元) source of Fund (in 10 Thousand Yuan)					本年竣工建筑面积(平方米) Building Floor Area Completed (in m²)	
	自筹资金 Self-raised Fund					
省级 Local	计 Subtotal	其中: Of which: 学校自筹 Raised by School	个人集资 Individualy Donations	其他 Other Sources	合计 Total	其中: 其他教工住宅 of which: Housing for Teachers, Staff & Workers
1213259	7572472	4470383	693416	1205904	95746106	11679127
274514	3326590	2448865	130628	616842	22064870	2790203
3314	32512	23258	6559	4312	454531	91679
296578	2480674	1379238	298665	364140	39097837	5201333
14526	172809	98438	17608	14334	2469359	315418
600351	1253847	392163	145786	170670	28015952	2091656
2337	17143	3833	2475	1228	232466	34263
1909	30427	14143	5298	19989	580379	42217
19730	258470	110445	86397	14389	2830712	1112358

地方所属各级学校基本建设

Data on the Completion of Capital Construction Investment

地区 Region		投资合计 Total Investment Completed in the Current yeal (in 10 thousand Yuan)	其中：住宅 of which: Housing	本年完成投资 Investment by Source 国家预算内 Budgetary Allocation 计 Subtotal	中央 Central	省级 Local
总计	Total	9900069	808758	1801484	588225	1213259
北京市	Beijing	150375	8311	29606	6414	23192
天津市	Tianjin	184051	2122	12977	3700	9277
河北省	Hebei	490046	75391	40072	19044	21028
山西省	Shanxi	178551	29364	18443	11963	6480
内蒙古	Inner Mongolia	122209	19501	35058	24395	10663
辽宁省	Liaoning	374170	21331	31012	16017	14995
大连市	Dalian	33526	0	18052	1000	17052
吉林省	Jilin	215469	28723	22451	15610	6841
黑龙江省	Heilongjiang	261791	25892	34075	18100	15975
上海市	Shanghai	464471	2319	39149	13112	26037
江苏省	Jiangsu	986187	55224	31399	2610	28789
浙江省	Zhejiang	938305	21775	76807	22286	54521
宁波市	Ningbo	73536	0	4863	0	4863
安徽省	Anhui	282507	23998	64023	18189	45834
福建省	Fujian	143327	8886	30125	9666	20459
厦门市	Xiamen	25628	0	5062	30	5032
江西省	Jiangxi	236654	13068	39832	24670	15162
山东省	Shandong	628089	100496	28296	3501	24795
青岛市	Qingdao	44626	2739	20	20	0
河南省	Henan	410005	46839	49029	22009	27020
湖北省	Hubei	320758	37745	32570	18747	13823
湖南省	Hunan	319011	37813	45159	24888	20271
广东省	Guangdong	898336	31305	444629	3573	441056
深圳市	Shenzhen	211347	543	196074	0	196074
广西	Guangxi	176781	19660	68550	33167	35383
海南省	Hainan	59290	8659	13865	9474	4391
重庆市	Chongqing	221618	42605	27519	18291	9228
四川省	Sichuan	371462	35308	53630	34716	18914
贵州省	Guizhou	127491	8010	39238	27072	12166
云南省	Yunnan	181221	22270	61976	28434	33542
西藏	Xizang	15252	806	11718	6076	5642
陕西省	Shanxi	339724	32387	41307	20859	20448
甘肃省	Gansu	170713	15930	65994	54335	11659
青海省	Qinghai	47471	9779	25284	24106	1178
宁夏	Ningxia	39794	2823	17182	12747	4435
新疆	Xinjiang	125064	15592	30544	24964	5580
新疆生产建设兵团		31213	1544	15894	14440	1454

1投资省完成情况(2002)

in the Educationral Sector (Regional Aggregates) (2002)

按资金来源分(万元) of Fund (in 10 Thousand Yuan)				本年新增固定资产 Fixed Assets Increased in the Current year (in 10 Thousand Yuan)	本年竣工建筑面积(平方米) Building Floor Area Completed (in m²)	
自筹资金 Self-raised Fund			其他 Other Sources			
计 Subtotal	其中: Of which: 学校自筹 Raised by School	个人集资 Individual donations			合计 Total	其中:教工住宅 of which: Housing for Teachers, Staff & workers
6892681	4470383	693416	1205904	7584265	93450406	11277794
120769	75392	4873	0	120043	641887	65927
140935	102943	64	30139	203383	937425	75766
420242	298570	80730	29732	399499	5240614	1030765
153207	92133	37797	6901	138318	2162041	271935
74400	32879	18312	12751	112543	1979664	265199
278699	223543	12417	64459	290906	2583339	75789
13487	4910	405	1987	25905	287640	0
157737	85586	31337	35281	162603	2248988	308765
201598	133207	25076	26118	194882	2084551	239974
351554	223438	0	73768	348797	1534262	23580
743535	513702	52771	211253	753781	8389381	685164
652904	468554	24835	208594	590034	6196453	185991
68460	21028	0	213	70307	547455	0
192658	141432	22753	25826	223471	4017429	431202
96094	40309	6719	17108	121490	1721873	187634
20566	650	0	0	26186	156625	0
143937	114802	5647	52885	154941	3026334	279278
560248	422174	80370	39545	423389	5802756	1207760
44606	22386	3846	0	41115	480864	30205
339300	233792	50393	21676	288577	5989891	877502
259132	213570	20734	29056	249060	3295096	665061
249494	182930	25457	24358	270837	4031641	716050
391217	110066	20494	62490	640549	6106790	397338
15273	3200	0	0	120108	529250	3878
99250	50686	14893	8981	129577	2387220	381620
38143	22874	3994	7282	42883	579045	113286
140472	81747	27241	53627	163490	2848095	498803
302366	212349	24740	15466	297476	4533590	692967
77855	30284	6609	10398	103236	2021786	183076
109872	35845	15460	9373	146860	2394189	288863
3534	1760	0	0	15252	114710	8497
213834	159492	31668	84583	339101	4000545	446199
81611	46156	16825	23108	147920	2199281	261008
19590	5518	8742	2597	44181	458760	110659
13887	3826	2779	8725	26001	335032	38364
88916	51806	14550	5604	127235	1260771	208794
13299	6844	885	2020	30329	325133	20895

三、 仪器设备

Instrument and Equipment

普通高等学校教学、科研仪器设备分省情况(2002)

Classification of Instruments and Equipment for Instruction and Scientific Research in Regular HEIs by Province (2002)

地区 Region	教学科研仪器设备数 No. of Instruments and Equipment for Instruction and Scientific Research		十万元以上仪器设备数 No. of Instruments and Equipment Valued above 100 Thousand Yuan	
	台、件 Set & Piece	金额(万元) Book Value (in 10 Thousand Yuan)	台、件 Set & Piece	金额(万元) Book Value (in 10 Thousand Yuan)
合 计 Total	5983372	5279619	53606	1743480
北 京 Beijing	524460	691880	8374	301314
天 津 Tianjin	131527	139344	1511	56245
河 北 Hebei	245849	180895	1620	49075
山 西 Shanxi	119317	90081	853	24272
内蒙古 Inner Mongolia	61479	40937	384	9107
辽 宁 Liaoning	296966	237115	2326	66406
吉 林 Jilin	151727	144491	1388	57090
黑龙江 Heilongjiang	168474	160683	1316	50430
上 海 Shanghai	333492	398227	4295	203572
江 苏 Jiangsu	518727	451416	4657	143263
浙 江 Zhejiang	295480	241990	2438	68505
安 徽 Anhui	201870	151741	1407	42736
福 建 Fujian	147022	117118	2153	36930
江 西 Jiangxi	158290	112758	1134	30456
山 东 Shandong	303678	246570	2308	74926
河 南 Henan	223337	158864	1233	36661
湖 北 Hubei	400700	344561	3237	106363
湖 南 Hunan	237843	173687	1492	40425
广 东 Guangdong	349574	302816	2836	95551
广 西 Guangxi	117738	88349	813	22956
海 南 Hainan	25451	16979	156	3637
重 庆 Chongqing	105623	75025	596	16481
四 川 Sichuan	234995	212127	2240	63009
贵 州 Guizhou	64130	41085	343	8674
云 南 Yunnan	101445	70798	607	15771
西 藏 Tibet	2284	1412	12	231
陕 西 Shaanxi	292234	268505	2907	90029
甘 肃 Gansu	85016	63861	574	17745
青 海 Qinghai	11532	6849	20	284
宁 夏 Ningxia	18080	10930	76	1649
新 疆 Xinjiang	55032	38525	300	9687

第三部分

Part Ⅲ

科学研究活动及其他

Scientific Research Activites & Other

一、自然科学与技术

Natural Science and Technology

普通高等学校科技

Scientific and Technical Manpower

	教学与科研人员 Personnel Engaged in S&T Activities		研究与发展人员 R & D Personnel		研究与发展全时人员 R & D FTEs (Full－time Equivalents)	
	计 Total	其中:科学家和工程师 Of Which: Scientists & Engineers	计 Total	其中:科学家和工程师 Of Which: Scientists & Engineers	计 Total	其中:科学家和工程师 Of Which: Scientists & Engineers
合　计: Total:	630337	603221	248486	243862	143597	140717
按学校规格分 Breakdown by category of HEIs						
重点院校 Key HEIs	202235	191523	93576	90941	63087	61238
一般院校 Ordinary Degree Level HEIs	386311	372240	145693	143840	76745	75747
高等专科学校 Short－cycle HEIs	41791	39458	9217	9081	3765	3732
按学校隶属分 Breakdown by Control						
部委院校 HEIs under Other Central Ministries	28187	26472	12877	12373	8556	8240
教育部直属院校 HEIs Under Ministry of Education	178682	169181	79695	77616	52891	51392
地方院校 HEIs under Local Governments	423468	407568	155914	153873	82150	81085
按学校类型分 Breakdown by Type of HEIs						
综合大学 Comprehensive Universities	149740	143474	61378	60095	37694	36847
工科院校 Engineering	203951	194608	89941	88057	55813	54598
农林院校 Agriculture	35269	32857	17248	16755	10625	10256
医药院校 Meclicine & Pharmacy	164371	159369	51968	51361	26178	25880
师范院校 Teachers Training	59015	55911	22906	22657	11224	11106
其他院校 Others	17991	17002	5045	4937	2063	2030

人力情况(2002年)

in Regular HEIs (2002)

单位:人

Unit: in Person

R&D成果应用及科技服务人员 R&D Personnel		R&D成果应用及科技服务全时人员 R&D FTEs (Full－time Equivalents)	
计 Total	其中:科学家和工程师 Of Which: Scientists & Engineers	计 Total	其中:科学家和工程师 Of Which: Scientists & Engineers
47793	46383	27774	26817
18960	18129	12640	11983
27632	27098	14622	14342
1201	1156	512	492
3390	3294	2034	1977
15594	14821	10600	9970
28809	28268	15140	14870
10141	9889	6278	6128
26328	25513	15525	14928
3666	3517	2131	2026
4325	4235	2039	1995
2612	2541	1451	1406
721	688	350	334

普通高等学校科技人力中
科学家和工程师技术职务(职称)情况(2002年)

Statistics of Scientists and Engineer among S & T Manpower in Regular HEIs by Level of Post (2002)

单位:人
Unit: in Person

	科技活动人员 Personnel Engaged in S&T Activities			研究与发展人员 R & D Personnel			研究与发展全时人员 R & D FTEs (Full-time Equivalents)		
	高级 Senior	中级 Middle	初级 Junior	高级 Senior	中级 Middle	初级 Junior	高级 Senior	中级 Middle	初级 Junior
合　计: Total	198271	93964	172806	113730	88256	37629	70609	49066	18670
按学校规格分 Breakdown by category of HEIs									
重点院校 Key HEIs	73097	26983	44758	46150	31096	11876	33073	19934	6973
一般院校 Ordinary Degree Level HEIs	113832	56179	116519	63806	53431	24333	35865	27595	11225
高等专科学校 Short-cycle HEIs	11342	10802	11529	3774	3729	1420	1671	1537	472
按学校隶属分 Breakdown by Control									
部委院校 HEIs under Other Central Ministries	11540	4258	4993	6621	4137	1316	4608	2622	834
教育部直属院校 HEIs Under Ministry of Education	62179	22515	41043	38982	26653	10502	27614	16798	5979
地方院校 HEIs under Local Governments	124552	67191	126770	68127	57466	25811	38387	29646	11857
按学校类型分 Breakdown by Type of HEIs									
综合大学 Comprehensive Universities	47040	19000	40769	28589	21339	8980	19124	12384	4665
工科院校 Engineering	76090	37656	41748	43934	31594	10952	28935	18791	5922
农林院校 Agriculture	12762	6471	7538	8164	5809	2354	5131	3453	1401
医药院校 Medicine & Pharmacy	36739	13177	63995	19305	19566	11834	10277	9964	5321
师范院校 Teachers Training	20508	13083	14059	11462	8081	2795	6144	3719	1121
其他院校 Others	5132	4577	4697	2276	1867	714	998	755	240

普通高等学校科技经费情况（2002 年）

S & T Expenditure in Regular HEIs (2002)

单位：千元

Unit: in Thousand Yuan

	拨入 Revenues				支出 Expenditures				
	合计 Total	政府资金 Government Funds	企事业单位委托 Contract Research Fund	其他 Others	合计 Total	劳务费 Personnel Costs	业务费 Non-Personnel Expenses	转拨外单位经费 Expenses on External Services	其他 Others
合　计： Total	21963499	11444878	8697189	1821432	18843939	3355010	12354680	1029034	2105215
按学校规格分 Breakdown by category of HEIs									
重点院校 Key HEIs	14677834	7570434	5993531	1113869	12527570	1742048	8438652	782108	1564762
一般院校 Ordinary Degree Level HEIs	7121602	3780459	2653745	687398	6173348	1552842	3845626	244764	530116
高等专科学校 Short-cycle HEIs	164063	93985	49913	20165	143021	60120	70402	2162	10337
按学校隶属分 Breakdown by Control									
部委院校 HEIs under Other Central Ministries	3149254	2029842	958512	160900	2648157	194025	1715488	161682	576962
教育部直属院校 HEIs Under Ministry of Education	11500510	5502168	5065113	933229	9851699	1571803	6700935	606922	972039
地方院校 HEIs under Local Governments	7313735	3912868	2673564	727303	6344083	1589182	3938257	260430	556214
按学校类型分 Breakdown by Type of HEIs									
综合大学 Comprehensive Universities	5356468	2970634	1986695	399139	4609845	794043	3028516	219494	567792
工科院校 Engineering	13216664	5928199	6232462	1056003	11355935	1707600	7639707	627199	1381429
农林院校 Agriculture	1147184	941006	130381	75797	936953	185612	575884	107856	67601
医药院校 Meclicine & Pharmacy	1153831	880035	122987	150809	1000624	422519	513600	23313	41192
师范院校 Teachers Training	913175	624730	178687	109758	786908	201729	496820	48580	39779
其他院校 Others	176177	100274	45977	29926	153674	43507	100153	2592	7422

普通高等学校研究与发展课题、成果情况 (2002 年)

Statistics of R & D Projects and Achievements in Regular HEI (2002)

单位：千元

Unit: in Thousand Yuan

	科技课题 R&D Projects			出版科技专著(部)	发表学术论文(篇)	成果获奖 Achievements Awards		技术转让 Technological Transfer		专利授权数	专利出售 Income from License Arrangements	
	课题数(项) No. of Projects	投入人数 No. of Input of S&T Manpower	实际支出 Actual Exp.	No. of Mono-graphs Published	No. of Papers Published	合计 Total	其中：国家奖 Of Which: National Awards	合同数 No. of Contracts	收入 Actual Revenues	No. of Awarded	项数 No. of Items	实现金额 Income
合　计：Total	3141484	153944	12528422	6325	345842	3855	847	5683	1098166	2251	532	219999
按学校规格分 Breakdown by category of HEIs												
重点院校 Key HEIs	68956	69689	8936565	2934	145572	1814	647	3490	758642	1438	431	185540
一般院校 Ordinary Degree Level HEIs	69439	80678	3517798	3267	181881	1992	197	2163	338323	778	99	34359
高等专科学校 Short-cycle HEIs	3089	3577	74059	124	18389	49	3	30	1201	35	2	100
按学校隶属分 Breakdown by Control												
部委院校 HEIs under Other Central Ministries	9555	9724	1489171	300	21379	293	192	684	186911	179	40	34055
教育部直属院校 HEIs Under Ministry of Education	58806	58180	7420102	2589	123130	1503	494	2797	588326	1207	389	161585
地方院校 HEIs under Local Governments	73123	86041	3619149	3436	201333	2059	161	2202	322929	865	103	24359
按学校类型分 Breakdown by Type of HEIs												
综合大学 Comprehensive Universities	35965	40452	2883643	1784	84171	959	194	1048	154635	588	144	41856
工科院校 Engineering	64834	63931	8313312	2189	145472	1537	544	3689	785447	1323	327	161323
农林院校 Agriculture	11024	11635	585633	568	17677	311	34	430	49025	122	49	11060
医药院校 Medicine & Pharmacy	16430	24672	309850	1380	54453	833	33	218	42436	87	7	2570
师范院校 Teachers Training	11041	11262	360641	329	36995	160	17	227	62896	102	5	3190
其他院校 Others	2190	1992	75343	75	7074	55	25	71	3727	29	0	0

二、社会科学

Social Science

普通高等学校人文

Professional Manpower in Regular HEIs

		学校数(所) No. of HEIs	社科活动人员(人) Personnel Engaged in Social Science Research (in Person) 合计 Total	高级 Senior	中级 Middle	初级 Junior	辅助人员 Auxiliary
	合计 Total	728	277256	93340	103744	71518	8654
按学校规格分 Breakdown by category of HEIs	重点院校 Key HEIs	85	52047	22960	18571	9049	1467
	一般院校 Ordinary Degree Level HEIs	487	188887	61795	70867	50296	5929
	高等专科学校 Short-cycle HEIs	156	36322	8585	14306	12173	1258
按学校隶属关系分 Breakdown by Control	教育部直属院校 HEIs Under Ministry of Education	71	51259	23148	18247	8542	1322
	其他部委院校 HEIs under Other Central Ministries	69	22902	7420	8809	5844	829
	地方院校 HEIs under Local Governments	588	203095	62772	76688	57132	6503
按学校类型分 Breakdown by Type of HEIs	综合大学 Comprehensive Universities	72	56015	22612	20380	11349	1674
	全国重点理工农医院校 National Key HEIs Science and Technology, Agriculture and Medicine	301	77357	23591	29135	21993	2638
	师范院校 Teachers Training	204	79839	25400	29875	22319	2245
	语言院校 Languages	15	7468	2407	2908	1961	192
	财经院校 Finance and Economics	58	29507	10318	11546	6915	728
	政法院校 Political Science & Law	23	8357	2705	3150	2071	431
	艺术院校 Art	29	8434	2942	2798	2245	449
	民族院校 Minorities	12	5755	1917	2216	1439	183
	体育院校 Physical Culture	14	4524	1448	1736	1226	114

注 1: "社科活动人员": 指高等学校职工中, 在本年度内从事大专以上教学、研究与咨询工作以及直接为教学、研究与咨询工作服务的教师和其他技术职务人员、辅助人员。

注 2: "高级": 指具有副教授以上及其他相应高级技术职务(职称)的人员。

注 3: "中级": 指具有讲师及其他相应中级技术职务(职称)的人员。

注 4: "初级": 指具有助教及其他相应初级技术职务(职称)的人员, 包括具有技术员任职资格或中专毕业以上学历而未评定任职资格的教师及其他技术职务系列人员。

注 5: "辅助人员": 指具有高中及以下学历未评定职称的从事与社科教学、科研活动的实施有关的工作人员, 包括教学、研究秘书, 办事员等一切为社科活动提供直接服务的人员。

注 6: "研究与发展人员": 指从事社科研究与发展工作时间占本人全部工作时间 10% 以上的人员, 90%以上为全时人员, 10%～90% 为非全时人员, 几个全时人员从事社科研究与发展工作的百分比累计达 100% 时, 折合为一个全时人员。

注 7: "研究与发展全时人员": 为全时人员与非全时折合全时人员之和。

社会科学人力情况 (2002 年)

in the Fields of the Humanities and Social Acience (2002)

研究与发展人员(人) R & D Personnel (in Person)					研究与发展全时人员(人/年) R & D FTEs (Man/Year)				
合计 Total	高级 Senior	中级 Middle	初级 Junior	辅助人员 Auxiliary	合计 Total	高级 Senior	中级 Middle	初级 Junior	辅助人员 Auxiliary
86725	45120	30793	10278	534	37068	21359	12083	3439	187
18773	11798	5545	1352	78	9264	6099	2493	634	39
60837	30384	22098	7921	434	25267	14063	8501	2559	144
7115	2938	3150	1005	22	2536	1197	1089	247	3
19114	12270	5471	1277	96	9135	6227	2322	539	47
7239	3433	2716	997	93	3045	1629	1026	370	21
60372	29417	22606	8004	345	24888	13503	8735	2531	119
21432	12743	6795	1803	91	9894	6308	2856	683	48
20363	9529	7770	2941	123	9007	4580	3265	1119	44
25799	13166	9433	3087	113	10576	6148	3498	901	31
2358	1105	851	389	13	714	450	194	64	6
9248	5035	3258	923	32	3599	2127	1208	249	15
2252	1001	877	318	56	908	485	302	108	12
1838	970	555	255	58	901	552	247	89	12
1962	890	736	296	40	791	363	295	116	17
1473	681	518	266	8	678	347	217	110	3

Note 1: "Personnel Engaged in Social Science Research": referring to HEl faculty and other employees who are engaged in teaching, research and consulting activities at subdegree level and over in the given year, as well as teachnical service and auxiliary personel directly serving the needs of thd fore-going personnel.

Note 2: "Senior": referring to personnel with the rank of associate professor and higher or personnel with similar professional ranks.

Note 3: "Middle": referring to lecturers and other personnel with similar posts or professional qualifications.

Note 4: "Junior": referring to teaching assistants and other staff members with similar qualifications, and those assuming junior level technical posts, including personnel with the qualification of technicians and personnel with at least the completion of specialized technicians and personnel with at least the completion of specialized secondary education, even without formal determination of their posts or professional ranks.

Note 5: "Auxiliary": referring to personnel with the ecucational attainment of the completion of senior secondary schools or lower and without professional qualifications whose work is in one way or another related to social scienceteaching and research activities, including secretaries and clerical workers.

Note 6: "R&D Personnel": referring to all personnel employed by HEls who devote at least 10% of their total working time to social science research and development. Those with the percentage of time over 90% are regarded as full-time personnel; those ranging from 10%-90% are regarded as part-time personnel; and several part-time personnel with the aggregate percentage reaching 100% are counted as ad FTE (full-time equivalent).

Note 7: "R&D FTES": referring to the aggregate number of full-time staff members and FTES converted from part-time staff members.

普通高等学校人文、社会

Humanities and Social Sciences

		学校数(所) No. of HEIs	拨入 Revenues 合计 Total	科研事业费 Primary Research Funds	科研基金 Grants by Research Funds	国家社科规划、基金项目经费 Funds Allocated to Projects Supported by NSSP Funds	中央其他部门社科专项经费 Earmarked SSRF Provided by Other Central Agencies	省市自治区社科专项经费 Earmarked SSRF Provided by Prov. Authorities
	合计 Total	728	15327594	7615047	59820	466287	862359	1113155
按学校规格分 Breakdown by category of HEIs	重点院校 Key HEIs	85	6566107	2404959	0	219681	528674	370270
	一般院校 Ordinary Degree Level HEIs	487	8339894	4892757	59400	244756	328683	720644
	高等专科学校 Short－cycle HEIs	156	421593	317331	420	1850	5002	22241
按学校隶属分 Breakdown by Control	教育部直属院校 HEIs Under Ministry of Education	71	6640978	2502679	2200	214235	446025	352028
	其他部委院校 HEIs under Other Central Ministries	69	1328977	771678	100	47666	157764	96943
	地方院校 HEIs under Local Governments	588	7357639	4340690	57520	204386	258570	664184
按学校类型分 Breakdown by Type of HEIs	综合大学 Comprehensive Universities	72	5198630	2575196	10020	203789	192359	346293
	全国重点理工农医院校 National Key HEIs Science and Technology, Agriculture and Medicine	301	3471945	1232924	5100	78679	247430	356987
	师范院校 Teachers Training	204	3454929	1974200	30700	100266	193645	205548
	语言院校 Languages	15	355781	187869	0	4591	18019	5244
	财经院校 Finance and Economics	58	1673377	992013	14000	45856	80650	129137
	政法院校 Political Science & Law	23	310101	197339	0	4585	26103	10099
	艺术院校 Art	29	279374	150419	0	4810	5960	17755
	民族院校 Minorities	12	288901	173754	0	9640	18335	6231
	体育院校 Physical Culture	14	294556	131333	0	14071	79858	35861

注 1:“科研事业费”:指学校上级主管部门从科学事业费、教育事业费中通过切块和按项目戴帽下达,以及高校从教育事业费中安排的社科研究与发展经费。

注 2:“国家社科规划、基金项目经费”:指国家社会科学基金委员会拨付的社会科学规划项目经费(包括全国教育科学领导小组拨付的教育科学五年一次的规划项目经费)和社会科学基金年度项目经费(包括青年基金项目经费)。

注 3:“中央其他部门社科专项经费”:指中央(国务院)各部门(非学校上级主管部门)拨给学校的各种专项社科研究经费,包括中国社会科学院拨付给学校的专项科研经费。

注 4:“省、市、自治区社科专项经费”:指各省、市、自治区社会科学领导机构拨付的社科研究规划(基金)项目经费,以及列入省、市、自治区党委、政府和其他委厅局(非高校上级主管部门)计划以外拨付给学校的各种专项科研费。

注 5:“自筹经费”:指学校从自有资金或其他各种收入中提取并转用于社科研究与发展的经费。

注 6:“科研人员费”:指学校当年以货币或实物形式直接或间接付给从事社科研究与发展活动人员的劳动报酬及各种费用。

Note 1: "Primary research Funds" referring to research funds allocated by the supervisory bodies of HEIs either in block grants or in grants earnarked for specific projects out of general research funds of higher education funds, including the money used for social science R&D arranged by HEIs the mselves out of higher education funds.

科学研究与发展经费情况 (2002 年)

R & D Expenditure in Regular HEIs (2002)

单位：百元 **Unit: in Hundred Yuan**

企事业单位委托项目经费 Contract Research Funds Provided by Ent.& Inst.	金融机构贷款 Loans Provided by financial inst.	自筹经费 Self-raised Fubds	国外资金 Foreign Funds	其他收入 Other Revenues	合计 Total	支出 Expenditures								
						内部支出 Intramural Expenditures								转拨给外单位经费 Extra-mural Exp.
						小计 Subtotal	科研人员费 Personnel Costs	业务费 Operating Expenses	科研基建费 Capital Construction funds for R&D	仪器设备费 Instru-ments and Equip-ment	图书资料费 Books and Infor-mation	管理费 Manage-ment	其他 Other Items	
2608150	20500	1411902	358943	818429	13005137	12869043	4664933	4320660	78188	1338186	1323241	314095	829740	136094
1783942	0	411658	268578	578343	5216384	5136254	1372272	2226781	20815	392337	607464	176101	340484	80130
812291	20000	945586	89723	233054	7393990	7338131	3067430	2011084	56773	912773	690559	133120	466392	55859
11917	500	54658	642	7032	394763	394658	225231	82795	600	33076	25218	4874	22864	105
1730373	0	476105	291038	626293	5316085	5244953	1404121	2359921	14765	321996	627669	166743	349738	71132
108342	0	108257	6900	31327	1136559	1133256	431285	240607	5482	306089	71830	16923	61040	3303
769435	20500	827540	61005	160809	6552493	6490834	2829527	1720132	57941	710101	623742	130429	418962	61659
1202008	0	310968	181267	183730	4222853	4163037	1217455	1620684	6907	328528	521997	112074	355392	59816
793090	0	220343	75752	461640	2916580	2885125	1095008	1155793	16113	202927	181000	98524	135760	31455
400256	20500	381135	68776	79901	3070272	3033328	1204509	811173	33600	310563	411139	61735	200609	36944
7064	0	99862	0	33132	337587	336037	173743	79844	74	21776	28554	4558	27488	1550
162435	0	218245	7835	23206	1516153	1512163	536725	378495	14280	356746	127429	25032	73456	3990
8630	0	18039	24213	21093	268789	268789	148028	84255	0	7822	13152	1998	13534	0
25070	0	62460	600	12300	228839	228839	96888	76818	1917	30488	15004	3980	3744	0
3500	0	75341	500	1600	241366	241266	89836	72345	547	54235	13549	1621	9133	100
6097	0	25509	0	1827	202698	200459	102741	41253	4750	25101	11417	4573	10624	2239

Note 2: "Funds Allocated to Projects Sponsored by the National Social Science Research Programme (NSSRP) Funds": referring to funds allocated to support the research projects constituting partof the National social Science Research Programme by the National social Science fund Committed (including educational research funds allocated ty the National Steering Group for Educational Sciences at 5-year intervals) and the annual allocations of the Social Science Fund (including funds for young investigators.

Note 3: "Earmarked Social Science Research Funds (SSRF) Provided by Other Central Agencies": referring to earmarked research funds provided by central agencies other than the supervisory bodies of HEIs, including funds allocated ty the Chinese Academy of Social Sciences (CASS).

Note 4: "Earmarked Social Science Research Funds (SSRF) Provided ty Provincial Authorities": referring to earmarked research funds provided by the social science leading bodies of various provinces, atutonomous regions and municipalities directly under the Central Govenment and by the subordinate departments of provincial-level governments other than the educational departments to support the conduct of research projects either incorporated into a local social science research programme or not.

Note 5: "Self-raised funds": referring to the funds drawn from institutional funds drawn from institutional funds or other revenues used to support social science R&D efforts.

Note 6: "Personnel Costs": referring to the emoluments paid in money or in kind directly paid or indirectly giver to personnel engaged in social science R&D activities.

普通高等学校人文、社会

Basic Statistics of Humunities and Social Sciences

		课题数 (项) No.of Projects	当年投入人数(人年) Input of Man－years	其中:研究生 Of Which: Graduate Students	当年拨入经费 (百元) Revenues (100 Yuan)	当年支出经费 (百元) Expenditures (100 Yuan)
	合计 Total	51892	37901	6817	7648891	5272680
按学校规格分 Breakdown by category of HEIs	重点院校 Key HEIs	17112	10806	3158	4415006	2960945
	一般院校 Ordinary Degree Level HEIs	32146	24727	3462	3114710	2215784
	高等专科学校 Short－cycle HEIs	2634	2368	197	119175	95951
按学校隶属分 Breakdown by Control	教育部直属院校 HEIs Under Ministry of Education	17655	10074	2689	4337291	2930169
	其他部委院校 HEIs under Other Central Ministries	2753	3190	811	542126	368707
	地方院校 HEIs under Local Governments	31484	24637	3317	2769474	1973804
按学校类型分 Breakdown by Type of HEIs	综合大学 Comprehensive Universities	15975	11142	2587	3046176	1994407
	全国重点理工农医院校 National Key HEIs Science and Technology, Agriculture and Medicine	11390	9255	1825	1929671	1382119
	师范院校 Teachers Training	14960	10739	1343	1491855	1077078
	语言院校 Languages	1007	522	56	146168	113265
	财经院校 Finance and Economics	5645	3318	505	522233	403765
	政法院校 Political Science & Law	987	759	82	135762	69403
	艺术院校 Art	636	729	62	129877	90256
	民族院校 Minorities	755	728	183	88664	74943
	体育院校 Physical Culture	537	709	174	158485	67444

科学研究与发展课题、成果情况 (2002 年)

R & D Project and Achievements in Regular HEIs (2002)

出版专著（部） Monographs Published (Titles)	发表论文（篇）No. of Papers Published				应用成果（项）No. of Application-oriented Results (Items)	
	合计 Total	国内学术刊物 In Domestic Journals		国外学术刊物 In Foreign Journals	提交有关部门数 No. of Results Submitted to Relevant Agencies	鉴定成果数 No. of Results Appraised
		国内外公开发行 Published an Distributed at Home and Abroad	国内公开发行 Openly Distributed at Home			
9688	195548	125926	67284	2338	10430	3521
3722	49382	33831	14392	1159	5172	676
5573	127329	80371	45875	1083	4978	2759
393	18837	11724	7017	96	280	86
3868	49076	34260	13819	997	5557	783
554	14961	7821	6850	290	677	73
5266	131511	83845	46615	1051	4196	2665
3370	49211	33447	14952	812	4434	545
1665	46890	26217	20073	600	2639	538
2557	57546	37788	19351	407	1415	215
240	3630	2418	1125	87	140	59
857	24319	18556	5570	193	1008	2036
336	4909	2817	1986	106	527	34
312	2464	715	1730	19	39	19
249	4216	3277	918	21	61	37
102	2363	691	1579	93	167	38

普通高等学校

Applicants of Student for Regular

地 区 Region	报名总数 Total	性别 Sex 男 Male	女 Female	年龄分布 Age Distribution 18周岁以下 Under 18 years of age	18至25周岁 18－25 years of age	25周岁以上 Over 25 years of age	考试类型 Examinations Participated by Applicants 全国统考 National Exam.	保送生 For Recom-mended Students	应试卷种 Category of Examination Papers to be tested 汉语卷 Han Chinese	非汉语卷 Minority Chinese
比例(%)	100.00	56.84	43.16	12.15	87.71	0.14	92.51	7.49	98.13	1.22
合 计 Total	6124580	3481096	2643484	744019	5371782	8779	5665787	458793	6010113	74851
北 京 Beijing	94157	44797	49360	3212	90774	171	80815	13342	94157	0
天 津 Tianjin	72989	35884	37105	587	72292	110	57242	15747	72989	0
河 北 Hebei	336934	176941	159993	14778	321839	317	317247	19687	336897	37
山 西 Shanxi	212447	119421	93026	33633	178539	275	212447	0	212447	0
内蒙古 Inner Mongolia	166457	86438	80019	60664	105699	94	155354	11103	154865	11592
辽 宁 Liaoning	176098	88277	87821	29392	146599	107	154337	21761	151694	24404
吉 林 Jilin	118866	62651	56215	2471	116311	84	118866	0	113161	5705
黑龙江 Heilongjiang	158923	83148	75775	4553	153968	402	147528	11395	157221	1702
上 海 Shanghai	118824	57732	61092	26384	92399	41	92913	25911	118824	0
江 苏 Jiangsu	366261	215780	150481	24811	341347	103	341427	24834	366261	0
浙 江 Zhejiang	268913	144839	124074	33433	235282	198	229052	39861	268913	0
安 徽 Anhui	292083	186256	105827	95405	196309	369	292077	6	292083	0
福 建 Fujian	204570	118998	85572	11234	193224	112	190819	13751	204570	0
江 西 Jiangxi	205411	133565	71846	41453	163748	210	194237	11174	205411	0
山 东 Shandong	537761	307256	230505	36826	500405	530	483469	54292	529747	0
河 南 Henan	478315	276176	202139	46840	431201	274	430258	48057	478315	0
湖 北 Hubei	331449	193686	137763	130934	200401	114	307106	24343	331449	0
湖 南 Hunan	299137	176523	122614	39707	259078	352	284078	15059	299137	0
广 东 Guangdong	335658	200798	134860	14705	320798	155	306381	29277	335402	0
广 西 Guangxi	185465	105073	80392	13077	171757	631	183201	2264	183201	0
海 南 Hainan	29160	19105	10055	1059	28082	19	28885	275	5	0
重 庆 Chongqing	97772	52858	44914	6003	91729	40	83785	13987	97772	0
四 川 Sichuan	258810	147477	111333	12130	246436	244	238796	20014	258604	206
贵 州 Guizhou	109121	69205	39916	4132	103086	1903	102927	6194	109121	0
云 南 Yunnan	119956	64945	55011	10974	108737	245	110046	9910	119956	78
西 藏 Tibet	9436	5148	4288	796	7991	649	9170	266	9314	122
陕 西 Shaanxi	244953	142014	102939	5777	238914	262	231834	13119	244953	0
甘 肃 Gansu	136140	86351	49789	5602	130201	337	131725	4415	135866	274
青 海 Qinghai	23716	11715	12001	5413	18175	128	21252	2464	22265	1451
宁 夏 Ningxia	41342	22409	18933	9480	31847	15	38785	2557	41342	0
新 疆 Xinjiang	93456	45630	47826	18554	74614	288	89728	3728	64176	29280

招生报名情况（一）（2002 年）

Higher Educational Institutions (1) (2002)

单位：人

Unit: in Person

分 类 情 况

Categories of Major Fields

文史 Literature and History	外语（文） Foreign Languages	艺术（文） Arts	体育（文） Physical Education	理工 Science and Engineering	外语（理） Foreign Languages	艺术（理） Arts	体育（理） Physical Education	综合 Compre-hensive
21.28	1.30	3.32	0.49	44.92	2.44	0.41	1.11	24.72
1205929	73631	187974	27753	2545275	138367	23050	62945	1400863
28637	0	0	0	52178	0	0	0	0
12962	0	2217	114	41352	0	218	379	0
93717	0	13911	1021	202804	0	588	5206	0
54890	0	10825	3819	133302	0	1937	7674	0
49685	0	7892	0	95991	0	0	1786	0
0	0	11365	3376	0	0	0	0	139596
36489	0	0	0	82377	0	0	0	0
37128	0	8360	644	97152	0	1411	2833	0
35693	0	0	0	57220	0	0	0	0
0	0	0	0	0	0	0	0	341427
70836	0	12878	1453	140189	0	1227	2469	0
88533	0	11260	3469	183293	0	1114	4408	0
62613	0	1370	0	118849	0	4134	3853	0
45307	0	12242	3172	128117	0	2273	3126	0
122062	0	44045	0	308721	0	0	8641	0
0	0	0	0	0	0	0	0	430258
82895	0	16202	1948	199299	0	2030	4732	0
113930	0	0	0	170148	0	0	0	0
0	0	0	0	0	0	0	0	306381
0	0	0	0	0	0	0	0	183201
9661	287	0	0	18540	0	30	367	0
27174	0	3723	1481	49320	0	1183	904	0
6666	58936	10435	3698	12659	138367	4651	3384	0
36770	0	2843	1023	60881	0	395	1015	0
37529	4614	4173	1256	61019	0	488	967	0
5261	0	0	0	3909	0	0	0	0
53263	9794	6782	0	155673	0	727	5595	0
42905	0	4560	502	80953	0	169	2636	0
7464	0	265	119	13172	0	43	189	0
11628	0	671	0	25279	0	0	1207	0
32231	0	1955	658	52878	0	432	1574	0

普通高等学校

Applicants of Student for Regular

地　区 Region	应试外语语种 Foregin Languages to be Tested 英语 English	俄语 Russian	日语 Japanese	德语 German	法语 France	西班牙语 Spanish	其他外语 Other Foregin Languages	考　生 Categories of 城市应届毕业生 Urban Sec. Schools Graduates in Current Year	其中：城市应届中普高应届毕业生 Of which: General Senior Sec. Schools Graduates
比例(%)	98.41	0.31	0.18	0.00	0.00	0.00	0.01	37.78	31.55
合　计　Total	6027312	19243	10897	88	62	8	431	2313589	1932026
北　京　Beijing	93466	1	213	11	0	0	0	64161	51804
天　津　Tianjin	72923	1	65	0	0	0	0	47344	34989
河　北　Hebei	336029	469	436	0	0	0	0	86633	75241
山　西　Shanxi	212410	14	23	0	0	0	0	65734	58296
内蒙古　Inner Mongolia	147233	2889	1235	0	0	0	0	49432	43551
辽　宁　Liaoning	171739	1907	2452	0	0	0	0	110010	89674
吉　林　Jilin	114645	610	3611	0	0	0	0	65865	64757
黑龙江　Heilongjiang	148440	9198	1285	0	0	0	0	87113	77060
上　海　Shanghai	118287	27	416	36	20	7	31	96232	68074
江　苏　Jiangsu	366199	1	40	11	10	0	0	140903	125554
浙　江　Zhejiang	268825	15	72	1	0	0	0	88022	69797
安　徽　Anhui	291751	0	0	0	0	0	332	103997	88902
福　建　Fujian	204479	0	91	0	0	0	0	54711	44732
江　西　Jiangxi	205288	3	4	0	0	1	48	93869	84527
山　东　Shandong	533956	3102	701	2	0	0	0	169379	121666
河　南　Henan	478249	18	45	3	0	0	0	123598	89267
湖　北　Hubei	330890	409	102	17	31	0	0	134276	119010
湖　南　Hunan	298864	240	32	1	0	0	0	83264	77323
广　东　Guangdong	335373	2	22	0	0	0	0	156526	136556
广　西　Guangxi	183194	0	3	2	1	0	0	64037	58625
海　南　Hainan	29145	0	1	0	0	0	0	18983	18632
重　庆　Chongqing	97664	107	1	0	0	0	0	44486	37118
四　川　Sichuan	258496	133	15	0	0	0	0	88146	80377
贵　州　Guizhou	102918	5	4	0	0	0	0	38031	34620
云　南　Yunnan	119928	0	7	1	0	0	20	38142	32664
西　藏　Tibet	9433	2	1	0	0	0	0	5237	4993
陕　西　Shaanxi	237049	9	11	2	0	0	0	84660	75037
甘　肃　Gansu	131249	43	3	1	0	0	0	36135	3924
青　海　Qinghai	23715	1	0	0	0	0	0	11819	9415
宁　夏　Ningxia	41321	16	5	0	0	0	0	14754	12957
新　疆　Xinjiang	64154	21	1	0	0	0	0	48090	42884

招生报名情况(二)(2002年)

Higher Educational Institutions (2) (2002)

单位:人
Unit: in Person

类别 Applicants				毕业类别 Categories of Graduates					
农村应届毕业生 Rural Sec. Schools Graduates in Current Year	其中:农村应届中普高应届毕业生 Of which: General Senior Sec. Schools Graduates	城市往届毕业生 Urban Sec. Schools Graduates in Previous Year	农村往届毕业生 Rural Sec. Schools Graduates in Previous Year	高中毕业 General Senior Sec. School Graduates	中等师范毕业 Teachers Training School Graduates	其他中专毕业 Specialized Sec. School Graduates	职业高中毕业 Vacational Senior Sec. School Graduates	技工学校毕业 Skilled Worker School Graduates	其他 Others
39.99	36.68	9.06	13.18	89.83	0.60	3.04	4.49	0.14	1.91
2449098	2246693	554676	807217	5501566	36501	186202	274798	8440	117073
13994	12734	13662	2340	75722	83	7199	9466	995	692
13694	12352	8673	3278	56711	400	8864	4990	938	1086
163721	152166	24967	61613	312857	2997	5176	13606	368	1930
69839	66980	35425	41449	199385	4211	3835	4115	397	504
63407	56948	19801	33817	153059	297	1139	11717	54	191
55426	52063	5540	5122	156747	299	8135	9822	749	346
23781	23748	18402	10818	116705	294	1009	525	79	254
39529	37590	18394	13887	144569	265	4594	8098	251	1146
11730	11672	8864	1998	89868	4	3415	921	90	24526
169746	158983	20031	35581	339275	163	3168	23602	42	11
143470	117170	13782	23639	221404	264	9834	36213	1049	149
93360	90001	50949	43777	286469	697	1016	2447	95	1359
103176	94090	14034	32449	181523	6622	3535	2551	114	10225
65119	62015	27552	18871	191176	825	5633	7272	117	388
247301	246022	32640	88664	485364	185	44105	7612	138	357
218330	167699	39812	96575	354890	5191	18942	32664	690	65938
133144	122979	24728	39301	305093	1086	11532	13440	145	153
144417	135452	23836	47620	282475	300	5286	10915	37	124
132004	121166	22850	24278	303064	1572	7654	22086	709	317
81085	78337	18946	21397	175915	4202	1950	2925	47	426
4204	3998	4388	1585	28473	158	118	405	3	3
39868	33880	5977	7421	83307	543	3751	9177	98	896
121322	108521	17003	32339	237075	1093	2961	17086	18	577
39811	37857	13026	18253	100743	1090	3636	2910	256	486
50297	46079	12052	19465	108899	471	3997	6068	380	141
1708	1700	2048	443	8734	39	520	90	4	49
101326	94624	26659	32305	225386	1558	7713	8878	231	1187
52666	49550	15273	32066	130302	482	434	4224	33	665
8078	7978	1828	1991	20716	183	2579	132	19	87
15090	14371	4875	6623	38815	0	0	0	0	2783
28455	27968	8659	8252	86845	927	4472	841	294	77

普通高校招生报名情况(三)(2002年)

Applicants of Student for Regular Higher Educational Institutions (3) (2002)

地区 Region	政治面貌 Political Party		民族 Nationalities					
	中共党员 Member of C.P.C	共青团员 Member of C.Y.L	汉族 Han	蒙族 Meng	藏族 Zang	维族 Wei	朝鲜族 Korean	其他民族 Others
比例(%)	0.32	95.14	92.74	0.81	0.22	0.41	0.22	5.60
合计 Total	19416	5826643	5680070	49362	13269	25148	13462	343269
北京 Beijing	121	84957	87391	410	217	8	99	6032
天津 Tianjin	90	69551	70167	93	87	0	19	2623
河北 Hebei	2005	318128	315462	1174	2	3	77	20216
山西 Shanxi	470	197665	211522	49	0	1	9	866
内蒙古 Inner Mongolia	624	160481	119268	37250	6	4	250	9679
辽宁 Liaoning	654	171472	147619	4132	2	0	1637	22708
吉林 Jilin	142	116978	103101	1199	0	1	7366	7199
黑龙江 Heilongjiang	604	156405	148289	1159	0	1	3160	6314
上海 Shanghai	40	97508	117624	0	0	0	0	1200
江苏 Jiangsu	226	354700	364512	58	90	4	17	1580
浙江 Zhejiang	1042	256334	267805	17	1	1	11	1078
安徽 Anhui	386	276989	289051	0	0	0	0	3032
福建 Fujian	221	192913	201767	41	3	0	2	2757
江西 Jiangxi	272	190545	204539	44	2	2	3	821
山东 Shandong	1356	527645	516944	1062	29	330	689	18963
河南 Henan	1431	467839	471334	624	11	24	12	6310
湖北 Hubei	422	323364	317896	87	46	730	17	12673
湖南 Hunan	1399	290637	273385	28	82	43	5	25594
广东 Guangdong	1093	314111	333743	55	2	0	13	1589
广西 Guangxi	679	177236	113266	0	0	0	0	72199
海南 Hainan	101	26627	26638	0	0	0	0	2522
重庆 Chongqing	405	93190	90848	42	79	1	7	6795
四川 Sichuan	2109	247674	252310	98	1957	1	6	4438
贵州 Guizhou	739	94114	62968	242	6	20	14	45871
云南 Yunnan	285	113416	87937	142	391	2	3	31481
西藏 Tibet	97	8866	3250	3	5940	0	1	242
陕西 Shaanxi	1081	227596	243417	71	5	3	5	1452
甘肃 Gansu	527	125855	131031	85	1127	0	11	3886
青海 Qinghai	79	21161	16779	550	3137	0	5	3245
宁夏 Ningxia	451	38233	33488	94	10	2	5	7743
新疆 Xinjiang	265	84453	56719	553	37	23967	19	12161

附　　表

Appendixes

国内生产总值

Gross Domestic Product

单位：亿元

本表按当年价格计算。 Data in value terms in this table are calculated at current prices. **Unit: in 100 Million Yuan**

年份 Year	国民生产总值 Gross National Product	国内生产总值 Gross Domestic Product								人均国内生产总值（元） Per Capita GDP (Yuan)
		合计 Total	第一产业 Primary Industry	第二产业 Secondary Industry			第三产业 Tertiary Industry			
				小计 Subtotal	工业 Industry	建筑业 Construction	小计 Subtotal	交通运输仓储邮电通信业 Transportation, Post and Tele-communications	批发和零售贸易餐饮业 Wholesale, Retail & Catering Trade	
1952	679.0	679.0	342.9	141.8	119.8	22.0	194.3	29.0	80.3	119
1953	824.0	824.0	378.0	192.5	163.5	29.0	253.5	35.0	115.5	142
1954	859.0	859.0	392.0	211.7	184.7	27.0	255.3	38.0	120.3	144
1955	910.0	910.0	421.0	222.2	191.2	31.0	266.8	39.0	119.8	150
1956	1028.0	1028.0	443.9	280.7	224.7	56.0	303.4	46.0	131.4	165
1957	1068.0	1068.0	430.0	317.0	271.0	46.0	321.0	49.0	133.0	168
1958	1307.0	1307.0	445.9	483.5	414.5	69.0	377.6	71.0	136.6	200
1959	1439.0	1439.0	383.8	615.5	538.5	77.0	439.7	94.0	145.7	216
1960	1457.0	1457.0	340.7	648.2	568.2	80.0	468.1	104.0	133.1	218
1961	1220.0	1220.0	441.1	388.9	362.1	26.8	390.0	69.2	110.8	185
1962	1149.3	1149.3	453.1	359.0	325.4	33.9	336.9	57.4	80.5	173
1963	1233.3	1233.3	497.5	407.0	365.6	42.0	328.2	55.0	76.1	181
1964	1454.0	1454.0	559.0	513.5	461.1	52.4	381.5	58.4	94.0	208
1965	1716.1	1716.1	651.1	602.2	546.5	55.7	462.8	77.4	118.3	240
1966	1868.0	1868.0	702.2	709.5	648.6	60.9	456.3	85.1	148.1	254
1967	1773.9	1773.9	714.2	602.8	544.9	57.9	456.9	72.3	153.5	235
1968	1723.1	1723.1	726.3	537.3	490.3	47.0	459.5	70.5	138.9	222
1969	1937.9	1937.9	736.2	689.1	626.1	63.0	512.6	84.9	163.6	243
1970	2252.7	2252.7	793.3	912.2	828.1	84.1	547.2	100.2	178.1	275
1971	2426.4	2426.4	826.3	1022.8	926.6	96.2	577.3	108.4	178.3	288
1972	2518.1	2518.1	827.4	1084.2	989.9	94.3	606.5	118.0	194.3	292
1973	2720.9	2720.9	907.5	1173.0	1072.5	100.5	640.4	125.5	211.0	309
1974	2789.9	2789.9	945.2	1192.0	1083.6	108.4	652.7	126.1	206.6	310
1975	2997.3	2997.3	971.1	1370.5	1244.9	125.6	655.7	141.6	175.8	327
1976	2943.7	2943.7	967.0	1337.2	1204.6	132.6	639.5	139.6	147.2	316
1977	3201.9	3201.9	942.1	1509.1	1372.4	136.7	750.7	156.9	213.8	339
1978	3624.1	3624.1	1018.4	1745.2	1607.0	138.2	860.5	172.8	265.5	379
1979	4038.2	4038.2	1258.9	1913.5	1769.7	143.8	865.8	184.2	220.2	417
1980	4517.8	4517.8	1359.4	2192.0	1996.5	195.5	966.4	205.0	213.6	460
1981	4860.3	4862.4	1545.6	2255.5	2048.4	207.1	1061.3	211.1	255.7	489
1982	5301.8	5294.7	1761.6	2383.0	2162.3	220.7	1150.1	236.7	198.6	525
1983	5957.4	5934.5	1960.8	2646.2	2375.6	270.6	1327.5	264.9	231.4	580
1984	7206.7	7171.0	2295.5	3105.7	2789.0	316.7	1769.8	327.1	412.4	692
1985	8989.1	8964.4	2541.6	3866.6	3448.7	417.9	2556.2	406.9	878.4	853
1986	10201.4	10202.2	2763.9	4492.7	3967.0	525.7	2945.6	475.6	943.2	956
1987	11954.5	11962.5	3204.3	5251.6	4585.8	665.8	3506.6	544.9	1159.3	1104
1988	14922.3	14928.3	3831.0	6587.2	5777.2	810.0	4510.1	661.0	1618.0	1355
1989	16917.8	16909.2	4228.0	7278.0	6484.0	794.0	5403.2	786.0	1687.0	1512
1990	18598.4	18547.9	5017.0	7717.4	6858.0	859.4	5813.5	1147.5	1419.7	1634
1991	21662.5	21617.8	5288.6	9102.2	8087.1	1015.1	7227.0	1409.7	2087.0	1879
1992	26651.9	26638.1	5800.0	11699.5	10284.5	1415.0	9138.6	1681.8	2735.0	2287
1993	34560.5	34634.4	6882.1	16428.5	14143.8	2284.7	11323.8	2123.2	3090.7	2939
1994	46670.0	46759.4	9457.2	22372.2	19359.6	3012.6	14930.2	2685.9	4050.4	3923
1995	57494.9	58478.1	11993.0	28537.9	24718.3	3819.6	17947.2	3054.7	4932.3	4854
1996	66850.5	67884.6	13844.2	33612.9	29082.6	4530.3	20427.5	3494.0	5560.3	5576
1997	73142.7	74462.6	14211.2	37222.7	32412.1	4810.6	23028.7	3797.2	6159.9	6053
1998	78017.8	79395.7	14599.6	38691.8	33429.8	5262.0	26104.3	5029.3	6609.6	6392
1999	80422.8	81910.9	14457.2	40417.9	34975.2	5442.7	27035.8	4459.5	6842.3	6534
2000	88189.6	89403.6	14212.0	45487.8	39570.3	5917.5	29703.8	4918.6	7306.9	7078
2001	94346.4	95933.3	14609.9	49069.1	42607.1	6462.0	32254.3	5222.1	7823.5	7543

数据来源：摘自国家统计局《2002 年中国统计年鉴》。

各地区国内生产总值(2001年)

Gross Domestic Product by Region (2001)

本表绝对数按当年价格计算,指数按可比价格计算

Absolute figures in this table are calculated at current prices while indices are calculated at comparable prices.

单位:亿元

Unit: in 100 Million Yuan

地区 Region	国内生产总值 Gross Domestic Product							人均国内生产总值(元) Per Capita GDP (Yuan)
	合计 Total	第一产业 Primary Industry	第二产业 Secondary Industry			第三产业 Tertiary Industry		
			小计 Subtotal	工业 Industry	建筑业 Construction	小计 Subtotal	教育、文化艺术和广播电影电视业 Education, Culture, Arts, Radio, Film and Television	
北　京 Beijing	2845.65	93.08	1030.60	816.24	214.36	1721.97	191.60	25523
天　津 Tianjin	1840.10	78.55	904.64	821.18	83.46	856.91	76.43	20154
河　北 Hebei	5577.78	913.90	2767.41	2439.56	327.85	1896.47	129.95	8362
山　西 Shanxi	1779.97	171.09	917.98	779.78	138.20	690.90	52.47	5460
内蒙古 Inner Mongolia	1545.79	358.89	626.47	506.69	119.78	560.43	46.20	6463
辽　宁 Liaoning	5033.08	544.44	2440.55	2190.12	250.43	2048.09	131.85	12041
吉　林 Jilin	2032.48	409.10	880.84	724.73	156.11	742.54	63.78	7640
黑龙江 Heilongjiang	3561.00	409.30	1998.74	1767.79	230.95	1152.96	86.70	9349
上　海 Shanghai	4950.84	85.50	2355.53	2121.19	234.34	2509.81	164.03	37382
江　苏 Jiangsu	9511.91	1082.43	4907.46	4270.90	636.56	3522.02	249.94	12922
浙　江 Zhejiang	6748.15	695.15	3459.75	3106.29	353.46	2593.25	198.20	14655
安　徽 Anhui	3290.13	750.07	1415.32	1191.62	223.70	1124.74	86.00	5221
福　建 Fujian	4253.68	651.11	1904.21	1645.34	258.87	1698.36	114.84	12362
江　西 Jiangxi	2175.68	506.00	788.12	595.55	192.57	881.56	63.10	5221
山　东 Shandong	9438.31	1359.49	4654.51	4092.24	562.27	3424.31	249.32	10465
河　南 Henan	5640.11	1234.34	2659.04	2279.89	379.15	1746.73	135.88	5924
湖　北 Hubei	4662.28	692.17	2313.66	2066.47	247.19	1656.45	117.44	7813
湖　南 Hunan	3983.00	825.73	1573.00	1309.50	263.50	1584.27	170.20	6054
广　东 Guangdong	10647.71	1004.35	5341.61	4732.41	609.20	4301.75	198.23	13730
广　西 Guangxi	2231.19	562.52	791.85	648.19	143.66	876.82	82.52	4668
海　南 Hainan	545.96	201.79	111.25	71.59	39.66	232.92	16.10	7135
重　庆 Chongqing	1749.77	293.03	727.66	576.58	151.08	729.08	62.46	5654
四　川 Sichuan	4421.76	981.68	1756.86	1407.81	349.05	1683.22	147.97	5250
贵　州 Guizhou	1084.90	274.17	419.74	335.00	84.74	390.99	46.58	2895
云　南 Yunnan	2074.71	450.54	881.49	723.98	157.51	742.68	74.60	4866
西　藏 Tibet	138.73	37.47	32.18	10.84	21.34	69.08	9.22	5307
陕　西 Shaanxi	1844.27	287.24	816.34	606.12	210.22	740.69	83.92	5024
甘　肃 Gansu	1072.51	207.05	481.07	356.51	124.56	384.39	25.60	4163
青　海 Qinghai	300.95	42.79	132.18	89.20	42.98	125.98	14.56	5735
宁　夏 Ningxia	298.38	49.57	134.37	102.23	32.14	114.44	12.65	5340
新　疆 Xinjiang	1485.48	288.12	630.37	450.00	180.37	566.99	59.46	7913

数据来源:摘自国家统计局《2002年中国统计年鉴》。

国家财政收支总额及增长速度

Total Government Revenue and Expenditures and Their Increase Rate

年份 Year	财政收入 (亿元) Total Revenue (100 million Yuan)	财政支出 (亿元) Total Expenditures (100 million Yuan)	收支差额 (亿元) Balance (100 million Yuan)	增长速度(%) Increase Rate (%) 财政收入 Total Revenue	 财政支出 Total Expenditures
1970	662.9	649.41	13.49	25.8	23.5
1971－1975	3919.71	3917.94	1.77	4.2	4.8
1971	744.73	732.17	12.56	12.3	12.7
1972	766.56	765.86	0.70	2.9	4.6
1973	809.67	808.78	0.89	5.6	5.6
1974	783.14	790.25	－7.11	－3.3	－2.3
1975	815.61	820.88	－5.27	4.1	3.8
1976－1980	5089.61	5282.44	－192.83	7.3	8.4
1976	776.58	806.20	－29.62	－4.8	－1.8
1977	874.46	843.53	30.93	12.6	4.6
1978	1132.26	1122.09	10.17	29.5	33.0
1979	1146.38	1281.79	－135.41	1.2	14.2
1980	1159.93	1228.83	－68.90	1.2	－4.1
1981－1985	7402.75	7483.18	－80.43	11.6	10.3
1981	1175.79	1138.41	37.81	1.4	－7.5
1982	1212.33	1229.98	－17.65	3.1	8.0
1983	1366.95	1409.52	－42.57	12.8	14.6
1984	1642.86	1701.02	－58.16	20.2	20.7
1985	2004.82	2004.25	0.57	22.0	17.8
1986－1990	12280.601	12865.67	－585.07	7.9	9.0
1986	2122.01	2204.91	－82.90	5.8	10.0
1987	2199.35	2262.18	－62.83	3.6	2.6
1988	2357.24	2491.21	－133.97	7.2	10.1
1989	2664.90	2823.78	－158.88	13.1	13.3
1990	2937.10	3083.59	－146.49	10.2	9.2
1991－1995	22442.10	24387.46	－1945.36	16.3	17.2
1991	3149.48	3386.62	－237.14	7.2	9.8
1992	3483.37	3742.20	－258.83	10.6	10.5
1993	4348.95	4642.30	－293.35	24.8	24.1
1994	5218.10	5792.62	－574.52	20.0	24.8
1995	6242.20	6823.72	－581.52	19.6	17.8
1996	7407.99	7937.55	－529.56	18.7	16.3
1997	8651.14	9233.56	－582.42	16.8	16.3
1998	9875.95	10798.18	－922.23	14.2	16.9
1999	11444.08	13187.67	－1743.59	15.9	22.1
2000	13395.23	15886.50	－2491.27	17.0	20.5
2001	16386.04	18902.58	－2516.54	22.3	19.0

数据来源：摘自国家统计局《2002年中国统计年鉴》。

中央财政和地方财政收支总额

Total Revenue and Expenditures of Central and Local Governments

单位: 亿元

Unit: in 100 million Yuan

年 份 Year	财政收入 Total Revenue			财政支出 Total Expenditures		
	合计 Total	中央 Central Government	地方 Local Government	合计 Total	中央 Central Government	地方 Local Government
1970	662. 90	182. 95	479. 95	649. 41	382. 37	267. 04
1971－1975	3919.71	576.43	3343.28	3919.44	2125.14	1794.30
1975	815.61	96.63	718.98	820.88	409.40	411.48
1976－1980	5089.61	904.32	4185.29	5282.44	2625.34	2657.10
1976	776.58	98.91	677.67	806.20	377.63	428.57
1977	874.46	113.85	760.61	843.53	393.70	449.83
1978	1132.26	175.77	956.49	1122.09	532.12	589.97
1979	1146.38	231.34	915.04	1281.79	655.08	626.71
1980	1159.93	284.45	875.48	1228.83	666.81	562.02
1981－1985	7402.75	2583.02	4819.73	7483.18	3725.64	3757.54
1981	1175.79	311.07	864.72	1138.41	625.65	512.76
1982	1212.33	346.84	865.49	1229.98	651.81	578.17
1983	1366.95	490.01	876.94	1409.52	759.60	649.92
1984	1642.86	665.47	977.39	1701.02	893.33	807.69
1985	2004.82	769.63	1235.19	2004.25	795.25	1209.00
1986－1990	12280.60	4104.41	8176.19	12865.67	4420.27	8445.40
1986	2122.01	778.42	1343.59	2204.91	836.36	1368.55
1987	2199.35	736.29	1463.06	2262.18	845.63	1416.55
1988	2357.24	774.76	1582.38	2491.21	845.04	1646.17
1989	2664.90	822.52	1842.38	2823.78	888.77	1935.01
1990	2937.10	992.42	1944.68	3083.59	1004.47	2079.12
1991－1995	22442.10	9038.39	13403.71	24387.46	7323.13	17064.33
1991	3149.48	938.25	2211.23	3386.62	1090.81	2295.81
1992	3483.37	979.51	2503.86	3742.20	1170.44	2571.76
1993	4348.95	957.51	3391.44	4642.30	1312.06	3330.24
1994	5218.10	2906.50	2311.60	5792.62	1754.43	4038.19
1995	6242.20	3256.62	2985.58	6823.72	1995.39	4828.33
1996	7407.99	3661.07	3746.92	7973.55	2151.27	5786.28
1997	8651.14	4226.92	4424.22	9233.56	2532.50	6701.06
1998	9875.95	4892.00	4983.95	10798.18	3125.60	7672.58
1999	11444.08	5849.21	5594.87	13187.67	4152.33	9035.34
2000	13395.23	6989.17	6406.06	15886.50	5519.85	10366.65
2001	16386.04	8582.74	7803.30	18902.58	5768.02	13134.56

数据来源: 摘自国家统计局《2002 年中国统计年鉴》。

人口数及构成

Population and Its Composition

单位：万人

Unit: in 10 thousand persons

年份 Year	年底总人口 Total Population (year-end)	按性别分 By Sex: 男 Male 人口数 Population	比重(%) Proportion	女 Female 人口数 Population	比重(%) Proportion	按城乡分 By Residence: 城镇总人口 Urban 人口数 Population	比重(%) Proportion	农村总人口 Rural 人口数 Population	比重(%) Proportion
1978	96259	49567	51.49	46692	48.51	17245	17.92	79014	82.08
1979	97542	50192	51.46	47350	48.54	18495	18.96	79047	81.04
1980	98705	50785	51.45	47920	48.55	19140	19.39	79565	80.61
1981	100072	51519	51.48	48553	48.52	20171	20.16	79901	79.84
1982	101654	52352	51.50	49302	48.50	21480	21.13	80174	78.87
1983	103008	53152	51.60	49856	48.40	22274	21.62	80734	78.38
1984	104357	53848	51.60	50509	48.40	24017	23.01	80340	76.99
1985	105851	54725	51.70	51126	48.30	25094	23.71	80757	76.29
1986	107507	55581	51.70	51926	48.30	26366	24.52	81141	75.48
1987	109300	56290	51.50	53010	48.50	27674	25.32	81626	74.68
1988	111026	57201	51.52	53825	48.48	28661	25.81	82365	74.19
1989	112704	58099	51.55	54605	48.45	29540	26.21	83164	73.79
1990	114333	58904	51.52	55429	48.48	30191	26.41	84142	73.59
1991	115823	59466	51.34	56357	48.66	30543	26.37	85280	73.63
1992	117171	59811	51.05	57360	48.95	32372	27.63	84799	72.37
1993	118517	60472	51.02	58045	48.98	33351	28.14	85166	71.86
1994	119850	61246	51.10	58604	48.90	34301	28.62	85549	71.38
1995	121121	61808	51.03	59313	48.97	35174	29.04	85947	70.96
1996	122389	62200	50.82	60189	49.18	35950	29.37	86439	70.63
1997	123626	63131	51.07	60495	48.93	36989	29.92	86637	70.08
1998	124810	63629	50.98	61181	49.02	37942	30.40	86868	69.60
1999	125909	64189	50.98	61720	49.02	38892	30.89	87017	69.11
2000	126583	65355	51.63	61228	48.37	45844	36.22	80739	63.78
2001	127627	65672	51.46	61955	48.54	48064	37.66	79563	62.34

注：总人口和城镇人口中包括中国人民解放军现役军人。

Urban Population include the military personnel of Chinese People's Liberation Army.

各地区分性别的 15 岁及 15 岁以上文盲人口

Illterate Population Aged 15 and Over by Sex and Region

单位: 人, % (person,%)

地区 Region	15岁及15岁以上人口 Population Aged 15 & Over			文盲人口 Illiterate Population			文盲人口占15岁及以上人口比例 Percentage to total Population Aged 15 & Over (%)		
	合计 Total	男 Urban	女 Rural	合计 Total	男 Urban	女 Rural	合计 Total	男 Urban	女 Rural
合计 Total	958084632	488979328	469105304	86992069	23787612	63204457	9.08	4.86	13.47
北京 Beijing	11725426	6115642	5609784	577604	123251	454353	4.93	2.02	8.10
天津 Tianjin	8197656	4155821	4041835	530019	116560	413459	6.47	2.80	10.23
河北 Hebei	51493626	26018432	25475194	4425208	1684503	2740705	8.59	6.47	10.76
山西 Shanxi	24115975	12451071	11664904	1368735	399297	969438	5.68	3.21	8.31
内蒙古 Inner Mongolia	18370972	9494716	8876256	2129891	663088	1466803	11.59	6.98	16.53
辽宁 Liaoning	34431377	17456027	16975350	1993275	512250	1481025	5.79	2.93	8.72
吉林 Jilin	21730353	11086862	10643491	1247861	383673	864188	5.74	3.46	8.12
黑龙江 Heilongjiang	29392538	14989373	14403165	1859427	552057	1307370	6.33	3.68	9.08
上海 Shanghai	14396805	7388533	7008272	893618	173496	720122	6.21	2.35	10.28
江苏 Jiangsu	58701589	29300602	29400987	4628144	1021676	3606468	7.88	3.49	12.27
浙江 Zhejiang	37637792	19199633	18438159	3218493	835434	2383059	8.55	4.35	12.92
安徽 Anhui	43959751	22317279	21642472	5905526	1684264	4221262	13.43	7.55	19.50
福建 Fujian	26253482	13377090	12876392	2542608	745416	1797192	9.68	5.57	13.96
江西 Jiangxi	29933672	15303281	14630391	2088099	472605	1615494	6.98	3.09	11.04
山东 Shandong	71229052	35655926	35573126	7654312	1970801	5683511	10.75	5.53	15.98
河南 henan	67611621	34251961	33359660	5347609	1454437	3893172	7.91	4.25	11.67
湖北 Hubei	45937982	23694534	22243448	4275288	1052436	3222852	9.31	4.44	14.49
湖南 Hunan	49274575	25518898	23755677	2949581	704477	2245104	5.99	2.76	9.45
广东 Guangdong	64673917	32291190	32382727	3343069	556863	2786206	5.17	1.72	8.60
广西 Guangxi	32369442	16952612	15416830	1714347	350272	1364075	5.30	2.07	8.85
海南 Hainan	5485403	2859903	2625500	532994	109919	423075	9.72	3.84	16.11
重庆 Chongqing	23849894	12313900	11535994	2122431	561094	1561337	8.90	4.56	13.53
四川 Sichuan	63747910	32727728	31020182	6292420	1755869	4536551	9.87	5.37	14.62
贵州 guizhou	24613920	12822259	11791661	4886140	1276469	3609671	19.85	9.96	30.61
云南 Yunnan	31363388	16395088	14968300	4843205	1527303	3315902	15.44	9.32	22.15
西藏 Tibet	1800357	912484	887873	850596	313719	536877	47.25	34.38	60.47
陕西 Shaanxi	26544943	13660611	12884332	2606144	771292	1834852	9.82	5.65	14.24
甘肃 Gansu	18357151	9459279	8897872	3613287	1138605	2474682	19.68	12.04	27.81
青海 Qinghai	3527890	1823122	1704768	897636	286105	611531	25.44	15.69	35.87
宁夏 Ningxia	3929724	2008620	1921104	617661	190216	427445	15.72	9.47	22.25
新疆 Xinjian	13426449	6976851	6449598	1036841	400165	636676	7.72	5.74	9.87

注: 本表是 2000 年第五次全国人口普查机器汇总数据。

Data in the table are the tabulation data of the 5th national population census in 2000.

各地区分性别、受教育程度

Population Aged 6 and Over by Sex,

	6岁及6岁以上人口 PopulationAged6andOver			未上过学 NoSchooling		
	合计 Total	男 Male	女 Female	合计 Total	男 Male	女 Female
合　计 Total	1156700293	593469678	563230615	89629436	25386944	64242492
北　京 Beijing	13023990	6788237	6235753	581637	127773	453864
天　津 Tianjin	9381201	4768665	4612536	513821	118661	395160
河　北 Hebei	62335115	31608495	30726620	3746461	1318509	2427952
山　西 Shanxi	29741362	15367303	14374059	1543364	494072	1049292
内蒙古 InnerMongolia	21834015	11283138	10550877	2186638	702262	1484376
辽　宁 Liaoning	39632542	20160932	19471610	2117529	585083	1532446
吉　林 Jilin	25474107	13022912	12451195	1342416	435421	906995
黑龙江 Heilongjiang	34329762	17527645	16802117	1968874	612375	1356499
上　海 Shanghai	15806710	8115345	7691365	873696	176195	697501
江　苏 Jiangsu	69220051	34873894	34346157	4585521	1036621	3548900
浙　江 Zhejiang	43119938	22085771	21034167	3212522	852021	2360501
安　徽 Anhui	54781525	28063891	26717634	5937345	1728191	4209154
福　建 Fujian	32031728	16422417	15609311	2390826	720366	1670460
江　西 Jiangxi	37026619	19076290	17950329	2147384	515989	1631395
山　东 Shandong	84523711	42634962	41888749	7617518	1996728	5620790
河　南 henan	84816733	43398922	41417811	5428858	1513313	3915545
湖　北 Hubei	56343167	29198887	27144280	4321859	1085383	3236476
湖　南 Hunan	59397047	30851289	28545758	2982232	724619	2257613
广　东 Guangdong	78197935	39446597	38751338	3897970	870643	3027327
广　西 Guangxi	40401357	21304389	19096968	1916084	468488	1447596
海　南 Hainan	6890266	3620076	3270190	581837	138999	442838
重　庆 Chongqing	28254314	14627840	13626474	2173652	597068	1576584
四　川 Sichuan	76182542	39265346	36917196	6608326	1917817	4690509
贵　州 guizhou	31285200	16353147	14932053	5256778	1433498	3823280
云　南 Yunnan	38226672	20001247	18225425	5157800	1684579	3473221
西　藏 Tibet	2310307	1171148	1139159	1071534	417859	653675
陕　西 Shaanxi	33018083	17074459	15943624	2667730	803434	1864296
甘　肃 Gansu	23013261	11878583	11134678	3881068	1254145	2626923
青　海 Qinghai	4360863	2249218	2111645	1031333	347262	684071
宁　夏 Ningxia	4931879	2524596	2407283	659270	208944	450326
新　疆 Xinjiang	16808291	8704037	8104254	1227553	500626	726927

数据来源：摘自国家统计局《2002年中国统计年鉴》。

的 6 岁及 6 岁以上人口

Educational Attainment and Region

单位: 人

Unit: in Person

扫盲班 EliminateIlliteracy			小学 PrimarySchol			初中 JuniorSecondarySchool		
合计 Total	男 Male	女 Female	合计 Total	男 Male	女 Female	合计 Total	男 Male	女 Female
20767295	6327997	14439298	441613341	217034413	224578928	422386607	238026237	184360370
47255	13966	33289	2301726	1152146	1149580	4665166	2655655	2009511
52641	15108	37533	2468891	1220051	1248840	3405530	1875650	1529880
1391599	567625	823974	22135051	10316126	11818925	26099323	14384103	11715220
367239	125764	241475	10319110	5035395	5283715	12637984	6987756	5650228
166045	62535	103510	7261714	3611528	3650186	8116632	4624507	3492125
171572	54933	116639	12482572	6162873	6319699	16757863	8957025	7800838
189862	69127	120735	8997647	4398423	4599224	9567968	5199895	4368073
147023	52682	94341	11328284	5479513	5848771	14113200	7697775	6415425
216143	49493	166650	3106637	1508016	1598621	6038572	3314430	2724142
1638610	396757	1241853	24017994	11289150	12728844	26562474	14646644	11915830
1333150	409988	923162	16833356	8528053	8305303	15319423	8580840	6738583
1553752	458069	1095683	22043367	10608382	11434985	19367607	11529026	7838581
687304	148881	538423	12875533	5985368	6890165	11437732	6693134	4744598
732457	168495	563962	15660576	7304434	8356142	13455575	7861883	5593692
1515741	459844	1055897	29469811	13644761	15825050	32973455	18744560	14228895
1500232	482662	1017570	30321740	14444988	15876752	35919247	20067320	15851927
694959	203765	491194	21081800	10307572	10774228	20398435	11675041	8723394
676936	204273	472663	24219937	12069286	12150651	22593804	12480921	10112883
764560	184579	579981	28224273	13342274	14881999	31261428	16520881	14740547
572529	134350	438179	18432526	9220798	9211728	14218494	8285533	5932961
68032	18590	49442	2598636	1286437	1312199	2455575	1409334	1046241
373654	119384	254270	13229559	6819869	6409690	8993338	5103090	3890248
1664134	560838	1103296	35379826	18179073	17200753	24193763	13728929	10464834
729043	176602	552441	15352997	8345718	7007279	7274827	4735118	2539709
1430405	426477	1003928	18979254	10201681	8777573	9018044	5538160	3479884
149969	86224	63745	796442	488537	307905	165957	101655	64302
609044	192821	416223	12178915	6042241	6136674	11707710	6611817	5095893
670490	221922	448568	9280811	4770825	4509986	6017876	3658466	2359410
155677	56686	98991	1489401	841903	647498	1035237	634870	400367
194625	59971	134654	1747141	903528	843613	1528464	890224	638240
302613	145586	157027	6997824	3525464	3472360	5085927	2832008	2253919

各地区分性别、受教育程度

Population Aged 6 and Over by Sex,

本表是 2000 年第五次全国人口普查机器汇总数据。

	高 中 Senior Secondary School			中 专 Specialized Secondary School		
	合计 Total	男 Male	女 Female	合计 Total	男 Male	女 Female
合 计 Total	99073845	59601039	39472806	39209614	19946276	19263338
北 京 Beijing	2197285	1146366	1050919	946071	434136	511935
天 津 Tianjin	1261461	658797	602664	792843	380937	411906
河 北 Hebei	5317893	3104687	2213206	1845716	879945	965771
山 西 Shanxi	2659168	1540258	1118910	1103422	531483	571939
内蒙古 InnerMongolia	2331910	1316232	1015678	881247	456391	424856
辽 宁 Liaoning	3997787	2191186	1806601	1519869	742560	777309
吉 林 Jilin	3057145	1679332	1377813	997198	484876	512322
黑龙江 Heilongjiang	3834472	2107855	1726617	1196355	582818	613537
上 海 Shanghai	2665497	1458400	1207097	1111196	524494	586702
江 苏 Jiangsu	7432762	4557098	2875664	2120420	1092426	1027994
浙 江 Zhejiang	3848613	2251487	1597126	1105013	541693	563320
安 徽 Anhui	3084848	2032198	1052650	1430695	767610	663085
福 建 Fujian	2442143	1587668	854475	1186459	601878	584581
江 西 Jiangxi	2946204	1939015	1007189	1039664	565980	473684
山 东 Shandong	6750446	4242474	2507972	3195988	1646556	1549432
河 南 henan	6935346	4287715	2647631	2271789	1104622	1167167
湖 北 Hubei	5197580	3217487	1980093	2327881	1218880	1109001
湖 南 Hunan	5123301	3193903	1929398	1949147	988347	960800
广 东 Guangdong	8181919	5150815	3031104	2836462	1441141	1395321
广 西 Guangxi	2787826	1775323	1012503	1426764	737931	688833
海 南 Hainan	707116	470611	236505	238707	129686	109021
重 庆 Chongqing	1897989	1073063	824926	726047	381225	344822
四 川 Sichuan	4268063	2532054	1736009	2029776	1064664	965112
贵 州 guizhou	1137569	736983	400586	859120	489471	369649
云 南 Yunnan	1657168	994551	662617	1131442	617614	513828
西 藏 Tibet	42418	25374	17044	50430	29604	20826
陕 西 Shaanxi	3307017	1954262	1352755	1061624	550921	510703
甘 肃 Gansu	1818727	1164763	653964	671874	370354	301520
青 海 Qinghai	342581	192032	150549	150200	81335	68865
宁 夏 Ningxia	426233	247002	179231	173640	92216	81424
新 疆 Xinjiang	1415358	772048	643310	832555	414482	418073

数据来源：摘自国家统计局《2002 年中国统计年鉴》。